Christa Schenk

Lesen und Schreiben lernen und lehren

Eine Didaktik des Schriftspracherwerbs

6. unveränderte Auflage

Schneider Verlag Hohengehren GmbH

Umschlaggestaltung:
Wolfgang H. Ariwald, BDG, 59519 Möhnesee

Gedruckt auf umweltfreundlichem Papier (chlor- und säurefrei hergestellt).

Bibliografische Information Der Deutschen Nationalbibliothek

Die Deutsche Nationalbibliothek verzeichnet diese Publikation in der Deutschen Nationalbibliografie; detaillierte bibliografische Daten sind im Internet über ›http://dnb.d-nb.de› abrufbar.

ISBN-10: 3-89676-878-6
ISBN-13: 978-3-89676-878-0

© Schneider Verlag Hohengehren, 73666 Baltmannsweiler, 2006.
  Printed in Germany – Druck: Hofmann, Schorndorf

Inhaltsverzeichnis

Vorwort

Dieses Studienbuch soll eine fachwissenschaftliche und methodisch-didaktische Einführung in den Themenbereich „Erstlesen-Erstschreiben" sowie einen Einblick in die grundlegende wissenschaftliche Diskussion um den Schriftspracherwerb geben. Die Ausführungen dienen zunächst Studierenden des Lehramts an Grundschulen als Studienhilfe und Prüfungsvorbereitung. Aber auch für Lehrerinnen und Lehrer ist das Buch von Interesse, da es einen Überblick über den gegenwärtigen Diskussionsstand gibt, für die Praxis relevante Theorie aufarbeitet und ein Gesamtverständnis des Lese- und Schreiblernprozesses vermittelt. Nicht zuletzt will das Buch alle pädagogisch Interessierten ansprechen, die Kinder in der Vorschul- und Grundschulzeit begleiten, da Lesen- und Schreibenlernen nicht erst mit Schuleintritt beginnt und auch nicht auf schulischen Unterricht beschränkt ist.

Die gegenwärtige Tendenz zur Individualisierung des Lesen- und Schreibenlernens kann nur dann fruchtbar werden, wenn Lehrerinnen und Lehrer genau über den Unterrichtsgegenstand „Schriftsprache" und die erforderlichen Voraussetzungen beim Kind Bescheid wissen. Gleiches gilt für die Lehrverfahren: Nur wer sich gut darin auskennt, kann Elemente der einzelnen Methoden nutzen und so die didaktisch-methodischen Möglichkeiten verschiedener Vorgehensweisen zur individuellen Förderung heranziehen. Daher beleuchtet dieses Buch zunächst den Lerngegenstand „Schriftsprache" und die Voraussetzungen beim Schulanfänger. Vor diesem Hintergrund können einerseits traditionelle wie auch innovative Wege der Vermittlung von Lesen und Schreiben objektiver eingeschätzt, andererseits Ziele und Inhalte für den Erstlese- und Erstschreibunterricht formuliert werden. Lehrende können Impulse für die unterrichtspraktische Umsetzung einzelner Lernschritte erhalten; der Umgang mit Lernschwierigkeiten und Grundproblemen bleibt dabei nicht ausgeklammert.

Die Gesamtgliederung zu Beginn kündigt in neun Kapiteln die verschiedenen Themenbereiche an. Den einzelnen Kapiteln ist eine zusätzliche differenziertere Gliederung vorangestellt und eine themenspezifische Literaturauswahlliste angefügt; beides soll die Einarbeitung in die einzelnen Themenbereiche erleichtern. Obwohl Lese- und Schreiblehrmethoden im Allgemeinen eng zusammen gehören und konventionelle Verfahren sowie freiere Formen des Schriftspracherwerbs durchaus miteinander zu verknüpfen sind, werden sie getrennt dargestellt. Dies geschieht aus Gründen der Übersichtlichkeit und um jeweils deren spezifische Inhalte besser herausarbeiten zu können.

Es war mein Anliegen, die wichtigsten Aspekte leicht verständlich darzustellen und Zusammenhänge aufzuzeigen, die den Bereich „Didaktik des Schriftspracherwerbs" überschaubar machen. Zu diesem Zweck erschienen mir eine knappe, teilweise schematische, aber klare Darstellung sowie Beispiele und Strukturbilder zur Verdeutlichung der Gedankengänge wichtig. Das Buch stellt eine komprimierte Einführung in wesentliche Bereiche des Erstlese- und Erstschreibunterrichts dar und bietet ein Überblickswissen. Bei vertieftem Interesse wird die Auseinandersetzung mit der angegebenen weiterführenden Literatur empfohlen (die wichtigsten Bücher wurden mit * gekennzeichnet).

Ich danke Herrn Prof. Dr. Reinhold Ortner für seinen Beitrag „Der lernprofilorientierte Ansatz im Erstleseunterricht" (siehe 9.1.2 (3)). Ebenso danke ich Frau Rosie Mester für ihre Ausführungen „Förderung eigener Lernwege" (siehe 8.5), in denen sie die unterrichtspraktische Umsetzung offener Lernwege im Schriftspracherwerb aus ihrem reichen Erfahrungsschatz heraus darstellt. Weiterhin gilt mein Dank all jenen, die mir bei der Vollendung des Buches mit Rat und Tat aus Theorie und Praxis zur Seite standen.

Bamberg, September 2004   Christa Schenk

1. Lesen und Schreiben als Unterrichtsgegenstand

1. Lesen und Schreiben als Unterrichtsgegenstand

1.1 Lesen und Schreiben - was ist das?

1.1.1 Verschiedene Definitionen[1]

Schrift - Schreiben:
Schrift ist ein System grafischer Zeichen, die zum Zwecke menschlicher Kommunikation in konventioneller Weise verwendet und durch Zeichnen, Malen, Einkerben, Ritzen o. ä. auf feste Beschreibstoffe (Stein, Rinde, Holz-, Ton- und Wachstafeln, Leder, Knochen, Papyrus, Pergament, Papier usw.) hervorgebracht werden.

Andere Kommunikationsformen wie Gesten-, Mienen- und Gebärdensprachen, Feuer-, Licht- und Rauchsignale u. Ä. (visuelle Wahrnehmung) oder gesprochene Sprache, Pfeifen, Klatschen u. Ä. (akustische Wahrnehmung) sind begrenzt, und zwar zeitlich (auf den Moment der Hervorbringung) und räumlich (wegen der ausschließlichen Verwendung bei lokaler Nähe von „Sender" und „Empfänger"). Diese zeitliche und räumliche Beschränkung wird überwunden, indem die zu verwendenden Zeichen auf dauerhaftem Material angebracht werden.[2]

BÄRMANN definiert Schrift als *„Spur eines Werkzeugs auf einer Unterlage, hervorgerufen und nach überlieferten Zeichen zum Zwecke der Dokumentation und der Kommunikation in Bewegung gestaltet von menschli-*

---

[1] Etymologische Ableitungen:
„lesen": Das gemeingermanische Verb „lesen" (mhd. lesen, ahd. lesan, got. lisan, aengl. lesan) geht mit verwandten Wörtern auf die Wurzel „les" (= verstreut Umherliegendes aufnehmen und zusammentragen, sammeln) zurück. Von daher ergeben sich die verschiedenen Bedeutungen von Lesen: aufsammeln, einsammeln, Zeichen deuten, Spuren lesen, Gesichtsausdruck lesen. „Buchstabe": Die altgermanische Zusammensetzung (mhd. buochstap, -stabe, ahd. buohstab) bezeichnete ursprünglich Stäbe mit Runenzeichen und wurde dann auf den Baumnamen „Buche" bezogen, also „Stab aus Buchenholz".
„schreiben": mhd. schriben, ahd. scriban ist mit der römischen Schreibkunst aus dem Lateinischen entlehnt worden. Das lateinische „scribere" bedeutet eigentlich „mit dem Griffel eingraben, einzeichnen" (DUDEN: Das Herkunftswörterbuch. Etymologie der deutschen Sprache. Bd. 7. Mannheim 1989).
Historisches: Schreiben und Lesen waren lange Zeit Privileg einer Bildungsschicht (geistliche und weltliche Gelehrte, Hofbeamte, Kaufleute); mit der Erfindung der Buchdruckerkunst allmähliche Ausweitung, seit der Aufklärung waren breite bürgerliche Schichten erfasst. Im Mittelalter gab es bereits Schreib-Leseschulen sowie kirchliche Elementarschulen. Eine allgemeine Unterrichtspflicht wurde in Preußen erst 1717 eingeführt. Mit der Einführung der Schulpflicht 1920 wurde Lesen und Schreiben Allgemeingut. (MEYERS ENZYKLOPÄDISCHES LEXIKON. Mannheim 1975.)

[2] Vgl. MEYERS ENZYKLOPÄDISCHES LEXIKON. Mannheim 1975.

cher Hand. "[3] Schrift - ein grafisches Zeichensystem - dient somit als Kommunikations- und Dokumentationsmittel, das sprachliche Mitteilungen aus der Hörbarkeit in die Sichtbarkeit umsetzt und dauernd verfügbar machen kann.[4] Schreiben bedeutet demnach die Umsetzung sprachlicher Bedeutungseinheiten in sichtbare Zeichen, also in Schrift. Dabei sind die *"Beziehungen zwischen lautsprachlicher Formulierung und optischer Spur ... nach Maßgabe von Schriftsystem und Orthografie geregelt."*[5] Dass diese Konventionen dem historischen Wandel unterliegen, hat insbesondere die Neuregelung der Rechtschreibung (1998) gezeigt.

Der kommunikative, sinnerfüllte Aspekt des Schreibens wird durch selbstständiges, produktives wie auch rezeptives Sprachhandeln im Unterricht zunehmend betont,[6] dabei darf die Übung der schreibtechnischen Seite jedoch nicht vernachlässigt werden.

Lesen:
Nach KAINZ ist Lesen *"das verstehende Aufnehmen von schriftlich fixierten Sprachfügungen, somit die auf Grund der erworbenen Kenntnis der Schriftzeichen vollzogene Tätigkeit des Sinnerfassens graphisch niedergelegter Gedankengänge".*[7]

Lesen im engen Sinn:
meint die Lesefertigkeit mit Sinnentnahme, d. h., die Technik des Umsetzens grafischer Zeichen in sprachliche Information. Die menschlichen Sinnesorgane übernehmen eine wichtige Rolle bei der Entschlüsselung einer Nachricht (Blindenschrift, Morsezeichen).

Lesen im weiten Sinn:
meint das Verstehen im Sinne von Interpretation. Hier geht es nicht nur um eine gut eingeübte Lesetechnik, sondern um ein Leseverständnis in umfassendem Sinne, um sprachliche Kommunikation, bei der das aktive Verarbeiten der Information hineinspielt. Es enthält *"sowohl das dialogische Prinzip des Gedankenaustausches als auch das monologische des Mit-*

---

3 BÄRMANN, F.: Lernbereich: Schrift und Schreiben. Braunschweig 1979, S. 11.
4 Vgl. dtv-BROCKHAUS-Lexikon. Mannheim 1988, S. 190.
5 KOCHAN, B./NEUHAUS-SIEMON, E. (Hrsg.): Taschenlexikon GS. Königstein/Ts. 1979, S. 386.
6 Indem die Kinder miteinander sprechen und von Anfang an durch zwingende Schreibanlässe aufgefordert sind, für sich und andere zu schreiben, somit Regelhaftigkeiten für die Verschriftung entdecken können, sowie ermuntert werden, die erhaltenen Botschaften zu entschlüsseln, wird ihnen die Sinnhaftigkeit des Schriftgebrauchs deutlich. - Vgl. LEHRPLAN FÜR DIE GRUNDSCHULEN IN BAYERN. München 2000, S. 77 ff.
7 KAINZ, F.: Psychologie der Sprache. Bd. 4. Stuttgart 1956, S. 162.

sich-selber-ins-Gespräch-Kommens".[8] Lesen muss prinzipiell auf das verstehende Aufnehmen und kognitive Verarbeiten von gedanklichen Inhalten gerichtet sein. Auch das Leseerleben als emotionale Dimension darf nicht unerwähnt bleiben.

Auch GÜMBEL erkennt, dass sich die vielen verschiedenen Beschreibungen von „lesen" im Wesentlichen zwei Betrachtungsweisen zuordnen lassen:[9]

- Lesen als **äußerlich-technischer Vorgang**: Assoziation von grafischen (visuellen) und lautlichen (akustomotorischen) Elementen durch Bewegungen von Auge und Mund, also passives Reagieren auf Schriftbilder und schlichtes Nennen der Buchstaben, Wörter und Sätze.
- Lesen als **gedanklich-verarbeitender Vorgang**: Entnahme eines Sinngehalts, der durch Schriftzeichen fixiert ist, und die denkende Verarbeitung dieser Information.

Diese Auffassung von Lesen als einem Vorgang, der verschiedene Komponenten beinhaltet, hat auch das methodische Vorgehen in der Schule beeinflusst, wobei gerade in der Anfangszeit der Methodik des Lesenlernens jeweils ein Aspekt deutlich betont wurde, der andere jedoch zunächst vernachlässigt wurde. (siehe 1.1.2 und Kap. 3)

1.1.2 Methodisch-didaktische Aspekte

BLEIDICK[10] versteht den Lesevorgang als einen dialektischen Prozess, der sowohl die **Sinnerfassung** als auch die **Lesetechnik** (Zeichenkenntnis) als grundlegende Leistungen für das Lesen einer Buchstabenschrift umfasst. So handelt es sich einerseits um Informationsaufnahme, denkendes Verarbeiten, ein aktives sprachliches Handeln, andererseits um technisches Zusammenfügen aufgrund der Kenntnis der Buchstaben und der Fähigkeit des Zusammenlesens zu Silben und Wörtern (siehe Abb. 1).

---

8   GÜMBEL, R.: Erstleseunterricht. Königstein/Ts. 1980, S. 48.
9   Vgl. GÜMBEL, R.: a.a.O., S. 46 ff.
     Eine Zusammenstellung verschiedener Definitionen von „lesen" aus fünf Jahrhunderten gibt uns
     GÜMBEL, R.: a.a.O., S. 45 f.
10   Vgl. BLEIDICK, U.: Lesen- und Lesenlernen unter erschwerten Bedingungen. Essen 1966, S. 13 ff.
     Abdruck in MEIERS, K. (Hrsg.): Erstlesen. Bad Heilbrunn/Obb. 1981, S. 19 ff.

Abb. 1:

Sinnerfassung (Verstehen)   **Technik (Grundfähigkeit)**
der Sprachinhalte   des Entschlüsselns von Schrift
(denkendes Verarbeiten,   (technisches Zusammenfügen,
aktives sprachliches Handeln)   mechanisches Können,
                                     passives Reagieren)
                  ↘   ↙

Lesen ist Sinnerfassung (Sinngestaltung)
in Schrift verschlüsselter Sprachinhalte
„verstehendes Aufnehmen von schriftlich
fixierten Sprachfügungen" (KAINZ 1956)

Damit werden die beiden Extrempositionen in der Vermittlung des Lesens deutlich, aber auch die Lösung des Problems wird offensichtlich: nur eine Methode, die beide Gesichtspunkte hinreichend beachtet, wird dem Begriff des Lesens voll gerecht (siehe Abb. 2). BLEIDICK[11] schreibt dazu:
„Sinnfindung darf nur dann als erster methodischer Akt angegangen werden, wenn er die formalen Fertigkeiten zugleich anstrebt. Auch der mechanisch aufgebaute Leseakt muss am erlebnishaltigen Sprachgut entwickelt werden."

Lesen bedeutet also:
- **die Technik**
  des Umsetzens von Schriftzeichen aufgrund erworbener Kenntnisse und Fertigkeiten in Klanggebilde, denen eine Bedeutung zugeordnet werden kann (bei lautsynthetischen Verfahren stand zu Beginn die technische Seite im Vordergrund);
- **die Sinnerfassung**
  eines sprachlichen Inhalts, der durch Schriftzeichen fixiert ist (bei den Ganzheitsmethoden wurde zunächst nur der Aspekt der Sinnerfassung vermittelt).

---

[11]   BLEIDICK, U.: a.a.O., S. 16.

Abb. 2:

Sinnerfassung (Verstehen)   Technik (Grundfähigkeit)
der Sprachinhalte   des Entschlüsselns von Schrift
↓   ↓

Analytische Methoden   **Synthetische Methoden**
ganzheitliche Verfahren   **einzelheitliche Verfahren**
↘   ↙

Lesen ist Sinnerfassung (Sinngestaltung)
in Schrift verschlüsselter Sprachinhalte
↓

Analytisch-synthetische Methoden
methodenintegrierende Verfahren

- Beide methodischen Ansätze stellen in ihrer Extremität einen Kausalfaktor für Leseprobleme dar:

Leselehrverfahren müssen deshalb beide Seiten berücksichtigen. Die Leistungsstufen des Lesens *„dürfen nicht in ein zeitliches methodisches Nacheinander gebracht werden, sondern gehören zusammen, wenn auch mit unterschiedlicher chronologischer Schwerpunktbildung beim Lernverfahren. Das Synthetisieren soll am sinnvollen Sprachgehalt vollzogen werden. Die Sinnentnahme darf das mechanische Ausgliedern und Zusammenlesen nicht vernachlässigen."*[12]

- Lesetechnik und Sinnerfassung bedingen sich wechselseitig:

Aussprache und Bedeutung des Wortes ergeben sich oft erst aus dem Sinnzusammenhang, da die Buchstaben eines geschriebenen Wortes den Klang des gesprochenen Wortes nur unvollständig wiedergeben. Die Buchstaben mit ihrem Lautwert sind lediglich Anhaltspunkte, wie das Wort heißen könnte (vgl. 1.2.2).[13]

---

[12] BLEIDICK, U.: a.a.O., S. 24.
[13] Eindrucksvolle Beispiele hierfür sind die Wörter „Montage", „rasten", „übersetzen", die erst im Sinnzusammenhang ihre Bedeutung erfahren und nur dann richtig artikuliert werden können.

1.1.3 Der Lesevorgang[14]

Der Lesevorgang ist ein komplexer Gesamtprozess, der sich aus mehreren Teilprozessen zusammensetzt. Erst das Wissen um die notwendigen Leistungsvollzüge (Voraussetzungen, Prozessablauf und die psychophysischen Stützfunktionen) macht letztlich die Anwendung methodischer Wege mit unterschiedlichen Schwerpunkten verständlich und ermöglicht es den Lehrerinnen und Lehrern, Einzelmaßnahmen zielgerichtet einzuplanen.

Das abgebildete Funktionsmodell (Abb. 3) zeigt die Komplexität des Lesens insofern auf, als es die einzelnen Operationen offen legt und in ihrer zeitlichen Abfolge darstellt; allerdings sagt es nichts über die Gesamtheit der tatsächlich ablaufenden psychischen Prozesse aus,[15] die vor allem „*den Perzeptionsvorgang, apperzeptive, assimilative, reproduktive und assoziative Vorgänge*"[16] einschließen. Die aufgezählten Teilakte wirken aufeinander und beeinflussen sich dabei wechselseitig. Beim geübten Leser laufen die einzelnen Teilprozesse fast völlig automatisiert ab.

Welche Vorgänge beim Leseanfänger ablaufen, steuert weitgehend die Leselehrmethode.[17] Steht der Einzelbuchstabe mit seinem korrespondierenden Klang im Vordergrund, setzt der Leseanfänger wie auch der weniger geübte Leser das wahrgenommene Schriftbild in ein äußeres (lautes oder halblautes) oder inneres Wortklangbild um, also in ein akustisch-sprechmotorisches Wortbild. Gleichzeitig wirkt die Sinnvermutung steuernd bei der Suche nach der tatsächlichen Klanggestalt des zu erlesenden Wortes. Ist diese gefunden, kann auch die Wortbedeutung erfasst werden. Bei einer ganzheitlichen Lehrmethode wird bei Erkennen des Gesamtwortbildes sofort die Bedeutung assoziiert; mit ihr tritt auch der Wortklang ins Bewusstsein.

Die in Abb. 3 dargestellte Stufenabfolge darf also nicht als starre zeitliche Abfolge gesehen werden. So wirkt sich beispielsweise die Wortvermutung, aus dem Sinnzusammenhang erschlossen, bereits auf die optische Wahrnehmung aus.

---

[14] Vgl. RAUH, R.: Erstlesen. In: ALTMANN, W./GAßNER, F.-J./GRUBER, S.: Seminar und Schule. Bd. 3. München 1977, S. 36 ff.

[15] Vgl. SCHEERER-NEUMANN, G.: Prozessanalyse von Lesestörungen. In: EBEL, V.: Legasthenie - Diagnose, Behandlung, rechtliche und gesellschaftliche Problematik. Bad Königshofen 1977, S. 70.

[16] Nach KAINZ, F.: a.a.O., S. 243 ff und ORTNER, R.: a.a.O., S. 10.

[17] Vgl. GOODMAN, K. S.: Die psycholinguistische Natur des Leseprozesses. In: HOFER, A. (Hrsg.): Lesenlernen: Theorie und Unterricht. Düsseldorf 1976, S. 139-151.

16

Abb. 3: **Modell des Prozesses beim Lesen einzelner Wörter oder Buchstabenketten (nach SCHEERER-NEUMANN 1977, S. 70)**

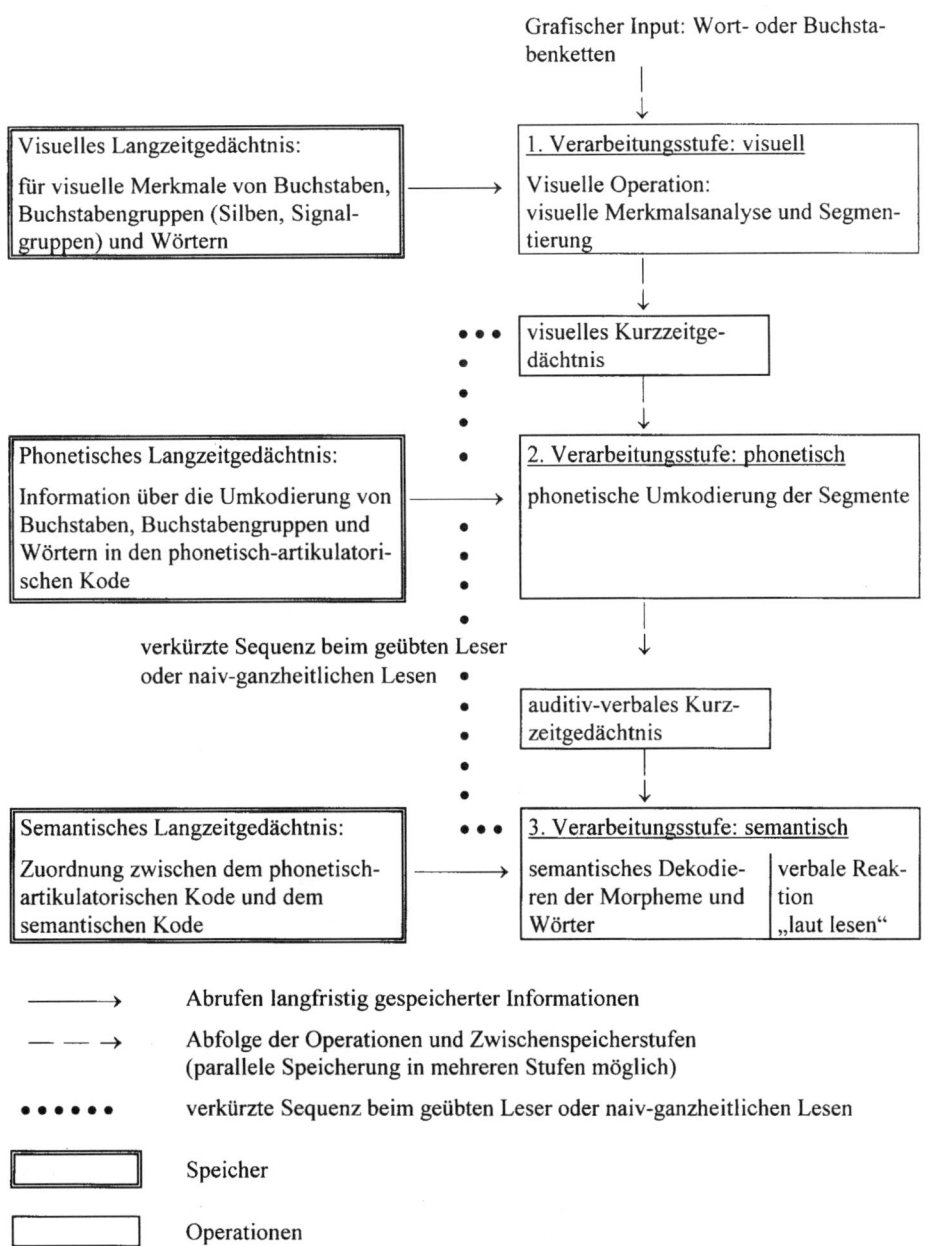

Grafischer Input: Wort- oder Buchstabenketten

Visuelles Langzeitgedächtnis:	1. Verarbeitungsstufe: visuell
für visuelle Merkmale von Buchstaben, Buchstabengruppen (Silben, Signalgruppen) und Wörtern	Visuelle Operation: visuelle Merkmalsanalyse und Segmentierung

visuelles Kurzzeitgedächtnis

Phonetisches Langzeitgedächtnis:	2. Verarbeitungsstufe: phonetisch
Information über die Umkodierung von Buchstaben, Buchstabengruppen und Wörtern in den phonetisch-artikulatorischen Kode	phonetische Umkodierung der Segmente

verkürzte Sequenz beim geübten Leser oder naiv-ganzheitlichen Lesen

auditiv-verbales Kurzzeitgedächtnis

Semantisches Langzeitgedächtnis:	3. Verarbeitungsstufe: semantisch	
Zuordnung zwischen dem phonetisch-artikulatorischen Kode und dem semantischen Kode	semantisches Dekodieren der Morpheme und Wörter	verbale Reaktion „laut lesen"

————→ Abrufen langfristig gespeicherter Informationen

— — → Abfolge der Operationen und Zwischenspeicherstufen (parallele Speicherung in mehreren Stufen möglich)

••••• verkürzte Sequenz beim geübten Leser oder naiv-ganzheitlichen Lesen

Speicher

Operationen

17

Im Ablauf des Leselernprozesses der Buchstabenschrift lassen sich vereinfacht folgende, sich gegenseitig beeinflussende Leistungsvollzüge unterscheiden, die je nach Lesestrategie verschieden stark ausgeprägt sind:[18]

- visuelle Wahrnehmung von Wortgruppen, Wörtern, Buchstabengruppen,
  Buchstaben und Satzzeichen
- Ordnen zur richtigen Wortfigur unter Mitwirkung visueller Vorstellun-
  gen

    Gestaltstützfunktionen: Gestaltmerkmale der Wortstruktur,
                                     Signalgruppen
    Voraussetzungen: optisch-visuelles Differenzierungsver-
                                       mögen, Speicherfähigkeit

---

- auditive Wahrnehmung unter Mitwirkung auditiver Vorstellungen, Bilden einer lautlichen Vorgestalt
- Reproduzieren der entsprechenden Klangbildvorstellung

    Lautstützfunktionen: Klangbildvorstellungen, im Lautgedächtnis
                                       gespeichert
    Voraussetzungen: akustisch-auditives Differenzierungsvermö-
                                       gen, sprechmotorische Fähigkeiten, Spei-
                                       cherfähigkeit

- den Zeichen und dem reproduzierten Klangbild wird Sinn unterlegt
  ⇒ Auslösen der Wortbedeutung mit dem richtigen Klangbild
- Einordnung des Einzelwortes in den Sinnzusammenhang

    Sprachstützen: sprachliche Vorerfahrungen, Wortbedeutungen,
                                    Satzbaupläne, Sprachformgefühl
    Voraussetzungen: Wissen um den Bedeutungsgehalt von Schrift,
                                     Bemühen um Sinnfindung, Speicherfähigkeit

---

Die Mitwirkung der sprechmotorischen, akustischen und auditiven Faktoren im Leseprozess wird besonders deutlich beim Leseanfänger, der während des Lesens die Lippen mitbewegt oder halblaut mitliest und u. U. verschiedene Klangvarianten ausprobiert, um die Klanggestalt des Wortes zu
finden, die dann zur Wortbedeutung führt. Es kann sein, dass erst die
Wortvermutung, erschlossen aus dem Sinnzusammenhang, zum wirklichen

---

[18]   Vgl. RAUH, R.: a.a.O., S. 38.

Sprachwort führt. Das Synthetisieren des folgenden Wortes mag dies veranschaulichen: | M | Mo | Mon | Mona | Monat | Monate |

1.1.4 Formen des Lesens

Lesen ist ein informationsverarbeitender Prozess, der sich in mannigfaltigen Variationen darstellt. Schon Erstklässler wenden unterschiedliche Arten des Lesens an. Unterscheidungen in der Lesetypologie sind allerdings weitgehend theoretischer Art, da es in der Praxis vielfältige Verbindungen und Überschneidungen gibt.

(1) Unterscheidung nach Lesesituation, Stil und Niveau des Leseanfängers (nach GÜMBEL)[19]

Neben Lesesituation und Stil des Lesers begründet auch dessen Niveau jeweils eigene Formen von Lesen. Zur Beschreibung dieser individuellen Verhaltensstrategien zieht GÜMBEL teilweise Erkenntnisse anderer Autoren heran.

- *Abhängigkeit von der Lesesituation*
- Schwierigkeitsgrad des Textes
- Bedeutung des Neuigkeitsgehalts
- Darstellungsform des Schriftbildes
- kommunikativer Anlass

- *Abhängigkeit vom individuellen Stil des Lesers[20]*
Auch wenn Lesegenauigkeit und Lesetempo in gewissem Umfang trainierbar sind und sich sicherlich auch das Leseniveau auf den Lesestil auswirkt, sind stabile individuelle Lesestrategien erkennbar; dabei weisen die polarisierenden Darstellungen verschiedener Autoren Parallelen auf:

nach WUNDT (1903):
- assimilierende Leser: überfliegendes Lesen, nur wenig grafische Hinweise werden beachtet, Orientierung an auffälligen Schriftmerkmalen, eigene Vermutungen spielen eine wichtige Rolle
- apperzipierende Leser: „buchstabengetreues" Lesen, die grafischen Daten werden sorgfältig wahrgenommen

---

[19] Vgl. GÜMBEL, R.: a.a.O., S. 48 ff.
[20] Vgl. KAINZ, F.: Psychologie der Sprache. Bd. 4. Stuttgart 1956, S. 266 ff.

nach MESSMER (1904):
- subjektive Leser: erkennen mehrere Buchstaben und Wörter auf einmal, subjektive Deutung
- objektive Leser: erkennen wenig Buchstaben und kurze Wörter auf einmal, genaues und buchstabengetreues Lesen

nach KAGAN (1964):
- impulsive Leser: überstürztes, unbesonnenes Vorgehen, flüchtige Verarbeitung der Information
- reflexive Leser: alle vorgegebenen Daten werden beachtet, genau verarbeitet und reflektiert

- *Abhängigkeit vom Niveau des Leseanfängers*
Lesen ist abhängig von Umfang und Geläufigkeit der verfügbaren Wörter, Wortteile, Buchstaben und Buchstabengruppen, ebenso ist es abhängig von der Kenntnis sprachlicher Bedeutungen und syntaktischer Regeln.

Obwohl es große Niveauunterschiede gibt, können nach GOODMAN zwei Extremformen beschrieben werden:[21]
- Rekodieren:
  mühsames Entziffern der Information, der Sinn kann nicht vorweggenommen werden, u. U. fehlt das Bedeutungsverständnis.
- Dekodieren:
  aus den sprachlichen Zeichen wird sofort die Bedeutung entnommen, das Leseverständnis stellt sich ohne lautes Lesen ein, der Vortrag ist ein sinnvolles Lesen mit entsprechender Betonung.

(2)   Einteilung nach der Lesetechnik und -absicht[22]

- kursorisches Lesen (schnelles Lesen, um sich einen Überblick zu verschaffen)
- selektives Lesen (Informationen suchen in Lexika, Katalogen u. Ä.)
- informierendes Lesen (sich über Tagesereignisse in der Zeitung informieren)
- einprägendes Lesen (etwas lernen)
- kritisches Lesen (überprüfendes Lesen, z. B. eines Leserbriefes)
- statarisches Lesen (langsames und genaues Lesen, z. B. vor Vertragsabschluss)

---

[21]   Vgl. GÜMBEL, R.: a.a.O., S. 55 ff.
[22]   Vgl. Manuskript zum Ausbildungstag in Höchstadt am 30.10.1986. - Vgl. STOCK, H.: Weiterführendes Lesen in der Grundschule. In: ALTMANN, W./GAßNER, F.-J./GRUBER, S.: Seminar und Schule. Bd. 3. München 1977.

- evasorisches Lesen (durch die Lektüre eines Buches entspannen)
- klanggestaltendes Lesen (Vorlesen, Dichterlesung)

(3) Einteilung nach dem Leserinteresse (nach BAUMGÄRTNER in Anlehnung an GIEHRL)[23]

- *„informatorisches"* Lesen:
  es dient der Weltorientierung und Lebensbewältigung;
- *„evasorisches"* Lesen:
  Lesen um stimulierender, narkotisierender Wirkung willen und zur Ablenkung;
- *„kognitives"* Lesen:
  der Leser strebt nach Erkenntnis und Sinnerfüllung des In-der-Welt-Seins;
- *„literarisches"* Lesen:
  es gilt dem sprachlichen Kunstwerk, der Dichtung, dem dichterischen Wort mit seiner klanglichen Schönheit, dem Vorstellungsreichtum, der Gefühlstiefe.

(4) Einordnung aus grundschuldidaktischer Sicht

- Das halblaute Lesen
  - wichtiger methodischer Faktor, der Leseanfänger bedarf des Wortklanges zur Sinnfindung (Schriftbild → Klangbild ↔ Sinnfindung)[24]

- Das stille Lesen
  - mit dem Voranschreiten im Leselernprozess beginnt der Schulanfänger still zu lesen
  - das Schriftbild wird ohne äußerlich wahrnehmbare Verklanglichung sofort in Sinnzusammenhänge umgesetzt
  - es ist die übliche Form des Lesens und nimmt den größten Anteil innerhalb aller Lesesituationen ein

---

23 Vgl. BAUMGÄRTNER, A. C.: Lesen. In: KOCHAN, B./NEUHAUS-SIEMON, E. (Hrsg.): Taschenlexikon Grundschule. Königstein/Ts. 1979, S. 291 f.

24 Der Leseanfänger erliest beim Synthetisieren eines Wortes zunächst eine „vorläufige Klanggestalt". Durch halblautes, variiertes Sprechen und die Sinnvermutung gelingt es, die „reale Klanggestalt" zu finden und erst aus dieser kann die Wortbedeutung erkannt werden (vgl. SCHENK, Ch.: Lesenlernen vorbereiten. Baltmannsweiler 1990, S. 23 ff). Es geht also zunächst darum, dass die Kinder den Inhalt erfassen und nicht um lautes Vorlesen. Vorlesen kann vom Leseanfänger erst gefordert werden, wenn ihm der Inhalt bekannt ist. Lesehausaufgaben im Erstunterricht sollten deshalb zunächst auf Sinnerfassung abzielen und dann erst auf guten Vortrag.

• Das Vorlesen
  - gesprochene Wiedergabe des entschlüsselten Textes mit entsprechender Betonung
  - schwierigste Form des Lesens, da der Sinn vorweg entnommen werden muss

1.2   Die Besonderheit der Buchstabenschrift

Schrift ist ein System grafischer Zeichen, mit dem ein sprachlicher Bedeutungsgehalt enkodiert und wieder dekodiert werden kann. In unserer Kultur gibt es neben der Lautschrift noch andere Zeichensysteme, wie z. B. Ziffern, Noten, Verkehrszeichen, Symbole und Landkarten.
Da die Eigenart der Schrift den Lesevorgang und damit den Erstleseunterricht bestimmt, sind für den Didaktiker die Unterschiede der Schriftsysteme und ihre Entstehung aufschlussreich.

1.2.1   Zur Entwicklung der Schriftsysteme[25]

Im Laufe der Menschheitsgeschichte entstanden nach der Bilderschrift - als einer Vorstufe der Schriftsprache - sowohl Begriffsschriften als auch Lautschriften, um Informationen raum-zeitlich unabhängig übermitteln und aufbewahren zu können.[26]
Der entscheidende Schritt in der Entwicklungsgeschichte der Schrift ist die „Phonetisierung", der Übergang von der Begriffsschrift zur Lautschrift, die nun ihrerseits nicht mehr die Bedeutung der sprachlichen Mitteilung verschlüsselt, sondern den Klang der Sprache (Beginn um 3000 v. Chr. in Mesopotamien und Ägypten). Ihr großer Vorteil besteht darin, dass sie mit einer stark begrenzten Anzahl von Zeichen auskommt und auch selbstständiges Erlesen unbekannter und neuer Wörter, also auch Wortneuschöpfungen, ermöglicht.
Durch die Systematisierung des phonetischen Prinzips sind ganze Schriftsysteme (Silben-, Lautschriften) geschaffen worden. In der Silbenschrift

---

[25]   Vgl. SCHWARTZ, E.: Der Leseunterricht. Braunschweig 1971[4], S. 16 ff. - THOMÉ, G.: Linguistische und psycholinguistische Grundlagen der Orthographie. In: VALTIN, R. (Hrsg.): Rechtschreiben lernen in den Klassen 1-6. Frankfurt/M. 2000, S. 12.

[26]   Vergleicht man die Entstehung der Schrift mit den Ausführungen zu den verschiedenen Modellvorstellungen über den Zugang des Kindes zur Buchstabenschrift (siehe 5.1.2), so scheint es, das Kind vollziehe die Evolution der Schrift im Zeitraffer nach. Siehe z. B.: GÜNTHER, K. B.: Ein Stufenmodell der Entwicklung kindlicher Lese- und Schreibstrategien. In: BRÜGELMANN, H. (Hrsg.): ABC und Schriftsprache: Rätsel für Kinder, Lehrer und Forscher. Konstanz 1986, S. 32 ff.

22

werden (im Idealfall) die Silben der Wörter, in der Lautschrift deren einzelne Laute durch Zeichen ausgedrückt, die von dem jeweiligen Begriff unabhängige Lautwerte haben. In Wirklichkeit sind aber reine Begriffs- oder Silbenschriften selten, meist handelt es sich um Mischformen.[27]

Theoretisch können wir folgende Schriften unterscheiden:
- Bilderschriften
- Ideen- und Begriffsschriften
- Silbenschriften
- Laut- oder Buchstabenschriften

(1) Bilderschriften (Gedächtniszeichen)

Auf einer ersten Entwicklungsstufe werden Mitteilungen in einfachen Bildern oder Bildfolgen, unabhängig von der Lautung der Sprache, wiedergegeben. Sie sind primitive Vorstufen einer eigentlichen Schrift; Bilder erzählen Geschichten und werden als Möglichkeit genutzt, Informationen zu speichern. Beispiele hierfür sind die Höhlenmalereien. Möglicherweise hatten diese Zeichen zunächst eher magische Bedeutung und erzielten im weiteren Entwicklungsverlauf Mitteilungsfunktion.
In Piktogrammen haben auch heute noch allgemeinverständliche Bildsymbole Bedeutung.

Kennzeichen:
- Einfache Bilder werden benutzt, um Nachrichten zu übermitteln.
- Einzelnen bildhaften Zeichen wird bleibende Bedeutung zugeordnet.
- Bildzeichen werden gereiht, um längere Sinnfolgen auszudrücken.

Abb. 4: **Fiktives Beispiel einer Bilderschrift**

---

27   Vgl. MEYERS ENZYKLOPÄDISCHES WÖRTERBUCH: a.a.O.

(2) Ideen- und Begriffsschriften

Begriffsschriften stellen einzelne Wörter durch besondere Zeichen (Logogramme) dar, zu Beginn mit Bildzeichen (z. B. Hieroglyphen); später tritt der Bildcharakter immer mehr zurück aufgrund des harten Schreibmaterials und aufgrund des Wunsches, schneller schreiben zu können.
Reste des Wortschriftsystems finden sich auch in Lautschriften, vor allem in Zahlen und Symbolen (z. B.: §, ?, %, ✄, 1, 2, 3).
Bei einem ganzheitlichen Lesebeginn werden die Wortbilder wie bei einer Begriffsschrift gelesen.

Probleme ergeben vor allem abstrakte Begriffe und Namen, die bildlich schwer oder gar nicht darzustellen sind. Ein bildlich nicht darstellbarer Begriff wird deshalb durch das Symbol eines nur lautlich ähnlich klingenden, jedoch zu jenem nicht in sachlichem Bezug stehenden Begriffs angedeutet. Damit erhalten Zeichen phonetischen Wert, der unabhängig von der eigentlichen Bedeutung des Wortes ist. In rein logografischer Form hat es Begriffsschriften kaum gegeben.[28]

Kennzeichen:
- Ein Zeichen steht für eine Idee (z. B. ein Zeichen für Zug - Eisenbahn, Möhre - Karotte - gelbe Rübe (südd. Mohrrübe)).
- Da die grafischen Zeichen lediglich Symbole für einen Begriff sind (die Information ist nicht mehr unmittelbar ablesbar), muss jetzt die Bedeutung eingeprägt werden.
- Die vereinfachten Zeichen ermöglichen rascheres Schreiben.
Von Anfang an haben das Schreibgerät (Meißel, Griffel, Pinsel) und der Beschreibstoff (Stein, Wachs, Pergament) Einfluss auf die Entwicklung der Zeichengestalt genommen (das Schreibmaterial war weniger zum Zeichnen geeignet).

---

[28] So kann z. B. „Helmut Kohl" im Chinesischen sowohl in logografischer („hell-Mut-Kohl") als auch in phonetischer Transskription („E-Mu-Gol") geschrieben werden. - Vgl. Chinesisches Wörterbuch. Seoul 1995. (An dieser Stelle Dank an EUN LIN für die Hilfe bei der Übersetzung.)

Bewertung:

Nachteil: Lesenlernen ist ein unendlicher Lernvorgang und erfordert ein gutes Gedächtnis. Die Gesamtzahl der Zeichen in der heutigen Form der chinesischen Schrift beträgt etwa 50 000.[29]

Vorteil: Da die Bedeutung verschlüsselt ist, kann die Schrift in jeder Sprache gelesen werden. Buchstabenschriften erfordern dagegen einen gemeinsamen Sprachcode.[30]

Abb. 5: **Entwicklung einer Begriffsschrift**
Beispiel Keilschrift[31]

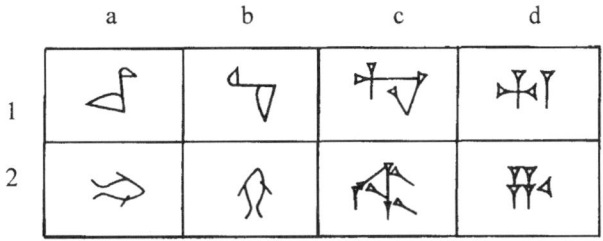

a: ursprüngliches Piktographisch; b: Piktographisch der späteren Keilschriftzeit (Zeichen um 90°gedreht); c: Frühbabylonisch; d: Assyrisch.
1: Vogel; 2: Fisch

Abb. 6: **Fiktives Beispiel einer Begriffsschrift**

Text: ⟩ᜰ ﹏ ⊠ 𝖸 ⊙ ﹏ ○ △ ⊙ ⟩ᜰ △ □

Zeichenerklärung:

🚶 = ⟩ᜰ   → = ﹏   🗄 = ⊠

🗄 = ○   ↑ = 𝖸   🥣 = ⊙

🪑 = □   ↓ = △

---

29 dtv-BROCKHAUS-Lexikon. Mannheim 1988.
30 Die chinesische Schrift ist heute noch eine „logografische" oder „ideografische" Schrift. Da jedes Schriftzeichen ein sinngebendes Wort darstellt, ist sie von der Aussprache unabhängig und kann in verschiedenen Sprachen gelesen werden. Wegen dieser auch alle Dialekte verbindenden Funktion wurde sie im heutigen China beibehalten (dtv-BROCKHAUS-Lexikon: a.a.O.).
31 MEYERS ENZYKLOPÄDISCHES LEXIKON. Mannheim 1975.

25

(3) Silbenschriften

Die Weiterentwicklung zur lautgetreuen Schrift erfolgte über die Silbenschrift. Die Japaner übernahmen zwar zunächst die chinesische Begriffsschrift (4./5. Jh.), entwickelten aber schon früh aus den chinesischen
Schriftzeichen eine Silbenschrift, die Sprache phonetisch wiedergibt. [32]

Kennzeichen:
- Die Silben der Wörter werden durch Zeichen ausgedrückt.
- Gleichklingende Silben werden mit denselben Zeichen wiedergegeben
  (phonetisches Prinzip).
- Eine hohe Gedächtnisleistung ist zum Erlernen einer Silbenschrift erforderlich (die Anzahl der gegenwärtig gebräuchlichen Zeichen der japanischen Schrift beläuft sich auf 1850; 881 Zeichen sind seit 1948
  obligatorisches Pensum der japanischen Elementarschulen[33]).
- Erleichterung beim Lernen besteht insofern, als keine Synthese der Laute notwendig ist.

(4) Die Lautschrift

Übergänge in der Entwicklung zur Lautschrift sind Schriften mit Zeichen
für die Konsonanten. Die Griechen entwickelten schließlich zu den Konsonanten, die schon in anderen Schriften bestanden, die Vokale. So ent-
stand das erste Alphabet (vermutlich im 9. Jh. v. Chr.).
Die Erfindung des Alphabets war so umwälzend und durchschlagend, dass
es sich nicht nur auf der ganzen Welt ausdehnte, sondern praktisch ohne
Veränderung des Prinzips bis heute Bestand hat. Das griechische Alphabet
als Schriftsystem verbreitete sich früh über das römische Reich und dann
unter dem Einfluss der römisch-katholischen Kirche in ganz Europa und
darüber hinaus. So gehen letztlich alle europäischen Schriften auf das griechische Mutteralphabet zurück.[34]

---

[32] Die japanische Schrift verwendet ideografische Zeichen und Silbenzeichen gemischt.
      dtv-BROCKHAUS-Lexikon. Mannheim 1988.
[33] Nach MEYERS ENZYKLOPÄDISCHES Lexikon. Mannheim 1975.
[34] Vgl. MEYERS ENZYKLOPÄDISCHES Lexikon: a.a.O.
      Schriftsystem muss von Schriftart (z. B. deutsche Schrift, griechische Schrift, lateinische Schrift) un-
      terschieden werden.

Zusammenfassung

- Der entscheidende Schritt in der Entwicklungsgeschichte der Schrift ist die „Phonetisierung", der Übergang von der Ideen- oder Begriffsschrift zur Lautschrift, die nun vom Sinn der sprachlichen Mitteilung absieht und den Sprachklang kodiert.
- Mit Zeichen für einzelne Laute wird die ganze Sprache dargestellt.
- Lautschriften haben einen festgelegten Klang, die Bedeutung muss aus dem Sinnzusammenhang erfasst werden (z. B. Ball, Schloss), Begriffsschriften sind dagegen in der Bedeutung eindeutig festgelegt, nicht aber im Klang (z. B. Zug oder Eisenbahn).
- Mit der geringen Anzahl von 26 Buchstaben kann alles aufgeschrieben werden.[35]
- Die Lautzeichen- und Buchstabenschriften (Phonogramme) kennzeichnen das Ende der bisherigen Entwicklung der Schriftsysteme.

Die Buchstabenschrift ist die leistungsfähigste aller Schriftsysteme: Mit nur 26 Buchstaben können wir alles aufschreiben und lesen, vorausgesetzt, wir beherrschen das Prinzip.

1.2.2 Die Abhängigkeit des Lesevorgangs vom Schriftsystem

(1) Die Struktur der Buchstabenschrift[36]

Linguistisch betrachtet, besitzt unsere Sprache zunächst zwei Ebenen:
- den Bedeutungsgehalt oder Sinn des Gesprochenen und
- die auditiv wahrnehmbare Klanggestalt.

Diese Klanggestalt der Sprache wird in unserer Lautschrift optisch durch Buchstaben repräsentiert, indem bestimmten klanglichen Einheiten (Phonemen/Lauten)[37] optische Zeichen (Grapheme/Buchstaben)[38] zugeordnet

---

[35] Die Auswahl und Anzahl der Zeichen kann in verschiedenen Sprachen und Schriften variieren. So hat z. B. das Deutsche das Zeichen „ß".

[36] Vgl. SCHENK, Ch.: Lesenlernen vorbereiten. Baltmannsweiler 1990, S. 16 ff.

[37] Phoneme sind Laute, die in derselben Stellung einen Bedeutungsunterschied hervorrufen (z. B. /h/ in Hase und /n/ in Nase), aber nicht selbst bedeutungstragend sind. Vgl. DUDEN Fremdwörterbuch. Bd. 5. Mannheim 1982[4].

[38] Grapheme sind Buchstaben(gruppen), die Phoneme schriftlich festhalten. Vgl. BERGMANN, R./PAULY, P./SCHLAEFER, M.: Einführung in die deutsche Sprachwissenschaft. Heidelberg 1981, S. 36.

werden. Damit kommt als dritte Ebene die graphische Form hinzu. Deshalb bezeichnet TOPSCH Schrift auch als *"sekundäres Repräsentationssystem"*[39]: Schrift ist ein Symbol für ein anderes Symbol, nämlich die Sprache, und diese vertritt Inhalte und Bedeutungen. So hat die Bedeutung in der Schrift einen doppelten Übersetzungsprozess durchlaufen. Den Zusammenhang von Sprache und Lautschrift verdeutlicht Abb. 7.

Damit nun Sprache in Schriftsprache übertragen werden kann (und umgekehrt), sind mehrere Hürden zu überwinden. Zunächst muss von der Bedeutungsebene abstrahiert werden; einzig die Klanggestalt eines Wortes ist ausschlaggebend für seine Buchstabenfolge. Hierbei spielt also das phonematische Prinzip die entscheidende Rolle.[40]

Jedoch ist die Zuordnung von Phonem zu Graphem nicht immer eindeutig; mit den 26 Alphabetzeichen (zuzüglich Sonderzeichen wie ß, ä, eu, ...) werden die mindestens 40 verschiedenen Phoneme der deutschen Sprache wiedergegeben,[41] weitere Lautnuancen (z. B. Gleitlaute) werden schriftlich gar nicht fixiert. So kann eine alphabetische Schreibung unter dem Gesichtspunkt der Zweckmäßigkeit und Ökonomie niemals die phonetische Form der Wörter präzise wiedergeben. *"Weder werden alle phonetischen Unterschiede in der Schrift wiedergegeben ..., noch drücken umgekehrt alle graphemischen Unterschiede phonetische Distinktionen aus"*[42]. Gleiche Klanggestalten werden unterschiedlich verschriftet (z. B. /e/ in Held – hält), /v/ in Vase - Wasser), verschiedene Klänge werden durch ein und dasselbe Graphem repräsentiert (z. B. /f/ in Vogel - /v/ in Vase), divergierende Buchstaben(-gruppen) stehen für ein und dasselbe Phonem (z. B. mir - ihm - vier - stiehlt). Buchstabenschriften sind also im strengen Sinn nicht phonetisch, sondern orientieren sich lediglich an einem phonematischen Prinzip.

Für den Lese- und Schreibanfänger ist es schon schwer genug, aus dem Sprachfluss einzelne Wörter zu isolieren, da diese kaum getrennt voneinander artikuliert werden. Um so schwerer fällt ihm die Ausgliederung einzelner Phoneme aus einem Wort, denn sie werden bei ihrer Artikulation durch Übergänge nahtlos miteinander verbunden. „M" und „A" zusammengelesen bilden einen neuen Lautkomplex, weshalb dem Kind das Erlernen der Synthese so schwer fallen kann. Jedes Wort besitzt eine ihm eigene „akusto-motorische" Gesamtgestalt; die einzelnen Lautelemente wer-

---

39 TOPSCH, W.: Lesenlernen/Erstleseunterricht. Bochum 1979, S. 11.

40 So lernt der Schreibanfänger zunächst das Wort auf seine Laute hin sprechmotorisch „abzutasten" und alle Laute, die er spricht bzw. hört, aufzuschreiben.

41 Vgl. BRÜGELMANN, H.: Kinder auf dem Weg zur Schrift. Konstanz 1983, S. 86.

42 BIERWISCH, M.: Schriftstruktur und Phonologie. In: HOFER, A. (Hrsg.): a.a.O., S. 52.

Abb. 7:   Darstellung des Zusammenhangs von Schrift und Sprache

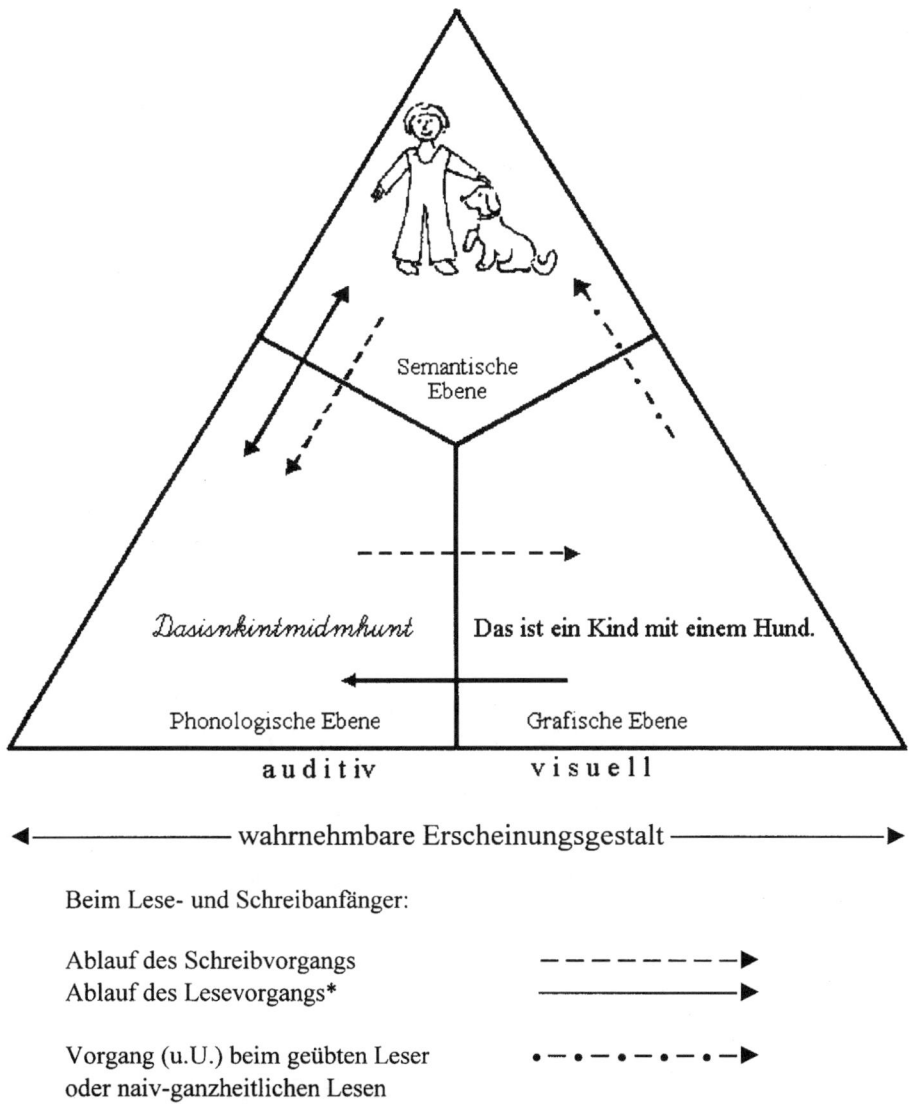

Beim Lese- und Schreibanfänger:

Ablauf des Schreibvorgangs
Ablauf des Lesevorgangs*

Vorgang (u.U.) beim geübten Leser
oder naiv-ganzheitlichen Lesen

- Da die aus dem Kontext abgeleitete Wortvermutung bereits vor dem Erlesen die Gedanken in eine bestimmte Deutungsrichtung lenkt, stehen die phonologische und die
  semantische Ebene beim Lesevorgang in Wechselbeziehung.

den in ihrer Klangqualität vom gesamten Beziehungsgeflecht her bestimmt (z. B. „o" in „Tom" oder „Ton"). Durch diese Verschmelzung kann auch die Frage nach einem Laut in einem Wort von einem Leseunkundigen nur vage beantwortet werden. Deshalb fängt für manche Kinder „Tiger" noch mit /ti/ und „Krokodil" mit /kr/ an.

Dennoch werden bestimmte Laute, die sog. Stellungslaute, als akzentuierte *„Stationen, die der Artikulationsstrom passiert"*[43], deutlicher wahrgenommen als solche, die die Verbindung zwischen jenen herstellen. Fasst man nun die Laute von gewisser Ähnlichkeit *„unter Absehung von ihrer individuellen, durch die Gestaltqualität bewirkten Sonderfärbung"*[44] zusammen, gelangt man zu den sog. Normallauten. Ihnen werden die Grapheme zugeordnet, die jeweils eine bestimmte Lautbreite repräsentieren (z. B. das „o" in Rose, Rost, holen, Holunder, Holle). Daraus ergibt sich, dass die Stellungslaute beim Verschriften als Normallaute festgehalten werden, die Gleitlaute jedoch wegfallen. Mit diesen fixierten Normallauten sind im geschriebenen Wort so nur Anhaltspunkte für dessen Klanggestalt gegeben.

Die Buchstabenschrift ist eine „Skelettschrift" (KAINZ): Die Schrift stellt nur dar, was zur Rekonstruktion des Wortklanges unbedingt gebraucht wird.

Bestimmend für die individuelle Aussprache eines Graphems ist, neben der Stellung im Wort und den umgebenden Lauten, vor allem aber die Wortbedeutung (z. B. rasten - rasten). Für den erfahrenen Leser stellt dies kein Hindernis mehr dar; der Leseanfänger kommt zunächst zur durch das Synthetisieren der Normallaute entstandenen *„Wortvorgestalt"*[45]. Erst durch den *„semantischen Sprung"*, der das vorläufige Klangbild eines Wortes über das Aha-Erlebnis seiner Bedeutungserkennung in die wirkliche Klanggestalt überführt, kommt er zur adäquaten Artikulation dieses Wortes und damit zur Sinnfindung. Wortvermutung und Ausprobieren einer verschieden akzentuierten Aussprache spielen hierbei eine große Rolle.[46] Im Gegensatz zum synthetisierenden Leseanfänger, der die Buchstaben einzeln zusammenliest, nimmt der geübte Leser Buchstabenkombinationen und -gruppen als graphische Einheiten zur simultanen Verarbeitung auf.

---

[43] BOSCH, B.: Grundlagen des Erstleseunterrichts. Reprint der ersten Auflage 1937. Frankfurt/M. 1984, S. 76 f.
[44] BOSCH, B.: a.a.O., S. 77.
[45] Vgl. BOSCH, B.: a.a.O., S. 78 ff.
[46] Vgl. SCHENK, Ch.: a.a.O., S. 25 ff.

Solche Signalgruppen haben eine eindeutige *„Korrespondenz (1:1) zwischen Graphemgruppe und entsprechender Phonemgruppe"*[47] und sind konstant in ihrem Klang. Damit kann das Finden der Bedeutung, also der semantische Sprung, erheblich erleichtert werden.

So genügt dem geübten Leser durchaus die skeletthafte Notation der Sprache in unserer alphabetischen Schrift. Es stellt sich jedoch die Frage, ob der Leseanfänger mit dem Erlernen der einzelnen Buchstaben und den dazugehörigen Normallauten zunächst nicht zu einer ungünstigen Lesestrategie geführt wird. Der gewandte Leser operiert ja in vielen Fällen nicht mehr mit diesen kleinsten Elementen der Schrift, sondern er bedient sich der Wortganzen, Silben und Buchstabengruppen. Wird im Leseunterricht von Anfang an mit Ganzwörtern und Wortunterganzen gearbeitet, beeinflusst dies sicherlich das Leseverhalten positiv. Das Gedächtnis ist natürlich dann in einem höheren Maße gefordert, denn die begrenzte Zahl der zu erlernenden Grapheme und Phoneme wird durch die verschiedenen Zeichenkombinationen bei weitem überschritten.[48]

(2) Kognitive Leistungen des Leseanfängers[49]

- *Beim Erlernen der Begriffsschrift:*
- Einprägen der grafischen Symbole und Zuordnen einer festen Bedeutung;
- Symbolverständnis: ein Zeichen steht immer für die gleiche Bedeutung;
- gutes Gedächtnis: aufwendiges und langwieriges Lernen;
- Gleichermaßen geeignet für Sprecher verschiedener Sprachen, da sie in die eigene Sprache dekodiert werden kann.

---

47   WARWEL, K. in: GÜNNEWIG, H.: Lesenlehren - Lesenlernen. Stuttgart 1981, S. 144.
48   Neben WARWEL und GÜNNEWIG plädieren auch RÖBER-SIEKMEYER und TROSSBACH-NEUNER für eine Betonung von Silben, Buchstaben- und Signalgruppen mit ihren phonetischen Entsprechungen im Erstlese- und Erstschreibunterricht. - Vgl. WARWEL, K.: Lesenlernen nach strukturgemäßen Verfahren. Braunschweig 1971, S. 312 ff. - GÜNNEWIG, H.: a.a.O., S. 141 ff. - RÖBER-SIEKMEYER, Ch.: a.a.O., S. 73 u. 83 ff. - TROSSBACH-NEUNER, E.: Womit fängt „Eimer" an? Gesprochene Sprache im Aufbau phonematischer Bewusstheit. Frankfurt/M. 1992, S. 13 u. 24 f.
49   Vgl. MENZEL, W.: Wie wir lernen: ein Erfahrungsexperiment. In: MENZEL, W.: Lesenlernen - Schreibenlernen. Braunschweig 1990, S. 84 ff. - SCHENK, Ch.: a.a.O., S. 23 ff. - HILLEBRAND, M. J.: Kind und Sprache. Psychologische Voraussetzungen des Deutschunterrichts in der Schule. München 1961. - GIBSON, E. J./LEVIN, H.: Die Psychologie des Lesens. Stuttgart 1980, S. 100 ff. - SCHWARTZ, E.: a.a.O., S. 198 ff.

- *Beim Erlernen der Buchstabenschrift:*
- Begreifen, dass Buchstaben Hinweise auf die Lautung des Wortes geben und von links nach rechts übersetzt werden müssen;
- Bilden von Lautkomplexen aus den Einzellauten (Technik des Lautverschmelzens, Synthese);
- Finden des sinnvollen Wortes durch Variieren der Lautqualität und Betonung (Beispiel: Am - pe - l → Aha-Erlebnis: ['ampl], siehe Abb. 8);
- Einprägen grafischer Symbole und Zuordnen eines festen, bleibenden Klangs: Laute, Buchstabengruppen, Wörter (beim geläufigen bzw. naivganzheitlichen Lesen sind neben den einzelnen Buchstaben auch Buchstabengruppen bzw. Wörter gespeichert, die sofort wieder erkannt werden).

Abb. 8:

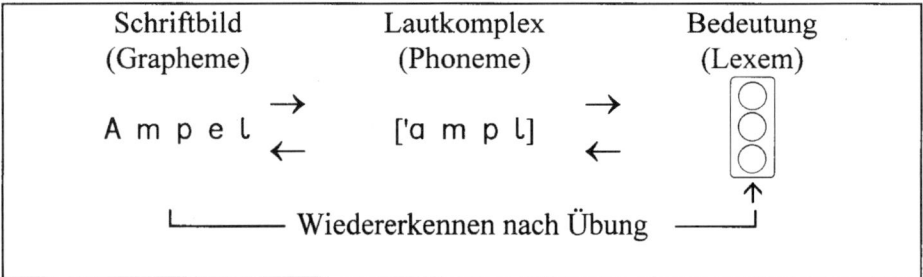

Spezielle Grundfähigkeiten als Voraussetzung für das Erlernen unserer Lautschrift (siehe Kap. 2.2.2):
- Der Leseanfänger muss lernen, die Bedeutungsebene außer Acht zu lassen, und muss sich der Sprache als Klanggebilde bewusst zuwenden.
- Er muss die Lautkomplexe der Sprache (Satz, Wort, Silbe) in seine Grundbestandteile auflösen können.

Das Erlernen der Buchstabenschrift ist schwieriger, doch wer das System beherrscht, kann alles lesen.

1.2.3 Zusammenfassung der erschwerenden Momente für das Lesen und Schreiben der Buchstabenschrift

(1) Schwierigkeiten, die sich aus der Schreibweise des Deutschen ergeben:

- Mangelnde Lauttreue durch Beschränkung der Zeichen:[50]
- Es wird nur ein Teil der Laute wiedergegeben (Stellungslaute), Gleitlaute werden nicht dargestellt.
- Dehnungen und Schärfungen werden nur manchmal gekennzeichnet (z. B.: Kohle - Rose, kannte - Kante).
- Betonungen von Lauten sind teilweise nicht gekennzeichnet, man muss aus dem Textzusammenhang auf das Wort schließen (z. B. übersetzen - übersetzen, Wach/stube - Wachs/tube)
- gleiche Buchstaben werden verschieden ausgesprochen (z. B. *V*ater – *V*ase, L*y*dia – S*y*bille, *C*ir*c*us)

- Die inkonsequente Schreibweise führt zu Schwierigkeiten bei der Rechtschreibung[51]:
- Gleichklingende Laute werden verschieden geschrieben.
  Beispiele: **Fuchs - Luxus - Koks - flugs - Klecks**
  Vater - Phase - Fall
  mir - ihm - lieb - stiehlt

(2) Konsequenzen für den Unterricht

- Das Erkennen der Laut-Buchstaben-Beziehungen (Phonem-Graphem-Korrespondenz) mit lautgetreu geschriebenen Wörtern erleichtern (z. B. Oma - Opa, Auto, Haus, rot, ist, wo, im, am, mit, rufe, male);

- Üben der Graphem-Phonem-Zuordnung:
  Einschleifen durch Abbauen - Aufbauen,
  Regeln einschulen durch häufigen, variantenreichen Gebrauch
  (z. B. st, sp gesprochen /scht/, /schp/; /ai/ schreiben wir ei);

---

[50]   Die Lauttreue ist in der englischen und französischen Sprache noch ungünstiger.

[51]   Verschiedene Autoren weisen darauf hin, dass eine wesentliche Vereinfachung der Rechtschreibung die Bedeutungserfassung beim Lesen erschweren würde, da ähnlich klingende, aber bedeutungsverschiedene Wörter dann gleiche Schriftbilder hätten; Beispiele: reist, reißt, reihst, Seen, sehen, säen (u. a. GIBSON, E. J./LEVIN, H.: a.a.O., S. 36).

- Ganzheitliches Erlesen von Wörtern und Wortteilen anwenden:
  Bestimmte Wörter werden besser als Ganzes eingeprägt als aufbauend
  erlesen (z. B. „klein", „groß", „Spiel").

- Nutzen von Signalgruppen:
  Erkennen von bekannten, konstant klingenden Buchstabengruppen in
  anderen Wörtern (z. B. **ich** in **mich, dich, nich**t; **aus** in **Maus, Haus,
  raus**);

- Förderung der Worterschließung aus dem Kontext:
  Nicht nur lautbezogen, sondern auch bedeutungsbezogen lesen, um den
  richtigen Wortklang zu finden, z. B. Montage (Wochentage) – Montage
  (Zusammenbau);
  Lesenlernen muss immer Technik und Sinnerschließung berücksichti-
  gen.

1.3 Lesen und Schreiben als Formen menschlicher Kommunikation

Schreiben und Lesen sind wie das Sprechen und Hören Formen menschlicher Kommunikation. Im Folgenden geht es in erster Linie darum, die
Kommunikationsvorgänge beim Lesen und Schreiben im Vergleich zur
mündlichen Sprache zu veranschaulichen.

1.3.1 Der Kommunikationsprozess

(1) Zum Begriff „Kommunikation"

Kommunikation ist ein Prozess, in dessen Verlauf jemandem etwas mitge-
teilt wird oder sich jemand verständlich macht bzw. an dem andere an etwas teilhaben.[52] Die Mitteilung kann sprachlich (verbal) oder/und nicht-
sprachlich (nonverbal) erfolgen, die sprachliche Information wiederum
kann mündlich oder schriftlich übermittelt werden. Mündliche Kommunikation vollzieht sich in stetiger Wechselwirkung zwischen den Gesprächspartnern; diese Aktionen (z. B. Feedbacks) entfallen bei der schriftlichen
Informationsübermittlung[53] (siehe 1.3.3). Das Verschlüsseln (Enkodieren)

---

[52] communicare (lat.): jemandem etwas mitteilen, sich verständigen, jemanden teilhaben lassen.
[53] Vgl. KÖCK P./OTT, H.: Wörterbuch für Erziehung und Unterricht. Donauwörth 1979², S. 280.

einer Information und das Entziffern (Dekodieren) der Nachricht kann nur gelingen, wenn Sprecher/Schreiber und Hörer/Leser - wenigstens teilweise - über einen gemeinsamen Zeichenschatz (Code) verfügen.

(2) Das Kommunikationsmodell[54]

Der Sprecher, der eine Information mitteilen möchte, enkodiert diese, indem er den Bedeutungsgehalt (semantische Form) in einen Satz umsetzt (syntaktische Form) und diesen äußert (phonetische Form). Der Hörer vollzieht den umgekehrten Weg: er nimmt die phonologische Form mit all ihren Begleithinweisen wahr, gelangt über die Syntax zur Bedeutung (Semantik) und zeigt durch sein Verhalten, dass er die Information verstanden hat. Schreiber und Leser haben einen zusätzlichen Schritt zurückzulegen: der Schreiber setzt die phonologische Form der Nachricht in Schrift um (graphemische Form: Phoneme werden durch Grapheme ersetzt), die der Leser wieder rückübersetzt.[55] Informationen können sowohl sachlich bestimmte Inhalte (Vorstellungen, Begriffe, Denkoperationen) als auch Gefühle, Stimmungen oder Werterlebnisse sein.

Um die Information verstehen zu können, muss eine gemeinsame Sprache und für das Lesen und Schreiben ein gemeinsames Schriftsystem vorhanden sein. In der gesprochenen Sprache treten nichtsprachliche Zeichen als zusätzliche Kommunikationsmittel und Verständnishilfen, wie Mimik, Gestik, Tonfall, situative Hinweise, hinzu (siehe 1.3.2).

Der Prozess der Informationsübertragung erfolgt somit zwischen Sender (Kommunikator) und Empfänger (Kommunikant), die einseitig und wechselseitig aufeinander einwirken. Die in Zeichen verschlüsselte Mitteilung kann über verschiedene Kommunikationskanäle transportiert werden: optisch (Schrift, Bilder oder Lichtsignale), akustisch (Schallwellen, auch durch Telefon, Radio, Tonband usw.), gegenständlich (Ertasten der Form) oder durch Geruchsqualitäten. Hat der Kommunikator die Absicht, etwas mitzuteilen und möchte der Kommunikant sich informieren, kommt der Kommunikationsprozess in Gang.

Die verschiedenen Faktoren, die am Kommunikationsprozess beteiligt sind, können in einem Kommunikationsmodell veranschaulicht werden (Abb. 8). Es sagt allerdings wenig über die intrapersonalen psychischen

---

54 Vgl. DORSCH, F.: Psychologisches Wörterbuch. Bern 1982[10].
55 Vgl. GÜMBEL, R.: Erstleseunterricht. Königstein/Ts. 1980, S. 98 ff.
    Diese Beschreibung trifft für den weniger geübten Leser und Schreiber zu. Wie bereits ausgeführt, überspringt der gewandte Leser und Schreiber die phonologische Ebene (vgl. 1.1.3).

Abläufe bei der Informationsverarbeitung aus. Motivation, Kreativität, Antizipation und Zielgerichtetheit einer sprachlichen Aktivität, Reaktionen auf die Mitteilung werden damit nicht erfasst. Gesprächspartner transportieren eine Information nicht nur, sondern sie handeln in sprachlicher Kompetenz, die neben dem syntaktischen und semantischen Vermögen die Fähigkeit einschließt, mit sprachlichen und nichtsprachlichen Mitteln in unterschiedlichen Kommunikationssituationen zu agieren.[56]

Abb. 9:   Das Kommunikationsmodell[57]

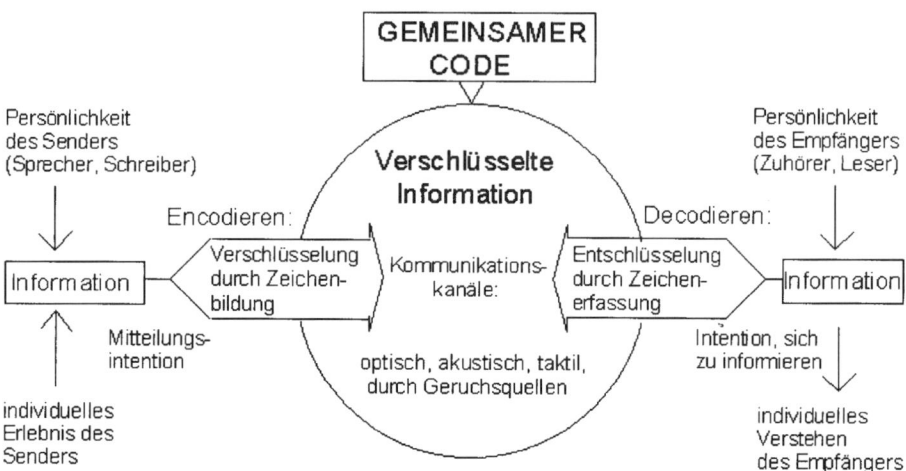

Auch das semantische Erfassen der Information geschieht in den Gesprächspartnern selbst. Beim Sprachverständnis handelt es sich nicht einfach um ein „Hinübergehen" von einer Person zur anderen. Der Sender verschlüsselt in mündlicher Sprache oder in Schrift seine Information, die von seiner Persönlichkeit (einem bestimmten Erfahrungshintergrund, geistigen Niveau, Gefühlen, Stimmungen) geprägt ist. Der Empfänger nimmt nur die Träger der Information wahr (die verbalen und nonverbalen oder schriftliche Zeichen), die in ihm Bedeutungen assoziieren. Da der Empfänger diese aber *„aus seiner eigenen geistigen Substanz aufbauen muss",* sind *„sie sicher nicht nur sachlich, sondern auch stimmungsmäßig und wertmäßig"*[58] von der des Senders verschieden. So ist zu verstehen, dass es

[56]   Vgl. GÜMBEL, R.: a.a.O., S. 104 ff.
[57]   Nach ORTNER, R.: a.a.O. 1971.
[58]   AEBLI, H.: Grundformen des Lehrens. Stuttgart 1963, S. 28.

trotz gemeinsamer Sprache zu Missverständnissen kommt oder aus ein und demselben Text verschiedene Informationen entnommen werden.

Beeinträchtigungen im Kommunikationsprozess können durch inter- und intrapersonale Störfaktoren, Informationsverluste oder -ausfälle bei der Informationsübermittlung auftreten:

- Ausfälle bei Sender oder Empfänger:
Behinderungen beim Enkodieren bzw. Dekodieren basieren nicht nur auf Sprechstörungen, mangelnder/fehlender Beherrschung einer gemeinsamen Sprache, sondern auch auf geistig und gefühlsmäßig verschiedenem Potenzial, der gegenwärtigen persönlichen Situation, unterschiedlichem Erlebnishintergrund, fehlender Intention, sich zu informieren oder etwas mitteilen zu wollen.
Das mühsame Rekodieren in frühen Lesestadien erschwert und beeinträchtigt die Informationsaufnahme, denn das graphische Wortbild wird zunächst in die Klangebene (von der Wortvorgestalt zur eigentlichen Klanggestalt) übersetzt, die daraufhin erst bedeutungsmäßig dekodiert werden kann (siehe 1.1.3 und 1.2.2).
- Ausfälle durch den Kanal:
Durch unleserliche Schrift, schlechten Abdruck, unklare Bilddarstellung, Tonstörungen kann die Informationsaufnahme beeinträchtigt oder unmöglich sein.

(3) Lesen und Schreiben als Kommunikationsprozess

Schreiben bedeutet im Kommunikationsprozess das Verschlüsseln einer Information durch Zeichen, d. h., das, was man ausdrücken will, in Begriffe fassen und schließlich in schreibtechnische Abläufe umsetzen.
Lesen heißt je nach Lesestrategie entweder das Rekodieren, also das Umsetzen von aus Buchstaben bestehenden Wörtern in halblaute oder gedachte sprechtechnische Abläufe sowie das Entschlüsseln und Verstehen des Bedeutungsgehalts oder aber das direkte Dekodieren von in ihrer Gesamtstruktur gespeicherten Ganzwörtern in ihre Bedeutung. Das mündliche Wiederherstellen der Klangkomponente kommt dann nur beim lauten Lesen hinzu (siehe 1.1.3).
Mit Hilfe der Fertigkeiten „Schreiben" und „Lesen" gelingt es, an Kommunikationsprozessen teilzunehmen, die in unserer Gesellschaft von hoher Bedeutung sind: Gedanken können einerseits dauerhaft niedergeschrieben werden und über räumliche und zeitliche Grenzen hinweg gegenwärtig

bleiben, andererseits kann der eigene Wissenshintergrund, die persönliche Kompetenz fast unbegrenzt erweitert werden (siehe 1.4).

1.3.2 Der eigengesetzliche Kommunikationscharakter der Schriftsprache[59]

Schreiben ist Fixieren von Sprache durch Schriftzeichen, Lesen das verstehende Entschlüsseln dieser Zeichen - je nach Strategie orientiert an Einzelbuchstaben, Buchstaben- und Signalgruppen oder ganzen Wortbildern. Damit ist Schriftsprache zwar von mündlicher Sprache hergeleitet und es bestehen regelhafte Beziehungen zwischen Schriftstruktur und Lautstruktur, aber jede hat ihre Eigengesetzlichkeit: Die Schriftsprache ist „*ohne Intonation, ohne das Musische, Expressive, überhaupt ohne ihre lautliche Seite*".[60] Ferner ist die Schriftsprache eine Sprache ohne Gesprächspartner. Sowohl beim Schreiben als auch beim Lesen sind weder Rückmeldungen noch Rückfragen möglich. Im Gegensatz dazu wird das mündliche Gespräch durch unmittelbare interpersonelle Wahrnehmungs- und Wechselwirkungsprozesse gesteuert.[61]

Mündliche und schriftliche Verständigung sind verschiedene Verständigungsformen, die im Folgenden veranschaulicht werden sollen.

Mündliche Sprache:
- Die Gesprächspartner befinden sich in einer gemeinsamen Situation, deshalb sind weniger Wörter notwendig.
- Zusätzliche Kommunikationsmittel wie Sprechweise und Körpersprache sind vorhanden.[62]
- Diese zusätzlichen Ausdrucksmittel (Mimik, Gestik, Tonfall) machen die Beziehungsstruktur deutlich.
- Durch die analogen, nonverbalen Vorgänge wird die digitale, rein sprachliche Information gesteuert und beeinflusst (WATZLAWIK).[63]

---

[59] Vgl. KÖCK, P./OTT, H.: Wörterbuch für Erziehung und Unterricht. Donauwörth 1979[2], S. 280 f. - WYGOTSKI, L. S.: Denken und Sprechen. Frankfurt/M. 1981[4], S. 224 ff.

[60] WYGOTSKI, L. S.: Die Besonderheit der Schriftsprache. In: SCHORCH, G.: Schreibenlernen und Schriftspracherwerb. Bad Heilbrunn/Obb. 1992[2], S. 13 ff.

[61] Vgl. SCHWARTZ, E.: a.a.O., S. 14 ff.

[62] Weitere Ausführungen dazu: ROSENBUSCH, H./SCHOBER, O. (Hrsg.): Körpersprache in der schulischen Erziehung. Baltmannsweiler 1986, S. 6.

[63] Siehe analoge und digitale Kommunikation in: DORSCH, F.: a.a.O. - WATZLAWIK, P./BEAVIN, J. H./JACKSON, D. D.: Menschliche Kommunikation. Bern 1990[8], S. 61 ff.

Schriftsprache:
- Der Schreiber erhält keine Rückmeldung, der Leser kann nicht zurückfragen.
- Zusätzliche nonverbale Ausdrucksmittel und Verständigungshilfen fallen weg.
- Die Kommunikation beschränkt sich auf die Inhaltsstruktur, die Information ist vor allem digital.
- Die schriftsprachliche Beschreibung muss genau und vollständig sein.

mündliche Sprache	geschriebene Sprache
verkürzte sprachliche Darstellung	ausführliche sprachliche Darstellung
gemeinsamer Situationsbezug	Schreiber und Leser getrennt
Ausdrucksmittel der mündlichen Sprache	Verzicht auf lautliche Ausdrucksmittel
Sekundäre Verständigungshilfen (z. B. Rückfrage)	Verzicht auf sekundäre Verständigungshilfen

1.4 Lesen und Schreiben als Komponente der Persönlichkeitsentfaltung[64]

1.4.1 Die Vermittlung der Schriftsprache als Erziehungs- und Unterrichtsaufgabe

- *Lesen- und Schreibenlernen gehört zu den wesentlichsten Aufgaben des ersten Schuljahres*
Das Lesenlernen steht im Mittelpunkt des Unterrichts der ersten Klasse. Diese ersten schulischen Lernerfahrungen können entscheidend sein für die Einstellung zum weiteren Lernen. Denn wer mit dem Lesen nicht zurechtkommt, lernt leider nicht nur ein bisschen später lesen, er lernt zugleich, beim Lernen Misserfolg zu haben.[65]

---

[64] Vgl. dazu: DATHE, G.: Erstleseunterricht. Berlin 1981², S. 7 ff. - BETTELHEIM, B.: Kinder brauchen Bücher. München 1988³, S. 12 ff. - HEUß, G. E.: Erstlesen und Erstschreiben. Donauwörth 1993, S. 32 ff.

[65] Vgl. HEYER, P.: Scheitern schon beim Lesenlernen. In: Die Grundschule 6 (1975), S. 293.

- *Die Wissensvermittlung erfolgt in der Schule vorwiegend schriftsprach-lich*

Schriftsprachliche Anweisungen, Darstellungen, Informationsquellen spie-len in den nachfolgenden Jahrgangsstufen in allen Fachbereichen eine gro-ße Rolle. Dadurch wird zwangsläufig der schlechte Leser zum schlechten Schüler.

Doch nicht allein im Unterricht, sondern im gesamten Lebensvollzug eines Menschen nimmt „Lesen- und Schreibenkönnen" trotz moderner Medien eine wichtige Funktion ein.

1.4.2 Verfügen über Schrift in ihrer Bedeutung für das Individuum und die Gesellschaft

- *Das Beherrschen der Schriftsprache dient grundlegend der Lebenser-leichterung und Lebensbewältigung*

Mit der Fähigkeit, lesen und schreiben zu können, besitzt der Mensch die Voraussetzungen, im modernen Leben zurechtzukommen:
- Kommunikation über Raum und Zeit mit anderen Menschen ist möglich
- wichtige Informationen werden häufig schriftlich vermittelt (Verträge, Gebrauchsanweisungen, Vorschriften, Beipackzettel u. Ä.)
- der Zugang zu ständig wachsendem Wissensbestand ist uneingeschränkt
- Entlasten des Gedächtnisses (Notieren von wichtigen Angaben, Mit-schreiben als Einprägungshilfe, Informationen nachlesen)
- Steigerung der Lebensqualität durch die evasorische Funktion des Le-sens (durch die Lektüre eines Buches entspannen)

- *Das Beherrschen der Schriftsprache dient der Individuation*

Die Beherrschung von Lesen und Schreiben schafft durch die Möglichkeit der Teilnahme am öffentlichen, kulturellen und zivilisierten Leben die Voraussetzung zur individuellen geistigen Entfaltung.

Lesen hilft dem Menschen, in die Welt des Wissens einzudringen. Es ist ein vorzügliches Mittel, sich selbst weiterzubilden, denn wer lesen kann, ist in der Lage, sich selbstständig Erfahrungen, Erkenntnisse, Einsichten, Überzeugungen anzueignen. *„Lesenkönnen hebt den Einzelnen ... in einen anderen Stand der geistigen Bildung. Schriftverständnis öffnet dem einzel-nen eine inhaltlich neue Welt und führt zugleich einen entscheidenden Schritt weiter in der geistigen Entwicklung."*[66]

---

[66] SCHWARTZ, E.: a.a.O., S. 13.

In der Individuation, der Entfaltung des eigenen Selbst, steht der Mensch vor der Aufgabe, Fragen, die ihn betreffen, zu bewältigen. Hierzu benötigtes Wissen kann durch Lesen erworben werden. Lesen- und Schreibenkönnen verhilft zur Ausbildung eigener kognitiver und psychischer Leistungen, z. B.:
- Lesen und Schreiben erweitert den Sprachschatz und fördert die Entwicklung des Schreibstils.
- Lektüre prägt das Denken, da Lesen eine aktive geistige Handlung ist.
- Lesen verändert Einstellungen durch den Erwerb von Kenntnissen und Einsichten aus verschiedenen Realitätsbereichen.
- Lesen und Schreiben fördern Fantasie und Kreativität.
- Lesenkönnen gibt die Selbstsicherheit, im modernen Lebensvollzug zurechtzukommen.

• *Schrift als Hilfe zur Sozialisation*
Sozialisation ist der Prozess der Einordnung des Individuums in die Gesellschaft; dies bedeutet, dass die gesellschaftlich bedingten Verhaltensweisen übernommen werden. In der Sozialisation, der Hinwendung zum Du, zur Gemeinschaft, erfährt der Mensch die für seine personale Entfaltung unabdingbare Kommunikation mit der menschlichen Umwelt. Lesen- und Schreibenkönnen fördert diese Sozialisation z. B. durch
- Erwerb von Wissen über soziale Verhaltensweisen anderer Menschen
- persönliche Hilfeleistung für den Mitmenschen durch Kommunikation über räumliche und zeitliche Entfernung hinweg (z. B. Schreiben von Briefen)
- die Möglichkeit gesellschaftlich-politischer Einwirkung (schriftliche Formulierung von persönlichen Denkansätzen, Publikationen).

• *Das Beherrschen der Schriftsprache ermöglicht Enkulturation sowie Welt- und Daseinserhellung*
Lesenkönnen und Schreibenkönnen gelten als entscheidendste Voraussetzungen für die aktive Aneignung der Erkenntnisse der menschlichen Gesellschaft, denn unsere Kultur ist weitgehend auf dem geschriebenen Wort aufgebaut.
Einerseits erschließt sich der Mensch Informationen aus der historisch gewachsenen Kultur und bewahrt dadurch Kultur, andererseits bietet sich ihm die Möglichkeit, selbst kulturschaffend und kulturändernd (literarisch, wissenschaftlich, künstlerisch) tätig zu sein.
Lesenkönnen fördert die (literarische) Kommunikation mit Gedanken anderer Menschen. Der Schriftkundige kann *„sich das ästhetische, musische,*

wissenschaftliche, religiöse, politische, technische, wirtschaftliche Erbe seines Kulturkreises erschließen und selbst Kultur schaffen".[67]
Der Mensch versucht, die Sinnfrage seiner Existenz zu bewältigen. Theologische, philosophische, naturwissenschaftliche und andere wissenschaftliche Theorien können durchdacht und weitergeführt werden. Schreibenkönnen ermöglicht das Niederlegen und Mitteilen eigener Denkergebnisse und wirkt wiederum auf das Denken anderer Menschen ein.

Ob ein Kind gut oder weniger gut lesen und schreiben kann, hat Auswirkungen in verschiedene Bereiche der personalen Entfaltung. Deshalb ist es so wichtig, die Kinder durch wohl überlegte unterrichtliche Maßnahmen rasch zum Lernerfolg zu führen.

Literatur

AEBLI, H.   : Grundformen des Lehrens. Stuttgart 1963.
ALTMANN, W./GAßNER, F.-J./GRUBER, S.: Seminar und Schule. Bd. 3. München 1977.
BAUMGÄRTNER, A. C.: Lesen. In: KOCHAN, B./NEUHAUS-SIEMON, E. (Hrsg.): Taschenlexikon Grundschule. Königstein/Ts. 1979.
BERGMANN, R./PAULY, P./SCHLAEFER, M.: Einführung in die deutsche Sprachwissenschaft. Heidelberg 1981.
BETTELHEIM, B.   : Kinder brauchen Bücher. München 1988[3].
BLEIDICK, U.   : Lesen und Lesenlernen unter erschwerten Bedingungen. Essen 1966.
BOSCH, B.   : Grundlagen des Erstleseunterricht. Reprint der ersten Auflage 1937. Frankfurt/M. 1984.
BRÜGELMANN, H.   : Kinder auf dem Weg zur Schrift. Konstanz 1983.
DATHE, G.   : Erstleseunterricht. Berlin 1981[2].
DORSCH, F.   : Psychologisches Wörterbuch. Bern 1982[10].
dtv-BROCKHAUS-Lexikon. Mannheim 1988.
DUDEN   : Das Herkunftswörterbuch. Etymologie der deutschen Sprache. Bd. 7. Mannheim 1989.
DUDEN   : Fremdwörterbuch. Bd. 5. Mannheim 1982[4].
GIBSON, E. J./LEVIN, H.: Die Psychologie des Lesens. Stuttgart 1980.
GÜMBEL, R.   : Erstleseunterricht. Königstein/Ts. 1980. *
GÜNNEWIG, H.   : Lesenlehren - Lesenlernen. Stuttgart 1981.

---

[67] HEUß, G.: a.a.O., S. 34.

GÜNTHER, K. B.   : Ein Stufenmodell der Entwicklung kindlicher Lese- und Schreibstrategien. In: BRÜGELMANN, H. (Hrsg.): ABC und Schriftsprache: Rätsel für Kinder, Lehrer und Forscher. Konstanz 1986.

HEUß, G.   : Erstlesen und Erstschreiben. Donauwörth 1993. *

HEYER, P.   : Scheitern schon beim Lesenlernen. In: Die Grundschule 6 (1975).

HILLEBRAND, M. J. : Kind und Sprache. Psychologische Voraussetzungen des Deutschunterrichts in der Schule. München 1961.

HOFER, A. (Hrsg.)   : Lesenlernen: Theorie und Unterricht. Düsseldorf 1976.

KAINZ, F.   : Psychologie der Sprache. Bd. 4. Stuttgart 1956.

KOCHAN, B./NEUHAUS-SIEMON, E. (Hrsg.): Taschenlexikon Grundschule. Königstein/Ts. 1979.

KÖCK, P./OTT, H.   : Wörterbuch für Erziehung und Unterricht. Donauwörth 1979[2].

MEIERS, K. (Hrsg.)   : Erstleseunterricht. Bad Heilbrunn/Obb. 1981[2]. *

MENZEL, W.   : Wie wir lernen: ein Erfahrungsexperiment. In: MENZEL, W.: Lesenlernen - Schreibenlernen. Braunschweig 1990.

LEHRPLAN FÜR DIE GRUNDSCHULEN IN BAYERN. München 2000.

MEYERS ENZYKLOPÄDISCHES LEXIKON. Mannheim 1975.

RÖBER-SIEKMEYER, Ch.: Die Schriftsprache entdecken: Rechtschreiben im offenen Unterricht. Weinheim 1993.

ROSENBUSCH, H./SCHOBER, O. (Hrsg.): Körpersprache in der schulischen Erziehung. Baltmannsweiler 1986.

SCHEERER-NEUMANN, G.: Prozessanalyse von Lesestörungen. In: EBEL, V.: Legasthenie - Diagnose, Behandlung, rechtliche und gesellschaftliche Problematik. Bad Königshofen 1977.

SCHENK, Ch.   : Lesenlernen vorbereiten. Baltmannsweiler 1990.

SCHWARTZ, E.   : Der Leseunterricht. 1. Wie Kinder lesen lernen. Braunschweig 1971[4].

SINGER, K.   : Lebendige Lese-Erziehung. München 1966.

THOMÉ, G.   : Linguistische und psycholinguistische Grundlagen der Orthographie. In: VALTIN, R. (Hrsg.): Rechtschreiben lernen in den Klassen 1-6. Frankfurt/M. 2000.

TOPSCH, W.   : Lesenlernen/Erstleseunterricht. Bochum 1979.

TROSSBACH-NEUNER, E.: Womit fängt „Eimer" an?: gesprochene Sprache im Aufbau phonematischer Bewusstheit. Frankfurt/M. 1992.

WARWEL, K.   : Lesenlernen nach strukturgemäßen Verfahren. Braunschweig 1971.

WATZLAWIK, P./BEAVIN, J. H./JACKSON D. D.: Menschliche Kommunikation. Bern 1990[8].

WYGOTSKI, L. S.   : Die Besonderheit der Schriftsprache. In: SCHORCH, G.: Schreibenlernen und Schriftspracherwerb. Bad Heilbrunn/Obb. 1992[2]. *

2. Voraussetzungen beim Schulanfänger

2. Voraussetzungen beim Schulanfänger

Lesenlernen ist ein komplizierter Vorgang, bei dem eine Vielzahl von Prozessen abläuft. Der Erfolg ist nur gesichert, wenn die grundlegenden Voraussetzungen, die das Lesen- und Schreibenlernen erfordern, vorhanden sind. In der Regel erwerben Vorschulkinder diese Leistungen funktional in der tätigen Auseinandersetzung mit einer anregungsreichen Umwelt und durch die Art und Weise, wie sie betreut werden.

Alle Kinder, die in einer anregungsarmen Lernumwelt aufgewachsen sind, müssen in der Schule Gelegenheit bekommen, sich die nötigen Voraussetzungen fürs Lesenlernen anzueignen. Die Schule darf nicht auf den günstigen Bedingungen eines Teils der Kinder aufbauen, die eine Lernumwelt hatten, in der sie ihre Fähigkeiten entwickeln konnten.

Eine Differenzierung und Individualisierung des Unterrichts ist unumgänglich, damit alle Schüler optimal gefördert werden. Bei zu großen Defiziten bleibt jedoch die Gefahr des Versagens. Deshalb fordern verschiedene Autoren eine Vorbereitung auf den Leseunterricht bereits im Kindergarten (kein Frühleseunterricht).[68]

2.1 Physiologisch-organische Voraussetzungen

2.1.1 Funktionstüchtigkeit der Sinnesorgane und Sprechwerkzeuge[69]

Das Lesen des Anfängers unterscheidet sich von dem des geübten Lesers dadurch, dass die sprechmotorische Umsetzung des Schriftbildes als wesentlicher Faktor zum Erlernen der Lesetechnik und zur Entschlüsselung

---

[68]   Vgl. BREUER, H./WEUFFEN, M.: Gut vorbereitet auf das Lesen- und Schreibenlernen. Berlin 1986⁶. - HEUß, G.: Vorschule des Lesens. München 1971. - SCHENK, Ch.: Lesenlernen vorbereiten. Baltmannsweiler 1990. - SPITTA, G.: Kann man die „Produktion von Legasthenikern" verhindern? In: MEIERS, K.: Erstleseunterricht. Bad Heilbrunn/Obb. 1981², S. 221 ff.
Literaturempfehlung für Kap. 2: MEIERS, K.: Lesen lernen und Schriftspracherwerb im ersten Schuljahr. Bad Heilbrunn 1998, S. 52 ff. BÜRNHEIM, U. u. a.: Voraussetzungen für das Lesen- und Schreibenlernen. In: AKADEMIE FÜR LEHRERFORTBILDUNG UND PERSONALFÜHRUNG DILLINGEN: Lese-Rechtschreibschwierigkeiten. Diagnose – Förderung – Materialien. Donauwörth 2000, S. 59 ff.

[69]   Darstellung von Seh- und Hörbehinderungen sowie Sprachstörungen in: ORTNER, R.: Lernbehinderungen und Lernstörungen bei Grundschulkindern. Donauwörth 1977.

des Sinngehalts hinzutritt. Das laute Vorlesen behält im weiteren Verlauf des schulischen Lesens und Lernens eine bedeutende Rolle.

Beim sinnerfassenden lauten Lesen laufen vereinfacht folgende Aktionen ab:[70] Das periphere Sehorgan liefert das Material, das in den kortikalen Sehregionen verarbeitet wird. Die erzeugten Erregungsströme gehen weiter ins Lesezentrum, das nun seine Leistung vollbringen muss. Schließlich werden beim Lesen als Sprachtätigkeit die Sprachzentren beansprucht, zunächst das sensorische, das schließlich im Sprechvorgang die motorischen Sprachregionen aktiviert. Das Verständnis des Gelesenen setzt jedoch die Aktivierung der Begriffsregion voraus, also den Kortikalbereich, der dem Vorstellen und Denken dient. Zumindest der Leseanfänger benötigt das Klangbild, das ihn gleichsam über das Hören zum Sinnverständnis führt. Einzelne hier genannte Aktionen sind allerdings zumindest beim geläufigen Lesen eine *„eng zusammenstrukturierte Aktionsgemeinschaft"*[71] (siehe 1.1.3).

Lesen kann also nur unter Beteiligung von Sinnesorganen und der Sprechwerkzeuge erlernt werden. Deshalb ist auch an die Überprüfung des Sehens und des Hörens zu denken, wenn Leseschwierigkeiten auftreten; ebenso sollte das Sprechverhalten gut beobachtet werden (siehe 9.2).

Insbesondere der Schulanfänger verlangt spielerische Lernformen, das Lernen mit allen Sinnen. So bietet erst ein mehrkanaliges Lernen, das alle Perzeptionsorgane[72] und -vorgänge einbezieht, optimale Lernvoraussetzungen. Auf die kortikale Apparatur soll in diesem Zusammenhang nicht eingegangen werden, obwohl gerade hier merkliche Beeinträchtigungen bestehen können. Es können die kortikalen Hör- oder Sehregionen sowie Sprachzentren gestört sein, so dass das von peripheren Sinnesorganen gelieferte Material nicht verarbeitet werden kann (siehe 9.1, 9.2, 9.4).

---

[70] Vgl. KAINZ, F.: Psychologie der Sprache. Bd. 4. Stuttgart 1956, S. 185 ff.
[71] KAINZ, F.: a.a.O., S. 186.
[72] Definition „Perzeption": (lat. perceptio: Begreifen), das Bemerken, die Auffassung, auch das Eintreten einer Vorstellung ins Bewusstsein (nach DORSCH, F.: Psychologisches Wörterbuch, Bern 1982[10]).
Das *„sinnliche Erfassen als erste Stufe der Erkenntnis ... Reizaufnahme durch Sinneszellen oder -organe"* (DUDEN Fremdwörterbuch 1982[4]).
Perzeptionsorgane, die das Lesen- und Schreibenlernen ermöglichen:
optische Perzeption durch das Sehorgan, akustische Perzeption durch das Hörorgan, haptische Perzeption durch den Tastsinn
Die haptische Perzeption ist insbesondere beim Lesen einer Blindenschrift erforderlich. Aber auch im Regelunterricht unterstützen Tastübungen das visuelle Erfassen und Einprägen von Buchstaben.

(1) Zur optischen Perzeption

Die leseoptischen Leistungen beim Leseanfänger beziehen sich auf das Lesen von Buchstaben, Einzelworten und kleinen Wortgruppen. Der Lesevorgang erfordert vom Auge eine doppelte Leistung, eine optische und eine motorische. Deutliches Sehen ist nur möglich, wenn die Textstücke an den optimalen Perzeptionsort gerückt werden. Der Blick wandert die Zeilen entlang und bringt durch eine Fixationsbewegung ein Textstück an die schärfste Stelle des Sehens (die Netzhautgrube). Dies macht das Auge von selbst, wenn der Reiz interessiert oder eine Leseaufgabe vorliegt. Die für das Lesen erforderliche Augenmotorik wird von einem komplexen Muskel- und Nervenapparat geleistet.

Der Lesevorgang gelingt um so leichter, je mehr bei der Herstellung des Textes diesen Besonderheiten des Auges Rechnung getragen wird, d. h., einfache, große, klare und leicht zu perzipierende Buchstaben, die sich vom Hintergrund gut abheben verwenden und die Zeilen in kurze Sinnschritte gliedern, so dass ein antizipierendes Erfassen der Gesamtform eines Wortes oder Textabschnittes möglich ist.

Sehstörungen können bisweilen übersehen werden, da zu Beginn des Leselernprozesses durch das ganzheitliche Erfassen der Wortgestalt und über assimilierende Prozesse noch kombiniert und erraten werden kann, auch wenn einzelne Buchstaben nur unscharf erkannt und unrichtig perzipiert werden.[73]

(2) Zur akustischen Perzeption[74]

Die Schallwellen werden über die Ohrmuschel und den Gehörgang zum Trommelfell weitergeleitet. Die hier erzeugten Schwingungen übertragen sich im Mittelohr von den Gehörknöchelchen auf die Gehörschnecke. Die in der Schnecke befindlichen Haarzellen erzeugen je nach Tonhöhe und Lautstärke unterschiedliche Reize für den Hörnerv, der diese an das Hörzentrum im Gehirn leitet. Die hier befindlichen Hirnzellen verarbeiten die eintreffenden Sinnesreize.[75]

---

[73] Der Leser orientiert sich an wenigen Einzelheiten des Wortes und grafischen Auffälligkeiten, er ergänzt über die Sinnerwartung und Vermutungen die fehlenden Teile und gelangt so zu einer Wortbedeutung (vgl. KAINZ, F.: a.a.O., S. 244).

[74] Die Begriffe „akustisch" und „auditiv" sind definitorisch zu trennen: „akustisch" bezieht sich ausschließlich auf den elementar-physiologischen Bereich, auf die Fähigkeit der Aufnahme des Schalls als erste Stufe der Wahrnehmung, während „auditiv" die anschließende kognitive Verarbeitung der Sinnesempfindung beim Hörer einschließt. - Vgl. SCHENK, Ch.: Lesenlernen vorbereiten. Baltmannsweiler 1990, S. 5. (siehe 2.2.2)

[75] Vgl. WENDLANDT, W.: Sprachstörungen im Kindesalter. Stuttgart 1995⁵, S. 32.

Der elementar-physiologische Bereich des Hörens entwickelt sich im Zuge einer nachgeburtlichen Reifung und ist mit etwa einem Jahr im Großen und Ganzen abgeschlossen.[76] Die Fähigkeit, Sprache auditiv zu differenzieren und zu analysieren, ist dagegen ein bewusster Lernprozess und Denkakt, der erst gegen Schuleintritt erwartet werden kann (siehe 2.2.2).

Gutes Hören ist unabdingbar für den normalen Spracherwerb; das Hören gibt Anregung und immer wieder Impulse für die Entwicklung des Sprechens und der Sprache. Wird eine Hörstörung nicht rechtzeitig erkannt, zeigen sich zwangsläufig bald Rückstände sowohl in der Sprach- als auch in der Gesamtentwicklung. Hörminderungen können einen nicht erklärbaren Leistungsabfall in der Schule oder Konzentrationsstörungen auslösen und ebenso Ursache für Lese- und Schreiblernprobleme sein.

Das Gehör des Kindes wird routinemäßig zu Schuleintritt überprüft. Bisweilen werden ärztliche Hinweise jedoch von Erziehungsberechtigten vernachlässigt; zudem können sich Veränderungen des Hörens später einstellen (z. B. bedingt durch schwere oder wiederholte Infektionskrankheiten des Ohres). Bei einem Verdacht auf Hörschwierigkeiten eines Kindes sollte den Eltern der Besuch eines Facharztes, einer audiologischen Abteilung oder einer Hörberatungsstelle empfohlen werden.

(3) Zu den sprechtechnischen Fähigkeiten

Die Fähigkeit, störungsfrei zu sprechen, schließt das phonetisch richtige Bilden der Laute, Lautkomplexe, Wörter und Sätze ein. Eine gute Artikulation fördert die auditive Durchgliederung und die richtige Lautvorstellung.

Betrachtet man die Physiologie der Lautbildung, so muss zunächst zwischen Vokalen und Konsonanten unterschieden werden:

Vokale sind Laute, bei denen die Stimmlippen im Kehlkopf schwingen, die Atemluft aber ungehindert durch den Mund strömen kann; die Klangfarbe wird durch die Resonanz des Mund-, Nasen- und Rachenraums erhalten.[77]
Konsonanten sind Laute, die dadurch verursacht werden, dass sich dem, aus dem Kehlkopf entweichenden Luftstrom ein auf verschiedene Weise gebildetes Hindernis an unterschiedlichen Stellen der Artikulationsorga-

---

[76]   Vgl. WENDLANDT, W.: a.a.O., S. 31 ff.
[77]   Vgl. DUDEN: Grammatik der deutschen Gegenwartssprache. Bd. 4. Mannheim 1984⁴, S. 26 f.

ne in den Weg stellt, und der dadurch eine gewisse Zeit gehemmt oder eingeengt wird.[78]
Für einzelne Laute sind also bestimmte Artikulationsstellen herausragend:[79]

- Lippenlaute: p, b, m
- Lippenzahnlaute: f, v (w)
- Zahnzungenlaute: t, d, n, l, s, Zungenspitzen-r
- Vordergaumen/Hintergaumenlaute: j/k, g
- Zäpfchenlaute: r (gerollt, geschlagen, als Reibelaut)
- Stimmritzenlaut: h

Der phonologische, der semantische und der syntaktische Bereich entwickeln sich miteinander verwoben und beeinflussen gemeinsam die Sprachentwicklung. Diese ist im letzten Vorschuljahr im Wesentlichen abgeschlossen. Das Kind spricht überwiegend in vollständigen Sätzen, doch sind die Sätze einfach und kurz. Die phonologische und insbesondere die phonematische Durchgliederung der Sprache, eine spezielle Voraussetzung für den Schriftspracherwerb, bedarf jedoch einer gezielten Förderung (siehe 2.2.2).[80]
Bei Kindern mit Sprachstörungen treten Schwierigkeiten im Schriftspracherwerb verstärkt auf. Deshalb ist das Sprechverhalten der Kinder mit Lernproblemen gut zu beobachten und gegebenenfalls zu überprüfen[81] (siehe 9.2).

(4) Hinweis für Lehrerinnen und Lehrer:

Auch wenn Kinder heute schulärztlich untersucht und meist auch schon im Kindergarten überprüft werden, kann es vorkommen, dass unzureichende Leistungen ihre Ursache in nicht erkannten Organmängeln haben, z. B. in einer Seh- oder Hörschwäche. Hier können Lehrerinnen und Lehrer durch ihre Beobachtung zu frühzeitiger Behandlung und damit zur Behebung oder Minderung der Schäden beitragen.

---

[78] Vgl. SEEMANN, M.: Sprachstörungen bei Kindern. Berlin 1974[4], S. 123 f.
[79] Vgl. DUDEN: a.a.O. 1984[4], S. 21 ff.
[80] Vgl. NICKEL, H./SCHMIDT-DENTER, U.: Vom Kleinkind zum Schulkind. München 1995[5], S. 110 ff.
[81] Prüfmöglichkeiten (siehe 9.4):
Bremer Hilfen: Bremer Artikulationstest (BAT), Bremer Lautdiskriminationstest (BLDT).
Lautprüftabelle aus FÜHRING, M./LETTMEYER, O. u. a.: Die Sprachfehler des Kindes und ihre Beseitigung. Wien 1976.
„Differenzierungsprobe" von BREUER/WEUFFEN in: BREUER, H./WEUFFEN, M: a.a.O.
Zu Sprach- und Sprechschwierigkeiten: ORTNER, R.: a.a.O. und ORTNER, A. u. R.: Verhaltens- und Lernschwierigkeiten. Weinheim/Basel 1995[3].

2.1.2 Schreibmotorische Fähigkeiten

Schreibenlernen als eine komplexe psychomotorische Aktivität erfordert neben den Perzeptionsvorgängen, den kognitiven Prozessen, der Motivation und dem richtigen Sprechen zusätzlich schreibmotorische Fähigkeiten. In der folgenden Beschreibung geht es lediglich um die Voraussetzungen für den Form- und Bewegungsvollzug. Die Bedingungen für das Schreiben als kommunikative Handlung werden bei den zentralen Funktions- und Verstehensleistungen dargestellt (siehe 2.2)

(1) Die handmotorische Entwicklung im Vorschulalter[82]

Das Kind durchläuft bereits in der Vorschulzeit eine Schreibentwicklung, die für den schulischen Schreibunterricht wichtige Voraussetzungen schafft. Entwicklungsgeschichtlich betrachtet gelangt das Kind über das Malen verschiedener Kritzelformen, Zeilenbänder und Zickzacklinien sowie die Nachahmung elterlichen Schreibverhaltens zur Nachgestaltung von Buchstabenzeichen und ähnlichen Formen. Das vier- bis sechsjährige Kind beginnt in die Zeilenbänder einfach nachzuschreibende Blockschrift-Buchstaben einzustreuen. Im Alter von fünf bis sechs Jahren setzt über das Schema- und Ornamentzeichnen allmählich das Nachmalen von Buchstaben und Wörtern ein, die aus vorliegenden Texten kopiert werden. Es sind zunächst spontane und ausdrucksbestimmte Darstellungen.[83] (Siehe 5.1)
Das Zeichnen und erste Schreibversuche sind somit als Vorstufe des Schreibens zu betrachten, in der das Kind wichtige Erfahrungen sammelt:
• den Umgang mit Schreibwerkzeugen, das Greifen und Führen des Stifts,
• das Erkennen und Unterscheiden von Formen, Größen und Richtungen,
• das Erfassen des Aussage- und Symbolwerts grafischer Zeichen.

Vom fünfjährigen Kind wird u. a. folgendes Können erwartet: Papier nach Vorlage falten, Figuren nachzeichnen, erkennbare Bilder malen, mit Schere umgehen, Knoten machen, knöpfen. Deshalb muss jedes Kind schon vor Schuleintritt Gelegenheit haben, zu Hause oder im Kindergarten mit ver-

---

[82] Ausführliche Darstellung der handmotorischen Entwicklung in: BLÖCHER, E.: Schwierigkeiten beim Schreibenlernen. Erkennen und Behandeln von Grundursachen. Langenau-Ulm 1983.
EXNER, G. U.: Normalwerte in der Kinderorthopädie. Wachstum und Entwicklung. Stuttgart 1990, S. 28 ff.
[83] Vgl. GRAMM, D.: Entwicklungsgemäßes Schreibenlernen, Teil I. Hannover, 1971, S. 31 ff.
Die Schriftentwicklung des Kindes zeigt, dass die kulturgenetische Entwicklung, wie sie sich im Verlauf der Menschheitsgeschichte ergeben hat, vom Kind verkürzt durchlaufen wird (siehe 1.2).

schiedenen Stiften und Materialien aller Art feinmotorische Erfahrungen zu sammeln.

Eltern sollten jedoch auf keinen Fall das Schreiben im Vorschulalter gezielt üben, da die anatomischen, physiologischen und psychologischen Voraussetzungen noch nicht bzw. nur bedingt gegeben sind (s. u.).

(2) Die handmotorische Entwicklung und das Schreibverhalten des Schulanfängers[84]

Die unterschiedlichen Schreibbewegungen werden erst durch das Zusammenwirken verschiedener Muskeln und Gelenke möglich. Im Schreiblernprozess muss das Kind die Fähigkeit erlangen, eine Vielzahl von Einzelimpulsen zu einer Bewegung zu koordinieren.

Beim Schreiben auf der Tischfläche liegt der Unterarm auf der Schreibunterlage auf; das Schreiben erfolgt vorwiegend aus dem Handgelenk heraus, das sich aus verschiedenen Einzelgelenken zusammensetzt und seitliche sowie kreisförmige Bewegungen ermöglicht. Bei normaler Schreibhaltung führen alle beteiligten Gelenke jedoch im Allgemeinen nur einfache Hin- und Herbewegungen aus.[85]

Röntgenaufnahmen zur Skelettentwicklung der Hand und des Handgelenks verdeutlichen allerdings, dass die Hand des Schulanfängers noch nicht voll entwickelt ist (siehe Abb. 10). Zwischen den noch weitgehend knorpeligen Handwurzel- und Fingerknochen bestehen Lücken, die durch Sehnen und Muskeln überbrückt werden. Die Beugemuskeln sind noch schwach, so dass sich die Fingerglieder leicht einknicken lassen. Das Kind kann aber im Allgemeinen das Schreibgerät mit drei Fingern fassen, doch ist dies behutsam einzuüben.[86]

---

[84] Vgl. EXNER, G. U.: Normalwerte in der Kinderorthopädie. Wachstum und Entwicklung. Stuttgart 1990, S. 28 ff. - GLÖCKEL, H.: Erstschreibunterricht - Schreiben und Rechtschreiben. In: RABENSTEIN, R. (Hrsg.): Erstunterricht. Bad Heilbrunn/Obb. 1979², S. 118 f. - TISCHER, H.: Schreiblehrgang. Erstschreiben - weiterführender Schreibunterricht in der Grundschule. In: BECHER, H. R.: Grundschuldidaktik. Teil 2. Kulmbach 1985, S. 142.

[85] Vgl. DIENER, K.: Schreibenlernen. Psychologische und didaktische Voraussetzungen. Stuttgart 1980, S. 81 ff.

[86] Da die körpermotorische und die handmotorische Entwicklung parallel zueinander und in Kommunikation miteinander verlaufen, gibt das Skelettalter der Hand auch eine Aussage über den allgemeinen körperlichen Entwicklungsstand des Kindes.

Abb. 10: Standardwerte der Entwicklung der Handwurzelknochen und des Handgelenks bei männlichen Kindern: 4, 6, 8 und 18 Jahre[87]

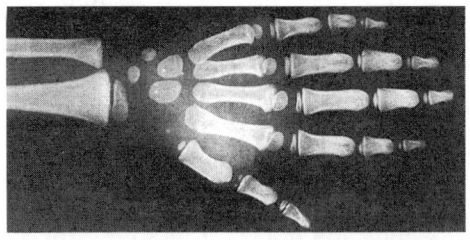

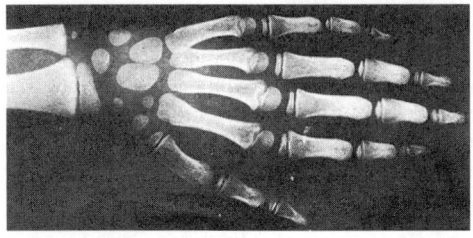

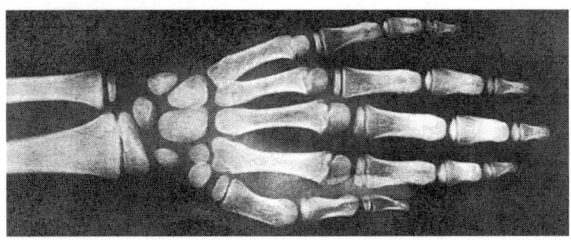

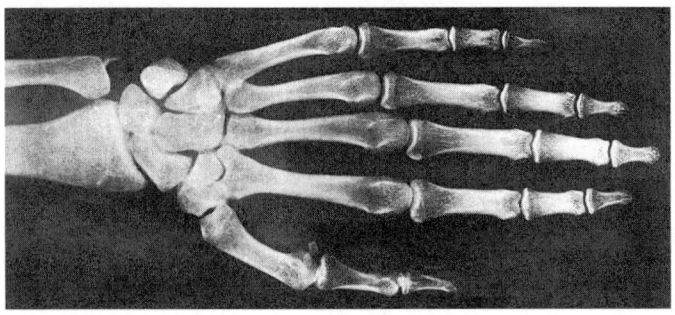

---

[87] Aus: GREULICH, W./PYLE, I.: Radiographic Atlas of Skeletal Development of Hand and the Wrist. Standford 1992², S. 85 ff. Da die Entwicklung bei Mädchen schneller voranschreitet als bei Jungen, war es notwendig, die Durchschnittsnormen geschlechtsspezifisch darzustellen. Standardwerte können festgestellt werden, auch wenn große Variationsbreiten des Skelettalters bestehen.

Die noch unausgereifte Skelettentwicklung und Handmuskulatur zeigt sich im Schreibverhalten des Schulanfängers:

- Er schreibt in großen, ausladenden Bewegungen; der noch starke Schreibdruck führt zu rascher Ermüdung.
- Häufiges Absetzen ist notwendig, weshalb für den Schreibbeginn das Schreiben der Druckschrift vorteilhaft ist.
- Das Zusammenspiel von Beuge- und Streckmuskulatur ist zunächst noch nicht genügend koordiniert; daher besteht die Gefahr einer verkrampften, unzweckmäßigen Stifthaltung.

Großförmige Schwungübungen fallen leichter, weil sich die am Schreibvorgang beteiligten Glieder frei bewegen können und das Schultergelenk Bewegungen anderer Gelenke mit übernimmt.[88] Großflächige Übungen sind deshalb einerseits zur Entlastung des Schülers und andererseits als methodische Einprägungshilfe der Buchstabenform immer wieder zu nutzen.

2.1.3 Altersgemäßer körperlich-organisch-funktioneller Entwicklungsstand[89]

Der geistig-seelische Entwicklungsstand eines Kindes ist zwar durch die körperliche Reife mitbedingt, Entwicklungsstand und Reife korrelieren aber nicht zwangsläufig. Bei sehr zarter körperlicher Konstitution empfiehlt sich trotz gut entwickelter kognitiver und sozialer Fähigkeiten eine Zurückstellung[90]. Der Schulbesuch bringt vielfältige Belastungen mit sich, denen Schulanfänger auch von der körperlichen Konstitution her gewachsen sein müssen:

- Das Tragen der Schultasche, das längere Sitzen an einem Unterrichtsvormittag oder die Belastung durch das Schreiben erfordern eine gewisse Stabilität der Skelettmuskulatur, andernfalls kann es leicht zu Haltungsschäden kommen.
- Auch körperliche Überforderung bringt Misserfolgserlebnisse und damit eine Beeinträchtigung des Selbstvertrauens und der Lernfreude.

Das Feststellen der körperlichen Schulfähigkeit durch eine ärztliche Untersuchung ist deshalb unerlässlich.

---

88 Vgl. DIENER, K.: a.a.O., S. 80 ff.
89 Vgl. NICKEL, H./SCHMIDT-DENTER, U.: a.a.O., S. 36 ff.
90 Um den großen Entwicklungsunterschieden gerecht zu werden, wurden die Möglichkeiten für einen vorzeitigen Schuleintritt in Bayern erweitert. Die Verantwortung wird dabei vermehrt den Erziehungsberechtigten übertragen.

2.2 Vorauszusetzende zentrale Funktions- und Verstehensleistungen

2.2.1 Visuelle Fähigkeiten

(1) Begriffsklärung

Das Wortschriftbild muss als Gesamteindruck und in den Einzelheiten sowie als differenziertes und strukturiertes Ganzes optisch-visuell richtig erfasst und eingeprägt werden können, ebenso ist die Form, Größe und Lage der Buchstaben und ihre Aufeinanderfolge zu beachten. Nur aufgrund dieser visuellen Differenzierungsfähigkeit ist präzises Wiedererkennen (Identifizieren) und Unterscheiden (Diskriminieren) von Schriftbildern möglich. Grundvoraussetzung dafür ist gutes Sehen (siehe 2.1.1).

Der Begriff „visuelle Fähigkeiten" bezeichnet einen Komplex von Teilleistungen:
- Formauffassung und -differenzierung: Erkennen und Unterscheiden von Wortteilen, Wortganzen und Buchstaben (ganzheitliches und einzelheitliches Erfassen)
- Durchgliederungsfähigkeit: Erkennen und Merken von Reihenfolgen; Analyse und Synthese von Buchstaben, Silben, Wörtern, Satzteilen
- Raumorientierung: Unterscheiden von links und rechts, oben und unten
- Speicherung visueller Wahrnehmungen: Einprägen und gedächtnismäßiges Abrufen von Buchstaben, Buchstabengruppen, Wort- und Satzbildern[91]

(2) Entwicklungsstand bei Schuleintritt

Die Mehrzahl der Kinder verfügt im visuellen Bereich über die für das Lesenlernen erforderlichen Wahrnehmungsleistungen: Schulanfänger können Figuren detailliert und ebenso als Gesamtform erfassen.
Früher glaubte man, dass ein Kind dieses Alters nur die Konturen eines Wortes erkenne, es nur einen vagen Gesamteindruck des Wortbildes habe und dass die einzelheitliche Wahrnehmung erst später einsetze.[92] Dies führte zur Ganzheitsmethode (am Anfang des Lehrgangs naiv-ganzheitliches Lesen wie bei einer Begriffsschrift, siehe 3.2, 4.2). Korrekturuntersuchun-

---

[91] Die Speicherfähigkeit umfasst Langzeitgedächtnis und Kurzzeitgedächtnis (siehe 1.1.3 und 2.2.5).
[92] Vgl. KERN, A. und E.: Praxis des ganzheitlichen Lesenlernens. Freiburg 1959, S. 6 ff.

gen zeigten, dass Kinder bereits vom 4. bis 6. Lebensjahr visuelle Reize sowohl ganzheitlich als auch differenziert wahrnehmen können.[93]

(3) Hinweise für Lehrerinnen und Lehrer

- Bereits in den ersten Schulwochen werden beide Elemente eingeführt, sowohl Wortschriftbilder als auch einzelne Buchstaben.
- Es ist zwar davon auszugehen, dass die visuellen Voraussetzungen für das Lesenlernen vorhanden sind, doch die genaue Strukturierung von Wortschriftbildern muss intensiv geübt werden, damit die Fähigkeit zur Fertigkeit wird (z. B. durch ähnliche Wortbilder wie „Mama - Mami", „Oma - Opa" oder durch Ab- und Aufbauübungen).
- Nicht bei allen Schulanfängern ist die visuelle Gliederungsfähigkeit entsprechend entwickelt. Dies zeigt sich z. B. bei Verwechslung ähnlicher Wortschriftbilder oder beim „Ratelesen". Hier muss die Lehrkraft zusätzliche Übungen zum Identifizieren und Diskriminieren durchführen.
- Das Schriftbild darf nicht isoliert von Lautqualität und Bedeutung gesehen werden; die visuelle Erfassung wird durch phonologische, grammatische und semantische Aspekte mitbestimmt.

2.2.2 Auditive Fähigkeiten – phonologische Bewusstheit

(1) Begriffsklärungen

„Auditiv" meint soviel wie *„das Hören betreffend"*, d. h. fähig zu sein, *„Sprachlaute wahrzunehmen und zu analysieren"*[94]. In entsprechenden Veröffentlichungen wird häufig der Begriff „akustisch" synonym verwendet. So spricht SCHMAHLOHR von „akustischer Durchgliederung", KERN von „akustischer Analyse", Arbeitshefte für Leseanfänger enthalten „akustische Übungen". Bei exakter definitorischer Trennung der Begriffe meint „akustisch" den physikalischen Perzeptionsvorgang, während „auditiv" die psychisch-kognitive Verarbeitung der Sinnesempfindung einschließt. Heute hat sich der Begriff **phonologische Bewusstheit** durchgesetzt.

---

93 Vgl. NICKEL, H.: Die visuelle Wahrnehmung im Kindergarten- und Einschulungsalter. Stuttgart 1967. - NICKEL, H.: Die Bedeutung planmäßiger Übung für die Entwicklung einer differenzierenden visuellen Auffassung im Vorschulalter. Zeitschrift Entwicklungspsychologie/Pädagogische Psychologie 1969. S. 103 ff.

94 DUDEN: Fremdwörterbuch. Bd. 5. Mannheim 1982[4].

In unserer alphabetischen Schrift werden die lautlichen Bestandteile durch Schriftzeichen festgehalten (siehe 1.2.2). Um Buchstaben oder Buchstabengruppen und Laute oder Lautkomplexe einander zuordnen zu können, ist es erforderlich, den Lautfluss der gesprochenen Sprache in Lauteinheiten zu zerlegen und Einzellaute herauszuhören. Tritt die Lautstruktur der gesprochenen Sprache ins Bewusstsein und wird dadurch der Umgang mit den lautlichen Segmenten möglich, wird dies als phonologische bzw. phonematische Bewusstheit[95] bezeichnet. Das Heraushören von Einzellauten sowie die Lautsynthese werden nicht nur durch genaues Hinhören und gute Artikulation bewerkstelligt, sondern sind ein Akt einsichtigen Lernens.[96] Bevor ein Kind lernt, seine Aufmerksamkeit auf einzelne Laute bzw. Phoneme zu lenken, muss es sich auf den Sprachklang der gesprochenen Sprache konzentrieren und von der Wortbedeutung abwenden. BOSCH[97] wies schon 1937 auf die Bedeutung phonologischer Fähigkeiten hin. Er stellte fest, dass der Leseanfänger noch nicht in der Lage ist, die Sprache zu vergegenständlichen oder zu objektivieren, d. h. er kann sich noch nicht von der Wortbedeutung lösen und die phonologische Ebene der Sprache betrachten. Für diese Kinder ist dann das Wort „Haus" länger als „Streichholzschächtelchen". VALTIN spricht in diesem Zusammenhang von einem *Wortkonzept* des Lernenden, d. h. er muss zur Einsicht gelangen, dass unabhängig von ihrer Bedeutung allen gesprochenen Redeteilen geschriebene Elemente entsprechen.[98]

Phonologische Bewusstheit, die es dem Kind ermöglichen, die Lautstruktur wahrzunehmen, sie zu durchgliedern (Wort, Silbe, Laut), mit den Sprachelementen zu operieren und sich so die Schriftsprache anzueignen, umfasst einen Komplex kognitiver Teilleistungen. Dazu ist zunächst zwischen phonologischer Bewusstheit im weiteren Sinn (Fähigkeit sich dem lautlichen Aspekt der gesprochenen Sprache zuzuwenden) und phonologischer Bewusstheit im engeren Sinn (Phonembewusstheit) zu unterscheiden[99]: Phonologische Bewusstheit im weiteren Sinn:

---

95 Vgl. VALTIN, R.: Erwerb und Förderung schriftsprachlicher Kompetenzen aus grundschulpädagogischer Sicht. In: HUBER/KEGEL/SPECK-HAMDAN (Hrsg.): Einblicke in den Schriftspracherwerb. Braunschweig 1998, S. 59-74. - TROSSBACH-NEUNER, E.: Womit fängt „Eimer" an? Gesprochene Sprache im Aufbau phonematischer Bewusstheit. Frankfurt/M. 1992, S. 16. - Lehrplan für die Grundschulen in Bayern. München 2000.
96 Vgl. VALTIN, R.: Nachwort. In: BOSCH, B.: Grundlagen des Erstleseunterrichts. Reprint der 1. Auflage. Frankfurt/M. 1984.
97 Vgl. BOSCH, B.: a.a.O. 1984, S. 81 ff.
98 Vgl. VALTIN, R.: Erwerb und Förderung schriftsprachlicher Kompetenzen aus grundschulpädagogischer Sicht. In: HUBER/KEGEL/SPECK-HAMDAN (Hrsg.): a.a.O., S. 61.
99 Vgl. MANNHAUPT, G.: Lernvoraussetzungen im Schriftspracherwerb. Köln 2001. - KÜSPERT, P.: Phonologische Bewusstheit und Schriftspracherwerb. Frankfurt/M. 1998.

- Fähigkeit zur Klanggestaltauffassung und –differenzierung, d. h. das Kind kann seine Aufmerksamkeit gezielt der Lautstruktur der Sprache zuwenden und Laute, Lautkomplexe sowie ähnlich klingenden Laute erkennen. Das Kind entdeckt Reime, gleiche Wortanfänge, kann Wörter in Silben gliedern.

Phonologische Bewusstheit im engeren Sinn oder Phonembewusstheit:

- Fähigkeit mit den Lauten (Phonemen) analytisch und synthetisch umzugehen, d. h. das Kind kann z. B. den Anlaut, den Endlaut oder Binnenlaute segmentieren oder ein Wort in seine Lautkette zerlegen. Umgekehrt kann es die Einzellaute der Buchstabenfolge eines Schriftbildes zur Wortklanggestalt verschmelzen.

Dafür wird die Fähigkeit zur Speicherung auditiver Sprachwahrnehmungen benötigt (siehe auch 1.3 und 2.2.5):

- Sie umfasst das Einprägen und (schnelle) Abrufen von Lauten, Lautgruppen, Lautreihen, Wortteilen, Wortbildern. Dabei handelt es sich zunächst um die Speicherung von Wissensbeständen im Langzeitgedächtnis. Doch beim Erlesen müssen die Schriftzeichen eines Wortes artikulatorisch im Kurzzeitgedächtnis oder Arbeitsgedächtnis behalten werden (äußeres oder inneres Mitsprechen) bis sie zu einer Wortklanggestalt synthetisiert sind. Dieser Wortklanggestalt wird über das semantische Lexikon ihre Bedeutung zugewiesen.

(2) Der Entwicklungsstand der phonologischen Bewusstheit bei Schuleintritt

B. BOSCH (1937) stellte zwar seinerzeit fest, dass Leseanfänger bezüglich Sprachbewusstheit und sprachanalytischer Fähigkeiten beträchtliche Schwierigkeiten haben können, doch nach KATZENBERGER (1967) und SCHMALOHR (1968) besitzen Schulanfänger in der Regel die Fähigkeit, auf die Lautung der Sprache bewusst zu achten. Die Kinder sind in dem Maße fähig, mit den lautlichen Aspekten der Sprache umzugehen, wie es für den Schriftspracherwerb erforderlich ist.[100] Operationen auf der Phonemebene (z. B. Phonemanalyse auf der Basis der gesprochenen Sprache oder Phonemsynthese) liegen meist außerhalb des Leistungsbereichs und werden ohne Schriftspracherfahrung im allgemeinen nicht bewältigt.[101] Durch einen methodisch-didaktisch überlegten Erstunterricht im Lesen und

---

[100] Vgl. dazu SCHENK, Ch.: a.a.O., S. 53 ff u. 139 ff.

[101] Vgl. KATZENBERGER, L.: Schulanfänger und Lesenlernen. In: Schule und Psychologie, 11 (1967, S. 357) - SCHEERER-NEUMANN, G.: Schriftspracherwerb: „The State of the Art" aus psychologischer Sicht. In: HUBER/KEGEL/SPECK-HAMDAN (Hrsg.): a.a.O. 1998, S. 31-46. – MANNHAUPT, G.: Lernvoraussetzungen im Schriftspracherwerb. Köln 2001.

Schreiben wird sich die phonologische und insbesondere phonematische Bewusstheit entwickeln, doch ist von großen Leistungsunterschieden auszugehen.[102]

(3) Die besondere Bedeutung der phonologischen Bewusstheit für den Schriftspracherwerb

Insbesondere die „phonologische Bewusstheit im engeren Sinn", die Phonembewusstheit, ist die zentrale Fähigkeit für den Schriftspracherwerb. Sie ist sowohl Voraussetzung für das freie Schreiben (Phonemanalyse) als auch für das Erlesen unbekannter Wörter (Phonemsynthese). Lese-Rechtschreibschwierigkeiten liegen vorwiegend in der Unfähigkeit mit den lautlichen Aspekten der Sprache zu operieren.[103] Auditive Fähigkeiten sind viel enger mit Schriftsprachleistungen verknüpft als visuelle Fähigkeiten. SPITTA[104] nimmt aufgrund empirischer Untersuchungen eine Gewichtung der einzelnen Voraussetzungen vor und kommt zu dem Ergebnis, dass die *„Vergegenständlichung von Sprache, Konzentration auf das Lautliche von Sprache, akustische Analyse und Synthese"* die ausschlaggebenden Faktoren für den Lernerfolg sind, was auch aktuelle Untersuchungen[105] unterstreichen.

(4) Hinweise für Lehrerinnen und Lehrer

Wenn die phonologischen Fähigkeiten bei den meisten Kindern bestenfalls angebahnt sind und diese so bedeutsam für das Lesen- und Schreibenlernen sind, müssen sie von Anfang an nachhaltig gefördert werden; denn nur so können die Kinder im Schriftspracherwerb voranschreiten.
Einige Anregungen:
• Die phonologische Seite der Sprache kann durch Sprachspiele bewusst gemacht werden, z. B. Geschichten mit Signalwort, Reime oder ähnlich

---

[102] Vgl. MARTSCHINKE, S. u. a.: Heterogenität im Anfangsunterricht – Welche Voraussetzungen bringen Schulanfänger mit und wie gehen Lehrerinnen damit um. Nürnberg 2002.

[103] Vgl. SCHENK, Ch.: a.a.O., S. 38 ff. - SCHEERER-NEUMANN, G.: a.a.O., S. 31-46.

[104] SPITTA, G.: Kann man die Produktion von Legasthenikern verhindern? In: MEIERS, K.: a.a.O., S. 224.

[105] Trainingsstudien zeigen (z. B. von SCHNEIDER, siehe 9.4.2), dass durch die Förderung der phonologischen Bewusstheit bereits im Vorschulalter bzw. von Schulbeginn an der Schriftspracherwerb wesentlich erleichtert werden kann. – Vgl. SCHNEIDER, W. u. a.: Auswirkungen eines Trainings der sprachlichen Bewusstheit auf den Schriftspracherwerb in der Schule. In: Zeitschrift für Pädagogische Psychologie, 8 (1994) S. 177-188. – MARTSCHINKE, S. u. a.: Der Rundgang durch Hörhausen. Erhebungsverfahren zur phonologische Bewusstheit. Donauwörth 2001. – KIRSCHHOCK, E./MARTSCHINKE, S./TREINIES, G./EINSIEDLER, W.: a.a.O. – In der Praxis erprobte Diagnoseverfahren und Förderprogramme finden sich in 9.4.2 und 9.1.3.

klingende Wörter erkennen und finden, Silben klatschen, gehen, umgekehrt diese zu Wörtern verbinden, Abzählverse, Zungenbrecher u. Ä.

- Phonematische Übungen sollten ebenfalls mit der gesprochenen Sprache allein durchgeführt werden, z. B. Gegenstände suchen, die in ihrem Namen einen bestimmten Laut enthalten, als Roboter lautierend sprechen und aus den einzelnen Lauten das Wort wieder zusammensetzen lassen.
- Die Arbeit mit einer Lauttabelle setzt zwar Phonembewusstheit voraus, schult sie aber auch besonders. Das zu schreibende Wort wird immer wieder gedehnt gesprochen, um es auf die einzelnen Laute hin abzuhören.
- Durch gut artikuliertes Sprechen und die gezielte Beobachtung der Lautbildung wird die Erarbeitung der Laute unterstützt. Deshalb ist die sprechmotorische Erarbeitung eines Lautes so wichtig.[106] Auch beim Schreiben wird das Wort sprechmotorisch „abgetastet".[107]
- Die Analyse der Wortklanggestalt sowie die Synthese von Lauten zum Wortklangbild können bei leseorientierten Verfahren durch Gestaltvariationen von Schriftbildern (z. B. Hase – Hose, Haus – Maus) oder Ab- und Aufbauübungen bekannter Wortschriftbilder eingeschliffen werden.[108] Bei schreiborientiertem Vorgehen erlernen die Kinder dies durch das freie Schreiben mit der Lauttabelle.

2.2.3 Sprachliche Fähigkeiten

Sprache ist das Medium, in dem sich Unterricht überhaupt ereignet. Sprache ist aber auch für den Bereich „Lesen" Gegenstand des Unterrichts. Syntaktische und semantische Grundkenntnisse sind Voraussetzung dafür, dass das Kind selbstständig den Sinn erschließen kann.

Zwar entwickelt sich die gesprochene Sprache unter dem Einfluss des Leseunterrichts weiter, doch wird schon zu Beginn eine bestimmte Differenziertheit vorausgesetzt:

---

[106] Beispiele für Übungen: Beobachten der Lautbildung beim Nachbarn oder mit einem Spiegel bei sich selbst, Fühlen des Luftstroms mit der Hand, übertrieben artikuliert sprechen lassen.

[107] BRÜGELMANN weist darauf hin, dass Kinder zunächst nur das „hören", was sie beim Sprechen im Mund spüren können, und erklärt damit die konsonantischen Verschriftungen (Bsp. „LKMTW" für Lokomotive).

[108] Diese Verfahren stammen von KERN (siehe 3.2). Der vorgeschaltete Abbau erleichtert den Gebrauch des realen Wortklangbildes; wird zuerst aufgebaut, entstehen zwangsläufig zunächst vorläufige Wortklangbilder, die häufig nicht dem eigentlichen Klang entsprechen (siehe 1.2.2). BARTNITZKY (1998 a.a.O.) lehnt diese mechanischen Übungen als „lesefern" ab, doch sind sie sicher zumindest für leistungsschwächere Kinder ein Weg, die Synthese zu erlernen.

- Kenntnis eines bestimmten Wortschatzes
- Vertrautheit mit dem Gebrauch einfacher Satzformen
- Kenntnis der wichtigsten Beugungsformen von Wörtern
- freies und störungsfreies Sprechen der Standardsprache, korrektes Artikulieren (Beeinträchtigung bei besonderen Sprach- und Sprechschwierigkeiten, bei Dialektsprechern oder bei Kindern mit nichtdeutscher Muttersprache)
- Sprachverständnis (Erfassen und Verstehen des Inhaltes gesprochener und gedruckter Sprache)

In der Regel ist die Sprachentwicklung bei vierjährigen Kindern fundamental abgeschlossen, was Lautbildung, grammatische Formen, Satzbau und Flexionsformen betrifft. Aussprache und Inhalt der Rede sind verständlich. Die Satzgefüge sind noch wenig strukturiert; die Kinder bilden einfache Sätze, sie müssen aber grammatisch und phonetisch richtig sein. Damit ist normalerweise die allgemeine Sprachfähigkeit bis zum für das Lesenlernen geforderten Niveau entwickelt.[109]

Dennoch streuen die Sprachleistungen von Vorschulkindern sehr breit. Weil aber sprachliche Vermittlungsprozesse sowohl beim Lesen- und Schreibenlernen als auch bei den meisten Leistungen im Erkenntnisbereich eine große Rolle spielen, wiegt ein Rückstand in der Sprachentwicklung im Gesamtkontext des schulischen Unterrichts schwer.

Beim Kind sollte auch das Bedürfnis nach sprachlicher Kommunikation vorhanden sein, da die Schriftsprache lediglich eine besondere Form menschlicher Kommunikation ist.

2.2.4 Elementares Schriftverständnis

(1) Fähigkeit zur Bedeutungserfassung der Schrift

Das Kind muss begriffen haben, dass Geschriebenes einen Sinn- und Bedeutungsgehalt hat, dass man Gesprochenes auch schreiben kann. Dieses Verständnis wird normalerweise in der tätigen Auseinandersetzung mit der Umwelt gewonnen, denn in unserer Kultur begegnen den Kindern Schrift und Schriftzeichen überall, und sie erfahren, welche Nachteile es bringt, nicht lesen zu können. Aus der Erkenntnis, aus einem Kommunikationsbereich ausgeschlossen zu sein, entsteht das Bedürfnis, lesen und schreiben lernen zu wollen.

---

[109] Weitere Ausführungen in: GIBSON, E. J./LEVIN, H.: Die Psychologie des Lesens. Stuttgart 1980, S. 33 ff. - KEGEL, G.: Spracherwerb. In: KOCHAN, B./NEUHAUS-SIEMON, E. (Hrsg.): Taschenlexikon Grundschule. Königstein/Ts. 1979, S. 468 ff.

Das Verständnis für Schrift darf aber bei Schulanfängern nicht vorausgesetzt werden. Viele Kinder kommen noch mit recht unklaren Vorstellungen über die Funktionsweise von Lesen und Schreiben in die Schule.[110]

(2) Symbolverständnis

Schriftbilder sind Symbole für gesprochene Wörter, also Zeichen, die in ihrem Klang eindeutig festgelegt sind und stellvertretend für die nicht unmittelbar wahrnehmbare Sprache stehen. Lesenlernen erfordert deshalb grundsätzlich Symbolverständnis. Erste Voraussetzung ist das Verständnis für Bildsymbole (z. B. Verkehrszeichen), denen aber ein Bedeutungsgehalt entspricht und nicht wie bei den Buchstaben ein Lautwert (siehe 1.2.1).

(3) Lautschriftverständnis

Dies ist die Fähigkeit, das Strukturprinzip der Buchstabenschrift zu verstehen, d. h. die Erkenntnis, dass es möglich ist, die Lautung der Sprache in Buchstabenreihen darzustellen. Das Lautschriftverständnis kann erst einsetzen, wenn mit dem Lesen bzw. Schreiben der Buchstabenschrift begonnen wird; es handelt sich dabei um die Einsicht, dass beim Lesen Buchstaben in Laute umgesetzt werden müssen und umgekehrt beim Schreiben Sprachlaute in Buchstaben.

Um mit Schriftsprache zweckmäßig umgehen zu können, muss das Kind durch Auseinandersetzung mit Schrift zu folgenden Einsichten und Kenntnissen gelangen:[111]
• Schrift verschlüsselt Bedeutung. Diese wird wort-wörtlich festgehalten.
• Schrift verwendet nur ein begrenztes Zeichenrepertoire, die Buchstaben. Verschiedene Wörter lassen sich durch differentielle Buchstabenfolgen unterscheiden.
• Die Klangform eines Wortes bestimmt weitgehend die Anordnung der einzelnen Buchstaben, wobei jedoch nicht alle hörbaren Laute verschriftet werden.
• Schrift folgt eigenen Regeln der Orthografie, die nur bedingt aus der Klangform eines Wortes ableitbar sind. Auch die Wortbedeutung, aus dem Kontext erschlossen, legt die Rechtschreibung fest (siehe 1.2.2).

---

[110] Vgl. HEUß, G.: Erstlesen und Erstschreiben. Donauwörth 1993, S. 43.
[111] Vgl. BRÜGELMANN, H./BRINKMANN, E.: Stufen des Schriftspracherwerbs und Ansätze zu seiner Förderung. In: BRÜGELMANN, H./RICHTER, S. (Hrsg.): a.a.O., S. 44-52.

2.2.5 Spezielle kognitive Fähigkeiten

Die Komplexität des Lesens verlangt vom Schulanfänger eine Vielzahl kognitiver Fähigkeiten, um diesen Lernprozess bewältigen zu können (siehe 1.1.3). Als wichtigste sind zu nennen:

(1) Fähigkeit zur Assoziation

Assoziation[112] bezeichnet *„eine Verknüpfung seelischer Inhalte, die sich darin zeigt, dass das Auftreten des einen das Bewusstwerden des anderen (mit ihm assoziierten) nach sich zieht oder wenigstens begünstigt. Ursprünglich und i. e. S. bezieht sich der Begriff A. auf die Verbindung von Vorstellungen. (...) Die A. ist nach Auffassung der A.s-theoretiker Grundlage jeder Gedächtnisleistung, die Vorbedingung der Reproduktion von früher Erlerntem."*[113]
Voraussetzung für eine Assoziation sind also Wahrnehmungen, die zeitlich nebeneinander oder hintereinander ins Bewusstsein treten, und so miteinander in Beziehung gesetzt werden. Das Herstellen von Assoziationen spielt besonders in den Anfangsphasen des Leselernprozesses eine wichtige Rolle. Das Kind muss z. B. beim Einprägen eines Schriftbildes dieses mit dem Klangbild und der Bedeutung verknüpfen. Nach wiederholtem Herstellen einer Assoziation kann z. B. lediglich durch das Vorzeigen des Schriftbildes das Klangbild und die Bedeutung reproduziert werden. Über Assoziationen werden auch die Buchstaben und Laute erworben.

(2) Speicherfähigkeit

Beim Lesen sind zu einem wesentlichen Teil reproduktive Vorgänge beteiligt. Darunter versteht man das Wiederhervorbringen von früher angeeigneten, im Gedächtnis gespeicherten Bewusstseinsinhalten. Die für das Lesen erforderliche Speicherfähigkeit umfasst Langzeit- und Kurzzeitgedächtnis.

• Langzeitgedächtnis:
Das Wiedererkennen von Wörtern und Buchstaben beruht auf der Wirkung des Langzeitgedächtnisses. Hier wird die langfristige Speicherung von Gedächtnisinhalten ermöglicht. Buchstaben, Buchstabengruppen und Wörter mit ihrer Lautentsprechung werden über Prozesse der Assoziation erwor-

---

[112] „associatio" (neulat.): Verbindung, Vereinigung, Vergesellschaftung; Assoziation: Verbindung von mindestens zwei Bewusstseinsinhalten.
[113] DORSCH, F.: Psychologisches Wörterbuch. Bern 1982[10], S. 55.

ben, dauerhaft im Langzeitgedächtnis bewahrt und können bei Gebrauch wieder hervorgerufen werden. Für erfolgreiches Lesen eines Wortes ist der automatisierte, also sichere und schnelle Abruf entscheidend, ansonsten besteht die Gefahr, dass bereits dekodierte Elemente verloren gehen, bevor der Inhalt erfasst ist.

• Kurzzeitgedächtnis:
Das Umsetzen eines Wortschriftbildes in Sprache erfordert das Kurzzeitgedächtnisses als Arbeitsgedächtnis, das eine gewisse Gedächtnisspanne benötigt, denn die aufgenommenen Schriftzeichen müssen mit ihrem Lautwert so lange im Bewusstsein bleiben, bis das Wort synthetisiert und der Inhalt entschlüsselt ist (siehe 1.1.3). Für das freie Schreiben sind ebenso verbale Kurzzeitgedächtnisprozesse notwendig, um den Zug um Zug analysierten Lauten eines Wortes die Buchstaben zuordnen zu können.[114]

(3) Fähigkeit zur Sinnerwartung/Antizipation[115]

Lesenlernen, das mehr verlangt als das Bedeutungserfassen einzelner Wörter, muss schon in seinen Anfängen auf das Sinnerfassen größerer Inhaltseinheiten ausgerichtet werden. Liest das Kind einen Satz, stellt es bereits bei den ersten Wörtern Sinnvermutungen an. Die weitere optische Wahrnehmung erfolgt dadurch zielgerichtet. Diese selbsterzeugte Sinnerwartung begünstigt das Erkennen der Wörter und den Verstehensvorgang. Die Vermutungen beziehen sich sowohl auf den zu erwartenden Sinn des Satzes als auch auf die zu erwartende Satzform und Wortfolge. Antizipation gilt als wichtige Voraussetzung für flüssiges Lesen. Sinnfindende Funktion im Anfangsunterricht des Lesens hat auch das Fibelbild, die Überschrift oder eine Erzählung der Lehrerin oder des Lehrers.

---

[114]   Vgl. MANNHAUPT, G.: Lernvoraussetzungen im Schriftspracherwerb. Köln 2001, S. 93.
[115]   Vgl. GRISSEMANN, H.: Pädagogische Psychologie des Lesens und Schreibens. Bern 1986, S. 35 ff.

2.3 Sonstige psychologische Grundbedingungen

2.3.1 Lernmotivation[116]

(1) Allgemeines

Lernmotivation ist die Summe der Beweggründe, die das Lernen und seine Intensität bedingen. Die Lesemotivation ist die aktivierende Energie für die Bereitschaft, sich mit den notwendigen Lernprozessen für das Lesenlernen auseinander zu setzen.

Beim Schüler muss Anstrengungsbereitschaft vorhanden sein, die ihn ein gewisses Maß an Schwierigkeiten überwinden lässt. Spricht der Lerngegenstand ein im Kind liegendes Grundbedürfnis an, will es also lesen und schreiben lernen, so kann die Lehrkraft mit der einsatzbereiten persönlichen und aktiven Teilnahme des Kindes am Lernprozess rechnen.[117]

Ein starker Anreiz kann sein, wenn das Kind erkennt, dass es aus einem wesentlichen Verständnisbereich ausgeschlossen ist. Das Kind identifiziert sich mit den Erwachsenen und möchte das auch können, was die „Großen" können. Leider wird in der Familie vielfach zu wenig gelesen und geschrieben, so dass die Kinder keine Vorbilder mehr haben. Daher kann in der Schule häufig nicht mit Lesemotivation, mit Spaß am Buch und Lesen in der Freizeit oder Freude, sich schriftlich mitzuteilen, gerechnet werden.

Neben dem Anreiz, der von der Sache selbst ausgeht, muss eine allgemeine positive Einstellung zum Lernen vorhanden sein, eine „Leistungsmotivation", die wiederum von einer positiven Einstellung zur eigenen Leistungsfähigkeit abhängt, die dem Kind eine innere Gewissheit gibt, dass es die Lernaufgabe auch bewältigen wird (siehe 2.3.3). Nach HECKHAUSEN[118] zeigt das Kind vom 4. Lebensjahr an leistungsorientiertes Verhalten.

Zum anderen ist der Prozess des Schriftspracherwerbs besonders geeignet, die Lernmotivation zu fördern, wenn die Lehrkraft individuell unterschiedliche Zugänge zur Schrift ermöglicht und Lernangebote dem persönlichen Lernfortschritt möglichst optimal anpasst (siehe Kap. 8). Der Lernerfolg wird dem Kind sichtbar, denn es kann Schritt für Schritt mehr und besser lesen und es erfährt gleichermaßen Anerkennung von seiner Umwelt und schließlich Genuss von der Sache selbst, dem Lesen.

---

[116] Vgl. RABENSTEIN, R.: Erstleseunterricht. In: RABENSTEIN, R. (Hrsg.): Erstunterricht. Bad Heilbrunn/Obb. 1979, S. 75. - Vgl. BRÜGELMANN, H.: Motivation zum Lesen - ein Motor des Lernens. In: Die Grundschulzeitschrift 75 (1994) 6.

[117] Vgl. KOPP, F.: Didaktik in Leitgedanken. Donauwörth 1970³, S. 132 ff.

[118] Vgl. HECKHAUSEN, H.: Förderung der Lernmotivierung und der intellektuellen Tüchtigkeit. In: ROTH, H. (Hrsg.): Begabung und Lernen. Stuttgart 1977⁷, S. 193 ff.

Aber auch die kindliche Lust am Tätigsein als natürlicher Antrieb zu Aktivität ist ein entscheidender methodischer Faktor. Lernen durch Tun, durch Erproben, spielerische Lernformen sind didaktische Forderungen, die es zu verwirklichen gilt. Nicht zuletzt im Miteinandertun und in Sympathiebindungen entfalten sich kindliche Anstrengungsbereitschaft und Lernfreude. In der Schule dient die Lehrkraft als Vorbild: der eigene Spaß am Schreiben und Lesen kann auf die Kinder überspringen. Besonders das Erzählen und Vorlesen lassen viel von der Faszination erahnen, die von Büchern ausgeht, lange bevor die eigene Lesefertigkeit genügend ausgebildet ist.

(2) Hinweise für Lehrerinnen und Lehrer

Es gibt viele Möglichkeiten, die kindliche Lernbereitschaft zu wecken, zu pflegen und zu nutzen:
- Interesse am Lesen und Schreiben wecken:
  - abwechslungsreiches und zweckfreies Vorlesen (am besten täglich)[119]
  - gute Auswahl der Schülertexte
    - nach dem Leistungsniveau der Kinder
    - nach dem Schülerinteresse (auch Kinderliteratur einbeziehen)
    - nach der Art der Darbietung (z. B. mit Bildgestaltung, nicht nur didaktische Aspekte berücksichtigen)
  - Schreiben und Lesen im gesamten Unterricht gebrauchen

- Freude am Lese- und Schreiblernprozess vermitteln:
  - die kommunikativen Möglichkeiten der Schriftsprache durch authentische Schreib- und Lesesituationen erfahrbar machen
  - Freude am Entdecken dienstbar machen (z. B. in diesen Wörtern hat sich ein anderes versteckt: **Hund** M**im**i m**ich**)
  - die Vorliebe des Kindes für handelndes Lernen, für Bewegung, Rhythmus, kreatives Gestalten, Malen und Spiel einbeziehen[120]

---

[119] Damit Vorlesen zum Leseerlebnis wird, muss auch dieses vorbereitet werden. So können Passagen freier vorgetragen, angemessen dramatisiert oder auch Besinnungspausen eingelegt werden, um den Zuhörer zu aktivieren. Goldene Regeln für gutes Vorlesen in: GÄRTNER, H.: a.a.O., S. 72 ff.

[120] Texte bebildern oder szenisch darstellen lassen; der Erlebniseindruck sollte überwiegen und Geschichten nicht zu sehr dem Übungslesen dienen. Dem Anlesen eines Textes durch die Lehrkraft ist bisweilen der Vorzug zu geben. Weitere Ausführungen siehe 8.2.

- Bereitschaft zu intensiver Übungsarbeit herbeiführen (siehe 8.2):
  - abwechslungsreiche Übungen anbieten (Tätigkeitswechsel, den Einsatz spielorientierter Lernformen, Freie Arbeit u. Ä. einplanen, durch vielfältige Lesegelegenheiten zum Lesen verführen)
  - eine entspannte Lernatmosphäre schaffen (durch positive Zuwendung, Humor, lustige Reime, Bewegungsspiele und Kinderlieder, durch den Einsatz von Handpuppen)
  - Erfolgserlebnisse durch gezielte Anforderungen und regelmäßiges Üben ermöglichen und damit Selbstbewusstsein aufbauen

2.3.2 Konzentrationsfähigkeit

(1) Allgemeines

Zwischen Konzentration und Aufmerksamkeit wird sowohl umgangssprachlich wie auch in wissenschaftlichen Betrachtungen *„häufiger hinsichtlich des (Intensitäts-)Grades als hinsichtlich einer grundlegenden Qualität differenziert ..., (so dass) Konzentration als eine Gipfel- und Steigerungsform der Aufmerksamkeit zu betrachten"*[121] ist. Durch die Lenkung der Aufmerksamkeit auf bestimmte Gegenstände, Vorstellungs- oder Denkprozesse wird das allgemeine und unklare Wahrnehmen ausgerichtet und intensiviert. *„Das Vorhandensein der Aufmerksamkeit im Wahrnehmungsprozess bedeutet, dass der Mensch nicht nur sieht, sondern hinsieht, nicht nur hört, sondern hinhört oder sogar angestrengt lauscht, dass er seine Gedanken auf einen bestimmten Denkinhalt, etwa auf eine Lernaufgabe, richtet und sie zu lösen versucht (RUBINSTEIN)."*[122]

Für das schulische Lernen ist die Fähigkeit zur willkürlichen Aufmerksamkeit entscheidend. Diese ist gekennzeichnet durch eine bewusste willentlich gelenkte Steuerung der Wahrnehmung. Dem gegenüber steht die unwillkürliche Aufmerksamkeit; hier liefern Interesse, Triebe und Instinkte die Antriebskraft für Aufmerksamkeitsleistungen.

Wie lange Kinder konzentriert arbeiten können, ist nicht nur vom Alter abhängig, sondern auch von der jeweiligen Situation und von unterschiedlichen Bedingungen wie Aufgabenart und Motivation. Auch Tageszeit und Dauer der bereits erbrachten Konzentrationsleistung beeinflussen das weitere Aufmerksamkeitsverhalten. Tendenziell steigt mit zunehmendem Lebensalter die Konzentrationsleistung bei Kindern unabhängig von Situation und zusätzlichen Einflussfaktoren an. Vor allem die Fähigkeit, sich von ir-

---

[121] RAPP, G.: Aufmerksamkeit und Konzentration. Bad Heilbrunn/Obb. 1982. S. 22.
[122] LAABS, H.-J. u. a. (Hrsg.): Pädagogisches Wörterbuch. Berlin 1987, S. 35.

relevanten Stimuli nicht ablenken zu lassen und die Aufmerksamkeit auf bedeutsame Informationen zu richten, nimmt stetig zu. Durchschnittlich erbringen Mädchen in jedem Alter bessere Aufmerksamkeitsleistungen als Jungen.[123]

(2) Hinweise für Lehrerinnen und Lehrer

Im Vorschulalter wachsen zwar Konzentrationsfähigkeit und Ausdauer ebenso wie die Bereitschaft, fremdgestellte Aufgaben zu übernehmen, willentliche Aufmerksamkeitsleistungen gelingen jedoch nur über sehr kurze Zeitspannen hinweg. Die Aufmerksamkeit von Schulanfängern ist noch weitgehend unwillkürlich; die willkürliche Aufmerksamkeit bildet sich erst in den darauffolgenden Jahren aus, wobei Kinder bei aktiven Handlungen allgemein größere Ausdauer zeigen als bei ausgesprochenen Denkprozessen. Da jene Fähigkeit jedoch als eine der Grundvoraussetzungen für Lernen und Arbeiten überhaupt, so auch für das Lesen- und Schreibenlernen, angesehen werden muss, kommt ihr von Beginn an eine Schlüsselposition zu.

Konzentrationsminderleistungen ziehen in der Folgezeit weitere Probleme nach sich, vor allem kumulative Lerndefizite. Deshalb können *„später die damit interagierenden Lernschwierigkeiten nicht mehr nur allein durch eine Verbesserung der Konzentrationsleistungen behoben werden"*[124]. Folglich muss latentes Ziel der Unterrichtsgestaltung immer auch die Erhaltung bzw. Steigerung der Konzentration sein. Eine angemessene Rhythmisierung des Unterrichts beugt einer Ermüdung vor; Möglichkeiten zum entdeckenden Lernen mit individualisierenden Angeboten verflechten willkürliche mit unwillkürlicher Aufmerksamkeit; handelnder Umgang mit Materialien unterstützt die aktive Auseinandersetzung mit dem Lerngegenstand. All dies erhöht die Qualität und Dauer der erbrachten Aufmerksamkeitsleistungen.

Da gerade der Schulanfänger bisher seine Aufmerksamkeit fast ausschließlich interessenbezogen und somit unwillkürlich steuerte, muss durch die besondere Gestaltung des Erstunterrichts ein bruchloser Übergang vom vorschulischen zum schulischen Lernen ermöglicht werden (siehe 8.3). Konzentration hängt besonders davon ab, ob das Ziel der Konzentration von Bedeutung ist. Zudem wird konzentriertes Arbeiten auch durch das Vermitteln von Lern- und Arbeitsstrategien erreicht (Arbeitshaltungen und

---

123 Vgl. LEITNER, W. G.: Konzentrationsleistung und Aufmerksamkeitsverhalten. Begriff, Einflussfaktoren, Entwicklung, Diagnose, Prävention und Intervention. Bamberg 1998, S. 57.

124 LEITNER, W. G.: a.a.O., S. 63.

lich muss latentes Ziel der Unterrichtsgestaltung immer auch die Erhaltung bzw. Steigerung der Konzentration sein. Eine angemessene Rhythmisierung des Unterrichts beugt einer Ermüdung vor; Möglichkeiten zum entdeckenden Lernen mit individualisierenden Angeboten verflechten willkürliche mit unwillkürlicher Aufmerksamkeit; handelnder Umgang mit Materialien unterstützt die aktive Auseinandersetzung mit dem Lerngegenstand. All dies erhöht Qualität und Dauer der erbrachten Aufmerksamkeitsleistungen.

Da gerade der Schulanfänger bisher seine Aufmerksamkeit fast ausschließlich interessenbezogen und somit unwillkürlich steuerte, muss durch die besondere Gestaltung des Erstunterrichts ein bruchloser Übergang vom vorschulischen zum schulischen Lernen ermöglicht werden (siehe 8.3). Konzentration hängt besonders davon ab, ob das Ziel der Konzentration von Bedeutung ist. (Wie kann erreicht werden, dass die Kinder ihre Aufmerksamkeit auf den Lerngegenstand richten und ihn interessant finden?) Konzentriertes Arbeiten wird auch durch das Vermitteln von Lern- und Arbeitsstrategien erreicht (Anleitung geben, wie eine Aufgabe zielbewusst gelöst werden kann, Arbeitshaltungen und Arbeitsweisen einschulen).

2.3.3 Sozialer Entwicklungsstand[124]

Vom Schulanfänger wird folgender sozialer Entwicklungsstand als wesentliche Voraussetzung für Schulfähigkeit erwartet:
- relative Selbstständigkeit
- Fähigkeit, sich von den bisherigen engen Bindungen an familiäre Bezugspersonen zu lösen, und gleichzeitig Bereitschaft, außerfamiliäre Beziehungen zu Gleichaltrigen und Erwachsenen aufzubauen
- Bereitschaft zur sozialen Integration in eine Gruppe Gleichaltriger mit der Fähigkeit, seine eigenen Wünsche hinter die Ziele dieser Gruppe zurück zu stellen

Solches Verhalten steht in engem Zusammenhang mit familiären Vorerfahrungen innerhalb der frühkindlichen Entwicklung. Wenn Kinder von ihren engsten Bezugspersonen einen emotional warmen und liebevollen Umgang erfahren, sind sie *„allgemein heiterer, freundlicher, (reagieren) emotional stabiler, (zeigen) sich interessierter bei verschiedenen Tätigkeiten und*

---

[124] Vgl. NICKEL, H.: Entwicklungspsychologie des Kindes- und Jugendalters. Bd. I. Bern 1982[4], S. 293-301. - NICKEL, H.: Entwicklungspsychologie des Kindes- und Jugendalters. Bd. II. Bern 1981[3], S. 57-59. - NICKEL, H./SCHMIDT-DENTER, U.: a.a.O., S. 232 f. - RAHMENPLAN GRUNDSCHULE IN HESSEN, Wiesbaden 1995, S. 15 f.

(sind) eher zu Kooperation mit anderen bereit"[125]. Die von ihren Eltern abgelehnten Kinder können hingegen Unsicherheits- und Minderwertigkeitsgefühle entwickeln, die sich entweder in aggressiven Verhaltensweisen oder in Schüchternheit und Unterwürfigkeit äußern.

Aber auch die Gewährung von altersadäquater Unabhängigkeit und Selbstständigkeit ist wichtig für die Ausbildung sozialer Verhaltensweisen. Dies fällt manchen Eltern gerade deshalb schwer, weil jenes kindliche Streben im Widerspruch zu dessen gleichzeitigem Wunsch nach Geborgenheit und emotionaler Zuwendung zu stehen scheint. Der Besuch einer vorschulischen Einrichtung kann kompensatorische Arbeit leisten und Anpassungsschwierigkeiten bei Schuleintritt vermindern helfen.

Da Kinder sehr heterogene soziale Erfahrungen aus Familie, Freundeskreis, Kindergarten usw. in die Schule mitbringen, muss kooperationsorientiertes Sozialverhalten während der Schulzeit gefestigt bzw. erst angebahnt werden. Jedes Kind muss vom Lehrer Anerkennung erhalten und Sicherheit erfahren; aus diesem emotional positiven Rahmen kann es *„Kontaktfähigkeit und Bereitschaft zur Zusammenarbeit, soziale Initiative und soziale Sensibilität"*[126] entwickeln.

2.4   Soziokulturelle Milieufaktoren[127]

2.4.1   Bedeutung soziokultureller Milieufaktoren für den Schriftspracherwerb

Alle Entwicklungsvorgänge lassen sich auf die grundlegenden Prozesse Reifung (Anlage) und Lernen (Anpassung an die Umwelt) zurückführen. Reifungsprozesse des Nervensystems und vor allem des Gehirns schaffen die körperliche Basis, damit Lernprozesse wirksam werden können und legen das Potential der jeweiligen Person fest. Aber erst durch Umwelteinflüsse ist eine Entwicklung von Verhaltensbereichen, Fähigkeiten und Fertigkeiten möglich. Vor allem *„die zwischenmenschlichen Beziehungen, aber auch die wirtschaftlichen Lebensbedingungen, gesellschaftliche Strukturen und Normen"*[128] beeinflussen diesen Prozess. Überwiegend innerfamiliäre Bedingungen prägen den Entwicklungsstand eines jeden Kindes.

---

125   NICKEL, H.: a.a.O. 1982⁴, S. 294 f.
126   RAHMENPLAN GRUNDSCHULE IN HESSEN, a.a.O., S. 15.
127   Vgl. HEUß, G.: a.a.O. 1993, S. 40. - NICKEL, H./SCHMIDT-DENTER, U.: a.a.O., S. 13 ff.
128   NICKEL, H.: a.a.O. 1982⁴, S. 24.

Durch Bestätigung im sozialen Gefüge bilden sich grundlegende Einstellungen wie Lernmotivation und Konzentrationsfähigkeit aus. Darüber hinaus werden durch emotionale Zuwendung und eine anregungsreiche Umgebung visuelle, auditive und sprachliche Fähigkeiten gefördert.

Fundamental für die Lese- und Schreibbereitschaft ist zudem die Auseinandersetzung mit Schriftsprache, wie es gerade Berichte über Spontanschreiber und Frühleser zeigen. Solche Kinder erlernen eigenständig, ohne gezielten Lehrgang die Schriftsprache, wobei sie sehr individuelle Wege beschreiten.[129] Die Beschäftigung mit Schrift gehört dabei für sie zum familiären Alltag. Sie haben geeignete Vorbilder (selbstverständlicher Umgang der Eltern mit Lesen und Schreiben) und sie erfahren täglich, was Lesen- und Schreibenkönnen bedeutet (ihnen wird vorgelesen, erste Schreibversuche werden ernst genommen). Diese Einflüsse aus der familiären Umgebung wirken weitgehend funktional, so dass sich die Kinder eher beiläufig Kenntnisse über Lesen und Schreiben aneignen. So können die Kinder eigene Vorstellungen und Konzepte über Funktion und Aufbau der Schrift(sprache) entwickeln und in diesem Bereich vielfältige Erfahrungen sammeln.[130]

2.4.2 Zur Unterstützung des Schriftspracherwerbs im Elternhaus

Es bedarf von Anfang an eines engen Kontakts zwischen Schule und Elternhaus, damit Lernprozessen, die durch schulischen Unterricht angestoßen werden, nicht (unbewusst) entgegengearbeitet wird. Da der Erfolg des Lese- und Schreiblehrgangs stark durch die Einstellung der Eltern zum Lesen und Schreiben sowie zur Leistung, zur Schule und zur Lehrerin bzw. zum Lehrer beeinflusst wird, ist es wichtig, die Eltern darüber zu informieren und ihr Vertrauen zu gewinnen. Den Eltern sollte sowohl Einblick in die Methodik des verwendeten Lese- und Schreiblehrgangs verschafft werden als auch in die speziellen Lernformen des Erstunterrichts, weil sich sowohl Gleichgültigkeit als auch nicht-adäquates häusliches Üben mit Si-

---

[129] Vgl. BRINKMANN, E.: Lisa lernt schreiben. Stufen eines Schriftspracherwerbs ohne Lehrgang. In: BRÜGELMANN, H./RICHTER, S. (Hrsg.): Wie wir recht schreiben lernen. Lengwil/Bodensee 1994, S. 35-43. - SCHEERER-NEUMANN, G./KRETSCHMANN, R./BRÜGELMANN, H.: Andrea, Ben und Jana: Selbstgewählte Wege zum Lesen und Schreiben. In: BRÜGELMANN, H. (Hrsg.): ABC und Schriftsprache: Rätsel für Kinder, Lehrer und Forscher. Konstanz 1986, S. 55-96.

[130] Einige Fachdidaktiker gehen davon aus, dass es sich beim Schriftspracherwerb um einen Entwicklungsprozess handelt (vgl. 5.2), wobei die „individuellen Schreibweisen ... Parallelen zur historischen Entwicklung von der Bilderschrift über die Lautschrift zur Orthografie" aufweisen. - BRÜGELMANN, H.: Von der Teilchen- zur Wellen-Theorie. Kinder konstruieren Wörter und eigene Rechtschreibsysteme. In: BRÜGELMANN, H./RICHTER, S. (Hrsg.): a.a.O., S. 102.

cherheit negativ auf die Schulleistungen des Kindes auswirken.[131] An Elternabenden, zu Sprechstunden sollte Folgendes bewusst gemacht werden:

- Die Buchstaben sind mit ihrem Lautwerte zu benennen (z. B. /b/ statt be).
- Fehler in spontanen Verschriftungen des Kindes sollten die Eltern als eine bestimmte Stufe auf dem Weg zur richtigen Schreibung verstehen (siehe 5.1.2) und die Schreibweise des Kindes zunächst so akzeptieren.
- Übungsarbeit darf zwar nicht auf die Eltern abgeschoben werden, doch ist v. a. häusliches Lesen für den Lernerfolg unerlässlich. Hat das Kind z. B. einen Zuhörer, wenn es vorliest, kann es von diesem auch individuelle Rückmeldung erhalten.

Schon vor der Einschulung sollten Kinder elementare Grundlagen für das Lesen und Schreiben erwerben und Interesse dafür entwickeln (siehe 2.4.1). So können Lehrerinnen und Lehrer bereits in Kooperation mit dem Kindergarten den Eltern der späteren Schulanfänger Anregungen geben, wie sie die Voraussetzungen für das Lesen- und Schreibenlernen ihrer Kinder fördern können:

- Häufig vorlesen, damit das Kind den Wert des Lesens erfährt (Mitzeigen bei kurzen Texten kann dem Kind die Geschlossenheit von Sprecheinheiten und Schrifteinheiten verdeutlichen);
- Malen mit verschiedenen Malwerkzeugen und Basteln unterstützen, damit sich die Feinmotorik des Kindes entwickeln kann;
- Das Kind anregen, jemandem einen Brief zu „schreiben" oder sich selbst Notizen zu machen (z. B. mit Bildern und evtl. Schriftzeichen);
- Sprachspiele erhöhen die Sprachbewusstheit: Unsinnverse, Reimwörter, Roboter-Sprache, gedehntes Sprechen, Anlautspiele („Ich weiß ein Wort, das fängt mit /l/ an", Wörter mit gleichem Anfang finden);
- Fragt das Kind nach einem Buchstaben, sollte stets der Lautwert, nie der Buchstabenname genannt werden.

Eltern sollten bewusst ihr Kind nicht im „Lesen und Schreiben unterweisen" (kein Auswendiglernen des Alphabets oder Schreibtraining spezieller Wörter), sondern sie sollten vielmehr ein anregungsreiches Klima schaffen, damit das Kind neugierig werden kann auf Bücher und Schrift. Wichtig ist, dass die Eltern spontanen Fragen ihres Kindes und seinem Interesse an Schrift positiv begegnen.

---

[131] Teil des ersten Elternabends kann z. B. eine Unterrichtsstunde zur Einführung eines Buchstabens sein, damit die Eltern der Schulneulinge die didaktisch-methodische Arbeitsweise selbst kennenlernen und mit ihr experimentieren können.

Literatur

BLÖCHER, E.   : Schwierigkeiten beim Schreibenlernen. Erkennen und Be-
                         handeln von Grundursachen. Langenau-Ulm 1983.

BOSCH, B.   : Grundlagen des Erstleseunterrichts. Reprint der 1. Auflage
                         1937. Frankfurt/M. 1984.

BREUER, H./WEUFFEN, M.: Gut vorbereitet auf das Lesen- und Schreibenlernen. Ber-
                         lin 1986[6].

BRÜGELMANN, H.   : Motivation zum Lesen - ein Motor des Lernens. In: Die
                         Grundschulzeitschrift, 75 (1994) 6.

BRÜGELMANN, H. (Hrsg.): ABC und Schriftsprache: Rätsel für Kinder, Lehrer und
                         Forscher. Konstanz 1986.

BRÜGELMANN, H./RICHTER, S. (Hrsg.): Wie wir recht schreiben lernen. Leng-
                         wil/Bodensee 1994.

BÜRNHEIM, U. u. a.   : Voraussetzungen für das Lesen- und Schreibenlernen. In:
                         AKADEMIE FÜR LEHRERFORTBILDUNG UND PER-
                         SONALFÜHRUNG DILLINGEN: Lese-Rechtschreibschwie-
                         rigkeiten. Diagnose – Förderung – Materialien. Donauwörth
                         2000, S. 59 – 106.

DIENER, K.   : Schreibenlernen. Psychologische und didaktische Vorausset-
                         zungen. Stuttgart 1980. *

DORSCH, F.   : Psychologisches Wörterbuch. Bern 1982[10].

DUDEN   : Fremdwörterbuch. Bd. 5. Mannheim 1982[4].

DUDEN   : Grammatik der deutschen Gegenwartssprache. Bd. 4. Mann-
                         heim 1984[4].

EXNER, G. U.   : Normalwerte in der Kinderorthopädie. Wachstum und Ent-
                         wicklung. Stuttgart 1990.

FÜHRING, M./LETTMEYER, O. u. a: Die Sprachfehler des Kindes und ihre Beseiti-
                         gung. Wien 1976.

GÄRTNER, H./HEUß, G./LIEDEL, M.: Ich lerne schreiben. Lehrerbegleitheft 1. Mün-
                         chen 1983[2].

GIBSON, E. J./LEVIN, H.: Die Psychologie des Lesens. Stuttgart 1980.

GLÖCKEL, H.   : Erstschreibunterricht - Schreiben und Rechtschreiben. In:
                         RABENSTEIN, R. (Hrsg.): Erstunterricht. Bad Heil-
                         brunn/Obb. 1979[2], S. 101 ff.

GRAMM, D.   : Entwicklungsgemäßes Schreibenlernen. Teil I. Hannover
                         1971.

GREULICH, W./PYLE, I.: Radiographic Atlas of Skeletal Development of Hand and
                         the Wrist. Standford 1992[2].

GRISSEMANN, H.   : Pädagogische Psychologie des Lesens und Schreibens. Bern
                         1986.

HECKHAUSEN, H.   : Förderung der Lernmotivierung und der intellektuellen Tüch-
                         tigkeit. In: ROTH, H. (Hrsg.): Begabung und Lernen. Stutt-
                         gart 1977[7].

HERRNDOBLER/MACHALITZKY/GICK: Lehrerhandbuch zur List-Fibel 1 „Lesen
                         mit Uli". München 1984.

HEUß, G.	:	Vorschule des Lesens. Wahrnehmungs- und Sprachtraining. München 1971.
HEUß, G.	:	Erstlesen und Erstschreiben. Donauwörth 1993. *
HEYER, P.	:	Scheitern schon beim Lesenlernen? In: Die Grundschule 6 (1975). *

HUBER/KEGEL/SPECK-HAMDAN (Hrsg.): Einblicke in den Schriftspracherwerb. Braunschweig 1998.

KAINZ, F.	:	Psychologie der Sprache. Bd. 4. Stuttgart 1956.
KEGEL, G.	:	Spracherwerb. In: KOCHAN, B./NEUHAUS-SIEMON, E. (Hrsg.): Taschenlexikon Grundschule. Königstein/Ts. 1979.
KERN, A. u. E.	:	Praxis des ganzheitlichen Lesenlernens. Freiburg 1959.
KÖCK, P./OTT, H.	:	Wörterbuch für Erziehung und Unterricht. Donauwörth 1994^5.
KOPP, F.	:	Didaktik in Leitgedanken. Donauwörth 1970^3.
LAABS, H.-J. u. a.	:	Pädagogisches Wörterbuch. Berlin 1987.

LEHRPLAN FÜR DIE BAYERISCHEN GRUNDSCHULEN. KMBl I So.-Nr. 20/1981.

LEITNER, W. G.	:	Konzentrationsleistung und Aufmerksamkeitsverhalten. Begriff, Einflußfaktoren, Entwicklung, Diagnostik, Prävention und Intervention. Bamberg 1998.
MEIERS, K. (Hrsg.)	:	Erstlesen. Bad Heilbrunn/Obb. 1981^2. *
MEIERS, K.	:	Lesen lernen und Schriftspracherwerb im ersten Schuljahr. Bad Heilbrunn 1998. *
NICKEL, H.	:	Die Bedeutung planmäßiger Übung für die Entwicklung einer differenzierenden visuellen Auffassung im Vorschulalter. Zeitschrift Entwicklungspsychologie/Pädagogische Psychologie 1969.
NICKEL, H.	:	Die visuelle Wahrnehmung im Kindergarten- und Einschulungsalter. Stuttgart 1967.
NICKEL, H.	:	Entwicklungspsychologie des Kindes- und Jugendalters. Bd. I. Bern 1982^4.
NICKEL, H.	:	Entwicklungspsychologie des Kindes- und Jugendalters. Bd. II. Bern 1981^3.

NICKEL, H./SCHMIDT-DENTER, U.: Vom Kleinkind zum Schulkind. München 1995^5.

ORTNER, A. u. R.	:	Verhaltens- und Lernschwierigkeiten. Weinheim/Basel 1995^3.
ORTNER, R.	:	Lernbehinderungen und Lernstörungen bei Grundschulkindern. Donauwörth 1977.
RABENSTEIN, R.	:	Erstleseunterricht. In: RABENSTEIN, R. (Hrsg.): Erstunterricht. Bad Heilbrunn/Obb. 1979^2. *

RABENSTEIN, R./SCHORCH, G.: Lesen und Schreibenlernen nach dem Lehrplan '81 - Analyse und Kommentar. Nürnberg 1982.

RAHMENPLAN GRUNDSCHULE IN HESSEN, Wiesbaden 1995.

RAPP, G.	:	Aufmerksamkeit und Konzentration. Erklärungsmodelle - Störungen - Handlungsmöglichkeiten. Bad Heilbrunn 1982.

SCHENK, Ch.	:	Lesenlernen vorbereiten. Baltmannsweiler 1990. *
SEEMANN, M.	:	Sprachstörungen bei Kindern. Berlin 1974[4].
SIGNER, M.	:	Hörtraining bei auditiv differenzierungsschwachen Kindern. Bern 1979[2].
TISCHER, H.	:	Schreiblehrgang. Erstschreiben - weiterführender Schreibunterricht in der Grundschule. In: BECHER, H. R.: Grundschuldidaktik. Teil 2. Kulmbach 1985.

TROSSBACH-NEUNER, E.: Womit fängt „Eimer" an? Gesprochene Sprache im Aufbau phonematischer Bewusstheit. Frankfurt/M. 1992.

| WENDLANDT, W. | : | Sprachstörungen im Kindesalter. Stuttgart 1995[5]. |

3. Leselehrverfahren

3. Leselehrverfahren

Im Allgemeinen wird Schreiben und Lesen unter institutionellen Rahmenbedingungen in Lehrgängen vermittelt, d. h., der Lehrstoff wird didaktisch aufbereitet und in einer systematisch gegliederten Abfolge von Unterrichtseinheiten schrittweise dargeboten. Dabei muss sich dieser planmäßige und zielgerichtete, also methodische Weg des Unterrichtens sowohl an der Sachstruktur des Unterrichtsgegenstandes als auch an der Fassungskraft der Schülerinnen und Schüler ausrichten.[132]

Von den zahlreichen in den letzten fünf Jahrhunderten entwickelten Leselehrmethoden werden die Hauptrichtungen skizziert und anhand exemplarischer Lehrgänge verdeutlicht. Die beiden Grundformen des Lesenlernens, einzelheitliche und ganzheitliche Verfahren, auch als klassische Leselehrmethoden bezeichnet, sind zwar grundsätzlich verschiedene Zugänge, lassen sich aber beide überzeugend aus der Sachstruktur der Buchstabenschrift begründen.

Die einzelheitlichen oder synthetischen Methoden und ganzheitlichen oder analytischen Methoden sind zwar historische Leselehrverfahren, jedoch begegnen sie uns heute noch in der Integration der methodischen Ansätze. Nur in der Auseinandersetzung mit den verschiedenen Leselehrverfahren erlangen Lehrerinnen und Lehrer die methodische Kompetenz, insbesondere bei auftretenden Schwierigkeiten alternative Lernwege zu wählen und Elemente der einzelnen Methoden gezielt einzusetzen.

3.1 Einzelheitliche oder lautsynthetische Verfahren[133]

3.1.1 Buchstabiermethode

- Die Buchstabiermethode gilt als älteste Leselehrmethode (schon in der Antike bekannt; Kloster-, Dom-, Stiftsschulen des Mittelalters lehrten nach dieser Methode).

---

[132] Vgl. KECK, W./SANDFUCHS, U. (Hrsg.): Wörterbuch Schulpädagogik. Bad Heilbrunn/Obb. 1994, S. 195 f. und 343 ff.

[133] Vgl. BOSCH, B.: Grundlagen des Erstleseunterrichts, Reprint der 1. Auflage 1937. Frankfurt/M. 1984; SCHWARTZ, E.: Der Leseunterricht. Braunschweig 1971[4], S. 31 ff. - GÜMBEL, R.: Erstleseunterricht. Entwicklung - Tendenzen - Erfahrungen. Frankfurt/M. 1991[4], S. 184 ff.

- Sie hält sich bis weit ins 19. Jahrhundert, obwohl damit das Lesenlernen ein langwieriger Prozess ist (offiziell verboten: in Bayern 1803, in Preußen 1872).

Abb. 11: **Veranschaulichung der Buchstaben r, s im Josephin. Erzherzogl. A.B.C. oder Namenbüchlein.**[134]

- Die Buchstabiermethode ist ein methodisch durchdachter Lehrgang: „vom Leichten zum Schweren, vom Einfachen zum Zusammengesetzten"
  - Man beginnt mit dem Auswendiglernen des Alphabets (Aussprache: a, be, ce, ... vau, we, ix, ...) und Zuordnung von Schriftzeichen und Buchstabennamen (man bemüht sich im Laufe der Zeit, mit Bildtafeln und Merkhilfen das Lernen zu unterstützen; Bilderfibeln).
  - Schließlich folgen systematische Zusammenleseübungen durch Buchstabenaddition (a + be = ab).

Hinweis für Lehrerinnen und Lehrer:
Eltern von Schulanfängern müssen unbedingt darauf hingewiesen werden, dass in heutiger Zeit für den Leselernprozess die Buchstaben mit ihrem Lautwert benannt werden.

---

134 ANTESPERG, J. B. von: Das Josephinische Erzherzogliche A.B.C. oder Namenbüchlein. Wien (Heyinger) 1744. Nachdruck Dortmund (Harenberg) 1980.

3.1.2 Lautiermethoden

„Mit diesem Namen wird eine Gruppe von Leselehrmethoden bezeichnet, bei denen das Erlernen der Laute am Anfang des Leselernprozesses steht. Das Lesen der Wortschriftbilder wird durch 'Zusammenschleifen' der Laute zu Silben, der Silben zu Wörtern erreicht."[135]

Lesenlernen wird als Erlernen der Technik des Lautverschmelzens verstanden:

- Das Erlernen der Buchstaben mit ihrem Lautwert (Normallaute) wird an den Anfang gestellt.
- Wortschriftbilder werden durch Verschmelzen der Laute zu Silben und der Silben zu Wörtern in Wortklangbilder umgesetzt.
- Die Sinnentnahme aus Texten tritt zunächst in den Hintergrund (Folge: sinnentstellende Lesesprache, Leierton, „Silbenbellen").

Valentin ICKELSAMER weist bereits 1527 auf das Unökonomische der Buchstabiermethode hin und entwirft eine methodisch detaillierte Leselehre in Form einer Lautiermethode (*„Die rechte weis aufs kürtzist lesen zu lernen"*). Doch erst drei Jahrhunderte später kann sich dieses Verfahren durchsetzen (Preußen 1872). Heinrich STEPHANI entwickelt differenzierte Anweisungen zum methodischen Vorgehen, prägt auch den Namen „Lautiermethode" und führt sie als Schulrat in Bayern 1803 verbindlich ein.

(1) Methodische Varianten

Zwei besondere Schwierigkeiten beim Erlernen der Lautschrift macht dieses Verfahren deutlich:

- das Erlernen der Einzellaute (ihre Funktion ist zu diesem Zeitpunkt den Kindern nicht verständlich)
- die Lautsynthese (die Lautverschmelzung oder das Zusammenschleifen der Laute)

Im 19. Jh. und Anfang des 20. Jh. werden Varianten entwickelt, die diese Schwierigkeiten meistern sollen.

---

[135] RABENSTEIN, R.: Erstunterricht. Bad Heilbrunn/Obb. 1979[2], S. 55.

Abb. 12: „Sinnlautmethode" (aus Otto ZIMMERMANNS Fibel „Kinderwelt", Braunschweig 1933)

(1.1) Methodische Versuche, die Einzellaute zu vermitteln:

Sinnlautmethode (Interjektions- oder Naturlautmethode)[136] (Abb. 12)
- L. F. GÖBELBECKER (1931), Ansätze bereits bei ICKELSAMER
- Allen Variationsformen ist das Bemühen gemeinsam, dem für das Kind sinnlosen Einzellaut eine Bedeutung zu geben.
- Ausgegangen wird deshalb von sinnhaltigen Lauten, Interjektionen, oder Laute und Silben werden aus Geschichten gewonnen (z. B. aus dem Kikeriki des Hahnes das „i", oder das Kind ruft „i", weil es sich schmutzig gemacht hat und „e" ruft der Fuhrmann seinen Rossen zu).

---

[136] Vgl. BOSCH, B.: a.a.O., S. 13 ff.

Abb. 13: „Anlautmethode" aus „Hessische Fibel", Kassel 1910

Anlautmethode (Abb. 13)
- Vertreter: Peter JORDAN
- Für jeden Laut gibt es ein Merkwort und ein entsprechendes Bild als Gedächtnisstütze, um den Laut besser zu behalten (z. B. Esel für „e").
- Auch bei ICKELSAMER gibt es Beispiele für die Anlautmethode: Feuer für „f", Gänse für „g".

Begriffliche oder artikulatorische Methode
- Vertreter: Berthold OTTO
- Die Beobachtung der Sprechwerkzeuge und die artikulatorische Beschreibung der Laute wird betont (Aufzeigen der Funktion von Atemweg, Zunge, Lippen).
- Beispiel: Ich kenne ein Wort, es besteht aus „Zahnlippen-Bö" (f), „Zungenbrummer" (l), „Freudengetön" (ei), „Vordergaumen-Bö" (sch): FLEISCH.

(1.2) Methodische Versuche, die Lautsynthese zu vermitteln:

Vokalisationsmethode
- Richard LANGE gibt jedem Konsonanten gegenüber dem Vokal einen Auftrag; dies ist der Versuch, einen Laut in den anderen hineinzuschmelzen.
Beispiele: brumme das u = mu, stoße das e = te,
hauche das a und summe das e = Hase,
scheuche das u und lalle das e = Schule

Phonomimische Methode[137]
Der Taubstummenlehrer GROSSELIN greift den artikulatorischen Ansatz auf und fügt unterstützende Lautgebärden hinzu:
- Die Laute werden mit bestimmten Gebärden als Einprägungshilfe begleitet.
- Durch die Verknüpfung der Lautgebärden sollen die Schülerinnen und Schüler zur Lautverschmelzung kommen.
Lautgebärden werden heute noch an Schulen zur individuellen Lernförderung angewandt.

(2) Lehrgangsmodell des synthetischen Leselehrgangs

Nach HEUSER[138] hat jeder synthetische Leselehrgang drei Teilaufgaben zu lösen:
a. Die Lautgewinnung
Gewinnen und Sichern der Normallaute, zuerst der Vokale und der Dauerkonsonanten (sog. „Semivokale": m, n, f, r, s, l, w, v, j), also insbesondere Laute, die sich leicht verbinden lassen und für einfache und inhaltsreiche Wortbildungen verwendet werden können. Erst später kommen „Momentlaute" (d, t, b, p, g, k, h) hinzu. Die verschiedenen methodischen Varianten bemühen sich durch „Verlebendigung", den Laut zu veranschaulichen und die Einprägung zu erleichtern.[139]
b. Die Lautverschmelzung
Die Lautverschmelzung oder Lautsynthese, d. h. die Fähigkeit, die Laute des geschriebenen Wortes lesend zu verbinden, ist der Angelpunkt und das

---

137 Vgl. BOSCH, B.: a.a.O., S. 30 ff.
138 Vgl. HEUSER, O.: Der Erstleseunterricht in Geschichte, Theorie und Praxis. Ratingen 1971, S. 157 ff. und SCHWARZ, E.: a.a.O., 58 ff.
139 HEUSER - ein Anhänger des lautsynthetischen Verfahrens - lehnt die Sinnlautmethode ab, da sie von der eigentlichen Funktion des Buchstabens/Lautes ablenkt (vgl. HEUSER, O.: a.a.O., S. 165).

Hauptproblem des lautsynthetischen Verfahrens.[140] Die Synthese schreitet planvoll vom Leichteren zum Schweren in folgenden drei Stufen voran:
- 1. Stufe: Verbindung der Dauerkonsonanten mit den Vokalen (ma, mi)
- 2. Stufe: Verbindung von Vokalen und Dauerkonsonanten (im, am)
- 3. Stufe: Verbindung von „Momentlauten" mit Vokalen (da, Bu - be).

c. Die Erfassung der Lautvariationen
Lautvariationen gleicher Buchstaben im Buchstabenverband werden frühzeitig erfasst. Vor allem sind die Vokale starken Wandlungen unterworfen. Das Vertraut machen mit deren klanglichen Variationsmöglichkeiten ist deshalb eine wichtige Aufgabe im synthetischen Leselehrgang.

RABENSTEIN[141] beschreibt die ursprüngliche Form des Lautierverfahrens als ein fünfstufiges Lehrgangsschema, wobei innerhalb des Wortlesens (3. bis 5. Stufe) lediglich eine Steigerung des Schwierigkeitsgrades erfolgt.

Als Grundmuster des lautsynthetischen Verfahrens kann meines Erachtens ein dreigliedriges Schema gelten, wobei auf jeder Stufe vom Leichten zum Schweren vorangeschritten wird:

I. **Stufe der Lautgewinnung**: von Vokalen und Dauerkonsonanten zu „Momentlauten";
II. **Stufe der Lautverschmelzung**: die Synthese ist ein „Aha-Erlebnis", die geläufige Beherrschung muss eingeschliffen werden; allmähliches Voranschreiten von der Verschmelzung zweier Laute bis hin zum Aufbauen schwieriger Wörter (mehrsilbige Wörter, Wörter mit Mitlauthäufungen); frühes Erfassen von Lautvariationen gleicher Buchstaben;
III. **Stufe des Wortlesens**: Üben des raschen Erfassens von Buchstabengruppen und Wortschriftbildern; der Bestand an Ganzwörtern erweitert sich; selbstständiges, sinnerfassendes und flüssiges Lesen wird möglich.

---

[140] HEUSER lässt z. B. das m̲m̲m̲m̲m̲ in das a̲ hineinschieben = ma (vgl. HEUSER, O.: a.a.O., S. 167).
[141] Vgl. RABENSTEIN, R.: a.a.O., S. 56.

(3) Bewertung der Lautierverfahren[142]

Vorteile:
- direkte Hinführung zum Verständnis des Lautschriftprinzips
- bis ins Detail durchgegliederter, systematischer und straff gesteuerter Lehrgang
- Berücksichtigung der akustisch-sprechmotorischen Komponente: intensives Sprechen und Hören der Laute

Nachteile:
- Die Lesetechnik wird auf Kosten des Sinnverständnisses überbetont (Lesen auf Technik des Lautverschmelzens reduziert).
- Der hohe Schwierigkeitsgrad der ersten durch Inhaltsleere und Abstraktheit gekennzeichneten Lehrgangsabschnitte führt zu erheblichem methodischen Aufwand (die lebhaften Einführungsgeschichten für die Laute sind für das Lesen eher hinderlich).
- Bei der Synthese und Wortfindung fehlt die Unterstützung durch die Worterwartung.
- Die Laut-Buchstaben-Zuordnung ist nicht eindeutig; die sog. „Normallaute" treffen den Wortklang oft nicht, da die umgebenden Laute und die Wortbedeutung den Klang mitbestimmen.
- Die Lehrerin bzw. der Lehrer führt stark, die Schülerinnen und Schüler arbeiten vorwiegend reaktiv.

Beispiele kritischer Stellungnahme aus der Literatur:
„Wie macht der Knabe, wenn er den Apfel sieht? 'a' - Beim Buchstaben b wird an das Rauchen der Tabakpfeife angeschlossen. Dem Kinde wird eine ganze Situation 'vorgemalt', es darf das Rauchen nachahmen. Das Wort 'ab' hat in seiner Bedeutung (jedoch) ... rein gar nichts zu tun mit dem freudigen Ausruf 'a!' und einer Tabakpfeife ..."[143]

„Abgesehen davon, dass die Verlebendigung der einzelnen Laute sehr oft an den Haaren herbeigezogen werden muss und infolgedessen verkrampft und unnatürlich wirkt, lenkt sie den Blick des Kindes stark von dem Funktionscharakter des Einzellautes als Aufbauelement des zu schreibenden und zu lesenden Wortes ab, dass die Kinder von den Buchstaben ganze

---

[142] Die Buchstabiermethode steht heute nicht mehr zur Diskussion. Da beim Lesen die Grapheme in ihrem Lautwert benötigt werden und nicht der Buchstabenname („be" → „b"), war sie sehr verwirrend.
[143] KERN, A./KERN, E.: Lesen und Lesenlernen. Freiburg 1964⁵, S. 89.

Geschichten erzählen könnten, aber für das Lesenlernen nichts damit anzufangen wüssten. "[144]

*„Die Lehrerin malte auf die Tafel ein O und sagte, das sei ein Ei, ein Osterei, liebe Kinder, von dem man die Spitze abgeschlagen habe, um es essen zu können. Es sah auch wirklich so aus. Aber dann sagte sie plötzlich,
es sei kein Ei, sondern ein O, und wir müssten alle O sagen. Ich ließ mir
aber nichts vormachen, denn wenn auch die Spitze ab ist, dann bleibt es
immer noch ein Ei ....* "[145]

3.2 Ganzheitliche oder analytische Verfahren

Getragen vom leitenden Prinzip der Ganzheitsbewegung, dem Schüler
während des gesamten Lernprozesses selbstständiges und verständiges
Lernen zu ermöglichen, lehnen die Vertreter der ganzheitlichen oder analytischen Verfahren die starke Lenkung durch den Lehrer ab, wie es innerhalb der einzelheitlichen und lautsynthetischen Verfahren erforderlich war.
Die Probleme der Lautverschmelzung beim Zusammenlesen der Phoneme
werden entschärft, da von Wort- bzw. Satzganzen ausgegangen wird, aus
denen erst nach einer langen Phase des naiv-ganzheitlichen Lesens einzelne Phoneme und die dazugehörigen Grapheme ausgegliedert werden. Der
natürliche Sprechton bleibt beim Lesen erhalten, da das Kind bei jedem
Wort sofort die Bedeutung assoziiert und die mühsame Sinnfindung entfällt (siehe 1.2.2). Der bei den einzelheitlichen Verfahren auf Grund der
fehlenden Sinnerschließung häufig einhergehende Leierton und das sog.
„Silbenbellen" beim Lesen treten nicht auf.

(1) Methodische Varianten

(1.1) Vorläufer der Ganzheitsmethode[146]

Normaltextmethode oder Normalwortmethode
Friedrich GEDICKE stellt in seinem 1779 erschienenen Aufsatz *„ Vom Lesenlernen und anderen verwandten Materien"* Aristoteles Ganzheitsgedanken („Das Ganze ist mehr als die Summe seiner Teile.") als philoso-

---

[144] HEUSER, O.: Der Erstleseunterricht in Geschichte, Theorie und Praxis. Ratingen 1971, S. 158.
[145] SCHWARTZ, E.: a.a.O., S. 66.
[146] Vgl. GÜMBEL, R.: a.a.O., S. 197 ff. - HEUß, G. E.: Erstlesen und Erstschreiben. Donauwörth 1993,
S. 71 ff. - RABENSTEIN, R. (Hrsg.): a.a.O., S. 58 ff.

phisch-psychologische Grundlage seines Ganzheitspostulats vor. Da der natürliche Entwicklungs- und Lernweg immer vom Ganzen zu seinen Teilen voranschreitet, soll dies auch innerhalb der Leselehrmethode berücksichtigt werden. Im Leselehrgang geht GEDICKE von einem zusammenhängenden Text aus. Der Lehrer liest daraus einen kurzen Sinnabschnitt vor, der Schüler „erliest" diesen direkt im Anschluss.

Ursprünglich vertraut GEDICKE auf die Fähigkeiten des Schülers, die Lautstruktur der Buchstaben selbstständig und „natürlich" zu entdecken, und gibt keine speziellen Hinweise auf die Funktion der Buchstaben. 1791 revidiert er jedoch mit seinem *„Kinderbuch zur ersten Übung im Lesen"* das radikale Vorgehen seiner „Normaltextmethode". Nun bietet er streng nach lesetechnischen Gesichtspunkten ausgewählte Einzelwörter („Normalwörter") an, mit deren Hilfe auf analytischem Wege die Grapheme und Phoneme gewonnen werden.

Auch W. A. LAY und Max ENDERLIN (1911: *„Führer durch das erste Schuljahr"*) beginnen den Leselehrgang mit sinnvollen Sätzen. Diese werden von Beginn an in einzelne Wörter gegliedert, die wiederum durch betont gedehntes Sprechen in ihre Phoneme zerlegt werden. Aus den so gewonnenen Phonem-Graphem-Paaren werden jedoch keine unbekannten Wörter aufgebaut, sie werden lediglich wieder zum Ursprungswort verschmolzen. Auf diese Weise unterstützt sollen die Kinder selbstständig die Funktion der Buchstaben erfassen.

Die beiden vorgestellten Verfahren können im strengen Sinn nicht als ganzheitlich gelten, da sehr rasch zur Isolierung der Buchstaben und Laute übergegangen wird. Obwohl der Ganzheitsgedanke am Anfang steht, wird frühzeitig unter strenger Führung der Lehrerin bzw. des Lehrers die Analyse und Synthese vorangetrieben. Deshalb sind diese Verfahren wohl eher als primitive Formen der analytisch-synthetischen Methoden einzustufen.

Gesamtbildmethode oder Ganzwortmethode
Der Taubstummenlehrer Karl MALISCH erkennt, dass die Schriftbilder der Lautschrift wie Bilder einer Begriffsschrift wirken. So setzt er an den Anfang seiner *„Fibel für den ersten Schreibleseunterricht an Sprachganzen"* (1909) Zeichnungen verschiedener Dinge aus der kindlichen Umgebung, die von den Schülern benannt werden sollen. Die Kinder erkennen, dass Sprache mit Bildern darstellbar ist. Die Abbildungen erhalten dann den Schriftzug ihrer Bezeichnung. So wird Sprache über das Bild, den optischen Bedeutungsträger, mit dem Schriftzug (Schriftbild) verknüpft.

MALISCH geht davon aus, dass es in der Folgezeit im kindlichen Gedächtnis zu einer Assoziation von Begriffsbild und Schriftbild kommt.
Wenn also nach einiger Zeit die Umrisszeichnung entfernt wird, erkennt
das Kind dennoch das Schriftbild und somit das Wort - es kann also „lesen" (naiv-ganzheitlich). Auf diese Weise werden immer mehr Wortbilder
im Sinne einer Begriffsschrift gespeichert und gelesen. „Formwörter" (der,
eine, und, mit, ...) schleifen sich durch immer wiederkehrende Anwendung
ein.
MALISCH verzichtet bewusst auf ein methodisch gesteuertes Erfassen der
Buchstaben und Lautelemente. Ihm wird deshalb zum Vorwurf gemacht,
dass sich die Kinder beim Lesen fremder Texte so nicht aus der Abhängigkeit von einer „lesekundigen Person" befreien können.

(1.2) Die klassischen Verfahren der Ganzheitsmethode

Der Begriff „Ganzheitsmethode" wurde mit BRÜCKL, WITTMANN und
den Brüdern KERN seit den 20er Jahren zum Synonym für das ganzheit-
lich-analytisch-synthetische Leselehrverfahren. Aufbauend auf die Ganz-
heits- und Gestaltpsychologie[147] gehen sie beim Lesevorgang von der
ganzheitlichen Auffassung der Wort- bzw. Satzgestalt aus (naiv-
ganzheitliches Lesen). Die Inhaltserfassung und Sinnentnahme wird als
das eigentliche Ziel des Lesens betont. Die ganzheitlich eingeprägten Wörter dienen im weiteren Verlauf des Lehrgangs zur Analyse der Grapheme
und Phoneme. Dabei werden Übungsformen eingesetzt, die noch heute aktuell sind:
- Lesen der durch Wortabbau und Wortaufbau (auch zu anderen Wörtern)
  entstandenen Wortreste: z. B. Hose - Hos - Ho - H - Ha - Has - Hase;
- Ergänzung der Wortanfänge zu sinnvollen Wörtern: z. B. **W** - Wanne,
  Wind, Wolf; **Wa** - Wanne, Wald, Wasser; **Wal** - Wald;
- Bildung sinnvoller Wörter durch Austausch von Lauten: z. B. **S**and,
  Wand, **L**and, **R**and, **H**and; **M**ond, **M**und.

---

[147] Nach der Ganzheitspsychologie tritt uns jede Wahrnehmung zunächst als ganzheitlicher Gesamteindruck entgegen; er erfährt erst allmählich eine Differenzierung vom ungegliederten, diffusen Ganzen
über das Herauslösen einzelner Teile zur voll durchgliederten Ganzheit.
Die Gestaltpsychologie vertritt die Auffassung, dass ein Wortbild als geschlossenes Ganzes besser
aufgefasst wird als das in seine Buchstaben aufgelöste. Entscheidend für das nachhaltige Einprägen
dieser Wahrnehmung ist eine differenzierte, gut gegliederte Gestalt.
Vgl. BRÜCKL, H.: Der Gesamtunterricht im ersten Schuljahr. München 1964[7], S. 61-63. -
KERN, A. u. E.: Praxis des ganzheitlichen Lesenlernens. Freiburg 1964[12], S. 1-10. - GÜMBEL, R.:
a.a.O., S. 59-98.

Angeleitet durch solche Übungen soll das Kind quasi eigenständig die lautliche Entsprechung der Buchstaben(-gruppen) sowie deren Funktion beim Lesen und Schreiben entdecken.

Eingebettet in den damals postulierten „Gesamtunterricht" entspringen die Lesetexte inhaltlich dem „heimatkundlichen Anschauungsunterricht". Dieser Wortschatz aus dem Interessenbereich der Kinder wird als Motivation für den Lernprozess genutzt.

Ganzwortmethode nach BRÜCKL[148] (siehe Abb. 14)

Das in Bayern bekannteste analytische Verfahren ist die „Ganzwortmethode" nach Hans BRÜCKL. Die Vorlage, die 1912 der damalige Münchner Schulrat KERSCHENSTEINER aus den USA mitbrachte, passt er an die Bedürfnisse der eigenen Klasse an. So erscheint 1922 die Fibel *„Mein Buch zum Anschauen, Zeichnen, Schreiben, Lesen und Zählen"* (ab 1923 *„Mein erstes Buch"*). Sie enthält entgegen dem Vorbild zunächst lediglich Ganzwörter, die erst später in einen Satz eingekleidet werden. Die darin enthaltenen Sprachsituationen und Handlungszusammenhänge entstammen, ebenso wie die Texte selbst, den Vorschlägen seiner Schüler. Der Leselehrgang gliedert sich in drei Stufen (siehe 3.2 (2)). Dabei sind Lese- und Schreibtätigkeit aufs engste miteinander verbunden (siehe 4.1). Die verwendete Normaldruckschrift bietet *„gut gegliederte, leicht einprägsame und auf den ersten Blick wiedererkennbare Wortganze"*[149] und ist zudem auf Grund ihres beschränkten Grundformrepertoires (O ⌐ S H) für Schulanfänger leicht zu schreiben.

Ganzsatzmethode nach KERN[150] (siehe Abb. 15)

Artur und Erwin KERN publizieren, in bewusster Tradition MALISCHs und unabhängig von BRÜCKL und WITTMANN, 1930 mit dem Buch *„Lesen und Lesenlernen"* ihre „Ganzheitsmethode". Um die Geschlossenheit der Wortgestalt darzustellen und so deren ganzheitliche Auffassung zu unterstützen, wählen die Brüder KERN die Schreibschrift als Grundlage für das Lesen- wie für das Schreibenlernen; beides ist eng miteinander verbunden (siehe 4.2). Der Leselehrgang selbst verläuft dreigliedrig (siehe 3.2 (2)), wobei von ganzen Sätzen ausgegangen wird.

---

[148] Vgl. BRÜCKL, H.: a.a.O. 1964[7].
[149] BRÜCKL, H.: a.a.O. 1964[7], S. 64.
[150] Vgl. KERN, A. u. E.: Praxis des ganzheitlichen Lesenlernens. Freiburg 1964[12].

Abb. 14: Fibelseiten aus „Mein erstes Buch" von BRÜCKL[151]

(2) Lehrgangsmodell der Ganzwort- oder Ganzsatzmethode
Einer vereinfachten Darstellung zuliebe werden die methodisch-didaktischen Vorstellungen von H. BRÜCKL und A. und E. KERN zu einem Lehrgangsmodell zusammengefasst.[152]

I.   Stufe des naiv-ganzheitlichen Lesens: Einprägen von Wörtern und Sätzen
-   Optisches Erfassen und Einprägen der Wortschriftbilder sowie Zuordnung der Bedeutung ohne Übersetzung der Buchstaben in Laute, ähnlich dem Lesen einer Begriffsschrift
-   Satzvariationen durch Wortumstellungen
-   Antizipation des Sinns: Sinnbeilegung durch die Lehrerin/den Lehrer bzw. Sinnfindung mit Hilfe der Illustration oder des Kontextes
-   Mehrere Wochen wird nur „naiv-ganzheitlich" gelesen, das Lautschriftlesen (Übersetzen der Buchstaben in Laute) bleibt zunächst unberücksichtigt.

---

[151]   BRÜCKL, H.: Mein erstes Buch. München 1954[6].
[152]   Vgl. BRÜCKL, H.: a.a.O. 1964[7]. - KERN, A. u. E.: a.a.O. 1964[12].

Abb. 15:   Fibelseiten aus „Wir lernen lesen" von KERN[153]

II. **Stufe der Durchgliederung: Analyse von Teilgestalten und von Buchstaben/Lauten**
- Vergleiche bekannter Wortschriftbilder führt zu bewusster Entdeckung gleicher Buchstaben(-gruppen); aus dem Wortganzen herausgelöste Buchstaben, Teilganze oder Signalgruppen werden ihren entsprechenden Einzellauten bzw. Lautkomplexen zugeordnet.
- Übungsformen zur methodischen Unterstützung: bewusste Anordnung der Wörter (Wörterturm), Markieren gleicher Buchstaben(-gruppen), Gestaltabbau (Wolf - Wol - Wo - W) und Gestaltaufbau (entgegengesetzte Richtung; die Kinder können nach jedem Hinzufügen eines weiteren Buchstabens Wortvermutungen äußern), Gestaltvariation („Verzaubern": Hose → Rose → Rost → Rast).

153 KERN, A. u. E.: Wir lernen lesen. Freiburg o. J.

III. Stufe des selbstständigen Erlesens: Synthese von Buchstaben/ Lauten

- Die an bekannten Wortbildern erworbenen Kenntnisse und Fähigkeiten werden nun auf neue Schriftbilder angewendet. Die Kinder erfahren, dass sie selbstständig, also ohne Vorgabe durch den Lehrer, den Sinn entnehmen können.
- Selbstständiges Erlesen von Texten mit immer weiter werdender Antizipation des Sinnes (Hilfen der Sinnfindung durch Bilder und Wortvorgaben treten zurück, das Anspruchsniveau der Texte steigt.)
- Anstreben des überschauenden Lesens

(3) Bewertung der ganzheitlichen Verfahren

Vorteile:
- Schrift ist für die Schülerinnen und Schüler von Anfang an Bedeutungsträger, Lesen von Anfang an Sinnerfassung.
- Die Lautzeichenschrift wird zunächst als Begriffsschrift gelehrt und gelernt; diese Lesestrategie entspricht auch der Leseform des geübten Lesers.
- Antizipierendes, also sinnvermutendes, und überschauendes Lesen, das auch beim geübten Lesen unerlässlich ist, wird frühzeitig angebahnt.
- Eine suchende, selbstständige Lernhaltung wird gefördert.

Nachteile:
- Die Lautschrift wird als Begriffsschrift gelehrt und dadurch die ökonomische Lesetechnik zu lange vorenthalten.
- Es besteht die Gefahr der Gedächtnisüberforderung und des ratenden Lesens, da die Buchstaben zunächst nicht gelehrt werden.
- Selbstständiges Lesen ist anfangs ausgeschlossen, da die Lehrerin bzw. der Lehrer den Kindern die Wörter sagen muss.
- Die Texte sind oft inhaltsarm, da zwangsläufig zu Beginn zu wenig Wörter zur Verfügung stehen und deshalb neue Sätze oft nur durch Wortumstellungen gebildet werden können.

3.3 Die Integration der Leselehrverfahren

Die Ausführungen haben gezeigt, dass die beiden gegensätzlichen klassischen Methoden ihre Stärken und Schwächen haben. Sie gehen jeweils von einem wesentlichen Prinzip der Schrift aus:
- das synthetische Verfahren von der technischen Ebene
- das analytische Verfahren von der semantischen Ebene.

Um die Schriftsprache strukturgemäß zu vermitteln und einen sicheren Umgang mit ihr zu gewährleisten, sind von Anfang an beide Ebenen zu berücksichtigen. Die Kinder müssen Lesen als Technik des Lautschriftlesens erlernen und zugleich als Sinnentnahme verstehen.
Zunächst versuchten jedoch die einzelnen Vertreter der Extrempositionen, von der Richtigkeit ihrer Methode zu überzeugen.

3.3.1 Der Methodenstreit und seine Überwindung[154]

Über Vorzüge und Nachteile der traditionellen Verfahren wurden jahrelang heftige Auseinandersetzungen geführt. Der Methodenstreit erreichte seinen Höhepunkt Anfang der 60er Jahre und wurde schließlich ohne überzeugende Argumentation für eine Position überwunden:

Die empirische Überprüfung (SCHMALOHR, MÜLLER, FERDINAND) brachte keinen eindeutigen Effektivitätsbeweis einer Methode. Die Untersuchung FERDINANDs zeigte zwar unmittelbar nach Abschluss des Lehrgangs, dass die synthetisch unterrichteten Kinder überlegen waren, die ganzheitlich unterwiesenen aber holten rasch auf.[155]

Schwächen der einzelnen Verfahren werden nun erkannt oder zugegeben, und Gegenmaßnahmen eingeleitet. Um lesen zu können, muss schließlich beides erlernt werden; einerseits muss man das Zusammenlesen von Buchstaben zu Wörtern beherrschen, andererseits müssen möglichst viele Wörter als Ganzheit gespeichert sein. Grundlegende fachdidaktische und bildungstheoretische Beiträge verschiedener Autoren relativieren die ursprünglichen Extrempositionen. Als Beispiel sei BLEIDICK genannt:

---

[154] Vgl. GÜMBEL, R.: a.a.O., S. 209 ff. - MEIERS, K.: Erstlesen. Bad Heilbrunn/Obb. 1981[2], S. 129 ff. - RABENSTEIN, R.: a.a.O., S. 63 ff. - BRÜGELMANN, H.: Kinder auf dem Weg zur Schrift. Konstanz 1983, S. 98 ff.

[155] Vgl. HEUß, G.: Leselehrverfahren in empirischer Sicht. In: MEYERS, K. (Hrsg.): a.a.O., S. 88 ff.

„Da ... Lesen ein Durchgliedern mit wechselseitig aufeinander angewiese-
nen Auf- und Abbauprozessen ist, erfüllt letztlich vom Begriff her jede Me-
thode soweit die Bedingungen, dass sie ein gemischtes Verfahren genannt
werden kann. Leselehrmethoden sind nicht entweder analytisch oder syn-
thetisch, sondern nur mehr oder weniger ganzheitlich oder einzelheit-
lich. "[156]
Die Fibelautoren versuchen mit Beginn der 70er Jahre, die Vorteile der
beiden Methoden einzubeziehen, um die Schwächen der jeweiligen Verfahren auszuschließen. Die Methodenzusammenlegung kommt in Bezeichnungen einschlägiger Literatur zum Ausdruck wie „methodenintegrie-
rend", „methodenangenähert", „methodenübergreifend", „methodenkombi-
niert", „methodenoffen", „methodenverbindend" oder auch „analytisch-
synthetisch". „Integration der Methoden" bezeichnet im Wesentlichen den
wechselseitigen Einbezug analytischer und synthetischer Prozesse beim
Lesenlernen. In diesem Verständnis kann ebenso von einem „analytisch-
synthetischen Verfahren" gesprochen werden.

Die neuen Lehrpläne fordern übereinstimmend, dass der Erstleseunterricht
die Doppelaufgabe, nämlich Erschließung des Sinngehalts und technische
Beherrschung der Buchstabenschrift, von Anfang an erfüllt (siehe 7.3.1).
Schon der bayerische Lehrplan '81 verlangte, dass der Ausgangspunkt des
Lehrgangs von Satz, Wort oder Laut sein konnte, jedoch von Anfang an alle Sprachelemente einbezogen werden sollten. Rein synthetische wie auch
extrem ganzheitliche Verfahren waren damit ausgeschlossen.[157]

Die enge Verflechtung ganzheitlicher und einzelheitlicher Leselernansätze
ermöglicht ein sinnverstehendes Erfassen geschriebener Sprache und, mit
der mehr oder weniger gleichgeschalteten Analyse und Synthese, die Einsicht in die Funktion der Buchstaben und Laute. Trotz der Forderung der
Vermittlung von Technik und Sinnverständnis von Anfang an sind jedoch
Akzentverlagerungen möglich. So kann z. B. zu Beginn mehr Text naiv-
ganzheitlich gelesen werden, um die Mitteilungsfunktion der Schrift zu be-
tonen. Ebenso ist der umgekehrte, einzelheitlich orientierte Weg denkbar:
Die einzelnen Buchstaben werden z. B. über Interjektionen gewonnen, die
aber sofort zu Wörtern zusammengelesen werden.

---

[156] BLEIDICK, U.: Lesen - und Lesenlernen unter erschwerten Bedingungen. Essen 1966, S. 99.
[157] Vgl. LEHRPLAN FÜR DIE BAYERISCHEN GRUNDSCHULEN. KMBl I, So.-Nr. 20/1981,
S. 554.

Die Durchsicht verschiedener Fibeln, die Übersicht zu den neueren Typen von Leselehrverfahren von PREGEL und auch die Ausführungen GRIS-SEMANNs machen methodenspezifische Varianten deutlich.[158] Im Folgenden werden die Hauptrichtungen dargestellt.

3.3.2 Analytisch-synthetische Leselehrverfahren

Kennzeichnend für das analytisch-synthetische Leselehrverfahren ist, dass die Analyse und die Synthese schon in der ersten Lerneinheit erfolgen. Die Lehrgangsstufen der historischen Verfahren fallen weg. Lautgewinnung, Sicherung des Lautzeichens, Synthese der Laute zu Wörtern und Textlesen erfolgen mit jedem Buchstaben. Da analytische und synthetische Prozesse durchgängig miteinander zu verknüpfen sind, kann man analytisch-synthetische Verfahren als ausgewogene Verbindung der beiden Grundformen bezeichnen.

Das Kind lernt von Anfang an sinnvolle Wörter zu lesen (z. B. Oma, Mama), mit denen im Textzusammenhang gearbeitet wird: mit eingestreuten Bildchen wird der Wortbestand zu Beginn des Leselehrgangs zu Sätzen und kleinen Geschichten erweitert (s. u.). Von Anfang an werden Buchstaben und Laute vermittelt.

Beispiele: Mimi im 👕, Mama am 🏠

Die Anfangswörter sind gezielt im Hinblick auf Lauttreue und Analyseeignung ausgewählt (Beispiele: Mama, Mimi, im, am, Oma, Opa und Namen wie Mimi, Umi, Fara, Fu, Nina, Nino). Die Erarbeitungswörter/Schlüsselwörter werden sofort visuell, auditiv und sprechmotorisch durchgliedert, damit gleichzeitig die Buchstaben und Laute gewonnen und mit ihnen operiert (Dehnlesen, Zerschneiden der Wörter, Buchstaben benennen, Wortab- und Wortaufbau, Buchstaben zusammenlesen).

Das Anliegen, die kleinschrittige, zielstrebige Vermittlung der Lesetechnik, führt zu einem begrenzten Textangebot und einer „Schmalspurdidaktik" des Lesenlernens, die der Forderung nach Sprachbildung des Kindes durch den Leselehrgang nicht gerecht wird. Die Sprach- und Satzbauformen sind aus lehrgangsmethodischen Gründen stereotyp, die Redesprache

---

[158] Vgl. PREGEL, D.: Lesen heute. Lehrerhandbuch. Hannover 1982, S. 22 ff. - GRISSEMANN, H.: Pädagogische Psychologie des Lesens und Schreibens. Bern 1986, S. 66 ff.

ist unnatürlich und der Sprachform des Schulanfängers nicht angemessen; sprachlich feststehende, dürftige Redemuster werden eingeübt.

Obwohl die Durchsicht der Leselehrgänge Varianten erkennen lässt, ist die Grundstruktur des analytisch-synthetischen Verfahrens folgende:

In **„analytisch-synthetischen Verfahren"** werden nur Wörter angeboten, die zur Buchstabengewinnung vollständig durchgliedert und wieder synthetisiert werden können.

Methodisches Vorgehen:
- Einprägen von ausgewählten lauttreuen, leicht strukturierbaren und gut darstellbaren Ganzwörtern
- visuelle, auditive und sprechmotorische Durchgliederung des Wortes, Gewinnen von Graphemen/Phonemen sowie Einschleifen der Synthese anhand dieser Wörter
- Erlesen neuer Wörter mit dem erarbeiteten Schriftzeichenbestand

Fibelbeispiele:
- HINNRICHS, J. u.a.: Fara und Fu. Hannover 1996.
- KUNSCHAK, E. u.a.: Frohes Lernen. Ausgabe B. Leipzig 1998.
- METZE, W. u. a.: Tobi-Fibel 1. Berlin 2001.

Abb. 16: Beispiele für das „analytisch-synthetische Verfahren":
„Frohes Lernen" (KUNSCHAK u. a.)

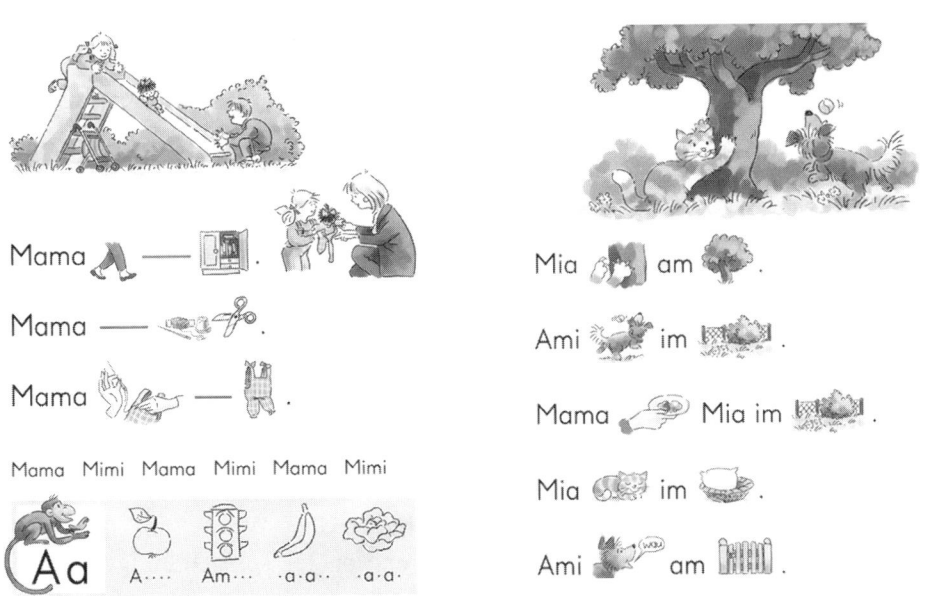

„Fara und Fu" (HINNRICHS u. a.)

3.3.3 Methodenintegrierende Leselehrverfahren[159]

PREGEL[160] und MENZEL verstehen Methodenintegration noch umfassender: Ihrer Auffassung nach hat der Leselehrgang von Anfang an mehr zu leisten als die Vermittlung einer Technik, der „Lesefertigkeit". Ein Leselehrgang muss das Ziel haben, die Sprachkompetenz zu erweitern, und darf deshalb nichts anbieten und einüben, was im Hinblick auf sprachdidaktische und andere Unterrichtsziele unsinnig wäre. Sowohl das Sprachangebot in den Lesetexten als auch die Übungsformen dürfen weder die Entwicklung eines natürlichen Sprechstils noch den sprachlichen Gedankenreichtum einengen.[161] Der Lehrgang sollte soweit wie nur möglich in Inhalt und Textsorte eine der kindlichen Verarbeitung der Themen und der Kultur angemessene Sprachform anbieten.

Daher werden in einem methodenintegrierenden Lehrgang von Anfang an nicht nur Wörter verwendet, die für die Analyse von Einzellauten geeignet sind, also möglichst klanggetreue Wörter, sondern auch solche, die für variationsreiche bedeutsame Texte gebraucht werden. Wörter wie *ich, wir, ein, groß, klein, und, ist, spielt* u. ä., die erst später selbstständig gelesen werden können, aber im aktiven Sprachschatz des Kindes vorhanden und für kindgemäße Texte notwendig sind, werden sehr früh angeboten und ganzheitlich oder über Morpheme erschlossen (siehe Abb. 17). Wörter werden also auf zweierlei Weise eingeführt:
1. synthetisierend (erlesend mit bereits bekannten Buchstaben oder Buchstabengruppen, z. B. Wörter wie Foto, rot, Tor oder Hund (H-und), rund (r-und), mich (m-ich))
2. ganzheitlich (Einprägen des Wortschemas, z. B. spielt, mag, bin, ist, auf, ein).

So kann ein *„solches Verfahren von Anbeginn an interessantere, spannendere, sinnvollere und natürlichere Texte"* ermöglichen als ein Verfahren, das nur synthetisch zu erlesende Wörter anbietet.[162]

---

[159] Dieser methodische Ansatz entspricht dem analytisch-synthetischen Verfahren mit ganzheitlichem Schwerpunkt mit einer wichtigen Ausnahme: neben Buchstaben werden auch bedeutungstragende Buchstabengruppen (Morpheme), Vorsilben, Endungen angeboten und Wörter, die am Besten ganzheitlich erlernt werden.

[160] D. PREGEL brachte 1971 den Lehrgang „Lesen heute", ein Leselernwerk auf sprachlich operativer und methodenintegrierender Grundlage, heraus. Er kann als Begründer der Methodenintegration (vgl. RABENSTEIN, R.: a.a.O., S. 64) bezeichnet werden.

[161] Vgl. PREGEL, D. (Hrsg.): Lesen heute. Lehrerhandbuch. Hannover 1982, S. 5.

[162] MENZEL, W. u. a.: Lesespaß (Lehrerband). München 1988, S. 8.

Integration bezieht sich auf die verschiedenen Operationen, die in jeder Lerneinheit von Anfang an miteinander durchgeführt werden. Als Teiloperationen nennt MENZEL:[163]

„- die Zuordnung von Wort und Bedeutung;
- *die Zuordnung von Buchstabe und Laut (Phonem);*
- *das Wiedererkennen von optisch und akustisch Ähnlichem, aber Ungleichem (Diskrimination);*
- *das Analysieren (Ausgliedern von Lauten/Buchstaben aus dem Wort und von Wörtern aus dem Satz);*
- *das Synthetisieren (Zusammensetzen von Lauten/Buchstaben zu Wörtern und von Wörtern zu Sätzen);*
- *das Speichern von Wortschemata (Einprägen einer Reihe von ganzheitlich vermittelten Wörtern durch stete Wiederholung in Sätzen und Texten);*
- *die Verankerung des Gelernten durch Beteiligung aller Sinne (aufmerksames Hören, genaues Sprechen, Lesen, leseunterstützendes Schreiben, experimentelles Spiel, Reflexion und kommunikatives Handeln). "*

Das „methodenintegrierende Verfahren" will Schriftsprache komplexer erschließen, um dadurch die Kinder schneller zum selbstständigen Dekodieren von Texten zu führen. Deshalb wird Lesen von Anfang an in seiner Vielfalt gelehrt; von Beginn an sind alle möglichen sprachlichen Einheiten (Laut/ Buchstabe, Laut-/Buchstabenkombination, Morphem, Wort, Satz, Text) einbezogen, ebenso verschiedene Textgattungen, Textanordnungen, Schriftgrößen und Schriftarten.
Gerade dieses Verfahren möchte den Erstleseunterricht stärker in einen umfassenden Sprachunterricht einbezogen wissen und hat sich so zur Aufgabe gemacht, mit dem Lesenlernen die allgemeine Sprachkompetenz intensiv zu fördern (vgl. 4.4). Auch Verbindungen zu anderen Fachbereichen werden genutzt und deren Inhalte durch entsprechende Fibeltexte vorbereitet, unterstützt und erweitert.

Fibelbeispiele:
- PREGEL, D. u. a.: Lesen heute (Neubearbeitung). Hannover 1981.
- FRANZ, M./REGELEIN, S.: Leseschule. München 1995.
- ELBERT, M./MATTNER-RIEGGER, M./SCHENK, Ch.: Mobile 1 lesen und schreiben. Braunschweig 2001.

---

[163] MENZEL, W. u. a.: a.a.O., S. 8.

Abb. 17a: Beispiele für das „methodenintegrierende Verfahren":

„Lesen heute" (PREGEL u. a.)

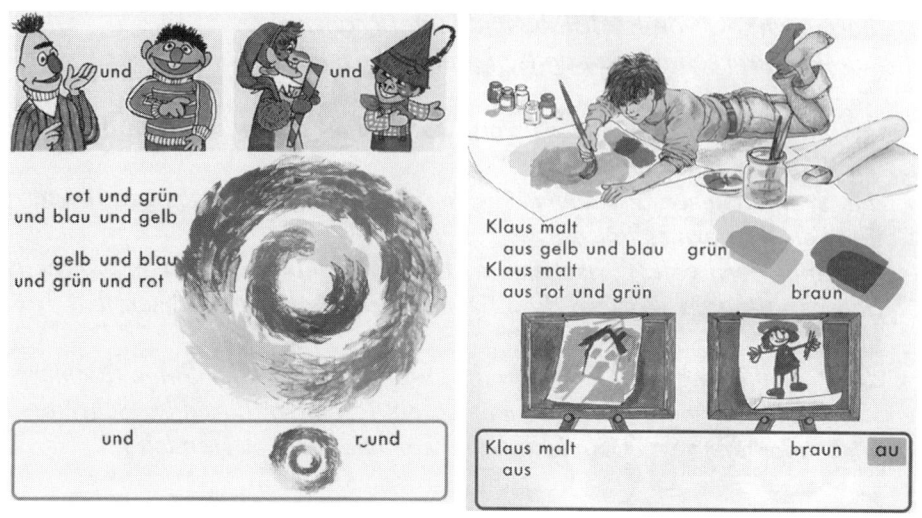

„Leseschule" (FRANZ/REGELEIN)

Exkurs: Werden die neuesten Erkenntnisse aus der Schriftspracherwerbs-forschung berücksichtigt, sind zusätzlich zum methodenintegrierenden *Lese*lehrgang freiere Formen des Schriftspracherwerbs anzubieten, damit die Kinder einen individuellen *schreib*orientierten Zugang zur Schriftsprache finden können. So werden sie in einem strukturierten Lehrgang auf der Basis des methodenintegrierenden Verfahrens mit der Schriftsprache vertraut gemacht, andererseits wird das methodische Vorgehen durch die Einführung einer Lauttabelle ergänzt, die dem Kind freies Verschriften ermöglicht[164] (siehe Kapitel 5 und Kapitel 8.1.2).

Diese heute bestehende umfassende Methodenkombination soll eine Einseitigkeit in der Lehre verhindern und damit sowohl dem Unterrichtsgegenstand als auch den Lernenden besser gerecht werden.

Abb. 17b: **Beispiel für ein „methodenintegrierendes Verfahren" mit zusätzlicher Einführung einer Lauttabelle (ELBERT/ MATTNER-RIEGGER/SCHENK):**

---

[164] Vgl. ELBERT, M./MATTNER-RIEGGER, M./SCHENK, Ch.: Mobile 1 lesen und schreiben. Lehrermaterial. Braunschweig 2001.

3.3.4 Bewertung der Integration der Leselehrverfahren

Vorteile:
- Beide Hauptziele, Befähigung zur Sinnentnahme und Einführung in die Technik des Lautschriftlesens, werden schon zu Beginn des Leselehrgangs angestrebt.
- Die Sinnerwartung und die Wortvermutung unterstützen beim selbstständigen Lesen die Findung des Wortklangs und der Wortbedeutung.
- Beim „analytisch-synthetischen Verfahren" wird die Lesetechnik zielstrebig und ohne Umwege vermittelt.
- Das „methodenintegrierende Verfahren" bietet wegen seines hohen Anspruchs viele Möglichkeiten individueller Begabungsförderung; speziell erhalten die Kinder Impulse zur Weiterentwicklung ihrer Sprachfähigkeit.[165]

Nachteile:
- Beim „analytisch-synthetischen Verfahren" können die Texte wegen des geringen Buchstaben- und damit Wortmaterials sprachlich unnatürlich dürftig sowie inhaltslos und langweilig sein.
  Morpheme und Signalgruppen, die das Lesenlernen erleichtern, bleiben unberücksichtigt.
- Speziell das „methodenintegrierende Verfahren" stellt hohe Ansprüche an die Lehrkraft in Bezug auf Vorbereitung und Durchführung des Unterrichts sowie Planung differenzierender Maßnahmen.

---

[165] Es geht darum, Lesenlernen interessanter und anspruchsvoller i. S. elementarer Sprachbildung zu machen sowie auch leistungsschwache Schüler zum kritischen und kreativen Umgang selbst mit kleinsten Texten anzuleiten und dabei genaues, sinnerfassendes, lustbetontes Lesen zu fördern.

Abb. 18: **Übersicht der wichtigsten Informationen zu den Leselehr-verfahren**

Lesefähigkeit
(lesen einer Lautschrift)

Technik des Entschlüsselns	Sinnerfassung der Sprachinhalte

Vermittlung im Lehrgang: Aufbereitung, Anordnung, Abfolge des Lehrstoffs
Sachgerechtheit Kindgemäßheit

Technik Buchstaben/Laute Synthese Wörter und Buchstabengruppen	**Sinnerfassung** Einstellen auf einen zu erwartenden Sinngehalt

Lautsynthetische Verfahren **Buchstabiermethode** **Lautierverfahren**	**Ganzheitliche Verfahren** **Ganzwortmethode (BRÜCKL)** **Ganzsatzmethode (KERN)**
Lehrgangsstufen: 1.Laut- und Buchstabengewinnung 2.Lautverschmelzung (Synthese) 3.Wort- und Satzlesen	Lehrgangsstufen: 1.Wort- und Satzlesen (naiv-ganzheitlich) 2.Lautgewinnung (Analyse) 3.Lautverschmelzung (Synthese)

Methodenstreit Vor- und Nachteile erkannt Integration der Methoden: Vorteile nutzen und Nachteile ausschließen

Analytisch-synthetische **Leselehrverfahren** analytische und synthetische Prozesse, Wörter lesetechnisch einfach	**Methodenintegrierende** **Verfahren** Wort- und Buchstabenvermittlung Integration verschiedener Operationen reicheres Textangebot durch Einbeziehung bedeutsamer Wörter

Neue Wege im Schriftspracherwerb (siehe Kap. 5) Schriftspracherwerb als Entwicklungsprozess „Spracherfahrungsansatz" (BRÜGELMANN) „Lesen durch Schreiben" (REICHEN) „Phonetisches Schreiben" (Bayer. Schulversuch)

Literatur

ANTESPERG, J. B. von: Das Josephinische Erzherzogliche A.B.C. oder Namenbüchlein. Wien (Heyinger) 1744. Nachdruck Dortmund (Harenberg) 1980.

BLEIDICK, U. : Lesen- und Schreibenlernen unter erschwerten Bedingungen. Essen 1966.

BOSCH, B. : Grundlagen des Erstleseunterrichts, Reprint der 1. Auflage 1937, ergänzt durch drei Aufsätze des Verfassers aus den Jahren 1951/52. Frankfurt/M. 1984.

BRÜCKL, H. : Der Gesamtunterricht im ersten Schuljahr. München 1964[7].

BRÜCKL, H. : Mein erstes Buch. München 1954[6].

BRÜGELMANN, H. : Kinder auf dem Weg zur Schrift. Konstanz 1983. *

GRISSEMANN, H. : Pädagogische Psychologie des Lesens und Schreibens. Bern 1986. *

GÜMBEL, R. : Erstleseunterricht. Entwicklung - Tendenzen - Erfahrungen. Frankfurt/M. 1991[4]. *

HEUß, G. E. : Erstlesen und Erstschreiben. Donauwörth 1993. *

HEUSER, O. : Der Erstleseunterricht in Geschichte, Theorie und Praxis. Ratingen 1971.

KECK, W./SANDFUCHS, U. (Hrsg.): Wörterbuch Schulpädagogik. Bad Heilbrunn/Obb. 1944.

KERN, A. u. E. : Praxis des ganzheitlichen Lesenlernens. Freiburg 1964[12].

KERN, A. u. E. : Wir lernen lesen. Freiburg o. J.

KUNSCHAK, E. u. a. : Frohes Lernen. Lehrerheft. Stuttgart 1982.

LEHRPLAN FÜR DIE BAYERISCHEN GRUNDSCHULEN. Amtsblatt des bayrischen Staatsministeriums für Unterricht und Kultus, So.-Nr. 20/1981.

LEHRPLAN FÜR DIE GRUNDSCHULEN IN BAYERN KWMBl I So.-Nr. 1/2000.

MEIERS, K. (Hrsg.) : Erstlesen. Bad Heilbrunn/Obb. 1981[2].

MENZEL, W. u. a. : Lesespaß (Lehrerband). München 1988.

PREGEL, D. : Lesen heute. Lehrerhandbuch. Hannover 1982.

RABENSTEIN, R. : Erstleseunterricht. In: RABENSTEIN, R. (Hrsg.): Erstunterricht. Bad Heilbrunn/Obb. 1979[2]. *

ELBERT, M./MATTNER-RIEGGER, M./SCHENK, Ch.: Mobile 1 lesen und schreiben. Lehrermaterial. Braunschweig 2001.

4. Schreiblehrverfahren

4. Schreiblehrverfahren

Auch wenn die konventionellen Schreiblehrverfahren - ähnlich den Lese-lehrverfahren - in ihrer extremen Ausprägung als überwunden gelten, sind sie in modifizierter Form bis heute erhalten. So forderte schon der bayerische Lehrplan '81[166] - ähnlich BRÜCKL (siehe 4.1) - die Druckschrift als erste Schreibschrift. Damit können die Kinder von Anfang an mit ihrer Leseschrift schreiben; Lesen- und Schreibenlernen stehen in enger Verbindung. Allerdings dürfen die Schreibschriftbuchstaben nicht wie bei BRÜCKL durch Verbinden der Druckbuchstaben gewonnen werden, da Druck- und Schreibschrift ihre Eigengesetzlichkeit haben (siehe 4.5 und Kap. 6). Die Schreibschrift wird zu einem späteren Zeitpunkt eingeführt und durch rhythmische Bewegungsübungen sowie Schwingen grundlegender Formelemente der Schreibschrift vorbereitet. Hier werden Grundzüge der „Bewegungsmethode" des ISERLOHNER SCHREIBKREISES (siehe 4.3) und der „Ganzheitsmethode" nach KERN (siehe 4.2) offenkundig. Insbesondere die Einführung der „Lateinischen Ausgangsschrift" (in einigen Bundesländern) erfordert das ganzheitliche Schreiben und Einschleifen von Wörtern (siehe 6.2). Schließlich wird heute der kommunikative Aspekt besonders betont. Ist schon für BRÜCKL als auch für KERN die Sinnhaftigkeit des Schreibens wichtig, so ist jetzt für MENZEL der kommunikative Aspekt oberstes Ziel der Schreiberziehung (siehe 4.4). Unumgänglich ist für ihn damit auch eine gut lesbare Schrift und Genauigkeit in der Orthografie, damit das Geschriebene auch von anderen gelesen werden kann. Auch bei einem schreiborientierten Vorgehen durch das Verschriften eigener Texte erkennen die Kinder bald, dass *„eine deutliche Schrift für den Leser notwendig ist und eine ansprechende Gestaltung zum Lesen motiviert."* [167]

Die Kenntnis auch der konventionellen Schreiblehrverfahren gehört somit zur methodischen Kompetenz von Lehrerinnen und Lehrern, damit sie insbesondere bei individuellen Schwierigkeiten die methodischen Möglichkeiten verschiedener Verfahren heranziehen können.

---

[166] Vgl. LEHRPLAN FÜR DIE BAYERISCHEN GRUNDSCHULEN. KMBl I SO.-NR. 20/1981, S. 560.
[167] LEHRPLAN FÜR DIE GRUNDSCHULEN IN BAYERN KWMBl I So.-Nr. 1/2000, S. 78.

4.1 Das Schreiben im Gesamtunterricht von Hans BRÜCKL: „Von der Druckschrift zur Schreibschrift"[168]

4.1.1 Beschreibung

Alle reformpädagogischen Strömungen im ersten Drittel dieses Jahrhunderts forderten, die Kinder im Unterricht stärker zu aktivieren und die kindliche Erlebniswelt sowie deren Spiel- und Bewegungsdrang zu berücksichtigen. Dies führte zu einem Gesamtunterricht, der die Eigenständigkeit der Unterrichtsfächer aufhob. Auch in BRÜCKLs kindgemäßem Anfangsunterricht sind Lesen und Schreiben Teile des heimatkundlichen Anschauungsunterrichts und von Anfang an miteinander verbunden. Die Kinder schreiben Wörter und Sätze, die eine Beziehung zum Gesamtunterrichtsthema haben, deren Inhalte der kindlichen Erlebniswelt entnommen sind.[169]

BRÜCKL fordert für die Anfangsphase des Schreibens und Lesens *eine* Schriftform, und zwar die „Normaldruckschrift", eine recht breite und rund-geschwungene gemischte Antiqua, die wegen ihrer Einfachheit und Unverbundenheit vorzüglich als kindliche Lese- und Schreibschrift geeignet ist. Die Buchstaben dieser Schrift *„bestehen im Grunde genommen nur aus zwei Grundformen, nämlich dem Kreis (bzw. dessen Teilen) und der Geraden"*[170]. Aus psychologischen Erwägungen werden hiervon jedoch vier im Unterricht zu übende Formen als wichtigste Bestandteile der Schrift abgeleitet - „Reifen (auch zerbrochen, d. h. geöffnet)", „Spazierstock", „Schlange" und „Turnstange" (siehe Abb. 19) - denn das *„phantasiebegabte Kind vermag einer nüchternen Zusammenstellung von Kreisen und Geraden kein Interesse entgegenzubringen, es ist aber sofort mit ganzer Seele bei der Sache, wenn ihm dieselben Zeichen in gefühlsbetonten Lebensformen nahe gebracht werden."*[171]

---

168 Zur Vertiefung aller in Kap. 4 beschriebenen Schreiblehrverfahren wird empfohlen: SCHORCH, G. (Hrsg.): Schreibenlernen und Schriftspracherwerb. Bad Heilbrunn/Obb. 1992² und NEUHAUS-SIEMON, E. (Hrsg.): Schreibenlernen im Anfangsunterricht der Grundschule. Frankfurt/M. 1984².

169 Vgl. BRÜCKL, H.: Der Gesamtunterricht im ersten Schuljahr. München 1959⁶ S. 26.

170 BRÜCKL, H.: a.a.O. 1959⁶, S. 66.

171 BRÜCKL, H.: a.a.O. 1959⁶, S. 67.

Abb. 19: Beispiele aus BRÜCKL, H.: Mein erstes Buch. München 1954[6].

Ist ein gewisser Grad der Sicherheit im Schreiben der Grundformen erreicht (durch vielfältiges Üben wie Malen, Kneten mit Plastilin, Legen mit Stäbchen, Zeichnen), werden in Anlehnung an den ganzheitlichen Leselehrgang (siehe Kap. 3.2) sofort ganze Wörter und Sätzchen geschrieben. Das Kind reiht dabei die vorher in „schreibturnerischen Übungen"[172] erlernten Elemente Stück für Stück aneinander, *„so dass hier von einem aufbauenden Schreiben im wahren Sinne des Wortes gesprochen werden kann"*[173]. Das Schreiben hat also im Gegensatz zum Lesen eher synthetischen Charakter.

Anfangs ist den Kindern der Inhalt des zu lesenden oder schreibenden Wortes bekannt, nicht jedoch der jeweilige Einzelbuchstabe, der erst mit fortschreitender visueller und auditiver Diskriminierungsfähigkeit, entsprechend dem Leselehrgang, gelernt wird.

Zur „Normalschreibschrift" gelangt man, begründet aus der großen Ähnlichkeit der beiden Schriften, durch das Verbinden der in Druckschrift geschriebenen Buchstaben eines Wortes mittels Anstrichen, Rundungen und Schleifenzügen, *„worauf der betreffende Schriftzug im ganzen wiederholt und bis zur Geläufigkeit geübt wird"*[174]. Dieser Übergang von der Druckschrift zur Schreibschrift erfolgt im letzten Jahresdrittel der ersten Klasse. Dabei ist den Kindern *„die nötige Freiheit zur Entwicklung charakteristischer Handschriften (zu) gewähren"*[175].

4.1.2 Bewertung der Methode

Vorteile:
- Die Sinnhaftigkeit des Schreibens wird von Anfang an deutlich.
- Durch *eine* Erstschrift sind die Schwierigkeiten reduziert.
- Lesen und Schreiben unterstützen sich gegenseitig.
- Der Schreibunterricht ist in den Gesamtunterricht integriert.
- Die Grundformen der verwendeten Schriftvorlage zeichnen sich durch Klarheit und Einfachheit aus.

Nachteile:
- Sachfremde Sinndarstellungen führen die Formelemente der Buchstaben ein (Beispiel: siehe Abb. 19).

---

[172] Dies sind Zeichenübungen, bei denen die Schriftelemente sorgfältig in Reihungen angeordnet geübt und damit schreibtechnisch eingeschliffen werden.
[173] BRÜCKL, H.: a.a.O. 1959[6], S. 104.
[174] BRÜCKL, H.: a.a.O. 1959[6], S. 108.
[175] BRÜCKL, H.: a.a.O. 1959[6], S. 114.

- Der unterschiedliche Bewegungscharakter von Druckschrift und Schreibschrift wird nicht entsprechend berücksichtigt (späteres „Schreibstottern").

4.2 Das Schreiben in der „Ganzheitsmethode" nach Artur und Erwin KERN[176]

4.2.1 Beschreibung

Die ganzheitliche Schreibmethode wurde pädagogisch-psychologisch unter Beachtung ganzheits- und gestaltpsychologischer Erkenntnisse begründet. Schreiben war dabei in den ganzheitlich gestalteten Anfangsunterricht integriert, der die Erlebniswelt des Kindes aufgriff.

Bei der „Ganzheitsmethode" beginnt das Kind mit dem Schreiben von ganzen Wörtern und kurzen Sätzen, d. h., Sprachganze werden geschrieben, ehe die Buchstaben bekannt sind. Zurückgeführt wird dies auf die in jedem Schriftbild eines Wortes innewohnende unverwechselbare Bewegungsformel, die nicht als additive Aneinanderreihung einzelner Bewegungselemente verstanden werden kann. So berufen sich Artur und Erwin KERN auf Untersuchungen, die belegen, *„dass im Bewegungsgeschehen, im Bewegungsablauf kein summativer Aufbau vorliegen kann."*[177]

Das zu schreibende Wort wird sowohl optisch, akustisch als auch motorisch als Einheit verstanden. Deshalb wird auch als Erstschrift die verbundene Schreibschrift gewählt (ursprünglich „Deutsche Normalschrift", ab 1953 „Lateinische Ausgangsschrift"), wobei auf jegliche Art von Lineatur bewusst verzichtet wird. Um die Geschicklichkeit der Hand zu trainieren, wird dem Schreiben ein vier- bis sechswöchiger *„Vorkurs im malenden Zeichnen"*[178] mit folgenden Schwerpunkten vorangestellt:

1. die Ausbildung des Formsehens und des Formgefühls (z. B. durch Legespiele, Formen von Knetmasse);
2. Bilden der Formen durch graphische Darstellung (durch Nachgestaltung und freie Gestaltung);

---

[176] Vgl. KERN, A. und E.: Lesen- und Schreibenlernen. Eine psychologisch-didaktische Darstellung. Freiburg 1964[5]. - KERN, A. und E.: Praxis des ganzheitlichen Lesenlernens. Freiburg 1964[12]. Arthur und Erwin KERN veröffentlichten 1930 ihre „Ganzheitsmethode" mit ihrem Buch „Lesen und Lesenlernen" (siehe 3.2).

[177] KERN, A. und E.: a.a.O. 1964[12], S. 76.

[178] KERN, A. und E.: a.a.O. 1964[12], S. 82.

3. eine gelockerte Hand (durch Training der betreffenden Muskeln z. B. über Fingerspiele).

Wichtig beim Schreiben ist das Vorbild, denn eine Schrift soll natürlich und deutlich, gut lesbar, gefällig und geläufig sein, wozu *„das Vorbild in seiner Ganzheit am Anfang des Schreibenlernens stehen"*[179] muss. Die Kinder malen die Wörter und Sätze ab - zunächst prägnante Wortgestalten, die aus den Themen des Gesamtunterrichts entnommen werden. KERN akzeptiert, dass viele Kinder entwicklungspsychologisch bedingt zunächst nur zu Kritzeleien fähig sind, da er davon überzeugt ist, dass sich auch diese „Kritzler" über sog. „Gestaltschreiber" zu „Richtigschreibern" entwickeln aufgrund zunehmender Fähigkeiten in der visuellen und auditiven Analyse eines Textes und der Einübung der Bewegungsformeln beim Schreiben.

Sobald im Leselehrgang die Analyse einsetzt, werden die Buchstaben auch schriftlich ausgegliedert. Da jetzt das Augenmerk auf den isolierten Buchstaben gerichtet ist, setzt der „Schönschreibunterricht" ein, um Fehlformen auszumerzen. Dabei wird wiederum nur kurz der Einzelbuchstabe betrachtet, um dann erneut das ganze Wort bzw. den gesamten Satz in den Blick zu nehmen.

Die „Ganzheitsmethode" beseitigt so die beherrschende Stellung des Einzellautes, die nach Ansicht der Brüder KERN der Geschlossenheit des Bewegungsablaufs beim Schreiben eines Wortes entgegen steht.

4.2.2 Bewertung der Methode

Vorteile:

- Die Schrift ist von Anfang an zusammenhängend, fließend und individuell.
- Zu Beginn gibt es nur ein Schriftsystem (Schreibschrift).
- Schrift wird von Anfang an als Sinnträger erlebt.

Nachteile:

- Das Endergebnis, die zügige Gestaltung von ganzen Wörtern und Textabschnitten, wird an den Anfang gestellt; kleinere Einheiten wie Silben, Signalgruppen, die das Schreiben erleichtern, werden zunächst ignoriert. Die Kinder sind damit überfordert, ein Wort „in einem Zug" zu schreiben; sie müssen sich deshalb anfangs öfter am Wortvorbild orientieren.

---

[179] KERN, A. und E.: a.a.O. 1964[12], S 76.

- Das Kind ist zu lange auf das Vorbild angewiesen, da ein selbstständiges Schreiben durch Orientierung an den Schriftelementen zunächst nicht möglich ist.
- Fehlformen werden zu spät ausgemerzt (Schönschreibunterricht setzt erst mit der Analyse ein).

4.3 Die „Bewegungsmethode" des ISERLOHNER SCHREIBKREISES[180]

4.3.1 Beschreibung

Das Schreiben nach der „Bewegungsmethode" entwickelte sich aus dem ISERLOHNER SCHREIBKREIS (1951-1965)[181]. Diese Gruppe von Schriftdidaktikern richtete ihre Kritik zum einen gegen die Methode BRÜCKLs, der durch die Einführung des Schreibens über die Druckschrift das sog. „Schreibstottern" zu verantworten hätte. Zum anderen warfen sie den Brüdern KERN vor, das Ganzheitsprinzip fälschlicherweise auf das Schreiben übertragen zu haben, denn der Bewegungsablauf beim Schreiben eines Wortes könnte niemals simultan als geschlossene Einheit durchgeführt werden, *„sondern wird immer in einer Folge des Nacheinanders geschehen müssen. "*[182]

Vertreter dieser Richtung sind z. B. LÄMMEL und GRAMM. Ziel der Schreiberziehung ist ein *„dynamisch-rhythmisches Schreiben, das zu einer gut leserlichen, natürlichen und dem psycho-physischen Reifegrad des Kindes entsprechenden Schrift führt. "*[183] Erfüllt eine Schülerschrift diese Anforderungen schließlich nach viel Übung, soll der Schreibunterricht zur differenzierten Betreuung der individuellen Schriftentwicklung übergehen, da die Schriftvorlage bewusst als Ausgangsschrift verstanden wird und nicht als erstarrte Form des Duktus; diese ist nämlich mit dem Hauptmerkmal von Schreiben - der Bewegung - unvereinbar.

Der Hauptwert des Unterrichts liegt auf dem bewegungsbetonten „Schreiben", nicht auf der statischen „Schrift". Daher steht die *„Vermittlung von*

---

[180] Vgl. LÄMMEL, A.: Natürliches Schreiben. Vom Spiel zur Handschrift. Bonn 1960. - GRAMM, D.: Entwicklungsgemäßes Schreibenlernen. Teil I: Schreiben in der Vorschule und im 1. Schuljahr. Hannover 1971.

[181] Die „Arbeitsgemeinschaft Schreiberziehung" ist dessen heutige Nachfolgeorganisation.

[182] GRAMM, D.: a.a.O., S. 23.

[183] LÄMMEL, A.: Schreiben nach der Bewegungsmethode. In: SCHORCH, G.: Schreibenlernen und Schriftspracherwerb. Bad Heilbrunn/Obb. 1992, S. 64.

Bewegungsvorstellungen "[184] im Mittelpunkt des Schreibunterrichts. Gerade hier ergibt sich ein Anknüpfungspunkt an das kindliche Spiel mit all seinen motorischen Aktivitäten. Im Einzelnen werden aber nur *„die Gerade (als Auf- und Abstrich), die Rundung (als Links- und Rechtsdrehung) und die Acht (am Abstrich und an der Waagerechten)"* [185] gezielt trainiert; andere Bewegungsformen bleiben für das Schreiben ohne Bedeutung. Die wenigen wichtigen Einzelbewegungen werden nun für die grundlegende rhythmische Schulung des sog. „Schreibschwingens" zu kleinen Einheiten verbunden - von einfachen Schwungübungen (*eee, lll, ele, lel, ...*) zu „rhythmischen Wortgestalten" (*eile, teile, feile, tut, fein, eine, ...*).[186] Dabei wird jeweils aus dem Schwung mit dem ganzen Körper über den Großschwung immer stärker einengend zum für das Schreiben letztendlich bedeutsamen feinen, exakten Kleinschwung übergeleitet. Das spielerische Element des Schreibens, das Schwingen, erhält damit einen hohen Stellenwert, das zusammen mit Gesang und Rhythmus die Schreibfreude der Kinder erhalten soll. Das Singen oder Sprechen von Versen unterstützt das rhythmische Schwingen und belegt dieses mit Sinn (siehe Abb. 20).

Der Schulanfänger beginnt den Schreiblehrgang also nicht mit dem festgelegten, fertigen Schriftzug eines Wortes; freie Bewegungen münden nach und nach in rhythmisierte, in ihrer Grundform festgelegte Schwünge, die zum Schreiben eines ganzen Wortes überleiten - und zwar noch ohne Kenntnis und Übung der Einzelbuchstaben. Dies geschieht erst, wenn innerhalb des Leselehrgangs die Zuordnung von Einzellaut zu Einzelbuchstabe gelingt. Dabei werden zwar die Buchstaben sowohl in ihrer isolierten Gestalt als auch in ihren einzelnen Bestandteilen geübt, weit häufiger *„jedoch als Teile eines Wortganzen, d. h. in Wortgruppen mit gleichen Anfängen"* [187]; Übungen des „Schreibschwingens" werden begleitend eingesetzt.

Die Druckschrift, mit der das Lesen beginnt, wird als Malschrift charakterisiert und daher als Erstschrift abgelehnt. Die beim „Schreib-Drucken" erworbenen Bewegungsvorstellungen des Kindes sind für die Reproduktion von dynamischen Schreibbewegungen unbrauchbar.[188]

---

184 GRAMM, D.: a.a.O., S. 24.
185 GRAMM, D.: a.a.O., S. 40.
186 Vgl. GRAMM, D.: a.a.O., S. 35 ff.
187 GRAMM, D.: a.a.O., S. 57.
188 Vgl. HERMERSDORF, M./LÄMMEL, A./GRAMM, D.: Schrift und Schreiben. Hannover 1962, S. 59.

Abb. 20: Beispiele für Bewegungsrhythmen zur Unterstützung des rhythmischen Schwingens[189]

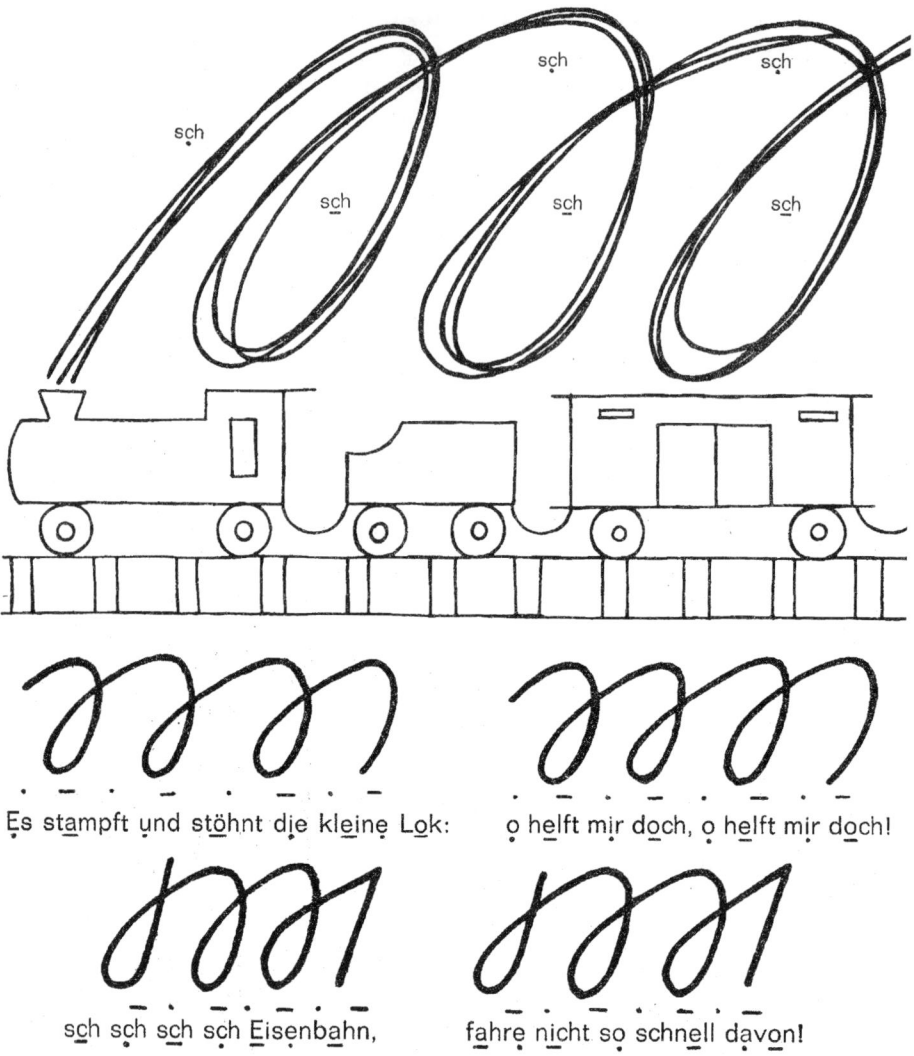

Es stampft und stöhnt die kleine Lok: o helft mir doch, o helft mir doch!

sch sch sch sch Eisenbahn,   fahre nicht so schnell davon!

„Lesen" und „Schreiben" haben für die Bewegungsmethodiker stark gegensätzliche Charaktere: Beim Lesen werden Wortbilder als starre Formkomplexitäten optisch, visuell als Ganzheit erfasst; Schreiben ist dagegen eine rhythmisch-dynamische, über taktil-kinästhetische Empfindungen gesteuerte Tätigkeit. Die enge Verbindung von Lesen und Schreiben wird

---

189   WACHTENDORF, H.: Schreibschule. Vorübungen. Wolfenbüttel 1975, S. 8.

daher aufgehoben; das Lesen soll mit der Druckschrift beginnen, das Schreiben zeitlich versetzt mit der Schreibschrift.

Für den Schriftverfall macht man die Formen der Normalschrift verantwortlich, weshalb eine neue Schriftvorlage entwickelt wird, und zwar die „Lateinische Ausgangsschrift" (seit 1953 verbindlich eingeführt).

4.3.2 Bewertung der Methode

Vorteile:

- Der Erwerb einer bewegungsgünstigen Schreibtechnik wird auf die solide Basis eingeschulter feinmotorischer Fertigkeiten gestellt.
- Das Lernen wird durch kindgemäßes, betont musisches Handeln erleichtert.

Nachteile:

- Die gegenseitige Unterstützung von Lese- und Schreiblernprozess fehlt.
- Durch die Sprechverse werden Wörter teilweise mit falschem Sinn belegt. Dem Schulanfänger ist so nicht klar, was er schreibt; dadurch leidet auch die Schreibmotivation.
- Chorsprechen behindert das Einhalten einer individuellen Schreibgeschwindigkeit.
- Die Förderung der Formunterscheidung durch das Nachmalen der Druckbuchstaben entfällt.

4.4 „Kommunikatives Schreiben" nach Wolfgang MENZEL[190]

4.4.1 Beschreibung

Im Zusammenhang mit der Curriculumdiskussion in den 60er und 70er Jahren, die sich v. a. auf erziehungswissenschaftliche und entwicklungspsychologische Erkenntnisse stützte, rückten die im Unterricht anzustrebenden Ziele in den Vordergrund. Die Frage, ob ganzheitliche oder synthe-

---

[190] Vgl. MENZEL, W.: Schreiben als kommunikative Handlung. In: SCHORCH, G. (Hrsg.): a.a.O., S. 70 ff. - MENZEL, W.: Lesen lernen - schreiben lernen. Braunschweig 1990.
Siehe dazu auch die Ausführungen in Kap. 5: Innerhalb der Konzepte „Spracherfahrungsansatz" und „Lesen durch Schreiben" verschriften die Kinder mit Hilfe einer Lauttabelle frei, was sie mitteilen wollen. Im Gegensatz dazu können die Kinder beim Verschriften innerhalb des „kommunikativen Schreibens" nur auf die bereits gelernten Buchstaben zurückgreifen.

tische Methode des Lesen- bzw. Schreibenlehrens, trat zurück. Vielmehr einigte man sich auf eine Methodenintegration, um die jeweiligen Vorzüge zu nutzen und gleichzeitig die Nachteile auszuschließen (siehe 3.3).

MENZEL vertritt eine solche „kombinierte" Methode, die sowohl Form und Bewegung als auch den Sinn des Schreibens einbezieht.[191] Für ihn ist Schreiben zwangsläufig von Beginn an als komplexe Handlung zu vermitteln, an der motorische wie auch kognitive, insbesondere aber kommunikative Faktoren beteiligt sind. Dies bedeutet, dass *„die Lesbarkeit der Schrift ... wichtigstes Ziel einer Schrift-Erziehung, die Kommunizierbarkeit des Geschriebenen oberstes Ziel einer Schreib-Erziehung "*[192] sein muss. MENZEL bemüht sich um eine echte Integration aller am Schriftspracherwerb beteiligten Lernbereiche: Lesen, Schreiben und Rechtschreiben.

Die Schwierigkeiten beim Erlernen des Schreibens liegen nach dem Sprachwissenschaftler L. S. WYGOTSKI in *„der mangelnden Motivation des Kindes ... und in der Abstraktheit der Schriftsprache "*[193], nicht in der motorischen Unausgereiftheit des Schulanfängers. So versucht nun MENZEL, um die nötige Motivation zu schaffen und zu erhalten, den Schülerinnen und Schülern die Möglichkeiten der Schrift von Anfang an erfahrbar zu machen, nämlich sich mitzuteilen oder Informationen zu erhalten bzw. sich etwas aufzuschreiben. Unter dem Begriff „Schreiben" wird eine kommunikative Ausdrucksform der Sprache, eine partnerbezogene, bedeutsame Handlung verstanden. Der Lehrer selbst muss die Rolle des aufmerksamen Lesers annehmen, er darf nicht als strenger Korrektor auftreten, um den Mitteilungscharakter der Schreibergebnisse nicht zu untergraben.

Schreiben und Lesen sind eng miteinander verbunden, wobei sich beide des gleichen schriftsprachlichen Zeichensystems bedienen, nämlich der Druckschrift, die wegen ihrer leichten Schreibbarkeit dem Kommunikationszweck besonders förderlich ist. *„Das Lesen mit Hilfe des Schreibens, das Schreiben mit Hilfe des Lesens lernen: dies verspricht eine nachhaltigere Einprägung der Laut-Buchstabe-Verbindung, als wenn die Lehrgänge zunächst getrennt voneinander verlaufen. "*[194]

---

[191] Auch PREGEL betont in seinem eng mit dem Leselehrgang LESEN HEUTE verbundenen Schreiblehrgang neben der Schulung der einzelnen Bewegungsabläufe die kommunikative Sinngebung des Schreibens. - Vgl. PREGEL, D.: Lesen heute. Lehrerhandbuch zum Lese- und Schreiblehrgang. Hannover 1982, S. 138 ff.

[192] MENZEL, W.: Schreiben - Lesen. Für einen handlungsorientierten Erstunterricht. In: NEUHAUS-SIEMON (Hrsg.): a.a.O. 1984², S. 135.

[193] WYGOTSKI in SCHORCH, G.: a.a.O., S. 70.

[194] MENZEL, W.: Schreiben - Lesen. Für einen handlungsorientierten Erstunterricht. In: NEUHAUS-SIEMON (Hrsg.): a.a.O. 1984², S. 141.

Bild- und Kritzelzeichnungen, über die Kinder bereits kommunizieren können, indem sie diese anderen zum „Lesen" geben, werden als Ausgangspunkt genutzt. Methodisch erfolgt das Schreibenlernen - begleitet von Schreibübungen - über das Verfassen genau solcher Kritzelbriefe (mit Informationsgehalt), die im weiteren Verlauf zu einer Mischung aus Kritzel- und Bildzeichen und ersten Buchstaben werden und schließlich in umfangreichere lautschriftliche Informationen münden. Entsprechend den Lernfortschritten werden Buchstaben und Symbole integriert (z. B. Name des Absenders/Empfängers). Bereits erarbeitete Buchstaben führen zu Zeichen und Bildern, in deren Bezeichnung die gelernten Laute enthalten sind (z. B. o-Briefe mit Bildern: Roller, rot, Tor, Rock, Brot, ...).[195] Aufschreibübungen (z. B. Lautketten in Schrift umsetzen, Heraushören von Lauten aus Wörtern) sowie das Wiederlesen des Aufgeschriebenen machen die Kinder sensibel für den phonetischen Aspekt der Sprache und sind wichtig für den weiteren Lernfortschritt.

Wird der kommunikative Aspekt des Schreibens derart gefördert, ist unweigerlich Genauigkeit im Ausdruck wie in der Orthografie (Rechtschreibung und Zeichensetzung) erforderlich. Folglich lernt das Kind von Anfang an so zu schreiben, dass das Geschriebene von ihm selbst sowie von anderen leicht und richtig gelesen und im gemeinten Sinn verstanden werden kann.

4.4.2 Bewertung der Methode

Vorteile:
- Der informative Charakter von Geschriebenem wird betont.
- Da nur eine Erstschrift verwendet wird, unterstützen sich die Lernprozesse „Lesen" und „Schreiben" gegenseitig.
- Die Methode ermöglicht selbstständiges, entdeckendes Lernen.

Nachteile:
- Es besteht die Gefahr, die schreibtechnische Seite zu vernachlässigen.
- Der Kommunikationsdrang der Kinder beschränkt sich nicht auf bestimmte Wörter, deren Buchstaben bereits erarbeitet sind.

---

[195] MENZEL lässt dabei ausschließlich solche Worte verschriften, deren Einzelbuchstaben im Unterricht bereits behandelt wurden. Neue Wege im Schriftspracherwerb gehen einen erheblichen Schritt weiter, indem sie die Kinder mittels Lauttabellen befähigen, *alle* ihre Gedanken schriftlich festzuhalten (vgl. Kap. 5).

4.5 Didaktische Überlegungen zur Methodenvielfalt[196]

Schreiben ist *„eine Sprachhandlung, und als solche sinnhafter Akt, zugleich aber ein manuelles Tun des Menschen"*[197] (siehe Abb. 21). Diese Zweigliederung ermöglicht es, den Akzent beim Schreibenlehren verschieden zu setzen, entweder auf das sinnhafte, kommunikative Tun oder auf das manuelle Tun. Schreiben bedeutet eben auch Beherrschen der Form und der Bewegung.

Soll das Schreiben sachgerecht gelehrt werden, darf man keine Seite vernachlässigen, denn Ziel ist das *„verstandene Können"*. Ein Vergleich der Schreiblehrverfahren zeigt, dass die einzelnen Methoden Akzente setzen:

Abb. 21:   Schreiben unter didaktischem Aspekt

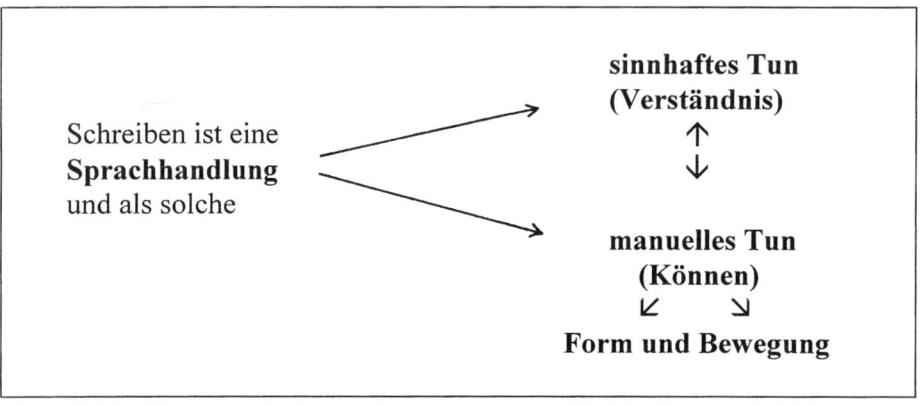

Schreiben als **sinnhafte Sprachtätigkeit**:
       „Lese-Schreib-Methode" nach H. BRÜCKL
       „Ganzheitsmethode" nach A. und E. KERN
       „Kommunikatives Schreiben" nach W. MENZEL
       neue Wege im Schriftspracherwerb (siehe Kap. 5):
              - „Spracherfahrungsansatz" nach H. BRÜGELMANN
              - „Lesen durch Schreiben" nach J. REICHEN
              - „Phonetisches Schreiben" (bayer. Schulversuch)

---

[196] Vgl. GLÖCKEL, H.: Schreiben lernen - Schreiben lehren. Donauwörth 1976[3], S. 47 ff.
[197] GLÖCKEL, H.: a.a.O. 1976[3], S. 55.

Schreiben als **manuelles Können**:
„Aufbauendes Schreiben" nach SÜTTERLIN[198]
„Bewegungsmethode" des ISERLOHNER SCHREIBKREISES

Wer im Schreiben vorwiegend die geistige Leistung sieht und somit Verständnis anstrebt, muss auf einsichtiges Lernen Wert legen. Die geistigen Strukturen entwickeln sich über Anschauung und Erfahrung, Versuch und Irrtum.

Wer im Schreiben in erster Linie die manuelle Leistung sieht, muss Schreiben vorwiegend als Sache des Übens betrachten, dabei sind von Anfang an Fehler zu vermeiden, weil diese die Entwicklung korrekter Assoziationen und damit den Lernerfolg schmälern.

Schreiben ist als manuelles Können Bewegungslernen, das in zwei Arten zu unterscheiden ist:

Bewegungslernen als „Entwicklungsmotorik": Entwicklung als Reifungsprozess, der jedoch Lernvorgänge nicht ausschließt und in dem mangelhafte Anfangsleistungen dann als notwendiges Zwischenstadium in einem natürlichen Wachstumsprozess anzusehen sind.

Bewegungslernen als „Erwerbsmotorik": sorgfältig und konzentriert durchgeführte und eingeübte Einzelbewegungen werden in größere Bewegungseinheiten integriert.

Nach GLÖCKEL ist Schreiben als Kulturtechnik Erwerbsmotorik, *„es muss aus genau und sorgfältig geführten Einzelbewegungen unter Bewusstseinsspannung bei möglichster Vermeidung von Fehlern aufgebaut und eingeschliffen werden."*[199]

Um das Lernen allerdings der Altersstufe entsprechend zu gestalten, sollte die Lehrerin bzw. der Lehrer den Lernweg methodisch so anlegen, dass er auf den natürlichen Ansätzen des Kindes aufbaut und ein organisches Wachsen zulässt, ohne jedoch den Erwerb korrekten Schreibens zu vernachlässigen.

Eine für alle Schülerinnen und Schüler gleich gute und somit absolut zu setzende Methode gibt es nicht. Jeder Lehrer muss für sich selbst entscheiden und den Weg beschreiten, der ihn am meisten überzeugt. Er kennt die

---

[198] Die von SÜTTERLIN geschaffene deutsche Schreibschrift war von 1935-1941 allgemeine Grundschrift in den Schulen. Der Schreibunterricht gliederte sich in drei Stufen. Auf der ersten Stufe wurden die Buchstaben in ihren Einzelteilen zur besseren Formauffassung „aufbauend" geschrieben, Ziel war die Beherrschung der Buchstabenform. Erst auf der zweiten Stufe kam es zum zusammenhängenden Schreiben von Buchstabenverbindungen, Wörtern und Sätzen. Auf der dritten Stufe wurde der Übergang zu einer persönlichen Handschrift vorbereitet. (Vgl. NEUHAUS-SIEMON, E.: a.a.O. 1984[2], S. 18 ff.)

[199] GLÖCKEL, H.: a.a.O. 1976[3], S. 60.

Gefahrenstellen seines methodischen Vorgehens und wird sie zu vermeiden suchen. Individuelle Lernhilfen sind gleichfalls nötig.[200]
In die praktische Durchführung fließen viele Komponenten ein, die das Lernergebnis beeinflussen (z.B. Klassenstärke und -zusammensetzung, Vorerfahrungen der einzelnen Schüler, Raumausstattung und vorhandenes Material). Die Lehrerpersönlichkeit muss mit ihrem Lehr- und Lernkonzept diesen begegnen und ist somit der ausschlaggebende Faktor.
Es ist GLÖCKEL zuzustimmen, dass der Erfolg des Lehrers *„in weitem Maße von seinem Können, seinem Fleiß und Bemühen abhängt, die durch kein Rezept ersetzt werden können".*[201]

L i t e r a t u r:

BÄRMANN, F. (Hrsg.): Lernbereich Schrift und Schreiben, Braunschweig 1979.

BRÜCKL, H.   : Der Gesamtunterricht im ersten Schuljahr. München 1959[6].

BRÜCKL, H.   : Mein erstes Buch. München 1954[6].

GLÖCKEL, H.   : Schreiben lernen - Schreiben lehren. Donauwörth 1976[3].

GRAMM, D.   : Entwicklungsgemäßes Schreibenlernen. Teil I: Schreiben in der Vorschule und im 1. Schuljahr. Hannover 1971.

HERMERSDORF, M./LÄMMEL, A./GRAMM, D.: Schrift und Schreiben. Hannover 1962.

KERN, A. u. E.   : Praxis des ganzheitlichen Lesenlernens. Freiburg 1964[12].

KOCHAN, B./NEUHAUS-SIEMON, E. (Hrsg.): Taschenlexikon Grundschule. Königstein/Ts. 1979.

LÄMMEL, A.   : Natürliches Schreiben. Vom Spiel zur Handschrift. Bonn 1960.

MAHLER, G./SELZLE, E.: Lehrplan für die Grundschule in Bayern mit Erläuterungen und Handreichungen. Bd. 1. Donauwörth 1982.

MENZEL, W.   : Lesen lernen - schreiben lernen. Braunschweig 1990.

MENZEL, W.   : Schreibenlernen. In: PREGEL, D. (Hrsg.): Lesen heute. Lehrerhandbuch. Hannover 1982.

NEUHAUS-SIEMON, E. (Hrsg.): Schreibenlernen im Anfangsunterricht der Grundschule. Frankfurt/M. 1984[2]. *

PREGEL, D.   : Lesen heute. Lehrerhandbuch zum Lese- und Schreiblehrgang. Hannover 1982.

SASSOON, R.   : Motorisches Gedächtnis und Buchstabenfamilien. Schreibunterricht in England. In: Die Grundschulzeitschrift 7(1993)69, S. 26-27.

SCHORCH, G. (Hrsg.): Schreibenlernen und Schriftspracherwerb. Bad Heilbrunn/ Obb. 1992[2]. *

WACHTENDORF, H. : Schreibschule. Vorübungen. Wolfenbüttel 1975.

---

[200] Vgl. SASSOON, R.: Motorisches Gedächtnis und Buchstabenfamilien. Schreibunterricht in England. In: Die Grundschulzeitschrift 7 (1993) 69, S. 26-27.
[201] GLÖCKEL, H.: a.a.O. 1976[3], S. 65.

5. Neue Wege im Schriftspracherwerb

5. Neue Wege im Schriftspracherwerb

Der Wandel im pädagogischen Denken der letzten Jahre hat auch die Didaktik des Lese- und Schreibunterrichts verändert. So wurde in den 80er Jahren von einigen Didaktikern gefordert, *„starre Vorplanungen durch situative Lernsituationen, wissenschaftlich analysierten standardisierten Wortschatz durch individuelle Sprache und vorgefertigte Lehrgänge bzw. Fibeln durch Eigenfibeln oder beweglich organisierte Lernangebote zu ersetzen.“*[202] Deshalb haben sich neben straff gelenkten, systematischen und von einer Fibel vorgegebenen Lehrgängen freiere Lernformen entwickelt, die mehr die psychologischen Besonderheiten des Schulanfängers und seine individuellen Lernvoraussetzungen berücksichtigen. Solche Konzepte, die Lesen und Schreiben eng miteinander verbinden,[203] lassen der Kreativität von Lehrerinnen und Lehrern Raum.[204] Pädagogische Zielsetzungen wie Individualität, soziale Kompetenz, Selbstständigkeit und positive Lerneinstellung erhalten gegenüber didaktischen Zielen oftmals den Vorzug.[205]

5.1 Schriftspracherwerb als Entwicklungsprozess

5.1.1 Pädagogisch-psychologische Grundlage

Unterstützt v. a. durch die Theorien PIAGETs werden Lernprozesse allgemein und so auch das Lesen- und Schreibenlernen als Denkentwicklung verstanden. Lernen ist also primär nicht durch einen additiven Zuwachs an Kenntnissen und Fertigkeiten gekennzeichnet, sondern das Kind sammelt,

---

[202] BLUMENSTOCK, L.: Schriftspracherwerb: mit oder ohne Fibel? In: HAARMANN, D. (Hrsg.): Handbuch Grundschule. Bd. 2. Weinheim 1993, S. 86.

[203] Schreib-Lese-Methoden sind nichts Neues: GÜMBEL (1980, S. 193) erwähnt die Schreib-Lese-Methode, deren Vertreter die Schreibmotorik als unterstützende Maßnahme vorschlagen, Buchstaben-Lautverbindungen einzuprägen, M. MONTESSORI lässt Lesen und Schreiben gleichzeitig erlernen und im Anfangsunterricht der WALDORFSCHULEN steht zunächst das Schreiben im Vordergrund. - Vgl. SCHORCH, G. (Hrsg.): Schreibenlernen und Schriftspracherwerb. Bad Heilbrunn/ Obb. 1992², S. 78 ff. - DÜHNFORT, E./KRANICH, E. M.: Der Anfangsunterricht im Schreiben und Lesen. Stuttgart 1971.

[204] Allerdings haben auch Vertreter des streng systematisch orientierten Lehrgangs immer gefordert, dass dieser durch differenzierte Lernangebote ergänzt wird und verschiedene Sozialformen, Arbeitsmittel und spielähnliche Lernformen einbezogen werden.

[205] Vgl. KIRSCHHOCK, E.-M./MARTSCHINKE, S.: Entwicklungsorientiertes Lesen- und Schreibenlernen - Beobachtungsergebnisse aus einer Lernwerkstatt. Nürnberg 1997, S. 3.

ordnet, systematisiert und korrigiert seine ihm bedeutsamen Erfahrungen und die daraus gezogenen Schlussfolgerungen selbstständig. Es verallgemeinert diese und bindet sie in bereits bestehende Denk- und Handlungsmuster ein. Dem System widersprechende Wahrnehmungen können entweder blockiert werden oder aber es kommt zu einer qualitativen Umstrukturierung des bereits bestehenden Denk- und Handlungsgefüges. Fehler sind in diesem Zusammenhang keine „Fehler", sondern werden als *„fruchtbare, großenteils notwendige Schritte beim Erkenntnisgewinn angesehen"*[206]. Sie sind Ausdruck eines bestimmten Entwicklungsstands und gewähren damit Einblicke in die derzeit bestehenden Denk- und Handlungsstrukturen. Kinder organisieren so ihre Erfahrungen aktiv-entdeckend und selbstständig in Form von umfassenden, wenn auch unzulänglichen Regeln.[207]

Der Schriftspracherwerb wird in diesem Zusammenhang analog zur Sprachentwicklung verstanden und erfolgt nach ähnlichen Prinzipien wie das Sprechenlernen, das ein eindrückliches Beispiel für den oben beschriebenen Lernprozess gibt: Innerhalb weniger Jahre eignet sich ein Kind ohne spezielle Unterrichtung sowohl einen umfangreichen Wortschatz als auch viele komplizierte Grammatikregeln an. Sprachliche Anregungen aus der Umwelt werden keinesfalls nur imitiert, sondern das Kind erfasst und systematisiert Sprachregeln und -strukturen im Wesentlichen selbstständig.

Analog dazu gewinnt ein Kind durch eigenes Probieren in einer Umgebung, in der gelesen und geschrieben wird, wichtige Einsichten in die Struktur der Schrift und beginnt so, sich Schriftsprache anzueignen. Lesen und Schreiben muss freilich in diesem Fall methodisch herausgefordert werden, indem authentische Schreib- und Leseanlässe geschaffen und eine Vielfalt an Materialien bereitgestellt werden, wobei die Kinder eigenständig subjektiv bedeutsame Inhalte verschriften.[208] Weil sich der Lese- und Schreiblernprozess am interessenbezogenen Sprachschatz der Kinder vollzieht, wird der persönliche Zugang zum Unterrichtsgegenstand leichter

---

206 KIRSCHHOCK, E.-M./MARTSCHINKE, S.: a.a.O., S. 11.

207 Vgl. BRÜGELMANN, H./DRECOLL, F.: Schriftspracherwerb durch Schriftsprachgebrauch: Computer als Lernumgebung für „Schrift als zweite Sprache". In: BRÜGELMANN, H./RICHTER, S. (Hrsg.): Wie wir recht schreiben lernen. Lengwil/Bodensee 1994, S. 53-59. - BRÜGELMANN, H.: I IO oder FIA ROISA? Kinder erfinden die Schrift - Schreibversuche am Schulanfang. In: BRÜGELMANN, H./RICHTER, S. (Hrsg.): a.a.O., S. 82-86.

208 Unterschiede zum Spracherwerb ergeben sich daraus, dass zur Durchsetzung der eigenen Bedürfnisse nur selten der Umgang mit Schrift erforderlich ist. Zusätzlich sind dem Experimentieren mit Schrift „technische" Grenzen gesetzt, denn konventionelle Schriftzeichen sind nicht naturgemäß vorhanden.

und zudem im Kind unmittelbar Motivation aufgebaut.[209] Die Didaktiker dieser neuen Auffassung von Schriftspracherwerb (BRÜGELMANN, BERGK, DEHN, SCHEERER-NEUMANN, SPITTA u. a.) gehen davon aus, dass falsche Schreibweisen unbedenklich sind, so lange dem Kind die Abweichungen von der Norm bewusst sind. Bei ausreichendem „Verschriften" und häufiger Konfrontation mit Gedrucktem entwickelt sich allmählich eine orthografisch korrekte Schreibweise.

5.1.2 Entwicklungsmodell des Schriftspracherwerbs[210]

Forschungs- und Erfahrungsberichte zeigen, dass Kinder in ihrer Schriftsprachentwicklung bestimmte typische Stadien der Annäherung an die normierte orthografische Schreibweise der Wörter durchlaufen. Im Folgenden soll ein Stufenmodell schemenhaft skizziert werden, das den Entwicklungsprozess von Spontanschreibern wie auch Frühlesern oder aber von Kindern mit Lese-Rechtschreibschwierigkeiten aufzeigt.[211] Die jeweilige Stufe ist nach der in ihr vorherrschenden Strategie des Umgangs mit Schriftsprache benannt. Bis zu welcher Stufe ein Kind bereits vor Schuleintritt vorangeschritten ist, hängt weitgehend von den in seiner Umwelt wirkenden Anregungen ab.

---

[209] RICHTER geht davon aus, dass Kinder *„mit Wörtern, die ihrem eigenen Interessenspektrum entstammen, die Schriftsprache problemloser (erlernen) als mit andern"*, und dass diese Wörter zudem häufiger richtig geschrieben werden, da sie aufgrund der persönlichen Bedeutsamkeit mit größerer Wahrscheinlichkeit gespeichert werden. - RICHTER, S.: Schriftspracherwerb und Interesse - Lehr-Lern-Forschung im grundschulpädagogischen Kontext. Regensburg 1998, S. 9 u. S. 19.

[210] Vgl. GÜNTHER, K. B.: Ein Stufenmodell der Entwicklung kindlicher Lese- und Schreibstrategien. In: BRÜGELMANN, H. (Hrsg.): ABC und Schriftsprache: Für Kinder, Lehrer und Forscher. Konstanz 1986, S. 32-54. - BRÜGELMANN, H.: Kinder auf dem Weg zur Schrift. Konstanz 1983, S. 158-173. - VALTIN, R.: Stufen des Lesen- und Schreibenlernens. In: HAARMANN, D. (Hrsg.): Handbuch Grundschule. Bd. 2. Weinheim 1993, S. 68-80. - SPITTA, G.: Kinder schreiben eigene Texte: Klasse 1 und 2. Frankfurt/M. 1988[2], S. 71-76.
Auch aus den Beobachtungsstudien der Lernwerkstatt „Entwicklungsorientiertes Lesen- und Schreibenlernen" an der Loschgeschule in Erlangen - initiiert und begleitet von der erziehungswissenschaftlichen Fakultät der Universität Erlangen-Nürnberg - werden detaillierte, kleinschrittig kategorisierende Berichte darüber angefertigt, in welchen Etappen *„sich die Lese- und Schreibkompetenz einzelner Schüler in einem offen konzipierten Erstunterricht entwickelt."* - KIRSCHHOCK, E.-M./MARTSCHINKE, S.: a.a.O., S. 1.

[211] Die Stufen sind in ihrer Reihenfolge zwar relativ festgelegt, wie lange ein Kind jedoch auf einer Stufe verweilt, ist sehr unterschiedlich. SPITTA macht hierzu weitgefasste Altersangaben. Auch die Übergänge sind nicht so klar und einschneidend, wie dies das Stufenschema vermittelt. Während teilweise schon Strategien einer höheren Ebene v. a. bei neuen Wörtern angewendet werden, verweilt das Kind bei bereits Bekanntem auf der vorherigen Stufe, ebenso wie es in Stresssituationen häufig wieder auf diese zurückgreift. Auch der Zusammenhang zwischen Lese- und Schreibentwicklung ist bei weitem nicht so eng, wie dies das Modell suggeriert.

- Präliteral-symbolisch (vorkommunikativ)
  Kinder ahmen etwa ab einem Alter von zwei Jahren das Verhalten der Erwachsenen nach. Sie „lesen", indem sie angestrengt in ein Buch schauen und evtl. mit dem Finger mehr oder weniger gerichtet über die Seiten fahren; sie „schreiben", indem sie mit einem Stift Schreibbewegungen nachvollziehen und dabei Spuren auf dem Papier hinterlassen. Später tauchen erste Buchstaben bzw. buchstabenähnliche Gebilde auf, ohne dass diese zunächst in irgendeiner Weise Funktionsträger sind.
- Logographemisch (vorphonetisch)
  Ab einem Alter von drei/vier/fünf Jahren an entwickeln Kinder erste Vorstellungen davon, dass Buchstaben ein Wort abbilden. Sie erraten Wörter aufgrund visueller Merkmale. Die kommunikativen Möglichkeiten der Schriftsprache werden allmählich entdeckt und Kritzelbriefe mit wohldefinierten Botschaften geschrieben. Die Buchstaben werden noch ohne Kenntnis ihres Lautwertes willkürlich ausgewählt.
- Halbphonetisch
  Mit vier/fünf/sechs Jahren beginnen die Kinder Einsicht in die Phonem-Graphem-Zuordnung zu gewinnen und einzelne Buchstaben/Laute zu benennen. Sie orientieren sich dabei häufig am Anfangsbuchstaben. Die bislang eher zufällig benutzten Buchstaben werden jetzt bewusst ausgewählt. Dabei orientiert sich das Kind an herausragenden Lauten eines Wortes. Es kommt zu Buchstabenvertauschungen und –auslassungen bzw. „Skelettschreibungen" (z. B. „RKT" – Rakete, „KST" – Kasten).
- Alphabetisch (phonetisch)
  Von etwa fünf/sechs/sieben Jahren an verbessert sich die Fähigkeit zunehmend, die gesamte Lautstruktur der Wörter abzubilden, wobei sich die Kinder an der Lautung der Umgangssprache orientieren. Spätestens jetzt erfragen sie den Klang einzelner Buchstaben, denn nun erlesen die Kinder ein Wort Buchstabe für Buchstabe von links nach rechts und lautieren es entsprechend der herausgefundenen Graphem-Phonem-Korrespondenzen auf. Die Kinder erkundigen sich auch nach der Schreibung bestimmter Lautungen. Beim Schreiben sprechen sie langsam mit und notieren dabei *alle gehörten* Laute. So kommt es z. B. dazu, dass sie ihren Namen, den sie auf der vorherigen Stufe ganzheitlich richtig geschrieben haben, nun orthografisch falsch verschriften (ANJA - ANIJA).
- Orthografisch
  In der Auseinandersetzung mit der eigenen Verschriftung eines Wortes und dessen Druckbild in einem Text lösen Kinder ab der ersten/zweiten

Klasse allmählich orthografische Rechtschreibmuster heraus, die dann häufig übergeneralisiert werden (Endung „-er" klingt eher /a/; das Kind schreibt bereits MUTT*ER*, VAT*ER* → Übergeneralisierung: OP*ER* statt OPA). Silben erhalten immer häufiger einen Vokal (rufn → rufen, libr → liber = lieber). Beim Lesen werden Wortbilder und damit Rechtschreibmuster im Allgemeinen früher erfasst als diese beim Schreiben angewendet werden, da die Worterkennung vor der Wortwiedergabe steht.

- Integrativ-automatisiert

Ab der zweiten/dritten Klasse sind grundlegende Kenntnisse unseres Rechtschreibsystems vorhanden. Da die orthografischen Regeln zum Teil uneinheitlich und kontextabhängig sind, wird Sicherheit und Geläufigkeit im Umgang mit Schriftsprache erst nach langer Zeit und durch viel Übung erworben - häufig erst als Jugendlicher oder Erwachsener. Jetzt kann man von einem kompetenten Leser und Schreiber sprechen.

Abb. 22:   Beispiele: Loschgeschule Erlangen (22.11.1998)

5.1.3   Kernaussagen des Entwicklungsmodells

Die neue Erkenntnis, dass es sich beim Schriftspracherwerb um einen Entwicklungsprozess handelt, ist in mehrfacher Hinsicht wichtig:

- Die Kinder durchlaufen die einzelnen Stufen ungleichmäßig schnell, was an individuellen Entwicklungsverläufen sichtbar wird. Lese- und rechtschreibschwache Kinder verweilen länger auf einer Entwicklungsstufe - die Weiterentwicklung verläuft deutlich verlangsamt und teilweise „unvollständig".[212]
- Das System unserer Schriftsprache muss jedes Kind individuell erfassen, so dass elementarisierte Lehrgangsschritte nicht vorgegeben werden können; vielfältige Lernanregungen tragen dazu bei, dass Schrift allmählich überlegt gebraucht wird.
- Fehler - als stufenweise Annäherung an den Lerngegenstand verstanden - eröffnen dem Lehrenden Einblicke in die angewendeten Denkstrategien (siehe 5.1.2) und ermöglichen, individuelle Lernanregungen so zu organisieren, dass der Weg zum normierten Schreiben erleichtert wird.

5.2 Unterrichtspraktische Umsetzung

5.2.1 Der „Spracherfahrungsansatz" nach H. BRÜGELMANN[213]

(1) Beschreibung des Verfahrens

BRÜGELMANN bringt mit dem „Spracherfahrungsansatz" Anregungen für einen unterrichtlich begleiteten Schriftspracherwerb. Die Kinder können konsequent an ihrem Lernstand anknüpfen, sie lernen probehandelnd selbstständig, wobei bereits vorhandene Vorstellungen von Regeln gefiltert und dementsprechend neu konstruiert werden müssen. Reale, persönlich bedeutsame Anlässe, die schriftliche Kommunikation erforderlich machen, sollen vorgegebene Fibeltexte zurückdrängen. Die Kinder verschriften, was für sie bedeutungsvoll ist, und erfahren damit die kommunikative Seite des Lesens und Schreibens. Zugänge zum Unterrichtsgegenstand Schriftsprache nach dem „Spracherfahrungsansatz" können erwachsen aus
- Situationen offenen Unterrichts,
- einem zweispurigen Unterricht (neben dem systematischen Lese- und Schreiblehrgang erproben die Kinder in anderen Unterrichtssituationen Schrift in ihrer für sie selbst bedeutsamen Funktion),

---

212 Vgl. VALTIN, R.: a.a.O., S. 76, vgl. auch BRÜGELMANN/SCHEERER-NEUMANN.
213 Vgl. BRÜGELMANN, H.: Kinder auf dem Weg zur Schrift. Konstanz 1983, S. 157-198.

- einem gestuften Unterricht (auf eine stark erfahrungsbezogene Einführung folgt ein systematischer Lehrgang, aus dem die Kinder je nach ihrem individuellen Leistungsstand in die Selbstständigkeit entlassen werden).

BRÜGELMANN nennt drei Leitideen, die er mit seinem Konzept verfolgt:
„Leitidee I: Kinder sollen erfahren, dass man sich durch Lesen und Schreiben anderen mitteilen und von ihnen Informationen gewinnen kann. Lesen und Schreiben sollen deshalb als soziale Handlung *möglichst viele Aktivitäten im Klassenzimmer bestimmen und Folgen für das eigene Verhalten haben.*
Leitidee II: Kinder sollen die wechselseitige Übersetzbarkeit von Schrift und Sprache *begreifen. Lesen und Schreiben als eine technische Tätigkeit sollen deshalb inhaltlich und formal an der gesprochenen Sprache anknüpfen.*
Leitidee III: Kinder werden mit den Aufbauprinzipien und mit einzelnen Elementen der Schrift am ehesten vertraut, wenn sie Schriftzeichen gegenständlich manipulieren können. "[214]
Unterschiede zum Konzept der Einheitsfibel ergeben sich dabei in zwei grundlegenden Punkten. Zum einen werden den Kindern - ihren unterschiedlichen Vorerfahrungen entsprechend - verschiedene Zugänge zur Schrift ermöglicht. Zum anderen muss die Lehrerin durch sorgfältige Beobachtung der Kinder und ihr breites methodisches Repertoire eine Systematik für jedes Kind finden, um es auf seinem speziellen Lernweg begleiten und fördern zu können. Der „Spracherfahrungsansatz" versteht sich auch als Ergänzung zu strukturierten Lehrgängen und will weiterführende Impulse geben.[215]

(2) Hinweise für Lehrerinnen und Lehrer

- Aufgabe der Lehrerinnen und der Lehrer ist es, den Kindern genügend Zeit zu lassen, Schreiben selbstständig und handelnd auszuprobieren, damit sie Schrift auf ihre Weise entdecken können. Sinnvolle, zwingende Schreibanlässe sind anzubieten, um die Kinder zu motivieren und zum Schreiben anzuregen (siehe 8.2.4). Sie erwerben die Schriftsprache über ihren Gebrauch.

---

[214] BRÜGELMANN, H.: a.a.O., S. 175.
[215] Vgl. BRÜGELMANN, H.: a.a.O., S. 174-182.

- Beim „Verschriften" dessen, was die Kinder sagen wollen, muss zunächst ihre private Schreibweise akzeptiert werden. Im Umgang mit Schreiben und Lesen erfahren die Kinder die Analyse und Synthese und dass ihre eigenen Texte einfacher und schneller zu lesen und zu schreiben sind, wenn über einen bestimmten Grundwortschatz verfügt und orthografisch richtig geschrieben wird.
- Die Arbeit mit einem Lehrgang wird nicht verdammt, die Fibelarbeit hat nur einen anderen Stellenwert.[216] Ein Lehrgang kann Orientierungshilfe sein, damit wichtige Aspekte für den Schriftspracherwerb nicht vergessen werden. Auch Übungen haben eine wichtige Funktion. Beim Erwerb eines Grundwortschatzes muss eine gedankliche Auseinandersetzung mit den Besonderheiten der Schriftsprache (siehe 1.2.3) den Ausbau der Rechtschreibkenntnisse unterstützen.[217]

5.2.2 „Lesen durch Schreiben" nach J. REICHEN[218]

(1) Beschreibung

„Lesen durch Schreiben" ist ein Lernkonzept, das die Kinder vom freien Verschriften zum Lesen führt. Dies geschieht mit Hilfe didaktisch aufbereiteter, vielfältiger Unterrichtsmaterialien, die selbstgesteuerte Lernprozesse ermöglichen. Die Materialien werden nicht in erster Linie von Lehrerinnen und Lehrern gezielt eingesetzt, sondern die Schülerinnen und Schüler können frei wählen, um selbst Einsicht in die Struktur der Buchstabenschrift zu gewinnen. Im sog. „Werkstattunterricht" wird individuell, selbstständig und fächerübergreifend gearbeitet; durch die sozialen Kontakte innerhalb der Gruppe lernen die Schülerinnen und Schüler auch miteinander und voneinander.
Zentrales Hilfsmittel ist eine Buchstabentabelle (Abb. 23), die den Kindern ermöglicht, über die Bilder den Lautwert der Buchstaben selbstständig abzulesen. So stehen den Schülerinnen und Schülern von Anfang an alle wichtigen Buchstaben zur Verfügung.
Es ist nahe liegend, dass beim Verschriften des gedachten Inhalts das Abhören der einzelnen Wörter nach ihren Einzellauten am meisten Schwie-

---

216 Vgl. SPITTA, G.: Kinder schreiben eigene Texte: Klasse 1 und 2. Frankfurt/M. 1988², S. 8.
217 Bewusstmachen bestimmter immer wiederkehrender Wortbausteine und Rechtschreibbesonderheiten wie z. B. Wortendungen „-en", „-er", „-el" und Vorsilben „ver-", „vor-"; Erkennen des Wortstamms erleichtert die richtige Schreibung z. B. „Baum - Bäume", „wissen - er weiß" (siehe Fußnote 230).
218 REICHEN, J.: Lesen durch Schreiben. Zürich 1982. - Vgl. BLUMENSTOCK, L.: a.a.O., S. 81 ff.

rigkeiten bereitet. Entscheidendes Lernziel und Hauptaufgabe des Unterrichts in den ersten Schulwochen ist deshalb, die Schülerinnen und Schüler zu befähigen, ein Wort in seine Lautfolge zu zerlegen und es mit Hilfe der Buchstabentabelle phonetisch aufzuschreiben. Das Lesenkönnen entwickelt sich dann ganz nebenbei (z. B. durch das Lesen von bereits Geschriebenem). Gezielte Erleseübungen, bei denen Wörter buchstabenweise auflautiert werden, lehnt REICHEN bewusst ab. Er geht davon aus, dass dies das Erlernen des Lesens eher behindert, da dieses Vorgehen nicht der Lesestrategie des geübten Lesers entspricht (siehe 1.1.3).[219]

„Lesen durch Schreiben" versucht ähnlich dem „Spracherfahrungsansatz", den Schriftspracherwerb am Vorbild des Sprechspracherwerbs zu vermitteln, der selbst gesteuert und kreativ nachahmend erfolgt und eigene aktive Sprechversuche zur Grundlage hat. Analog zum Sprechenlernen wird deshalb auch beim Schreiben nicht von Anfang an eine formgetreue Abbildung der Buchstaben und die rechtschriftlich korrekte Schreibweise gefordert. Beim Druckschriftschreiben (Erstschrift) liegt der Akzent auf dem „Verstehen", nicht auf der schreibmotorisch exakt eingeübten Bewegungsabfolge. Systematische Hinweise für den Erwerb einer formschönen Handschrift erfolgen erst mit dem Erlernen der verbundenen Schrift.

Zusammenfassung der wichtigsten Kennzeichen:
- Das Lernen geschieht selbst gesteuert, da sich die Schülerinnen und Schüler mit Hilfe der Bild-Buchstabentabelle selbst Buchstaben zum Verschriften suchen und damit aneignen können. Ein klasseneinheitlicher Fibellehrgang wird nicht eingesetzt.
- Durch das ständige Auflautieren und durch die Zuordnung des Lautes zum Buchstaben in Verbindung mit dem Aufschreiben (Abmalen) wird der Buchstabe eingeprägt.
- Beim Verschriften muss sich das Kind immer wieder vergegenwärtigen, was schon geschrieben wurde. Es gelangt so vom Schreiben auch nebenbei zum Lesen.
- Wichtig ist, dass Situationen geschaffen werden, in denen sich die Schülerinnen und Schüler etwas aufschreiben oder jemandem etwas schriftlich mitteilen wollen.

---

[219] Vgl. REICHEN, J.: Lesen und Schreiben von Anfang an? Nein!! - In: BALHORN, H. u. a. (Hrsg.): Schatzkiste Sprache 1. Von den Wegen der Kinder in die Schrift. Frankfurt/M. 1998, S. 327-341.

128

Abb. 23: Buchstabentabelle von REICHEN[220]

[220] REICHEN, J.: a.a.O. - Die noch fehlenden Buchstaben werden nach Bedarf ergänzt.

(2) Bewertung des Verfahrens

Vorteile:
- Selbstständiges und individuelles Lernen bilden die Grundlage für „Lesen und Schreiben"; so wird die oft rigide Systematik von Lehrgängen durchbrochen.
- Der Wortschatz ist nicht eingeschränkt, da von Anfang an mit allen wichtigen Buchstaben des Alphabets gearbeitet wird.
- Die Leistungsanforderungen sind insofern reduziert als am Anfang nur geschrieben und das Erlesen von Geschriebenem nicht erwartet wird.
- Das Verfahren zwingt zu einer sorgfältigen auditiv-sprechmotorischen Analyse und fördert damit den Aufbau einer phonologischen Bewusstheit, einer wichtigen Voraussetzung für das Erlernen unserer Lautschrift.
- Schreiben- und Lesenlernen geschieht weitgehend aktiv, selbstbestimmt und subjektiv mit einem reichen Angebot an Materialien, die von Schülerinnen und Schülern frei gewählt werden können.
- Die selbstgewählten Lernaktivitäten vollziehen sich vorwiegend in informellen Gruppen, die ihrerseits eine Fülle sozial motivierter Lernanregungen bieten.
- Die Motivation für den Lernprozess wird durch das Erleben der Funktion von Schrift und die kommunikativen Bedürfnisse gefördert.
- Die pädagogische Grundhaltung berücksichtigt die individuellen Entwicklungsmöglichkeiten des Einzelnen. Die Lehrerin bzw. der Lehrer korrigiert die Arbeitsergebnisse und Schreibversuche der Kinder nicht auf Fehler, sondern führt die Schülerinnen und Schüler behutsam zur konventionellen Schreibweise.

Nachteile:
- Das Auflautieren wird für viele Kinder zwangsläufig ein großes Problem sein, da die Phonem-Graphem-Zuordnung nicht immer eindeutig ist (siehe 1.2.2) und sich das phonematische Gehör der Kinder noch entwickeln muss (siehe 2.2.2).
- Die methodisch-didaktischen Prinzipien, wie „Vermittlung des Lehrstoffs in kleinen Schritten", „Fortschreiten vom Einfachen zum Schwierigen", werden außer Acht gelassen, so dass sicherlich zumindest leistungsschwächere Kinder überfordert sind.
- Unökonomische Bewegungsrichtungen und -abfolgen beim Aufschreiben der Buchstaben können sich einschleifen.
- Die Einschränkung auf Eigentexte der Kinder verhindert neue Lernimpulse, die durch fremde Texte gegeben wären. Zudem wird dem Kind

„seine Fibel" vorenthalten, die die Freude am Buch und Spaß am Lesen anbahnen könnte.
- Hohe Ansprüche werden an die Lehrerinnen und Lehrer gestellt, da sie sich auf ein neues Konzept umstellen und ihre pädagogische Haltung grundlegend ändern müssen.[221]

5.2.3 Der bayerische Schulversuch „Phonetisches Schreiben"[222]

(1) Rahmenbedingungen des Schulversuchs

Mit dem Schuljahr 1997/98 lief der auf eine vierjährige Laufzeit festgelegte bayerische Schulversuch „Phonetisches Schreiben" an. Vordergründig zielte der Schulversuch zwar auf den Schriftspracherwerb der ersten Jahrgangsstufe ab, doch flossen dessen Inhalte zwangsläufig in die darauf folgenden Schuljahre mit ein. So war es für nachfolgende Lehrkräfte erforderlich, am Konzept des Schulversuchs anzuknüpfen und eingeführte Arbeitsweisen weiterzupflegen, um einen bruchlosen Übergang zu schaffen.

(2) Zielsetzung des Schulversuchs

Mit dem Schulversuch „Phonetisches Schreiben", der auf neuen wissenschaftlichen Erkenntnissen (siehe 5.1) basiert, sollten speziell folgende Fragen geklärt werden:
„Ist die Methode für alle Schüler geeignet, insbesondere auch für Schüler mit nichtdeutscher Muttersprache, Schüler mit Sprachschwierigkeiten und Schüler mit Dialektsprache?
Können durch das Einschalten der phonetischen Vorstufe die Rechtschreibleistungen bis zum Ende der Grundschulzeit verbessert werden?"[223]
Darüber hinaus sollen *„didaktisch-methodische Maßnahmen entwickelt und erprobt werden,*
– die einen auf den individuellen Entwicklungsstand der Kinder bezogenen Schriftspracherwerb ermöglichen unter Berücksichtigung der Spracherfahrung der Kinder,

---

221 MEIERS schreibt dazu: *„Dem Lehrer, vor allem dem jungen unerfahrenen Lehrer, fordert diese Konzeption gewiss viel ab, weil sie nur eine geringe Führung anbietet."* In: J. REICHEN: a.a.O., S. 4.
222 Vgl. STAATSINSTITUT FÜR SCHULPÄDAGOGIK UND BILDUNGSFORSCHUNG: Schulversuch „Phonetisches Schreiben". München 1998.
223 STAATSINSTITUT FÜR SCHULPÄDAGOGIK UND BILDUNGSFORSCHUNG: a.a.O., S. 2.

– *die den selbstständigen Aneignungsprozess mit Hilfe von strukturiertem Material fördern und unterstützen,*
– *die den individuellen Lernprozess beim Schriftspracherwerb intensivieren und dadurch evtl. Lese- und Rechtschreibschwierigkeiten vorbeugen,*
– *die zu einer Verbesserung der Orthografieleistungen beitragen,*
– *die die Motivation für den Lese- und Schreiblernprozess aufrecht erhalten und Kreativität fördern,*
– *die zum Abbau von Lernblockaden und damit Schulversagen führen.*"[224]

(3) Beschreibung der Konzeption „Phonetisches Schreiben"

Im Mittelpunkt des Erstunterrichts steht der kommunikative Aspekt von Lesen und Schreiben und somit die Methode des Verschriftens von Sprache. In der Auseinandersetzung mit gesprochener und geschriebener Sprache eignet sich das Kind die Phonem-Graphem-Beziehungen über das Schreiben an, so dass sich daraus das Lesen gewissermaßen von selbst entwickelt und einstellt. Zusätzlich werden zur Unterstützung des Leselernprozesses die Buchstaben eingeführt sowie optisch und akustisch gesichert; jedoch entfallen die in gebundenen Lehrgängen üblichen gezielten Syntheseübungen. Auch orthografische Besonderheiten werden lehrgangsmäßig erarbeitet, eingeübt und gefestigt.[225] Auf einen Fibellehrgang wird allerdings verzichtet, statt dessen werden Eigenfibeln und Büchlein erstellt. Auch die Eigenverschriftungen der Kinder, die von Anfang an intensiv gefördert werden, sind Lesestoff. Die offenen, auf die Spracherfahrungen der einzelnen Kinder abgestimmten Unterrichts- und Lernformen führen zur Individualisierung des Unterrichts und zu aktiven, selbstgesteuerten Lernprozessen. Den selbstständigen Schriftspracherwerb unterstützen „Laut-Bild-Buchstaben-Tabellen", die dem jeweiligen Entwicklungsstand des Kindes (siehe 5.1.2) angepasst sind und ein Fortschreiten in drei Stufen sichern (s. u.). Es steht ein diesen Stufen entsprechend systematisch sortierter Grundwortschatz als Wortmaterial-Angebot zur Verfügung.

---

[224] STAATSINSTITUT FÜR SCHULPÄDAGOGIK UND BILDUNGSFORSCHUNG: a.a.O., S. 2.
[225] Auch MEIERS verfolgt mit seinem „*integrativen Zwei-Säulen-Konzept*" den Zusammenschluss der für selbstgeleitete Lernprozesse notwendigen Offenheit mit der Sicherheit bewährter Lese- und Schreiblernmethoden. - Vgl. MEIERS, K.: Lesen lernen und Schriftspracherwerb im ersten Schuljahr. Bad Heilbrunn/Obb. 1998, S. 146 ff.

- *phonetische Verschriftung*

Die hier eingesetzte Ausgangstabelle (Abb. 24) umfasst nur Buchstaben, die eindeutige Lautwerte repräsentieren. Grapheme, die vom Lautwert regelhaft abweichen (eu /oi/, ei /ai/, qu /kw/, x /ks/, z /ts/, sp /schp/, st /scht/) bzw. deren Klang deutlich variieren kann (C, c, V, v, Y, y), sind nicht enthalten. Mit dieser Tabelle können lauttreue Wörter phonetisch korrekt aufgeschrieben werden. Um das Einprägen der Graphem-Phonem-Beziehung zu erleichtern, enthält diese Tabelle nur Großbuchstaben. Das auf dieser Stufe als Schreibanregung eingesetzte Bild- und Wortmaterial besteht ausschließlich aus solchen Begriffen, die bereits bei „phonetischer Umschrift" rechtschriftlich richtig sind.

Über die sprachliche Durchgliederung von Wörtern und deren Auflösung in Lautketten wird die Lauterkennung und Lautunterscheidung trainiert und geschult. Da dies als *„unabdingbare Voraussetzung für eine spätere Rechtschreibsicherheit gesehen"*[226] wird, verweilt der Unterricht relativ lange auf dieser phonetischen Stufe. Bei Schwierigkeiten, die eventuell Hinweise auf Teilleistungsschwächen geben, können frühzeitig gezielte Förderungen einsetzen.

- *phonologische Verschriftung*

Die Ausgangstabelle wird erweitert und enthält nun alle für das Lesen und Rechtschreiben notwendigen Grapheme (Abb. 25). In der Auseinandersetzung mit der Erwachsenen- oder Buchschrift werden „phonologische Regelhaftigkeiten" wie die Verwendung der Kleinbuchstaben und z. B. <Ei, ei>, <Eu, eu>, <Qu, qu> lehrgangsmäßig erarbeitet, eingeübt und gesichert. Den Kindern soll bewusst werden, dass die Phonem-Graphem-Zuordnung mehrdeutig ist. Der auf dieser Stufe einsetzende Rechtschreibunterricht will *„einem Stagnieren auf dem Niveau der lauttreuen Schreibung entgegenwirken"*[227].

- *orthografische Verschriftung*

Bei der Vermittlung der traditionellen Rechtschreibung erfahren die Kinder, dass Laut und Buchstabe auch willkürlich aufeinander bezogen sein können. Verschriftungen, die sich auf keine auditiven Regeln stützen, müssen gelernt werden wie z. B. <**fahren**, **Haare**, sparen >, <**Ohr**, **Moor**, vor>. Diese v. a. über visuelle Lehrmethoden eingeübten Schreibweisen können dabei mit anderen, bereits früher ausgebildeten Rechtschreibstrategien in Konflikt treten (z. B. „Schreibe wie du sprichst!").

---

[226] STAATSINSTITUT FÜR SCHULPÄDAGOGIK UND BILDUNGSFORSCHUNG: a.a.O., S. 4.
[227] STAATSINSTITUT FÜR SCHULPÄDAGOGIK UND BILDUNGSFORSCHUNG: a.a.O., S. 4.

Abb. 25: Erweiterungstabelle

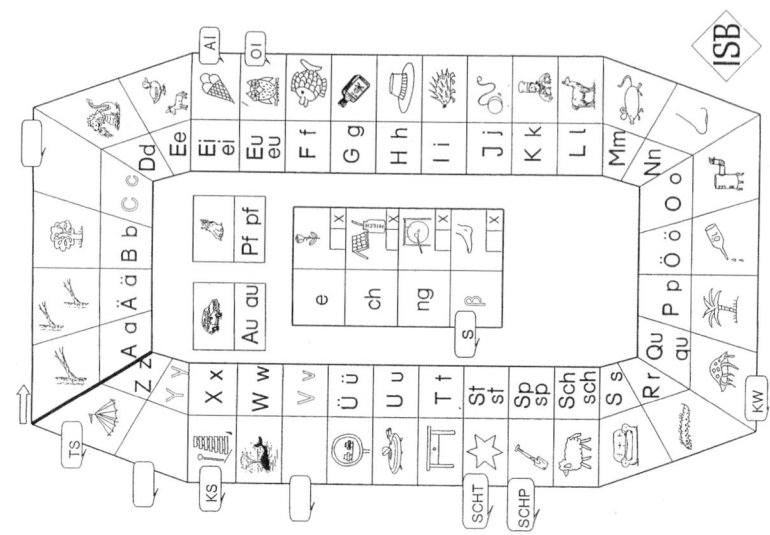

Abb. 24: Ausgangstabelle

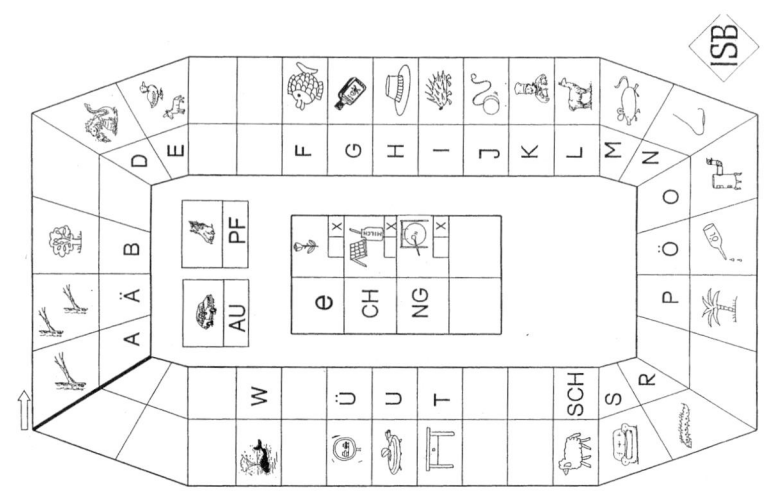

5.3 Methodisch-didaktische Grundgedanken zum entwicklungsorientierten Schriftspracherwerb

- Zu den wichtigsten Entwicklungen in der Didaktik des Schriftspracherwerbs gehört ein erweitertes Methodenverständnis. Die Lehrmethode ist kein streng vorgegebenes Schema; die Kompetenz des Lehrers zeigt sich darin, dass er die *„besonderen Lernvoraussetzungen seiner Schüler zu diagnostizieren versteht und aus fundiertem fachdidaktischem Wissen sowie reicher Kenntnis von Verfahren und Medien individuell angemessene Lernwege ermöglicht".*[228] Damit sind Lehrerinnen und Lehrer aus der starren Verwendung von Lehrgängen befreit, doch sind gleichzeitig hohe Anforderungen an sie gestellt. Der Stellenwert der Fibel ist zwar geringer geworden, aber Arbeitsschritte und Hinweise in einem Fibellehrgang können wichtige Orientierungs- und Übungshilfe sein.[229]
- Die didaktische Diskussion um den Schriftspracherwerb betont die Bedeutung der Verbundenheit von Schreiben- und Lesenlernen für den Schriftspracherwerb. So werden Lesen und Schreiben im Zusammenhang und in wechselseitiger Abhängigkeit gelehrt. Lesen heißt Verstehen und Schreiben Verschriften eigener Gedanken. Von der sinnvollen und kommunikationsbezogenen Vermittlung wird auch die Motivation für den Lernprozess getragen.
- Die aktuelle Schriftspracherwerbsforschung betrachtet Lesen- und Schreibenlernen – ähnlich dem Sprechenlernen – als Entwicklungsprozess, der sich auf mehreren Niveaustufen vollzieht und durch eigenaktive, selbstgesteuerte Aneignung bestimmt ist. Der Lernprozess beginnt schon im Vorschulalter durch Anregungen aus der Umwelt. Die schulische Vermittlung muss sich an den Voraussetzungen des Kindes orientieren, d. h. an seinem Vorwissen, seinem Lerntempo, seiner intellektuellen Leistungsfähigkeit, und sollte sich in selbsttätigem und eigenständigem Lernen vollziehen.
- Auch in einem systematischen Lehrgang sollte heute eine Lauttabelle integriert sein, damit schneller lernende Kinder sich Buchstaben selbstständig aneignen und von Anfang an frei schreiben können. So schafft

---

[228] RABENSTEIN, R.: a.a.O., S. 65.
[229] Vgl. SPITTA, G.: a.a.O., S. 8.
Junglehrern empfiehlt sich, zunächst Erfahrungen mit verschiedenen, modernen Fibellehrgängen zu sammeln. Daraus erwächst ein Erfahrungsschatz, der fach- und sachkundige Unterrichtsgestaltung und einen kompetenten Umgang mit Problemen ermöglicht.

sich die Lehrerin zeitliche Freiräume für die individuelle Betreuung leistungsschwächerer Schülerinnen und Schüler.

- Lehrerinnen und Lehrer sind immer noch für die Vermittlung von Lernwissen verantwortlich. Daher müssen auch offene Konzepte planmäßige und zielgerichtete methodische Hilfen und Entwicklungsanregungen bieten, damit jedes Kind Lernfortschritte machen kann. Dazu sind sinnvolle, für jede Entwicklungsstufe geeignete Lernmaterialien zur Verfügung zu stellen. Geleitetes und geplantes Lernen sowie freie Aktivitäten und selbstgesteuertes Lernen sollen sich ergänzen. Nur durch didaktische Herausforderung, pädagogische Einwirkung und selbstgesteuerte Prozesse, für die genügend Freiraum eingeplant werden muss, können Kinder ihre Wissenslücken schließen und das System der Schriftsprache entdecken und sich aneignen.

- Freies und probierendes Schreiben fördert und erhält die Freude am Umgang und der Auseinandersetzung mit Schriftsprache. Die individuelle lautorientierte Schreibweise der Kinder wird zunächst akzeptiert und zielt auf ein möglichst genaues lauttreues Verschriften ab; denn das Beherrschen dieser alphabetischen Strategie ist von entscheidender Bedeutung für die weitere Rechtschreibentwicklung.

- Um jedoch die Rechtschreibsicherheit zu steigern, ist eine rechtzeitig einsetzende systematische Unterweisung unumgänglich[230]. Als Übungswortschatz bietet sich eine Mischung an aus den statistisch häufigsten Wörtern und Wörtern aus dem Interessenbereich der Kinder, auf deren Basis die wesentlichen Strukturprinzipien[231] unserer Orthografie eigenaktiv erarbeitet werden können.

- In der Schulung schreibmotorischer Fähigkeiten muss ein Kompromiss geschaffen werden zwischen individuellem Lernen und Lenkung, so dass von Anfang an vorteilhafte Bewegungsrichtungen beachtet und eine richtige Sitz- und Stifthaltung nicht vernachlässigt werden. Die ver-

---

[230] Zum Aufbau von Rechtschreibsicherheit werden die Wörter nach ihrer jeweils anzuwendenden Rechtschreibstrategie entweder in die Kategorie „Mitsprechwörter" (lauttreue Wörter), „Nachdenkwörter" (ableitbare Regeln wie Großschreibung, ableitbare Umlaute, Auslautverhärtungen, Konsonantenverdoppelung, ...) oder aber „Merkwörter" (Wörter mit nicht ableitbarer orthografischer Besonderheit wie stummes h, mit ß-Schreibungen, mit Doppelvokalen oder mit deutlich im Klang variierenden Graphemen, ...) eingeteilt.

[231] Strukturprinzipien sind neben dem phonematischen Prinzip v. a. das Stammprinzip oder morphematische Prinzip (wir griffen - er griff, die Lieder - das Lied) und das Prinzip Homonymieunterscheidung (gleichklingende Wörter mit unterschiedlicher Bedeutung werden zur besseren Unterscheidung verschieden geschrieben: Seite - Saite, Lerche - Lärche). - Vgl. VALTIN, R. (Hrsg.): Rechtschreibenlernen in den Klassen 1-6. Franfurt 2000. - RICHTER, S.: Interessenbezogenes Rechtschreibenlernen. Braunschweig 1998.

bundene Schrift verlangt die Einübung günstiger Schreibbewegungsabläufe und ein gewisses Maß an Flüssigkeit. So darf der Wert rhythmischer Schreibbewegungsübungen nicht verkannt und die Schriftpflege nicht unberücksichtigt bleiben.

Literatur

BALHORN, H. u. a. (Hrsg.): Schatzkiste Sprache 1. Von den Wegen der Kinder in die Schrift. Frankfurt/M. 1998.

BRÜGELMANN, H.   : Kinder auf dem Weg zur Schrift. Konstanz 1983. *

BRÜGELMANN, H. (Hrsg.): ABC und Schriftsprache: Rätsel für Kinder, Lehrer und Forscher. Konstanz 1986.

BRÜGELMANN, H./RICHTER, S. (Hrsg.): Wie wir recht schreiben lernen. Lengwil/Bodensee 1994.

DEHN, M.   : Zeit für die Schrift. Bochum 1988^2.

DÜHNFORT, E./KRANICH, E. M.: Der Anfangsunterricht im Schreiben und Lesen. Stuttgart 1971.

HAARMANN, D. (Hrsg.): Handbuch Grundschule. Bd. 2. Weinheim 1993.

KIRSCHHOCK, E.-M./MARTSCHINKE, S.: Entwicklungsorientiertes Lesen- und Schreibenlernen - Beobachtungsergebnisse aus einer Lernwerkstatt. Nürnberg 1997. *

KOPP, F.   : Didaktik in Leitgedanken. Donauwörth 1970^3.

MEIERS, K.   : Lesen lernen und Schriftspracherwerb im ersten Schuljahr. Bad Heilbrunn/Obb. 1998.

RABENSTEIN, R.   : Erstleseunterricht. In: RABENSTEIN, R. (Hrsg.): Erstunterricht. Bad Heilbrunn/Obb. 1979^2.

REICHEN, J.   : Lesen durch Schreiben. Zürich 1982.

RICHTER, S.   : Interessenbezogenes Rechtschreibenlernen. Braunschweig 1998. *

RICHTER, S.   : Schriftspracherwerb und Interesse - Lehr-Lern-Forschung im grundschulpädagogischen Kontext. Regensburg 1998.

SCHORCH, G. (Hrsg.): Schreibenlernen und Schriftspracherwerb. Bad Heilbrunn/Obb. 1992^2.

SCHWARTZ, E.   : Der Leseunterricht. Braunschweig 1971^4.

SPITTA, G.   : Kinder schreiben eigene Texte: Klasse 1 und 2. Frankfurt/M. 1988^2. *

STAATSINSTITUT FÜR SCHULPÄDAGOGIK UND BILDUNGSFORSCHUNG: Schulversuch „Phonetisches Schreiben". München 1998.

VALTIN, R. (Hrsg.)   : Rechtschreibenlernen in den Klassen 1-6. Frankfurt/M. 2000. *

WEINGARTEN, R./GÜNTHER, H. (Hrsg.): Schriftspracherwerb. Baltmannsweiler 1998.

6. Ausgangsschriften für das Lesen- und Schreiben-lernen

6. Ausgangsschriften für das Lesen- und Schreiben-lernen

6.1 Historische Vorbemerkungen[232]

Der Erfolg beim Schreibenlernen ist neben den Voraussetzungen auf Seiten des Kindes und der Methode von der Schriftvorgabe abhängig. Die Schriftform war im Laufe der Jahrhunderte vielen Veränderungen unterworfen und stets durch Funktion und Zielsetzung bestimmt.

Die deutsche Schulschrift SÜTTERLINs (s. u.) mit ihrer Steillage und den runden Formen sollte sich durch ihren ästhetischen Charakter auszeichnen.[233] Sie lag als Ausgangsschrift in deutschen und lateinischen Buchstaben vor und war Formvorbild für die Grundschrift in den Schulen von 1935-41. An die Stelle der deutschen Schrift, die im Jahre 1941 verboten wurde, trat die „Deutsche Normalschrift" (s. u.), eine zwar rechtsgeneigte lateinische Schrift, die jedoch mit ihren Rundformen und ausgeprägten Deckstrichen bewegungsungünstig war, was beim Schreiben zu Verformungen und Entartungen führte.

SÜTTERLIN-Schrift   Deutsche Normalschrift

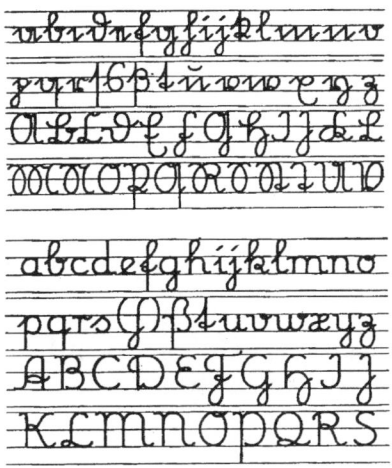
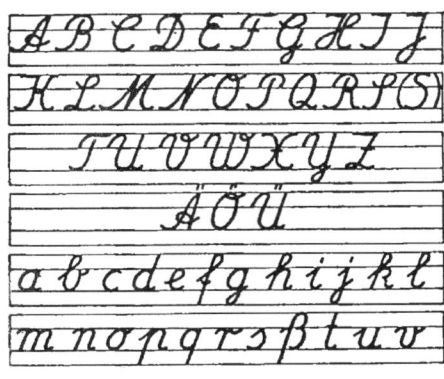

---

[232] Vgl. GLÖCKEL, H.: Schreiben lernen - Schreiben lehren. Donauwörth 1976[3], S. 10 ff.
[233] Vgl. NEUHAUS-SIEMON, E. (Hrsg.): Schreibenlernen im Anfangsunterricht der Grundschule. Frankfurt/M. 1984[2], S. 18 ff.

Die „Deutsche Normalschrift" wurde 1953 durch die vom ISERLOHNER SCHREIBKREIS entwickelte „Lateinische Ausgangsschrift" ersetzt, die mit ihren Ovalformen, engen Wenden und straffen, geraden Verbindungsstrichen einen bewegungsbestimmten Charakter erhielt. Wie der Name schon sagt, ist sie nicht als verbindliche Endform zu verstehen, sondern als Vorlage für eine sich weiter entwickelnde persönliche Handschrift.

Wie die Erfahrung bestätigte, genügte auch die „Lateinische Ausgangsschrift" nicht den Ansprüchen einer bewegungsflüssigen Verkehrsschrift. Trotz ausgiebiger Schwungübungen kam es beim schnelleren Schreiben zu Fehlformen und zum Schriftverfall.[234] Die ARBEITSGEMEINSCHAFT SCHREIBERZIEHUNG griff die Kritik an der „Lateinischen Ausgangsschrift" auf und versuchte, die Schrift zu vereinfachen und den natürlichen Schreibbewegungen anzupassen.
GRÜNEWALD entwickelte eine Schrift, die sich an den Umformungen durch den Schriftgebrauch ausrichtete. Es sollten seiner Meinung nach keine Bewegungsformen eingeschult werden, die später wieder aufzugeben sind. Mit Hilfe umfangreicher Untersuchungen gelang ihm eine Ausgangsschrift, die die Endform einer ausgeprägten Handschrift von Anfang an mitbedachte. Die Buchstaben wurden so gestaltet, dass sie sich einem schnelleren Schreibtempo ohne größere Formveränderungen anpassen. Eine exakte Durchgliederung des Wortes in Einzelbuchstaben und damit ein sinnvolles Üben dieser Einzelbuchstaben war jetzt möglich, da die Kleinbuchstaben am Mittelband begannen und endeten.

Die ARBEITSGEMEINSCHAFT SCHREIBERZIEHUNG vervollständigte GRÜNEWALDs Vorschläge und schuf eine „Vereinfachte Ausgangsschrift" (1973), die inzwischen große Bedeutung erlangt hat. Schulversuche mit der neuen Schrift brachten interessante Ergebnisse: sie war zumindest leichter zu erlernen und erwies sich als recht formstabil und bewegungsgünstig; die an den Versuchen beteiligten Lehrerinnen und Lehrer waren von der Schrift überzeugt.[235]

Im Folgenden werden die aktuelle Problematik der Anfangs- und Ausgangsschrift und die zur Diskussion stehenden Alternativen dargestellt,

---

234 Vgl. BOSCH/RABENSTEIN/SCHORCH: Erhebungen zum Erstschreibunterricht nach dem bayerischen Grundschullehrplan '81. Nürnberg 1984. Heft 2, S. 40 ff.
235 Vgl. GLÖCKEL, H.: Schreiben lernen - schreiben lehren. Donauwörth 1976[3], S. 28 f.

und zwar die „Lateinische Ausgangsschrift", die „Vereinfachte Ausgangs-schrift" und die Druckschrift.[236]

6.2 Lateinische Ausgangsschrift (LA)

6.2.1 Merkmale der Lateinischen Ausgangsschrift[237]

Die LA wurde entwickelt, um den allgemeinen Formverfall der Schüler-schriften zu vermindern, den man auf den Duktus der „Deutschen Normal-schrift"[238] zurückführte. Der ISERLOHNER SCHREIBKREIS, ein Zu-sammenschluss führender Schreiberzieher in der damaligen Bundesrepu-blik, stellte 1953 die neue Schrift vor (siehe Abb. 27: LA), die von der Kultusministerkonferenz als Richtform für die Schulen gebilligt und bald verbindlich eingeführt wurde (in Bayern erst 1966).
Als wichtigste Kriterien sind zu nennen:
- Betonung des dynamisch-kursiven Grundcharakters der LA, der flüssi-ges Schreiben ermöglichen sollte (Ovalformen statt Rundformen, kürze-re Deckstriche und straffere Verbindungen).
- Methodisch wird beim Schreiblehrgang das rhythmische Schwingen der Bewegungselemente, Buchstabenformen und Wörter betont.
- Der Begriff „Ausgangsschrift" beinhaltet, dass es sich um eine Schrift-form handelt, die eine Ausformung zu einer gut lesbaren, flüssigen und persönlichen Handschrift zum Ziel hat (siehe Lehrplan „Weiterführen-des Schreiben").
- Doch zeigt die LA Schwächen beim schnellen Schreiben und im Verlauf der Entwicklung zur persönlichen Handschrift: es kommt zu starken Veränderungen, Umformungen und Entartungserscheinungen (s. u.).

---

236 Auf die Schulausgangsschrift (SAS) der ehemaligen DDR wird hier nicht näher eingegangen, da sie lediglich für die neuen Bundesländer von Bedeutung ist und zudem nicht die Vorzüge einer VA (sie-he 6.3.2) aufweist; denn obwohl die Großbuchstaben ähnlich denen der VA umgestaltet wurden, blieben die Kleinbuchstaben unverändert, so dass ihr im Wesentlichen weiterhin die Nachteile der LA (siehe 6.2.2) anhaften.

237 Vgl. GLÖCKEL, H: a.a.O., S. 24 ff. und SCHORCH, G.: Das Problem der Anfangs- und Ausgangs-schrift. In: SCHORCH, G.: Schreibenlernen und Schriftspracherwerb. Bad Heilbrunn/Obb. 1992², S. 106 ff.

238 Die „Deutsche Normalschrift" war gekennzeichnet durch Rundformen, weit ausholende, ornamentale Anlaufstriche und ihren mehr zeichnenden Charakter.

6.2.2 Kritische Analyse der Lateinischen Ausgangsschrift

Die Untersuchungen GRÜNEWALDs zur Bewegungsstruktur der LA deckten die Problematik dieser Schrift auf:[239]

- *Mangelnde Deckungsgleichheit von Buchstabe und Bewegungsphase*
  Wörter werden im Allgemeinen nicht in einem Zug geschrieben, sondern es wird innerhalb eines Wortes teilweise mehrfach angehalten. Bei der LA verlaufen jedoch Buchstabengliederung und Bewegungsphase asynchron, d. h., die Schreibbewegung hört nicht am Ende eines Buchstabens auf, so dass der Schreibfluss an falscher Stelle unterbrochen wird. Dadurch wird strukturgemäßes Schreibenlernen verhindert und eine enge Beziehung im Lernprozess zwischen Lesen, Schreiben und Rechtschreiben erschwert.

gegliedert nach Buchstaben:

gegliedert nach Bewegungsphasen:

- *Häufiger Drehrichtungswechsel und überflüssige Deckstriche*
  Die häufigen Übergänge von einer Rechts- in eine Linksdrehung wirken sich negativ auf den Schreibfluss aus, da sich in den Wendepunkten die Geschwindigkeit vermindert. Dies führt zur Hemmung der flüssigen Schreibbewegung. Der geübte Schreiber vermeidet deshalb den Drehrichtungswechsel, indem er absetzt, Luftsprünge macht und Buchstaben umgestaltet, die sich gegen den Bewegungsablauf sperren. Damit ist der Erwerb der LA vor der Entwicklung zur eigenen Handschrift ein mühsamer Umweg, und nicht alle Schreiber gelangen von sich aus zu einer zweckmäßigen Lösung.

achtmaliger Drehrichtungswechsel in LA

gleich bleibende Drehrichtung in
ausgeschriebener Handschrift

---

[239] Vgl. GRÜNEWALD, H.: Empirische Untersuchungen über die Bewegungsstruktur der Lateinischen Ausgangsschrift. In: BÄRMANN, F.: Lernbereich Schrift und Schreiben. Braunschweig 1979, S. 268 ff. und GRÜNEWALD, H.: Schrift als Bewegung. Weinheim 1970. Vgl. auch ARBEITSKREIS GRUNDSCHULE: VA - Die neue „Vereinfachte Ausgangsschrift". In: BÄRMANN, F.: a.a.O. S. 276 ff. - KRICHBAUM, G.: Leitfaden Vereinfachte Ausgangsschrift. Frankfurt/M. o. J.

- *Schwierige Buchstabenformen und -verbindungen*
  Der Zierrat vieler Großbuchstaben (Flammenbogen, unnötige Schleifen), schwierige Buchstabenverbindungen (z. B. *xz*) und die Variation
  der Buchstabenverbindungen sind von Schulanfängern schwer zu erlernen und erfordern eine bewegungsgünstigere Umformung beim schnellen Schreiben. In ausgeschriebenen Schriften nehmen die Großbuchstaben meist Druckschriftform an:

Haus	→	*Haus*
Creme	→	*Creme*
Kuchen	→	*Kuchen*

- *Forderung, möglichst viele Buchstaben miteinander zu verbinden*
  Empirische Untersuchungen haben gezeigt, dass *„sich mit der Länge
  der verbundenen Schriftzüge der Schreibdruck und die Griffkraft"*[240] erhöhen. Weil aber Kinder, die Schreiben lernen, in der Regel ohnehin zu-
  viel Kraft aufwenden, führt die Forderung, möglichst viele Buchstaben
  miteinander zu verbinden, zu einer weiteren Reduzierung der Schreibgeschwindigkeit und der -ausdauer. Zusätzliche Muskelverspannungen
  werden provoziert.

6.3   Vereinfachte Ausgangsschrift (VA)

6.3.1   Von der „struktursynchronen Schreibschrift" GRÜNEWALDs zur VA der ARBEITSGEMEINSCHAFT SCHREIBERZIE- HUNG

Gestützt auf seine Untersuchungen forderte GRÜNEWALD eine neue,
flüssige und formbeständige Schrift. Seine Vorschläge orientierten sich an
den Umformungen ausgeschriebener Handschriften.

- *Die Umstrukturierung der Schrift*
  Die Deckungsgleichheit von Buchstabe und Bewegungsphase erzielte
  GRÜNEWALD durch eine Änderung der Buchstabform in eine Zwei-

---

240   MAI, N./MARQUART, Ch.: Registrierung und Analyse von Schreibbewegungen: Fragen an den
  Schreibunterricht. In: HUBER/KEGEL/SPECK-HAMDAN (Hrsg.): Einblick in den Schriftspracherwerb. Braunschweig 1998, S. 97.

teilung (Grundform, Verbindungsstrich)[241]. Die Buchstaben beginnen jetzt an der Oberlinie des Mittelbandes (ausgenommen das s). In der Regel endet der Verbindungsstrich innerhalb eines Wortes auch an dieser Oberlinie (siehe Abb. 26). Damit befindet sich der Bewegungsnullpunkt ebenfalls jeweils am Ende des Buchstabens bzw. des Verbindungsstrichs. Bei Buchstaben mit Ovalformen, wie a, c, d, g, o, q, verkürzt sich der Verbindungsstrich und wird durch einen Luftsprung ersetzt.

Um diesem wichtigsten Strukturprinzip der VA zu genügen, wird das Köpfchen-e eingeführt, einer der größten Kritikpunkte an der VA: Das kleine 'e' ist der in der deutschen Sprache mit Abstand am häufigsten gebrauchte Buchstabe und als Schleifen-e der LA auch der am einfachsten zu schreibende Buchstabe. Das Köpfchen-e hingegen wird von „Umlernern" von LA auf VA als besonders bewegungsungünstig empfunden.[242] Dennoch gilt insbesondere für Schulanfänger: *„Auch wenn es häufig anders angenommen wird, haben die Kinder keine Schwierigkeiten, das Köpfchen-e zu schreiben."*[243] Des Weiteren ist die Schriftvorlage der VA erst eine vorläufige, an der Verbesserungen vorgenommen werden können; außerdem kann das Köpfchen-e im Verlauf der Schriftentwicklung auch als Schleifen-e geschrieben werden.[244]

Abb. 26: **Die Kleinbuchstaben enden an der Oberlinie des Mittelbandes.**

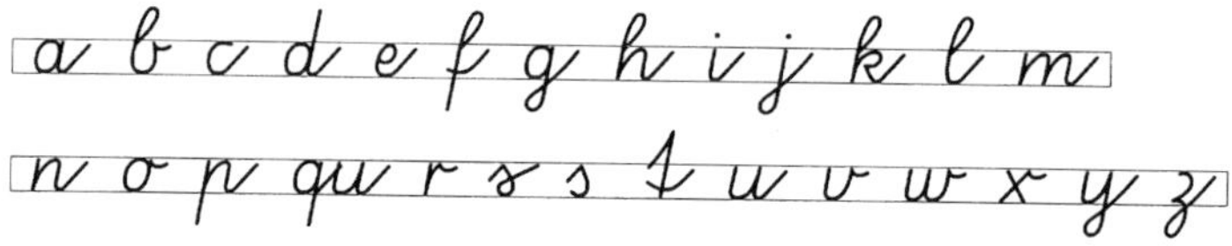

• *Die Vereinfachung der Großbuchstaben*
Die ARBEITSGEMEINSCHAFT SCHREIBERZIEHUNG und Vertreter der Richtlinienkommissionen für Schrift und Schreiben bei den Kultusministerien entwickelten die Vorschläge GRÜNEWALDs weiter, modifizierten auch die Großbuchstaben und schufen das Alphabet der VA, (siehe Abb. 27: VA), das nun in (vorläufiger) Endfassung vorliegt. Bei der Vereinfachung der Großbuchstaben orientierte man sich an den

---

[241] In der LA besteht jeder Buchstabe aus einem Anstrich, der Grundform und einem Endstrich (Dreigliederung).

[242] Vgl. TOPSCH, W.: Das Ende einer Legende. Die Vereinfachte Ausgangsschrift auf dem Prüfstand. Donauwörth 1996, S. 15 f.

[243] KRICHBAUM, G.: a.a.O. 1993, S. 110.

[244] Vgl. GRÜNEWALD, H./KLEINERT, I.: Arbeitstechniken und Unterrichtshilfen zum Schreibenlernen. In: Grundschule (1998) 9, S. 30.

Formvereinfachungen ausgeschriebener Handschriften, die sich stärker an die Großbuchstaben der Druckschrift angleichen und häufig auf Verbindungen verzichten.

6.3.2 Vorteile der VA gegenüber der LA

(1) Günstigere Bewegungsstruktur und Formklarheit

- Buchstabenstruktur und Schreibbewegung laufen synchron, d. h., dass die Schreibbewegung endet, wenn der Buchstabe fertig geschrieben ist.
- Die Schrift wird von unnötigen Drehrichtungswechseln, Anstrichen und Deckstrichen befreit (statt dessen Luftsprünge). So sind z. B. die Drehrichtungswechsel im Vergleich zur LA um die Hälfte reduziert.[245]
- Schwierige Buchstabenverbindungen sind durch zügige Formen ersetzt (z. B. *rz* durch *rz*).
- Die Vereinfachung der Großbuchstaben wird durch eine Angleichung an die Druckbuchstaben erreicht (*G L A H L → G L A H S*).

Abb. 27: **LA und die (vorläufige) Endfassung der VA von 1980**[246]

---

245 Die zusammenhängend geschriebenen Kleinbuchstaben der LA enthalten z. B. 38 Drehrichtungswechsel, während die der VA nur die Hälfte benötigen (vgl. GRÜNEWALD, H.: Videoaufnahme zur VA. Frankfurt/M. o. J.).

246 In dieser Form wird die VA in Schreiblehrgängen angeboten.

(2) Konsequenzen für das Schreiben[247]

- Aufgrund der Einfachheit der Formen ist die Schrift für Schulanfänger leicht zu erlernen und flüssig zu schreiben. Da die Kleinbuchstaben auf gleicher Höhe beginnen und enden und damit ihre Form in unterschiedlichem Kontext nie verändern, können diese auch isoliert geübt werden.

- Nachdem die Druckschrift bereits bekannt ist, können erneute graphomotorische Übungen zum Erlernen der Schreibschrift auf ein Minimum reduziert werden, *„da die enge Verwandtschaft zwischen Druckschrift und Vereinfachter Ausgangsschrift in Form- und Bewegungsstrukturen den Übergang von sich aus erleichtert.*"[248]

- Späteren Verformungen und Verfallserscheinungen wird entgegengewirkt, da die Schrift von Anfang an bewegungsökonomische Strukturen aufweist.

- Die Lesbarkeit ist erhöht durch einfache, prägnante Buchstabenformen und die klare Binnengliederung der Wortgestalt; Verwechslungsmöglichkeiten sind eingeschränkt.

Die genannten Vorteile sprechen für die VA als Ausgangsschrift zum Erlernen einer verbundenen Schrift. Zahlreiche empirische Erhebungen und Schulversuche belegen die genannten Vorzüge.[249] Die neueren Überprüfungen dieser Untersuchungsergebnisse von TOPSCH zeigen jedoch *„Merkwürdigkeiten, Verfahrensfehler, Fehlinterpretationen und wissenschaftlich unhaltbare Behauptungen*"[250] auf, so dass weitere und exakte empirische Untersuchungen Klarheit schaffen müssen.[251] MAI und MARQUART bewerten den Versuch GRÜNEWALDs positiv, die Form der Ausgangsschrift aus routinierten Handschriften Erwachsener abzuleiten,

---

[247] Vgl. GRÜNEWALD, H.: Schreiben mit der Vereinfachten Ausgangsschrift. In: NEUHAUS-SIEMON, E. (Hrsg.): a.a.O., S. 59 ff.

[248] GRÜNEWALD, H./KLEINERT, I.: a.a.O., S. 26.

[249] Vgl. HASLER, H.: Neuere Veröffentlichungen zur Vereinfachten Ausgangsschrift. In: ARBEITSGEMEINSCHAFT SCHREIBERZIEHUNG: Schreiben will gelehrt sein! Hannover 1988, S. 71 ff.

[250] TOPSCH, W.: Das Ende einer Legende. Die Vereinfachte Ausgangsschrift auf dem Prüfstand. Donauwörth 1996, S. 26.

[251] GRÜNEWALD nennt die bessere Rechtschreibleistung als einen wichtigen Vorzug der VA. Jedoch ist nach Untersuchungen von RICHTER die Rechtschreibleistung von VA-Schreibern heute identisch mit der von LA-Schreibern. Dies führt RICHTER auf die jeweils vermittelte Erstschrift (bei GRÜNEWALD Schreibschrift, bei RICHTER Druckschrift) zurück, da diese die Entwicklung der Wortdurchgliederungsfähigkeit unterschiedlich stark unterstützt. So ist obiges Ergebnis nicht als Widerlegung, sondern nur als Einschränkung der These GRÜNEWALDs zu interpretieren. - RICHTER, S.: Beeinflusst die Schreibschrift die Rechtschreibleistung? Ergebnisse der Untersuchung „Mögliche Auswirkungen der erlernten Schreibschrift auf die Rechtschreibleistung" (MAUS). Regensburg 1998.

146

sind jedoch der Meinung, dass dieser Gedanke bis heute nicht systematisch genug verfolgt wurde und daher einer Weiterführung bedarf.[252]

Allerdings sind die meisten Lehrerinnen und Lehrer, die die VA in ihrer Klasse eingeführt haben, von den Vorzügen dieser Schrift überzeugt; sie nennen die leichtere Erlernbarkeit, den geringeren Zeitaufwand beim Erlernen und sehen als weiteren Vorzug dieser Schriftvorlage, dass die Schreibergebnisse von lernschwächeren und motorisch ungeschickteren Kindern besser gegliedert sind und die VA von Linkshändern ebenso wie von Ausländerkindern besser bewältigt werden kann. Angemerkt muss werden, dass dies nur subjektive Eindrücke einzelner Personen sind, die empirisch nicht überprüft wurden.[253]

6.4   Druckschrift

Der Beginn des Schreibenlernens mit der Druckschrift ist historisch bekannt (vgl. BRÜCKL) und gängige Praxis im Anfangsunterricht des Auslandes (z. B. England, Irland, Italien, Schweiz). Die Druckschrift ist seit 1981 Ausgangsschrift[254] (i.S.v. Erstschrift) für den Schulanfänger in Bayern. Aufgrund der Erkenntnisse in der Lese- und Schreibforschung plädieren führende Didaktiker für diese Vorgehensweise (z. B. SCHORCH 1982, SPITTA 1988, KLEINERT 1991, KRICHBAUM 1993).[255]

6.4.1   Vorteile der Druckschrift als Erstschrift

• *Frühe Vermittlung der Funktion des Schreibens*
Die grundlegende Aufgabe des Erstunterrichts im Schreiben besteht darin, frühzeitig in die Funktion des Schreibens als Sinnträger einzuführen. Die Kinder sollen von Anfang an erfahren, dass sich Schreiben nicht im Nachmalen von Zeichen erschöpft, sondern der sprachlichen Verständigung

---

252   Vgl. MAI, N./MARQUART, Ch.: a.a.O., S. 96.
253   Vgl. TOPSCH, W.: a.a.O., S. 28 f.
254   SCHORCH unterscheidet zwischen den Bezeichnungen „Ausgangsschrift" und „Anfangsschrift" (= Erstschrift). Anfangsschrift in Bayern ist die Druckschrift, der bayerische LP '81 bezeichnet die Druckschrift jedoch als „Ausgangsschrift". - Vgl. SCHORCH, G. (Hrsg.): a.a.O. 1992², S. 118.
255   Vgl. KRICHBAUM in: DEHN, M: Die Kursiv als Ausgangsschrift. Ein Anstoß für Diskussion und Erprobung. In: Die Grundschulzeitschrift 7 (1993) 69, S. 30-37.
Siehe auch MENZEL, W.: Schreiben - Lesen. Für einen handlungsorientierten Erstunterricht. In: NEUHAUS-SIEMON, E.: a.a.O., S. 134-160.
WEIßENBURG, M.: Lesen-, Schreibenlernen mit verbundener oder unverbundener Schrift. In: Grundschulunterricht 12 (1995) 42, S. 54-57. - SCHORCH, G.: Druckschrift als Erstschrift: Erstschreibunterricht nach dem Lehrplan '81. In: RABENSTEIN, R./SCHORCH, G.: Lesen- und Schreibenlernen nach dem Lehrplan '81. Nürnberg 1982.

dient. Mit der Einführung der Druckschrift als Anfangsschrift durch den bayerischen LP '81 wurde die Schreibtechnik vereinfacht, so dass es den Kindern nun frühzeitig möglich ist, sich etwas aufzuschreiben oder anderen etwas mitzuteilen. Dies wird als Erfolg erlebt und so die Schreibmotivation gestärkt.

- *Leichte Erlernbarkeit durch einfache Schreibtechnik*
Druckbuchstaben bestehen überwiegend nur aus Kreisen und Geraden, die auch Schulanfänger leicht nachgestalten können. Der relativ geringe Aufwand beim Schreiben fördert wiederum die Schreibfreude und motiviert zu weiteren Schreibhandlungen. Zudem ist die Druckschrift neben der Großantiqua die bevorzugte Schriftart der ersten Schreibversuche vor Schuleintritt, so dass an dem Vorwissen und den Vorerfahrungen der Kinder angeknüpft werden kann.

- *Gleiches Schriftalphabet für Lesen und Schreiben*
Druckschrift ist leicht zu lesen und deshalb als Erstleseschrift am Besten geeignet. Es entlastet den Schulanfänger, wenn er Schreiben und Lesen zunächst nur an einer Schriftart erlernt. Außerdem beeinflussen sich die Lernprozesse des Lesens und Schreibens gegenseitig positiv. Buchstaben und Wortbilder werden genauer unterschieden und prägen sich besser ein, wenn sie auch graphomotorisch dargestellt werden. Auch für analytisch-synthetische Vorgänge bei der Buchstabengewinnung eignet sich die Druckschrift vorzüglich. Nicht zuletzt wird durch das frühzeitige Schreiben der Erwerb der Rechtschreibsicherheit begünstigt.

- *Vorbereitung des verbundenen Schreibens*
Für das Schreiben der Schreibschrift schafft die Druckschrift günstige Voraussetzungen, da durch den Druckschriftlehrgang ganz allgemein für das Schreiben wichtige Funktionen trainiert werden, z. B. Verständnis für den Zweck des Schreibens, Einsicht in die Zuordnung von Laut und Buchstabe, Erfahrung in der optischen Anordnung des Schriftbildes, Kenntnis und Übung eines sachgemäßen Umgangs mit Schreibwerkzeugen, Berücksichtigen einer günstigen Schreibhaltung, Einspielen der beteiligten Muskelgruppen und feinmotorischen Bewegungsabläufe.

- *Lebenspraktische Bedeutung des Druckschriftschreibens*
Die Druckschrift kommt in der Umwelt am häufigsten vor und ist dem Schulanfänger deshalb vertraut; häufig kann er schon einige Buchstaben

schreiben. Schließlich hat die Druckschrift als Gebrauchs- und Zierschrift auch später ihre Bedeutung (z. B. zum Ausfüllen von Formularen, Beschriften von Schildern u. Ä.).

GRÜNEWALD verweist auf Nachteile der Druckschrift als erste Schreibschrift. So führt er vor allem an, dass die Druckschrift zum Weglassen und Umstellen von Buchstaben verleitet, da der Einzelbuchstabe weniger intensiv in die graphomotorische Wortgestalt eingebunden wird, es aufgrund der geringen Anzahl der Grundformen leicht zu Raumlagevertauschungen kommt und schließlich, dass durch die isolierten Buchstaben der Bewegungsverlauf falsch angebahnt wird.[256] Er schlägt deshalb die VA als erste Schreibschrift vor, da sie die Vorteile der Druckschrift beinhaltet und ihre Nachteile ausschließt. SCHORCH entkräftet die vorgebrachten Argumente, räumt jedoch ein, dass die besonderen Vorzüge der VA im graphomotorischen Bereich liegen, wenn der Schreibvorgang schneller ausgeführt und automatisiert werden soll.[257]

Zusammenfassend ist zu sagen: Beim Schreibenlernen handelt es sich um einen Lernprozess von sehr langer Dauer, der durch den Schreibbeginn mit der Druckschrift günstig beeinflusst wird. Um Schwierigkeiten beim späteren Erlernen der Schreibschrift zu vermeiden, muss jedoch methodisch die Eigengesetzlichkeit der beiden Schriftarten beachtet werden.

6.4.2 Konsequenzen für den Unterricht im Schreiben

Unabhängig von der schließlich gewählten Schriftvorlage der Ausgangsschrift gilt, dass die Lehrerin bzw. der Lehrer diese sicher und vorbildlich beherrschen muss; Fehlformen übertragen sich leicht auf die Schülerschrift.[258]

Druckschrift und Schreibschrift müssen getrennt voneinander und strukturgerecht eingeführt werden. Dies erfordert einen bewussten Vergleich der Unterschiede und als Folge dessen eine differenzierte Vermittlung:

---

[256] GRÜNEWALD in: NEUHAUS-SIEMON, E.: a.a.O., S. 56 ff. - GLÖCKEL, H.: Erstschreiben und weiterführendes Schreiben in der 2. Jahrgangsstufe. In: MAHLER, G./SELZLE, E.: Lehrplan für die GS in Bayern mit Erläuterungen und Handreichungen. Bd. 1. Donauwörth 1982, S. 116 f.

[257] SCHORCH, G. (Hrsg.): a.a.O. 1992², S. 115 ff. Zur Vertiefung wird die sehr aufschlussreiche vergleichende Übersicht von SCHORCH empfohlen, in der er die Eignung der DS, VA und LA als Erstschrift tabellarisch veranschaulicht.

[258] Vgl. KRICHBAUM, G.: Schreibenlernen in der Vereinfachten Ausgangsschrift (VA). In: HAARMANN, D. (Hrsg.): Handbuch GS, Bd. 2. Weinheim 1993, S. 109.

- **Druckschrift: zusammengesetzt, formorientiert**

Bei der Druckschrift kommt es vor allem auf die korrekte Darstellung der Buchstabenform an. Aufgrund der einfachen Schreibtechnik der Druckbuchstaben, vorwiegend zusammengesetzt aus Kreisen und Geraden, können diese von den Kindern auch ohne genaues Besprechen von einer Vorlage abgemalt werden; so ist auch selbstständiges Lernen möglich (siehe Kap. 5). Immer bleibt es aber Aufgabe der Lehrkraft, das Schreiben des Kindes gut zu beobachten und dieses zu einer gut lesbaren, formgetreuen und bewegungsgünstigen Schrift zu führen.[259]

- **Schreibschrift: verbunden, bewegungsorientiert**

Der dynamische Charakter der Schreibschrift erfordert einen gesonderten Schreibschriftlehrgang. Meist beginnt das Schreibenlernen mit der Druckschrift, so dass die verbundene Schrift lediglich als andere Form des schon bekannten Alphabets eingeführt wird.[260] Beim Vergleich von Druck- und Schreibschriftbuchstaben werden Gleichheiten und Unterschiede herausgearbeitet. Buchstaben gleicher Grundformen (z. B. mit Oval-, Arkaden-, Girlandenformen, Schleifen, Ecken, flache Wellen) werden zusammengestellt und formgerecht und bewegungsgünstig eingeübt, die Buchstaben zu Wörtern verbunden und in einen Bewegungsablauf umgesetzt. Dabei muss auf Bewegungsfluss, Schreibrhythmus und gleichmäßige Schriftneigung geachtet werden.[261] Schwungübungen sind nach GLÖCKEL[262] die Übungsform beim Erlernen der Schreibschrift. Angepasst an die jeweilige verbundene Schrift haben sie immer noch große Bedeutung. Sie sollten insbesondere bei Kindern mit schreibmotorischen Problemen immer wieder durchgeführt werden (siehe 9.3).

6.5 Kultusministerielle Bestimmungen zur Ausgangsschrift und Ausblick

Die umfassenden sprachdidaktischen und grundschulpädagogischen Überlegungen verschiedener Autoren sprechen für die Druckschrift als Anfangsschrift und derzeit für die Vereinfachte Ausgangsschrift als verbundene Schreibschrift (s. u.).

---

[259] Vgl. LEHRPLAN FÜR DIE GRUNDSCHULEN IN BAYERN. München 2000, S. 78.
[260] Nach dem LEHRPLAN FÜR DIE GRUNDSCHULEN IN BAYERN. München 2000, S. 85, soll eine verbundene Schrift schwerpunktmäßig erst in der 2. Jahrgangsstufe eingeführt werden.
[261] Vgl. LEHRPLAN FÜR DIE GRUNDSCHULEN IN BAYERN. München 2000, S. 85.
[262] Vgl. GLÖCKEL, H.: a.a.O., S. 117.

Als Ausgangsschrift für das Lesenlernen empfehlen alle Länder der Bundesrepublik eine unverbundene Druckschrift; einige fordern eine solche Gemischtantiqua sogar.

In vielen Bundesländern lernen heute die Kinder das verbundene Schreiben mit der VA. Vor allem in den neuen Bundesländern wird - teils sogar als Erstschrift - weiterhin die 1968 in der DDR entwickelte Schulausgangsschrift (SAS) gelehrt; einige Alt-Bundesländer bieten diese als Alternative an. Die SAS orientiert sich bei den Großbuchstaben, wie die VA auch, an der Druckschrift. Die Kleinbuchstaben ähneln denen der LA, zeichnen sich jedoch durch schmalere Ovalformen und engere Ovalkehren aus.

Der bayerische Lehrplan 2000 legt, wie bereits im Lehrplan ´81, die Druckschrift als Erstschrift für den Schriftspracherwerb fest.[263] So erfolgt weiterhin das Lesen- und Schreibenlernen an einem Zeichensystem, so dass sich die beiden Lernprozesse wechselseitig unterstützen können.

Als verbundene Schrift schreibt der neue Lehrplan nun die VA im Anschluss an die Druckschrift für alle bayerischen Schulen verbindlich vor.[264] Diese Bestimmung ist wegen der Vorzüge der VA zu begrüßen (siehe 6.3.2). So dürfte die Überleitung von der Druckschrift in die VA wegen der Ähnlichkeit der beiden Schriftbilder im Vergleich zur vorher angewendeten LA weniger Mühe bereiten. Zudem wird das Erlernen der verbundenen Schrift in die 2. Jahrgangsstufe verlagert.[265]

Dennoch ist jede Schreibschrift durch die rigorose Forderung nach Verbundenheit nicht unumstritten. Denn Schrift muss in erster Linie den drei Aspekten Lesbarkeit, Geläufigkeit / Schreibgeschwindigkeit und Schreibgenauigkeit genügen, in denen jeweils eine unverbundene Schrift mit schnörkellosen Buchstaben überlegen ist:[266]

- Empirische Untersuchungen haben ergeben, dass unverbundene Schriften besser lesbar sind als verbundene; dies kommt im Buchdruck ebenso zum Ausdruck wie z. B. beim Ausfüllen von Formularen oder Beschriften von Briefumschlägen.
- Aus schreibökonomischer Sicht ist eine unverbundene Schrift deshalb vorzuziehen, weil sie dem Anspruch der Fingermuskulatur nach regelmäßiger Entspannung optimal gerecht wird. Selbst geübte

---

263 Vgl. LEHRPLAN FÜR DIE GRUNDSCHULEN IN BAYERN. München 2000, S. 78.
264 Vgl. LEHRPLAN FÜR DIE GRUNDSCHULEN IN BAYERN. München 2000, S. 27.
265 Vgl. LEHRPLAN FÜR DIE GRUNDSCHULEN IN BAYERN. München 2000, S. 81.
266 Vgl. MENZEL, W.: Lesen lernen – schreiben lehren. Braunschweig 1990, S. 57 ff.

Schreibschrift-Schreiber schreiben längere Wörter äußerst selten „in einem Zuge".

- Eine unverbundene Schrift kann ein höheres Aufmerksamkeitspotential für eine orthographisch richtige Schreibung freisetzen als eine verbundene Schrift, da letztere immer einen Teil der Konzentration für die richtige Ausführung der jeweiligen Buchstabenverbindung beansprucht.

So ist eine zukünftige, dem Beispiel anderer europäischer Länder folgende Entwicklung dahingehend denkbar, nur noch eine unverbundene Ausgangsschrift zu lehren; Verbindungen werden später - dem Vorbild erwachsener Schreiber folgend - je nach individuellem Bedürfnis freigestellt. Hierzu benötigen wir jedoch eine geeignete Ausgangs-Schreib-Druckschrift, die durch ihre einzelnen Elemente die Vorzüge der Druckschrift aufweist und gleichzeitig durch eine bewegungsorientierte Form Nähe zur Schreibschrift vermittelt.[267] Einen entsprechenden Weg präsentiert das Forschungsprojekt LufT („Lockere und flüssige Textproduktion") der Universität München; die Buchstaben wurden unter graphomotorischen Gesichtspunkten systematisch vereinfacht, Verbindungen freigestellt, die schreibenlernenden Kinder erhielten Wahlfreiheit in Lineatur, Schriftgröße und –neigung. So sollte der Weg zur eigenen Schrift geebnet werden.[268]

L i t e r a t u r

BÄRMANN, F. (Hrsg.):   Lernbereich Schrift und Schreiben. Braunschweig 1979. *

DEHN, M.   : Die Kursiv als Ausgangsschrift. Ein Anstoß zu Diskussion und Erprobung. In: Die Grundschulzeitschrift 7 (1993) 69.

GLÖCKEL, H.   : Schreiben lernen - Schreiben lehren. Donauwörth 1976³.

GLÖCKEL, H.   : Erstschreiben und weiterführendes Schreiben in der 2. Jahrgangsstufe. In: MAHLER, G./SELZLE, E.: Lehrplan für die

---

[267] Bereits MENZEL hat, um den kommunikativen Aspekt als Motivation für den Schriftspracherwerb zu stärken, die „Lateinische Ausgangsdruckschrift" entwickelt, eine dynamische bewegungsorientierte Form der Druckschrift. Die Buchstabenverbindungen sollen zum Ende des 1. Schuljahres hergestellt werden. Vgl. MENZEL, W.: Schreiben als kommunikative Handlung. In: SCHORCH, G.: a.a.O., S. 76 ff. - Auch die Prima (Beispiel: *Prima*), eine reine Fibelschrift, ist eine Druckschrift, die in ihrer Form eine bestimmte Nähe zur Schreibschrift aufweist. Vgl. TOPSCH, W.: Grundkompetenz: Schriftspracherwerb. Neuwied 2000, S. 77.

[268] Vgl. MAHRHOFER, Ch./SPECK-HAMDAN, A.: Schreibenlernen – ein Kinderspiel? –In: Grundschule, 33(2001)2, S. 39-41. – MAHRHOFER, Ch.: Schreibenlernen mit graphomotorisch vereinfachten Schreibvorgaben. Bad Heilbrunn/Obb. 2004. – Hinsichtlich Schreibgeschwindigkeit und –flüssigkeit zeigten sich leichte Überlegenheitstendenzen der „LufT-Schreiber" gegenüber den LA- und VA-Schreibern. Im Bereich der Leserlichkeit erzielten alle drei Gruppen sehr ähnliche Ergebnisse.

		Grundschule in Bayern mit Erläuterungen und Handreichungen. Band 1: 1. und 2. Jahrgangsstufe. Donauwörth 1982.
GRÜNEWALD, H.	:	Schrift als Bewegung. Weinheim 1970.
GRÜNEWALD, H.	:	Empirische Befunde über die VA. In: GS 13 (1981), S. 80-81.
GRÜNEWALD, H.	:	Argumente für die Vereinfachte Ausgangsschrift im Hinblick auf die Rechtschreibung. In: NAEGELE, I./VALTIN, R. (Hrsg.): Rechtschreibunterricht in den Klassen 1-6, Frankfurt/M. 1984.
GRÜNEWALD, H./KLEINERT, I.:		Arbeitstechniken und Unterrichtshilfen zum Schreibenlernen. In: Grundschule (1998) 9.
HASLER, H.	:	Neuere Veröffentlichungen zur Vereinfachten Ausgangsschrift. In: ARBEITSGEMEINSCHAFT SCHREIBERZIEHUNG: Schreiben will gelehrt sein! Hannover 1988.
KLEINERT, I.	:	Von der Druckschrift zur Vereinfachten Ausgangsschrift (VA). Hannover 1991.
KRICHBAUM, G.	:	Schreibenlernen in der Vereinfachten Ausgangsschrift (VA). In: HAARMANN, D. (Hrsg.): Handbuch GS, Bd. 2. Weinheim 1993. *
KRICHBAUM, G.	:	Leitfaden Vereinfachte Ausgangsschrift. Frankfurt/M. o. J. *
LEHRPLAN FÜR DIE GRUNDSCHULEN IN BAYERN. München 2000.		
MAHRHOFER, Ch.	:	Schreibenlernen mit graphomotorisch vereinfachten Schreibvorgaben. Bad Heilbrunn/Obb. 2004.
MAHRHOFER, Ch./SPECK-HAMDAN, A.:		Schreibenlernen – ein Kinderspiel? – In: Grundschule, 33(2001)2. *
MAI, N./MARQUART, Ch.:		Registrierung und Analyse von Schreibbewegungen: Fragen an den Schreibunterricht. In: HUBER/KEGEL/SPECK-HAMDAN (Hrsg.): Einblick in den Schriftspracherwerb. Braunschweig 1998.
MENZEL, W.	:	Lesen lernen - Schreiben lernen. Braunschweig 1990.
NEUHAUS-SIEMON, E. (Hrsg.):		Schreibenlernen im Anfangsunterricht der Grundschule. Frankfurt/M. 1984[2].
RICHTER, S.	:	Beeinflusst die Schreibschrift die Rechtschreibleistung? Ergebnisse der Untersuchung „Mögliche Auswirkungen der erlernten Schreibschrift auf die Rechtschreibleistung" (MAUS). Regensburg 1998.
SCHORCH, G.	:	Druckschrift als Erstschrift: Erstschreibunterricht nach dem Lehrplan '81. In: RABENSTEIN, R./SCHORCH, G.: Lesen- und Schreibenlernen nach dem Lehrplan '81. Nürnberg 1982.
SCHORCH, G. (Hrsg.):		Schreibenlernen und Schriftspracherwerb. Bad Heilbrunn/ Obb. 1992[2]. *
SPITTA, G.	:	Von der Druckschrift zur Schreibschrift. Frankfurt/M. 1988.
TOPSCH, W.	:	Das Ende einer Legende. Die Vereinfachte Ausgangsschrift auf dem Prüfstand. Donauwörth 1996.
TOPSCH, W.	:	Grundkompetenz: Schriftspracherwerb. Neuwied 2000.
WEIßENBURG, M.	:	Lesen- und Schreibenlernen mit verbundener und unverbundener Schrift. In: Grundschulunterricht 12 (1995) 42.

153

7. Ziele und Inhalte des Erstlese- und Erstschreibunterrichts

7. Ziele und Inhalte des Erstlese- und Erstschreibunterrichts

Die Zielsetzung für den ersten Lese- und Schreibunterricht ergibt sich aus der Gegenstandsstruktur und dem jeweiligen Lese- bzw. Schreibverständnis. Von da her sollen Zielsetzung und Inhalte jeweils begründet werden.

7.1 Grundlegende Zielsetzung des Erstleseunterrichts

7.1.1 Fachdidaktische Begründung aus dem Lesebegriff

Lesen muss die beiden Aspekte **Lesefertigkeit** und **Sinnverständnis** zugleich anstreben.[269] Lesen bedeutet Sinnerfassung, Verstehen eines sprachlichen Inhalts, der durch Schriftzeichen festgelegt ist, aufgrund der erworbenen Technik des Entschlüsselns einer Buchstabenschrift. Leselehrverfahren, die den Erwerb der Lesetechnik in den Vordergrund stellen (synthetische Verfahren), vernachlässigen die Sinnkomponente, es kommt zum mechanischen Lesen. Wird die Sinnerfassung in erster Linie angestrebt, fördert man ratendes Lesen (ganzheitliche Verfahren).

Lesenlernen muss deshalb von Anfang an beide Seiten berücksichtigen, auch wenn Schwerpunkte gesetzt werden dürfen. Das Ausgliedern der Buchstaben und Laute sowie das Synthetisieren wird am sinnvollen Sprachganzen vermittelt und das sinnbetonte Lesen darf das Lernen der Buchstaben und das Zusammenlesen nicht vernachlässigen. Durch Schwerpunktbildung werden Prioritäten gesetzt, die einer Überforderung der Leseanfänger und einer Oberflächlichkeit des Unterrichts entgegenwirken sollen.

Wird denkende Verarbeitung des Leseinhalts oder klanggestaltendes Lesen angestrebt, dann liegt ein weiter reichender Lesebegriff vor. So fordert RABENSTEIN[270] als Unterrichtsziel *„sinnerfassendes (stilles) und klang-*

---

[269] Dies wird auch ausdrücklich von einigen amtlichen Lehrplänen und Rahmenrichtlinien der Bundesländer für den Lernbereich Erstlesen gefordert, neben Bayern (2000, S. 26) z. B. Niedersachsen (1984, S. 11) und Sachsen-Anhalt (1993, S. 24).

[270] RABENSTEIN, R.: Erstleseunterricht. In: RABENSTEIN, R.: Erstunterricht. Bad Heilbrunn/Obb. 1979[2], S. 66.

155

gestaltendes (lautes) Lesen von Texten." Der Leser soll aber auch fähig sein, sich in *„kritischer Weise mit den Inhalten der Texte auseinanderzusetzen"*, ein Ziel, das bereits am weiterführenden Leseunterricht orientiert ist und für das eine gründliche lesetechnische Einführung in die Lautschrift die Voraussetzung schafft.[271]

Das Übersetzen der Schriftsprache in gesprochene Sprache ist schwieriger als allgemein angenommen. Mit einem Minimum an Zeichen wird die Lautung der Sprache nur annähernd festgehalten (siehe 1.2.1 und 1.2.2), zudem ist die Graphem-Phonem-Zuordnung uneinheitlich und inkonsequent (siehe 1.2.3). Auch von daher sind zwei Zielsetzungen gegeben: Es muss sowohl auf das Durchgliedern der Wortschriftbilder und auf den Erwerb der Buchstabenkenntnisse Wert gelegt werden als auch auf das globale Wiedererkennen von Wortschriftbildern und häufig vorkommenden Wortteilen.

Heute wird Lesen in engem Zusammenhang mit dem Schreibenlernen gesehen, so dass ein Leseerstunterricht zugleich den Gebrauch der Schriftsprache anstrebt. Ziele ergeben sich damit auch aus dem Vergleich der Schriftsprache mit der mündlichen Sprache. Schriftsprache ist monologe Kommunikation, die keine sekundären Verständigungsmittel zulässt, so dass schriftliche Ausführungen präzise und vollständig sein müssen (siehe 1.3.3).

7.1.2 Richtziele für den Erstleseunterricht

Nach Beendigung des *„elementaren Leselehrgangs"* sollen die Kinder fähig sein, *„einfache Erzählungen, Gedichte, Sachtexte und lebenspraktische Informationen selbstständig still zu lesen und ihren Inhalt in den wesentlichen Zügen wiederzugeben."*[272]

Auch PREGEL[273] beschreibt den Grad der Lesefähigkeit, den Kinder am Ende des Schuljahres erreicht haben sollen, genau und konkret: *„Ein Kind sollte einen neuen Text, den es bisher noch nicht kennt, selbstständig erlesen, laut vorlesen und über seinen Inhalt Auskunft geben können"*; voraus-

---

[271] Die kritische Auseinandersetzung mit Texten stellt vor allem das Kultusministerium für die Schule in Nordrhein-Westfalen von Anfang an heraus. - Vgl. KULTUSMINISTERIUM NORDRHEIN-WESTFALEN: Die Schule in Nordrhein-Westfalen. Eine Schriftenreihe des Kultusministers. Lehrplan Sprache. Düsseldorf 1985, S. 26 f.

[272] RABENSTEIN, R.: a.a.O., S. 68.

[273] PREGEL, D.: Lesen heute. Lehrerhandbuch. Hannover 1982, S. 6 f.

gesetzt wird, dass der zu lesende Text innerhalb der durchschnittlichen altersgemäßen *„rezeptiven Sprachkompetenz"* der Schülerinnen und Schüler liegt.

Mit wachsender Lesefertigkeit wird die Zielsetzung erweitert:
- Förderung der allgemeinen Sprachkompetenz
- Aneignung von Wissen durch Lesen
- Literaturzugang durch selbstständiges Lesen von Büchern
- Hinführung zur stellungnehmenden Auseinandersetzung mit Lesethemen[274]

Schließlich bleibt der durch das Lesen erweiterte Erfahrungsraum nicht ohne Auswirkungen auf die Persönlichkeitsentwicklung (Gefühl der Selbstständigkeit, Steigerung des Selbstwertgefühls, Bereicherung des Erlebens).

Das Kind soll aber auch gern lesen, denn dies ist die dauerhafteste Lesemotivation, weshalb die Freude und das Interesse am Lesen Unterrichtsziel von Anfang an sein müssen.[275] Das Leseinteresse kann geweckt und gesteigert werden durch leistungsangemessene Texte, die informieren oder den kommunikativen Charakter der Schrift deutlich machen (z. B. Bastelanleitung, Kochrezept, Arbeitsanweisung lesen; sich gegenseitig kurze Briefe schreiben; Nachrichten schriftlich übermitteln, die zu Beginn des Leselernprozesses durch Bildzeichen zu ergänzen sind).[276]
Schließlich muss der Zugang zum Buch geschaffen werden durch Erzählen und Vorlesen, sowie durch Bereitstellen leistungsangemessener spannender, lustiger, fantasievoller Lesetexte zusätzlich zur Fibel.[277]

---

[274] Vgl. PREGEL, D.: a.a.O., S. 6 - RÜDIGER, D. u. a.: Lies mit Habakuk. Lehrerhandbuch. Frankfurt/M. 1978, S. 10 - HINRICHS/WILL-BEUERMANN: Bunte Fibel, Lehrerhandbuch. Hannover 1984, S. 12.

[275] Vgl. MÜLLER, R.: Frühbehandlung der Leseschwäche.1993[4], S. 115 ff.

[276] Das KULTUSMINISTERIUM NORDRHEIN-WESTFALEN stellt als besonderen Aufgabenschwerpunkt den Aufbau einer generellen Lesemotivation auch außerhalb der Schule heraus, *„weil nur dadurch das Kind lesen als Gewinn betrachten lernt und seine Lesefähigkeit ausbaut und steigert"* (KULTUSMINISTERIUM NORDRHEIN-WESTFALEN: a.a.O., S. 27). Als Motivationsgrundsatz fordert der RAHMENPLAN GRUNDSCHULE HESSEN die Begegnung mit authentischen Lese- und Schreibsituationen (z. B. Kinderliteratur anbieten, Mitteilungen verfassen). Vgl. RAHMENPLAN GRUNDSCHULE HESSEN. Wiesbaden 1995, S. 106).

[277] Vgl. dazu die lesemotivierenden Anregungen für den Unterricht in: STAATSINSTITUT FÜR SCHULPÄDAGOGIK UND BILDUNGSFORSCHUNG (Hrsg.): Empfehlungen zur Leseerziehung in der Grund- und Hauptschule. Donauwörth 1989, S. 18 ff.
Vgl. auch: FÄHRMANN, W.: 10 Thesen zur Leseerziehung. In: OSSOWSKI, H. (Hrsg.): Lesen ist wie fliegen. Landau 1989, S. 149 ff.

7.1.3 Inhalte für den Leselehrgang

Die Frage nach den Lehrinhalten ist die Frage nach dem Unterrichtsstoff, mit dessen Hilfe das Lernziel des Erstleseunterrichts erreicht werden soll. Die Auswahl der Texte erfolgt dabei nach methodischen Gesichtspunkten. Eine Methode, die auf die Lesetechnik in erster Linie abzielt, wählt Wörter und Texte unter lesetechnischem Gesichtspunkt aus, um Lautgewinnung und Lautverschmelzung möglichst rasch vermitteln zu können. Eine Methode, die Lesen als Sinnerfassung und Auseinandersetzung mit dem Inhalt in den Vordergrund stellt, muss andere Lesestoffe anbieten; sie wird zu Beginn mehr ganzheitlich zu lesende und für das Kind bedeutsame Wörter einbeziehen. Selbstständiger Schriftspracherwerb kann mittels einer Lauttabelle gefördert werden.

Nach dem heutigen Methodenverständnis darf keine Seite vernachlässigt werden (siehe Kap. 3). Hieraus ergibt sich, dass der Schwierigkeitsgrad eines Textes sowohl von der lesetechnischen Seite als auch vom Sinngehalt her nach dem jeweiligen Stand der Schülerinnen und Schüler im Lehrgang und auch nach dem individuellen Leistungsvermögen ausgewählt werden muss.
Die Ziele, die mit einem Text erreicht werden sollen, ändern sich zwangsläufig mit dem Voranschreiten im Leselehrgang. Dienen die ersten Sätze zunächst der Lesetechnik, sind spätere Texte mehr auf die selbstständige Erschließung, Informationsvermittlung und kritische Auseinandersetzung gerichtet.[278]
Die grundlegenden Kenntnisse und Fähigkeiten müssen während des gesamten Lehrgangs nicht nur erworben, sondern auch kontinuierlich gesichert werden. Flüssiges Lesen ist nur möglich, wenn die Buchstaben und Buchstabengruppen und ihre Synthese beherrscht werden, häufig vorkommende und schwer zu synthetisierende Wörter und Wortteile gespeichert sind und sich das Kind auf einen zu erwartenden Sinngehalt einstellt. Intensive Leseübungen haben deshalb auf allen Stufen des Leselehrgangs eine wichtige Funktion und dürfen nicht vernachlässigt werden (Übungsvorschläge siehe Kap. 8).

---

[278] Vgl. RABENSTEIN, R.: Erstleseunterricht. In: RABENSTEIN, R. (Hrsg.): Erstunterricht. Bad Heilbrunn/Obb. 1979², S. 77 f.

7.2 Grundlegende Zielsetzung des Erstschreibunterrichts[279]

7.2.1 Fachdidaktische Begründung aus dem Schreibbegriff

Die Zielsetzung des Schreibunterrichts hat sich durch veränderte Einstellungen zum Schreiben im Laufe der geschichtlichen Entwicklung mehrfach gewandelt. Deshalb nehmen verschiedene Schreiblehrverfahren unterschiedliche Positionen ein und vermitteln Schreiben entweder eher als eine motorische Tätigkeit oder mehr als sprachliche Tätigkeit mit ihrer kommunikativen Funktion (siehe 4.5). Heute ist man sich einig:

> Schreiben ist eine kommunikative Handlung und
> zugleich ein manuelles Können.

Ein an der Sachstruktur des Schreibens orientierter Unterricht muss das Schreiben in seiner komplexen Form vermitteln, d. h., dass Schreiben einerseits als manuelles Können in korrekter Form und Bewegung anzustreben ist, andererseits muss Schreiben als notwendiges und sinnhaftes Tun erlebt werden. Diese Komponenten sind Grundlage für eine ausgewogene Zielsetzung des Schreibunterrichts.[280]

7.2.2 Richtziele für den Erstschreibunterricht

Nach GLÖCKEL[281] sollte eine Schrift angestrebt werden, die folgende Bedingungen erfüllt:
- gut lesbar und daher an der Norm orientiert,
- in Form, Bewegung und Raumverteilung ausgewogen (ästhetisch, aber vor allem zweckmäßig),
- flüssig und gewandt (kein Formverfall bei schnellem Schreiben),
- entwicklungs- und ausbaufähig,
- Ausdrucksmöglichkeit der persönlichen Eigenart und Leistung.

---

[279] Vgl. GLÖCKEL, H.: Die Zielsetzung des ersten Schreibunterrichts. In: RABENSTEIN, R.: a.a.O., S. 120 ff.

[280] Auch im Schreiblehrgang zur Fibel „Lesen heute" wird gefordert, „das Schreiben von Anfang an als komplexe Handlung zu vermitteln..., an der die motorischen, die kognitiven und die kommunikativen Faktoren beteiligt sind". (PREGEL, D.: a.a.O., S. 140.)

[281] GLÖCKEL, H.: Erstschreibunterricht. In: RABENSTEIN, R. (Hrsg.): Erstunterricht. Bad Heilbrunn/ Obb. 1979², S. 120 f.

Ziel ist vor allen Dingen, dass das Kind mit Freude schreibt und Gefallen findet an der eigenen Schrift, am technischen Können, am korrekten Schreiben und an den kommunikativen Möglichkeiten. Es ist klar, dass dieses Ziel in enger Wechselbeziehung zu den anderen Bestrebungen steht.

Schreiben ist insgesamt eine komplexe Handlung, die Sprachverständnis, Zeichenkenntnis, manuelles Können und Motivation einschließt. Daraus ergeben sich für den Schreibunterricht folgende Teilziele:
- Als Sprachhandlung muss Schreiben die Niederlegung von Bedeutung in grafischen Symbolen ermöglichen; die entsprechenden Kenntnisse sind zu vermitteln.
- Als optisch gesteuerte Handlung muss vom Auge z. B. die günstige Anordnung der Zeichen, die richtige Buchstabenform und -größe überwacht werden.
- Als manuelle Ausführungshandlung erfordert Schreiben u. a. eine klare Vorstellung über die Bewegungselemente und den Bewegungsablauf sowie eine entwicklungsgemäß differenzierte und störungsfreie Beherrschung der Schreibmotorik.
- Als Handlung, die mit Werkzeugen ausgeführt wird, schließt sie die Aneignung von Kenntnissen in Gebrauch und Pflege des Schreibmaterials ein.
- Als individuelle Handlung, die vom einzelnen ausgeführt wird und die eine persönliche Leistung darstellt, ist sie an die Norm gebunden mit zunehmender individueller Freiheit in der Gestaltung.

GLÖCKEL[282] betont, dass es sich beim Schreiben um einen Lernprozess von sehr langer Dauer handelt, der durch Entwicklung und Lernen bestimmt wird. Eine gründliche Einübung als solide Grundlage darf nicht vernachlässigt werden.

7.2.3 Inhalte für den Schreiblehrgang

Die Frage nach dem Lerninhalt ist zunächst die Frage nach der zu erlernenden Schriftart. Folgende Möglichkeiten bestehen in den Bundesländern (siehe dazu die Ausführungen in Kapitel 6):
- Druckschrift
- Lateinische Ausgangsschrift
- Vereinfachte Ausgangsschrift
- Schulausgangsschrift (siehe 6.5)

---

[282] Vgl. GLÖCKEL, H.: a.a.O. 1992[2], S. 42 und 46.

Die Wahl der Erst- oder Ausgangsschrift ist in vielen Bundesländern frei-gestellt.[283] In Bayern gilt die Druckschrift als Erstlese- und Erstschreib-schrift. Die Druckschrift („gemischte Antiqua") besteht aus einfachen Formen und umfasst Groß- und Kleinbuchstaben, sie ist die häufigste Le-seschrift und auch die Schrift der heutigen Fibeln.

Die eigentlichen Probleme bringt das verbundene Schreiben. In Bayern wird heute nach dem Duktus der „Vereinfachten Ausgangsschrift" gelehrt. Die jeweilige Eigengesetzlichkeit bei der Vermittlung des verbundenen und unverbundenen Schreibens ist zu wahren (siehe 6.4 und 6.5).

Ebenso sind der richtige Gebrauch und die Pflege des Schreibmaterials zu vermitteln.

Doch der eigentliche Inhalt des Schreibunterrichts besteht im Schreiben als komplexe Handlung, die Wissen, Verständnis, Können und Schreibfreude einschließt (siehe 8.2.1 und 8.2.2.).

7.3 Lehrpläne und Rahmenrichtlinien als Leitfaden für den unterrichtlichen Schriftspracherwerb

7.3.1 Vergleich aktueller ministerieller Vorgaben einzelner Bundes-länder zum Schriftspracherwerb

Lehrpläne bzw. Rahmenrichtlinien sind für Lehrkräfte nicht nur Orientie-rungshilfe, sondern in Bezug auf Unterrichtsziele, -inhalte und Vermitt-lungsmethoden häufig verbindliche Richtschnur, die auf wissenschaftli-chen Erkenntnissen und praktischen Erfahrungen basiert. Die wesentlichs-ten Aspekte werden deutlich, wenn man verschiedene Lehrpläne und Rah-menrichtlinien miteinander vergleicht.[284]

Der Deutschunterricht soll „den Schülern eine grundlegende sprachliche Bildung" zur besseren Bewältigung künftiger Lebenssituationen vermit-teln. Die Verknüpfung und Integration der Lernbereiche „Sprechen und Gespräche führen", „Für sich und andere schreiben", „Lesen und mit Lite-ratur umgehen" wie auch „Sprache untersuchen" festigen und erweitern die

---

[283] Vgl. KRICHBAUM, G.: Schreibenlernen in der Vereinfachten Ausgangsschrift (VA). In: HAAR-MANN, D. (Hrsg.): Handbuch der Grundschule, Bd. 2. Weinheim 1993, S. 115 f.

[284] Für den Vergleich des Lernbereichs Deutsch (v. a. Erstlesen/Erstschreiben) lagen die Lehrpläne bzw. Rahmenrichtlinien folgender Bundesländer vor: Baden-Württemberg, Bayern, Hessen, Mecklenburg-Vorpommern, Niedersachsen, Nordrhein-Westfalen, Sachsen-Anhalt und Thüringen.

Sprachhandlungskompetenz. Der Schriftspracherwerb wiederum bildet die Basis für einen erweiterten und bewussten Umgang mit der Sprache.[285]

Die Lernbereiche „Lesen", „Schreiben" und „Rechtschreiben" werden in den meisten Lehrplänen aufgrund ihrer prägnanten Fachdidaktik getrennt dargestellt. Gleichwohl wird die Forderung erhoben, diese Lernbereiche in der unterrichtlichen Praxis eng miteinander zu verflechten. Diese enge Verbundenheit kommt insbesondere im neuen bayerischen Lehrplan 2000 durch die zusammenfassende Bezeichnung „Schriftsprache erwerben" zum Ausdruck.[286]

Weit gehender Konsens im Bereich „Erstlesen" innerhalb der einzelnen Lehrpläne zeigt sich sowohl in der Zielformulierung als auch in der zu verwendenden Leselehrmethode. Als Ziele werden neben dem Erlernen des Lesens v. a. der Gewinn von Lesefreude und somit der Erhalt von Lesemotivation genannt. „Der Erstleseunterricht hat die Aufgabe, die Schülerinnen und Schüler in die Kulturtechnik Lesen einzuführen, wobei ihre analytischen und synthetischen Entdeckungsaktivitäten zu entwickeln sind."[287] Dabei wird das Leseinteresse und die Lesefähigkeit der Schüler insbesondere „unter Berücksichtigung ihrer Spracherfahrungen und ihrer Freude am Entdecken und Ausprobieren entwickelt bzw. wachgehalten."[288] „Leseinteresse und Lesebereitschaft" zu entwickeln sowie die Erfahrung zu vermitteln, dass „Lesen Vergnügen bereitet", ist auch vorrangiges Ziel des bayerischen Lehrplans 2000.[289] „Durch motivierende Textangebote und Arbeitsformen soll der Schüler Freude am Lesen gewinnen."[290] In den ersten beiden Jahrgangsstufen spielt der „Aufbau der generellen Lesemotivation auch außerhalb der Schule eine entscheidende Rolle".[291] Nur so kann das Kind Freude am Lesen gewinnen und dadurch seine Lesefähigkeit ausbauen.

Da „lesen zu können mehr als die Beherrschung der reinen Lesetechnik"[292] bedeutet, wird allgemein „das methodenintegrierende Verfahren gefordert, bei dem analytische und synthetische Vorgehensweisen zusammenwirken und die verschiedenen Sprachelemente von Anfang an berücksich-

---

[285] LEHRPLAN FÜR DIE GRUNDSCHULEN IN BAYERN. München 2000, S. 26.
[286] LEHRPLAN FÜR DIE GRUNDSCHULEN IN BAYERN. München 2000, S. 26.
[287] RAHMENRICHTLINEN GRUNDSCHULE SACHSEN-ANHALT. Magdeburg 1993, S. 24.
[288] RAHMENPLAN GRUNDSCHULE MECKLENBURG-VORPOMMERN. Schwerin 1996, S. 7.
[289] LEHRPLAN FÜR DIE GRUNDSCHULEN IN BAYERN. München 2000., S. 27.
[290] LEHRPLAN GRUNDSCHULE BADEN-WÜRTTEMBERG. Stuttgart 1984, S. 105.
[291] LEHRPLAN GRUNDSCHULE NORDRHEIN-WESTFALEN. Düsseldorf 1985, S. 27.
[292] LEHRPLAN GRUNDSCHULE NORDRHEIN-WESTFALEN: a.a.O., S. 29.

tigt sind. "[293] Damit sind rein synthetische Verfahren, bei denen die Laute und Lautzeichen ohne Einsicht in ihre Funktion als Sinnträger erlernt werden, ebenso wie extrem ganzheitliche Verfahren, bei denen die Analyse zu lange hinausgezögert wird, ausgeschlossen. *„Die Analyse und bewusste Synthese von Wörtern, die Absicherung der Buchstaben-Laut-Beziehung, die Schulung der Sinnerfassung und des allgemeinen Sprachvermögens sind für alle Lehrverfahren maßgebend."* [294]
Als Erstleseschrift wird in allen Bundesländern die Druckschrift (Gemischt-Antiqua) als besonders geeignet empfohlen bzw. verpflichtend vorgeschrieben. *„Erstschrift für den Erwerb der Schriftsprache ist die Druckschrift."* [295] *„Aufgrund ihrer klaren Buchstabenformen und der Unverbundenheit der Buchstaben erleichtert sie das analysierende Lesen und macht die optische Gliederung der Wörter leichter erfassbar als verbundene Schriften."* [296] Auch die *„Vorerfahrungen der Kinder mit Geschriebenem beruhen in aller Regel auf der Druckschrift"* [297], die ihnen in ihrer Umwelt als Verkehrsschrift am häufigsten begegnet.

Über die Erstleseschrift wird die Verbindung zum „Erstschreiben" hergestellt. In den ministeriellen Vorgaben wird ausnahmslos gefordert, dass Lesen und Schreiben eng miteinander verflochten wird. *„Das Erlernen der Schriftzeichen und Wortbilder darf sich nicht unabhängig vom jeweiligen Leselehrgang vollziehen."* [298] *„Wo immer es möglich erscheint, sollte Lesen mit Schreiben verbunden werden, da sich beide Vorgänge nachhaltig gegenseitig unterstützen."* [299] Auch ein stärker schreiborientierter Ansatz *„durch das Verschriften eigener Texte"* [300] kann Ausgangspunkt für das Erlernen von Analyse und Synthese sein.
Um diese Stützfunktion möglichst frühzeitig im Unterricht nutzen zu können und den Schüler kognitiv wie auch manuell größtmöglich zu entlasten, wird bereits in mehreren Lehrplänen und Rahmenrichtlinien die Druckschrift auch als Erstschrift für das Schreibenlernen empfohlen, teilweise sogar obligatorisch festgelegt.[301] *„Die manuelle Tätigkeit des Druckens un-*

---

[293] IGL, P.: Schriftspracherwerb im Spiegel der Lehrpläne. In: HUBER/KEGEL/SPECK-HAMDAN (Hrsg.): Einblicke in den Schriftspracherwerb. Braunschweig 1998, S. 7.
[294] RAHMENRICHTLINIEN GRUNDSCHULE SACHSEN-ANHALT: a.a.O., S. 24.
[295] LEHRPLAN FÜR DIE GRUNDSCHULEN IN BAYERN. München 2000, S. 78.
[296] RAHMENRICHTLINIEN GRUNDSCHULE NIEDERSACHSEN. Hannover 1984, S. 11 f.
[297] LEHRPLAN GRUNDSCHULE NORDRHEIN-WESTFALEN: a.a.O., S. 29.
[298] RAHMENRICHTLINIEN GRUNDSCHULE NIEDERSACHSEN. Hannover 1984, S. 27.
[299] RAHMENRICHTLINIEN GRUNDSCHULE NIEDERSACHSEN: a.a.O., S. 17.
[300] LEHRPLAN FÜR DIE GRUNDSCHULEN IN BAYERN. München 2000, S. 78.
[301] RAHMENPLAN GRUNDSCHULE HESSEN. Wiesbaden 1995, S. 107.

terstützt das Lesenlernen, das optisch klar gegliederte Wortbild der Druckschrift erleichtert das Speichern von Wörtern und fördert damit die Lesefähigkeit und die richtige Schreibweise der Wörter."[302] Letztendlich zielt Schreiberziehung jedoch auf das Erlernen einer verbundenen Schrift hin. Hier sind die „Lateinische Ausgangsschrift (LA)", die „Vereinfachte Ausgangsschrift (VA)" und die „Schulausgangsschrift (SAS)" möglich (siehe Kap. 6). In der Mehrzahl der Bundesländer ist der Lehrerkonferenz bzw. dem einzelnen Lehrer die Wahl mehr oder minder freigestellt. Allerdings kann die verbundene Schrift auch vorgeschrieben sein, z. B. gab Bayern im LP '81 noch die LA verbindlich vor, mit dem Lehrplan 2000 die VA und in Sachsen-Anhalt ist die SAS zu lehren.

Die Zielformulierungen im Bereich „Erstschreiben" unterscheiden sich im Hinblick auf Druckschrift oder Schreibschrift. Übereinstimmend wird die kommunikative Funktion des Schreibens im Anfangsunterricht unterstrichen, was einen Schreibbeginn mit Druckschrift besonders nahelegt. *„Da die Kinder von Anfang an für sich und andere schreiben, erkennen sie, dass eine deutliche Schrift für den Leser notwendig ist und eine ansprechende Gestaltung zum Lesen motiviert."*[303] *„Das Kind erfährt, dass es schreiben kann, was es mitteilen möchte."*[304] Beim Schreibschriftlehrgang liegt der Schwerpunkt auf dem Formgestaltungs- und Bewegungsaspekt. *„Durch sorgfältiges, den jeweiligen Entwicklungsstand berücksichtigendes Vorgehen soll ... formgerechtes, gut lesbares und geläufiges Schreiben gesichert werden"*[305], bei dem auch *„die richtige Körper- und Handhaltung sowie die vorteilhafte Lage des Schreibpapiers für möglichst entspanntes Schreiben wichtig sind."*[306] Ziel ist es, *„eine an der Norm orientierte, gut lesbare, in Form und Bewegung ausgewogene, vor allem flüssige Schrift auszubilden, die auch der persönlichen Eigenart des Kindes Raum lässt."*[307]

Hier wiederum besteht die Verbindung zum „Rechtschreiben", denn aus dem Partnerbezug resultierend hat das Schreiben *„Ordnungs- und Gestaltungsansprüchen"*[308] zu genügen. In nahezu allen Lehrplänen und Rahmenrichtlinien wird der Aufbau eines Grundwortschatzes (klassen-, schul- oder jahrgangsbezogen) empfohlen. Den größeren Lernerfolg verspricht die

---

[302] LEHRPLAN GRUNDSCHULE NORDRHEIN-WESTFALEN: a.a.O., S. 36.
[303] LEHRPLAN FÜR DIE GRUNDSCHULEN IN BAYERN. München 2000, S. 78.
[304] LEHRPLAN GRUNDSCHULE THÜRINGEN: a.a.O., S. 12.
[305] LEHRPLAN GRUNDSCHULE BADEN-WÜRTTEMBERG: a.a.O., S. 99.
[306] LEHRPLAN FÜR DIE GRUNDSCHULEN IN BAYERN. München 2000, S. 85.
[307] LEHRPLAN GRUNDSCHULE THÜRINGEN. Erfurt 1993, S. 3.
[308] RAHMENRICHTLINIEN GRUNDSCHULE NIEDERSACHSEN: a.a.O., S. 27.

rechtschriftliche Sicherung eines begrenzten, an den Interessen des Kindes und an der Gebrauchshäufigkeit orientierten Wortschatzes im Vergleich zum wechselhaften Üben einer willkürlichen Wortfülle. Im Grunde genommen gilt jedoch Folgendes: „*Der sichere Erwerb des normgerechten Schreibens ist ein vielschichtiger Vorgang, der mit der Phase des Lesen- und Schreibenlernens beginnt und bis zum Ende der Grundschulzeit noch nicht abgeschlossen ist.*"[309] Damit ist die Erziehung zum Rechtschreiben als Unterrichtsprinzip in allen Fächern zu berücksichtigen.

Meist gehen die Lehrpläne und Rahmenrichtlinien davon aus, dass das Erlernen des Lesens und Schreibens an gebundene Lehrgänge geknüpft wird, die sowohl inhaltlich als auch in der Abfolge der einzelnen Lerneinheiten für alle Schüler einer Klasse einheitlich gestaltet sind. Im hessischen Rahmenplan wie auch im bayerischen Lehrplan von 2000 wird der Schriftspracherwerb dagegen als ein „aktiv-entdeckender Problemlöseprozess" bezeichnet. „*Er vollzieht sich nicht geradlinig, sondern in Sprüngen, in individuellem Tempo, mit unterschiedlichen kognitiven Strategien und an den 'eigenen Wörtern'.*"[310] Übungsphasen, in denen auch vorgefertigte Arbeitsmittel zum Einsatz kommen, ermöglichen eine dauerhafte Verfügbarkeit der selbstständig gefundenen Erkenntnisse. Bei diesem entdeckenden Lernen sind Fehler unvermeidbar. Sie sind notwendiger Teil des Erwerbsprozesses, „*geben Hinweise auf den Entwicklungsstand der Kinder und sind Ansatzpunkte für die individuelle Förderung.*"[311] Für das Lerninteresse maßgebend sind „*authentische Schreib- und Lesesituationen*".[312] Diese fordern Schreiben heraus und machen dem Kind den eigenen Lernzuwachs sowie Defizite bewusst, so dass es „*Vertrauen in (die eigene) Leistungsfähigkeit ... entwickeln*"[313] kann. Im Rahmen gemeinsamer Vorhaben vollziehen sich individuelle Lernprozesse im sozialen Kontext. Folgende Konzeption liegt zugrunde: „*Schriftspracherwerb vollzieht sich im Spannungsfeld von Offenheit und Systematik. Die Aufgabe der Lehrerinnen und Lehrer besteht darin, die individuellen Lernwege der Kinder zu beobachten, in ihrer fortschreitenden Systematisierung zu dokumentieren und nach dem Prinzip der Passung Lernanregungen und -angebote für alle Aspekte des Schriftspracherwerbs verfügbar zu machen.*"[314]

---

309 LEHRPLAN GRUNDSCHULE BADEN-WÜRTTEMBERG: a.a.O., S. 100.
310 RAHMENPLAN GRUNDSCHULE HESSEN: a.a.O., S. 106.
311 LEHRPLAN FÜR DIE GRUNDSCHULEN IN BAYERN. München 2000, S. 28.
312 RAHMENPLAN GRUNDSCHULE HESSEN: a.a.O., S. 106.
313 LEHRPLAN FÜR DIE GRUNDSCHULEN IN BAYERN. München 2000, S. 78.
314 RAHMENPLAN GRUNDSCHULE HESSEN: a.a.O., S. 108.

7.3.2 Perspektiven und Tendenzen

Noch besteht also in Lehrplänen bzw. Richtlinien weitgehender Konsens darüber, dass Lesen in Lehrgängen unterrichtet wird, d. h., *„der Lehrstoff ist jeweils in kleinere, überschaubare Lernschritte aufgeteilt, so dass eine gezielte Steuerung der Lernprozesse in Anpassung an die Lernleistung der Schüler möglich ist.* "[315] In der Praxis wird allerdings in einem von außen gesteuerten Lehrgang die erwünschte optimale Passung des Lehrstoffs an den Leistungsstand jedes einzelnen Schülers kaum in erwünschtem Maße erreicht. Lehrgänge haben sich als ziemlich starr erwiesen und gehen zu wenig auf die individuellen Lernmöglichkeiten der Schulanfänger ein.[316] Didaktisch gegenläufige Tendenzen, Lesen und Schreiben in offenen Lernsituationen zu unterrichten, mittels Materialien, die keine Lehrgangsstruktur aufweisen, finden noch wenig Berücksichtigung (z. B. „Phonetisches Schreiben", siehe 5.2.3). Jedoch erproben Lehrerinnen und Lehrer zunehmend, Lesen und Schreiben in offenen Lernsituationen zu vermitteln, in denen die Aktivitäten entscheidend von den Kindern mitbestimmt, ihre Interessen, Möglichkeiten und Lernvoraussetzungen stärker berücksichtigt werden und sie nicht unnötig didaktisch eingeengt sind.[317] Durch positive Erfahrungsberichte werden Lehrerinnen und Lehrer ermutigt, sich mehr vom frontalen Erstunterricht zu lösen, die schon vorhandenen Kenntnisse der Kinder besser zu nutzen und die Kinder selbstständig und miteinander und voneinander lernen zu lassen. Mit dem neuen Lehrplan in Bayern sollen die Kinder *„neugierig ... beginnen, ... die gesprochene und geschriebene Sprache zu erforschen ... durch probierende Tätigkeiten als auch durch systematiches Lernen*"[318]. Ein stärker schreiborientiertes Vorgehen ist explizit vorgesehen.
Ein zeitgemäßer Unterricht sollte folgende Aspekte im Auge behalten:

- Der Anfangsunterricht muss wegen der weit gestreuten Entwicklungsunterschiede beim Schulanfänger individuelle Leistungsanforderungen bieten, um jedem Kind eine Weiterentwicklung zu ermöglichen. Deshalb

---

[315] KOPP, F.: Didaktik in Leitgedanken. Donauwörth 1970³, S. 117.
[316] Siehe dazu: RABENSTEIN, R./SCHORCH, G./TREINIES, G.: Leistungsunterschiede im Anfangsunterricht. Nürnberg 1989: Die Verfasser ermittelten z. B. einen Leistungsunterschied in der Leseleistung am Ende des ersten Schuljahres von drei bis vier Schuljahren.
[317] Vgl. HEUß, G. E.: Offenes Schreibenlernen - sicheres oder gefährdetes Schreibenlernen? In: SCHORCH, G. (Hrsg.): Schreibenlernen und Schriftspracherwerb. Bad Heilbrunn/Obb. 1992², S. 99 ff.
[318] LEHRPLAN FÜR DIE GRUNDSCHULEN IN BAYERN. München 2000, S. 78.

sind die unterschiedlichen Lernwege der Kinder zu beobachten und durch differenzierende Lernanregungen und -angebote zu unterstützen.

- Der Schriftspracherwerb nimmt eine zentrale Stellung im Anfangsunterricht ein. Möglichkeiten, über die neue Sprachform zu kommunizieren, bieten sich nur, wenn die Lernprozesse Lesen und Schreiben schon von Beginn an eng miteinander verknüpft werden.

- Die Schriftsprache muss das Kind über die mündliche Sprachverwendung und die elektronischen Medien hinaus als notwendig, sinnvoll und attraktiv kennen lernen, damit eine dauerhafte, intrinsische Lese- und Schreibmotivation aufgebaut werden kann. Zwingende, authentische Schreib- und Lesesituationen, die auch die außerschulische Schriftumwelt einbeziehen, sind deshalb wichtig.

- Selbstgewählte Lernaktivitäten schaffen die Motivation und die Voraussetzung für individuelles Lernen. Eine schriftanregende Umgebung fördert selbstständige Entdeckungsprozesse und treibt den Lese- und Schreiblernprozess voran.

- Die Einführung einer Lauttabelle bietet dem Kind die Möglichkeit, Sinn, Funktion und Bedeutsamkeit von Lesen und Schreiben zu erleben und sich aktiv-entdeckend wichtige Kenntnisse und Fertigkeiten zur Schriftsprache anzueignen.[319]

- Fehler gehören dabei zum Lernprozess; sie geben wichtige Hinweise auf den Entwicklungsstand der Kinder und bieten deshalb Ansatzpunkte für die individuelle Förderung oder auch zur Erarbeitung von Rechtschreibregeln. Die Motivation darf nicht durch unpädagogische Korrekturen beeinträchtigt werden (siehe 8.5.3).

- Allerdings sollten Buchstaben zusätzlich systematisch geübt werden, insbesondere für Kinder, die intensiver Unterstützung bedürfen. Zudem erfordert das Verfassen von kleinen Texten gezielte Anregungen, wie auch das Erlernen von günstigen Bewegungsabläufen und der richtigen Stift- und Schreibhaltung nicht ohne Hilfe erfolgen kann. Eigene Wörterhefte können helfen, häufig gebrauchte Wörter rechtschriftlich zu fes-

---

[319] Vgl. LEHRPLAN FÜR DIE GRUNDSCHULEN IN BAYERN. München 2000, S. 26

tigen, dabei kann insbesondere der interessenbezogene eigene Wortschatz festgehalten werden.[320]

- Für den Erwerb unserer Lautschrift ist die Entwicklung einer phonologischen Bewusstheit, und insbesondere die der Phonembewusstheit, Grundvoraussetzung (siehe 2.2.2); sie muss deshalb besonders gefördert werden (siehe 8.1/8.2).

- Offene Lernsituationen finden in informellen Gruppen statt, die soziale Lernprozesse ermöglichen. Entwicklungsgefälle sind dabei kein Nachteil, sondern bieten zahlreiche sozial motivierte Interaktionen, in denen die Kinder voneinander lernen können. Der Unterrichtsvormittag sollte deshalb so gestaltet sein, dass Beziehungen entstehen und auch Schriftsprache partnerbezogen gebraucht werden kann.

- Die Druckschrift ist sowohl Lese- als auch Schreibschrift. An das vorschulische Schreiben anknüpfend sollten neben der gemischten Antiqua zunächst auch Blockbuchstaben akzeptiert werden. Der Übergang zur verbundenen Schrift hat keine Eile; da das Schreibdrucken die Entwicklung der verbundenen Schrift vorbereitet, kann sie zu einem späteren Zeitpunkt schnell erworben werden.

- Ziel muss die Entwicklung einer intrinsischen, dauerhaften Lesemotivation sein. Dazu gehört, dass die Leseprozesse automatisiert sind, d. h. die Buchstaben/Laute, die Synthese und häufig gebrauchte Ganzwörter müssen so geübt werden, dass sie sicher beherrscht werden. So können allmählich größere Einheiten erfasst werden und überschauendes Lesen wird möglich. Über Kinderliteratur kann das Leseinteresse und die Lesebereitschaft ebenso geweckt werden.[321] So sollte auch die Lehrerin immer wieder aus guten Kinderbüchern vorlesen.

---

[320] RICHTER geht davon aus, dass Kinder die Wörter, deren Inhalt dem eigenen Interessenbereich entstammt, häufiger richtig schreiben als andere. - Vgl. RICHTER, S.: Schriftspracherwerb und Interesse. Regensburg 1998. - RICHTER, S.: Interessenbezogenes Rechtschreiblernen. Braunschweig 1998.
[321] Vgl. LEHRPLAN FÜR DIE GRUNDCHULEN IN BAYERN. München 2000, S. 27.

Literatur

BERGK, M./MEIERS, K. (Hrsg.): Schulanfang ohne Fibeltrott. Bad Heilbrunn/Obb. 1985.

FÄHRMANN, W. : 10 Thesen zur Leseerziehung. In: OSSOWSKI, H. (Hrsg.): Lesen ist wie fliegen. Landau 1989.

FAUST-SIEHL, G./GARLICHS, A. u. a.: Die Zukunft beginnt in der Grundschule. Frankfurt/M. 1996. *

GLÖCKEL, H. : Die Zielsetzung des ersten Schreibunterrichts. In: SCHORCH, G.: Schreibenlernen und Schriftspracherwerb. Bad Heilbrunn/Obb. 1992[2]. *

HINRICHS, J./WILL-BEUERMANN, H.: Bunte Fibel, Lehrerhandbuch. Hannover 1984.

IGL, P. : Schriftspracherwerb im Spiegel der Lehrpläne. In: HUBER/KEGEL/SPECK-HAMDAN (Hrsg.): Einblicke in den Schriftspracherwerb. Braunschweig 1998. *

KIRSCHHOCK, E.-M./MARTSCHINKE, S.: Entwicklungsorientiertes Lesen- und Schreibenlernen - Beobachtungsergebnisse aus einer Lernwerkstatt. Nr. 87. Nürnberg 1997.

KOPP, F. : Didaktik in Leitgedanken. Donauwörth 1970[3].

KRICHBAUM, G. : Schreibenlernen in der Vereinfachten Ausgangsschrift (VA). In: HAARMANN, D. (Hrsg.): Handbuch Grundschule, Bd. 2. Weinheim 1993.

LEHRPLAN FÜR DIE GRUNDSCHULEN IN BAYERN. KWMBl I So.-Nr. 1/2000. *

LEHRPLAN GRUNDSCHULE BADEN-WÜRTTEMBERG. Stuttgart 1984.

LEHRPLAN GRUNDSCHULE NORDRHEIN-WESTFALEN. Düsseldorf 1985.

LEHRPLAN GRUNDSCHULE THÜRINGEN. Erfurt 1993 und 1999.

MAHLER, G./SELZLE, E. (Hrsg.): Lehrplan für die Grundschule in Bayern mit Erläuterungen und Handreichungen. Bd. 1. Donauwörth 1982. *

MENZEL, W. : Schreiben - Lesen. Für einen handlungsorientierten Erstunterricht. In: NEUHAUS-SIEMON, E. (Hrsg.): Schreibenlernen im Anfangsunterricht der Grundschule. Königstein/Ts. 1984[2].

MÜLLER, R. : Frühbehandlung der Leseschwäche. o. O. 1993[4].

PREGEL, D. : Lesen heute. Lehrerhandbuch. Hannover 1982.

RABENSTEIN, R. (Hrsg.): Erstunterricht. Bad Heilbrunn/Obb. 1979[2].

RABENSTEIN, R./SCHORCH, G.: Lesen- und Schreibenlernen nach dem Lehrplan '81 - Analyse und Kommentar. Berichte und Arbeiten aus dem Institut für Grundschulforschung. Nürnberg 1982.

RABENSTEIN, T./SCHORCH, G./TREINIES, G.: Leistungsunterschiede im Anfangsunterricht. Nürnberg 1989. *

RAHMENPLAN GRUNDSCHULE HESSEN. Wiesbaden 1995.

RAHMENPLAN GRUNDSCHULE MECKLENBURG-VORPOMMERN. Schwerin 1996.

RAHMENRICHTLINIEN GRUNDSCHULE NIEDERSACHSEN. Hannover 1984.

RAHMENRICHTLINIEN GRUNDSCHULE SACHSEN-ANHALT. Magdeburg 1993.

RETTER, H. : Reform der Schuleingangsstufe. Regensburg 1975.

RÜDIGER, D. u. a.   : Lies mit Habakuk. Lehrerhandbuch. Frankfurt/M. 1978.

SCHENK, Ch.   : Lesenlernen vorbereiten. Förderung des auditiven Differen-
                        zierungsvermögens im sprachlichen Bereich. Baltmannswei-
                        ler 1990.

SCHORCH, G. (Hrsg.): Schreibenlernen und Schriftspracherwerb. Bad Heilbrunn/
                        Obb. 1992^2.

SPITTA, G.   : Welche Vorteile bietet die Arbeit mit einem Grundwort-
                        schatz? In: VALTIN, R. (Hrsg.): Rechtschreibenlernen in den
                        Klassen 1-6. Frankfurt/M. 2000.

STAATSINSTITUT FÜR SCHULPÄDAGOGIK UND BILDUNGSFORSCHUNG
                        (Hrsg.): Empfehlungen zur Leseerziehung in der Grund- und
                        Hauptschule. Donauwörth 1989.

STAATSINSTITUT FÜR SCHULPÄDAGOGIK UND BILDUNGSFORSCHUNG
                        (Hrsg.): Schulversuch „Phonetisches Schreiben". München
                        1998.

8. Konsequenzen für den Unterricht

8. Konsequenzen für den Unterricht

Unterrichtsgegenstand sowie Ausgangslage der Schüler bestimmen unmittelbar Ziele, Inhalte und Verfahren des Erstlese- und Erstschreibunterrichts und diese wiederum die konkrete Unterrichtsgestaltung. Im Folgenden werden wichtige Aspekte des planmäßigen Lehrens und Lernens erörtert.

8.1 Medien und Lernumwelt

8.1.1 Grundlegendes

Unter Medien werden in diesem Zusammenhang Lehr-, Lern- und Arbeitsmittel verstanden, also alle im Unterricht verwendeten Hilfsmittel. Eine Unterscheidung kann insofern getroffen werden, als Lehrmittel hauptsächlich der Lehrkraft zur Unterrichtsgestaltung dienen und Lern- und Arbeitsmittel, die kleinformatiger sind, für die Hand der Schülerinnen und Schüler bestimmt sind; allerdings gibt es viele Überschneidungen.

Klassenzimmerausstattung und Medien sollen für den Schulanfänger eine behagliche, freundliche Lernatmosphäre schaffen, in der er sich wohl fühlen und lernen kann. Schülerinnen und Schüler, die gerade aus dem Kindergarten kommen, haben sich bisher im Spiel individuell und miteinander durch eigenes Tun Wissen angeeignet. Im Hinblick auf einen möglichst bruchlosen Übergang muss dies der Erstunterricht berücksichtigen und auch in der Gestaltung der Lernumwelt an den Erfahrungen der Kinder anknüpfen (siehe 8.3.1).

Mit Arbeitsmitteln kann der Schulanfänger, entsprechend seinem individuellen Lerntempo und seinem Leistungsvermögen, selbstständig üben und neues Wissen erwerben. Die Selbstkontrolle entlastet die Lehrerin bzw. den Lehrer, bedeutet neues Lernen durch Überprüfen und erzieht zur Eigenverantwortung und Selbstständigkeit. Das Erfolgserlebnis motiviert zudem zum Weiterlernen. Arbeitsmittel können vielseitig eingesetzt werden: in den verschiedenen Unterrichtsphasen, in der Einzel-, Partner- und Gruppenarbeit, zur Differenzierung, in der Freiarbeit.

Eine besondere Bedeutung hat das Lernspiel oder didaktische Spiel. Es zeigt Spielelemente und kommt dem Drang des Kindes nach manueller Tätigkeit entgegen, es ist jedoch auf schulisches Lernen ausgerichtet. Meist wird durch didaktische Spiele bereits Erlerntes geübt, wiederholt, gesichert. Die Grundform der Lernspiele ist im Allgemeinen üblichen Gesellschaftsspielen entnommen, die häufig wettbewerbsorientiert sind. So bringen Lernspiele Abwechslung, Entspannung und Spaß und können das kindliche Bedürfnis nach Wettstreit befriedigen. Ideal einsetzbar sind Lernspiele in freien Arbeitsphasen.[322]

Unterrichtshilfen, die für die Schülerinnen und Schülern bereit stehen oder der Lehrkraft zur Vermittlung des Lehrstoffs dienen, werden immer vielfältiger, reichhaltiger und wirkungsvoller. Dennoch gibt es Medien, die grundlegend die methodische Gestaltung unterstützen und – zwar verbessert und verändert – über Generationen ihre Bedeutung nicht verloren haben:

- **Tafel (und Tageslichtprojektor)**
Die Wandtafel eignet sich sehr gut zur optischen Analyse und zur Demonstration der Buchstabenform (dazu gehört auch die richtige Bewegungsführung). Vorgeschriebene Buchstaben und Wörter können z. B. von den Kindern mit dem Finger in der Luft oder mit Kreide auf der Tafel nachgespurt werden. Verschiedene Tafeln ermöglichen vielseitiges und großformatiges Üben: Wandtafel, Flanelltafel, Magnettafel, dazu passendes Bild-, Wort- und Buchstabenmaterial.
Mit Hilfe des Tageslichtprojektors kann die Lehrkraft Bewegungsablauf und Form auch mit feineren Werkzeugen vorbildlich darstellen. Da sich die Wandtafel jedoch auch zum großformatigen Üben für die Kinder eignet, ist dieser meist der Vorzug zu geben.

- **Laut- oder Buchstabentabelle**
Früher war es üblich, lediglich die neu erlernten Buchstaben gesammelt und gut sichtbar für die Kinder darzustellen, z. B. in einem Buchstabenhaus oder Buchstabenzug. In die zunächst leeren Fenster wurden die neu erarbeiteten Buchstaben eingefügt oder Buchstabenwaggons angehängt und häufig, wie in Anlauttabellen, als Merkhilfe eine Abbildung hinzugefügt; so hatten die Kinder eine Gedächtnisstütze und Einprägungshilfe.
Heute werden den Kindern Buchstabentabellen mit allen bzw. mit den für das lauttreue Verschriften erforderlichen Buchstaben zur Verfügung ge-

---

322 Literaturempfehlungen zur Einführung von Freiarbeit:
BREUER, G.: Freie Arbeit im 1. und 2. Schuljahr. München 1989.
KAYSER, A./SCHÄKEL, L.: Kinder und Lehrer lernen: Freie Arbeit. Frankfurt/M. 1986.
SENNLAUB, G.: Mit Feuereifer dabei. Heinsberg 1990[5].

stellt. Den Buchstaben beigefügte Anlautbilder ermöglichen es den Kindern, sich Buchstaben selbstständig anzueignen. Solche Buchstaben- oder Lauttabellen dienen also nicht mehr nur der Festigung der erarbeiteten Buchstaben, sondern können das eigenständige Lernen und freie Schreiben anregen (siehe 8.1.2 und 5.2, 5.3).

Jedes Kind besitzt – zusätzlich zu der im Klassenzimmer hängenden Buchstabenübersicht – eine eigene im Kleinformat, mit der es frei schreiben kann. Lauttabellen sind *das* Mittel zur Differenzierung (siehe Abb. 29)

- **Materialien zum Einüben der Buchstabenform und der Laute**

Vieles eignet sich zum Formen von Buchstaben, auch Abfallmaterial: Plastilin, Papierreste, Pfeifenputzerdraht, Bänder, Wollreste, Naturmaterialien, Flaschenverschlüsse, Knöpfe, Stäbchen u. Ä. Das Formen und Gestalten der Buchstaben dient nicht nur dem Einprägen der Buchstabenform, sondern fördert ebenso die Kräftigung der Handmuskulatur und die Entwicklung der Feinmotorik.

Die folgenden Übungen, bei denen auch der Körper als Instrument eingesetzt wird, eignen sich zudem, die Bewegungsrichtung einzuschulen: in Vogelsand oder auf Rücken bzw. Handfläche des Partners schreiben (dieser kontrolliert), Sandpapierbuchstaben oder Holzbuchstaben nachfahren, auf dem Fußboden großformatig aufgeklebte, aufgemalte, mit Seilen gelegte Buchstaben nachlaufen, mit verschiedenen Körperteilen in die Luft schwingen oder mit feuchtem Schwämmchen an die Tafel schreiben bzw. mit dem Licht einer Taschenlampe nachspuren u. Ä.

Phonembewusstheit entwickelt der Schulanfänger zwar insbesondere im Umgang mit der Schrift (Lauttabelle, Leseübungen), doch ist ein zusätzliches phonematisches Training auf der Basis gesprochener Sprache sinnvoll (siehe 2.2.2). Als Hilfsmittel eignen sich Gegenstände und Bilder. Sie werden von der Lehrperson gezielt nach bestimmten Lauten ausgewählt oder Kinder bringen entsprechendes Material mit. Auditive Übungen zu den einzelnen Lauten sind auch in den Arbeitsheften der Lehrgänge enthalten (siehe 8.1.2). So sollen die Kinder die abgebildeten Gegenstände auf einen gesuchten Laut hin abhören, meist auch die Position des Lautes im Wort angeben.

Es sei erneut darauf hingewiesen, dass das Segmentieren einzelner Phoneme eher eine kognitive als eine sensorische Leistung ist, da die Laute innerhalb einer Silbe artikulatorisch miteinander verwoben sind, also eine auditiv-sprechmotorische Gesamtgestalt bilden und die Phonemanalyse deshalb nur durch ein spezielles Training zu leisten ist. Zudem sind Laute häufig nicht so zu hören, wie es uns unser graphemisches Wissen vorgibt (z. B. „Vater" /fata/, „Wald" /walt/, „Burg" /burk/, „Koffer" /koffe/ (siehe 1.2). Anlaute, Dauerkonsonanten, lange Vokale, Einzelkonsonanten (**B**oot statt **Br**ot) sind leichter zu analysieren. Problematisch ist es vor allem auch, Positionsangaben zu fordern, wenn diese nicht eindeutig sind (z. B. /l/ in „Blume", /m/ in Schmetterling).[323] Das freie Schreiben mit einer Lauttabelle übt insbesondere die Phonemanalyse, wobei natürlich zunächst phonologisch und orthografisch sehr unvollständige Schreibungen zu akzeptieren sind.

• Materialien für Syntheseübungen

Grundsätzlich ist das freie Schreiben für das Synthetisieren von besonderer Bedeutung, da die Buchstaben einzeln angefügt werden und ein inneres Mitsprechen die Handlung begleitet. Neben dem Handschreiben sind technische Medien einzusetzen, die bei Kindern recht beliebt sind, z. B. Stempelkasten, Druckerei, Computer (siehe 8.1.5).

Mit dem Setzkasten oder Buchstabenkasten[324] kann der Schulanfänger selbstständig Buchstaben zu Wörtern zusammensetzen und so das Auf- und Abbauen von Wörtern oder Wortumwandlungen intensiv üben. Zur Demonstration eignet sich insbesondere die großformatige Version für die Magnet- oder Flanelltafel.

Lesekästen kosten sehr viel Geld und können wegen der großen Sortierarbeit nicht allzu häufig eingesetzt werden. In Freiarbeitsphasen oder Differenzierungsmaßnahmen haben sie aber durchaus noch ihren Platz, deshalb wäre eine größere Anzahl in der Schule durchaus sinnvoll.

Da Schulanfänger noch wie das Vorschulkind tätig sein und die Dinge in die Hände nehmen wollen, haben auch Stempelkasten und Druckerei hohen Motivationscharakter. Die Kinder können z. B. mit Hilfe von Buchstabenstempeln Wörter drucken oder eigene kleine Texte verfassen; dadurch gewinnen sie nachhaltig Einsicht in die Lautstruktur und den Wortaufbau. Positive Auswirkungen auf die Rechtschreibentwicklung durch das Schrei-

---

[323] Vgl. SCHEERER-NEUMANN, G.: Hörst das /r/ in „Koffer"? Grundschulunterricht, 43 (1996) 5. – KREY, M/FÖLLING-ALBERS, M.: „Man hört was man weiß". Grundschulunterricht 10/1999, S. 11-14.

[324] Der Lesekasten, bereits von HANS BRÜCKL entwickelt, wurde im Laufe der Zeit ständig verbessert. - BRÜCKL, H.: Der Gesamtunterricht im ersten Schuljahr. München 1948, S. 90. - PREM, H.: Seit über 70 Jahren: Der Lesekasten. In: Bayerische Schule 2 (1996), S. 48.

ben mit diesen Medien sind seit langem bekannt.[325] Die Benutzung dieser Arbeitsmittel setzt aber eine intensive Erziehung zum sorgfältigen Umgang mit diesem Material voraus, denn diese Kästen sind sehr schnell unvollständig. Vielfach wurden sie im Klassenzimmer auch vom Computer abgelöst.

Geläufiges Erkennen von Buchstaben, Buchstabengruppen, Wörtern und Satzabschnitten ist Voraussetzung für flüssiges Lesen, was wiederum die Lesemotivation steigert. Dies bedeutet, dass vielfältiges Übungsmaterial zur Verfügung stehen muss, mit dem das Kind gern übt und mit dem es sich das „Handwerkszeug", d. h. die technischen Fertigkeiten für das Lesen und Schreiben, aneignen kann.

Kinder für das Lesen zu begeistern, erfordert schließlich vielfältiges Lesematerial, dem unterschiedlichen Leseniveau und den unterschiedlichen Interessen der Leseanfänger angepasst. Der Bestand an Lesetexten muss deshalb immer wieder erneuert und ergänzt werden.

8.1.2 Lehrgänge

(1) Allgemeines

Die Fibel in der gegenwärtigen Form hat eine lange Entwicklungsgeschichte.[326] In ihrer Frühform zur Zeit der Buchstabiermethode war sie ein Lesebuch mit religiösen Texten, das auf den ersten Seiten Buchstaben und Anleitungen zum Verbinden der Buchstaben zu Silben enthielt. Nach der Säkularisierung der Schule wurde sie zu einem wenig kindgemäßen methodischen Anleitungsbuch, in der Regel auf der Grundlage des Lautierverfahrens. Erst seit Anfang des 20. Jahrhunderts setzte sich die „kindertümliche Fibel" durch, die in Inhalt und Form die Kinder ansprechen sollte, aber zu wenig Anleitung zum Lesenlernen bot, wie sich bald herausstellte. Nach verschiedenen Versuchen, auch die wichtige Übungsarbeit in die Fibel zu integrieren, wurden zur Fibel als Geschichtenbuch zusätzlich Übungshefte geschaffen.

---

[325] Vgl. KOCHAN, B.: Impulse für die Software-Entwicklung zur Vermeidung und Überwindung von Rechtschreibschwäche. In: BALHORN, H./BRÜGELMANN, H. (Hrsg.): Jeder spricht anders. Konstanz 1989, S. 243.

[326] Zur Geschichte der Fibel siehe SCHWARTZ, E.: Der Leseunterricht - I. Wie Kinder lesen lernen. Braunschweig 1971[4], S. 31 ff. und RABENSTEIN, R. (Hrsg.): Erstunterricht. Bad Heilbrunn/Obb. 1979[2], S. 88 ff.

Heute sind Fibeln Teil eines Medienpaketes zum Schriftspracherwerb, das eine vielfältige Gestaltung des Unterrichts unterstützt. Die Fibel ist das Leselernbuch, das schrittweise die Schriftsprache vermitteln und die Motivation zum Lesen sowie eine positive Einstellung zum Buch fundieren und festigen soll. Die Gestaltung des Buches unter psychologischen, didaktischen, inhaltlichen und pragmatischen Gesichtspunkten und die Art seines Einsatzes im Unterricht können dazu wesentlich beitragen. Die Übungsarbeit wird mit den zusätzlichen Arbeitsheften und Arbeitsmaterialien geleistet (siehe 8.1.2 und 8.2.2).

Da die Fibel durch die Wahl der Texte stets eine Kultur, bestimmte Einstellungen und Normen vermittelte, gab sie in Bezug auf sprachliche Vorgaben und insbesondere auf inhaltliche Anlass zur Kritik. Auch in methodischer Hinsicht fehlt es in der Literatur nicht an Gegenargumenten zur Fibelarbeit und an Vorschlägen, die Schriftsprache über eigene Texte zu vermitteln.[327]

Heute unterrichten Lehrkräfte meist dann ohne Fibel, wenn sie als Grundlage eine Lauttabelle verwenden. Hier steht zunächst das freie Schreiben mit zwingenden Schreibanlässen, vorbereiteten Materialien und Lernsituationen im Vordergrund; daraus entstehen auch selbstgefertigte Lesetexte und Büchlein. Einzuwenden ist, dass damit dem Kind das lesemotivierende erste Buch vorenthalten wird. Abhilfe könnte geschaffen werden, indem ein Klassensatz eines Fibelwerkes in der Schule den Schülerinnen und Schülern zur Verfügung steht. So haben sie Gelegenheit von Zeit zu Zeit im Buch zu überprüfen, wie weit sie jetzt schon lesen können. Sie dürfen das Buch mit nach Hause nehmen, um weiterzulesen und um die eigenen Fortschritte den Eltern zu zeigen. Dies wird die Schüler stark motivieren und die Lesefreude erneut wecken. An Verlagen ist die neuere lesedidaktische Diskussion nicht spurlos vorübergegangen, so dass in aktuellen Lernwerken Lesen und Schreiben im Zusammenhang und in wechselseitigen Prozessen vermittelt werden und auch das schreiborientierte Vorgehen die zeitgemäße Würdigung erfährt.[328] Unbestreitbar bleibt allerdings, dass Lernwerke Lehrgangscharakter haben mit einer festgelegten Abfolge von Lernschritten.

Trotz aller Angriffe steht die Fibel immer noch im Mittelpunkt des Erstunterrichts im Lesen und Schreiben. Allerdings sollte die Lehrkraft eine kommerzielle Fibel nicht unkritisch handhaben und sich von ihr gängeln

---

[327] Vgl. z. B.: BERGK, M./MEIERS, K. (Hrsg.): Schulanfang ohne Fibeltrott. Bad Heilbrunn/Obb. 1985.

[328] Vgl. z. B.: ELBERT, M. u. a.: MOBILE 1 - lesen und schreiben. Braunschweig 2001. - MESTER, R. (Hrsg.): Bausteine Fibel. Frankfurt/M. 2001.

lassen. Jedes Lernwerk erfordert kompetente methodisch-didaktische und pädagogische Entscheidungen, denn der genormte Lehrgang muss auf die Lernvoraussetzungen der jeweiligen Klasse individuell abgestimmt werden. Für die Kinder bedeutsame Texte werden dazugenommen, andere dafür weggelassen und um den Unterricht genügend differenzieren zu können, sind zusätzliche Lernmaterialien (z. B. Lernspiele, Arbeitsblätter) anzubieten. Da sich die Fibel an den werdenden Leser wendet und die erste Begegnung und der erste Eindruck für die Lesehaltung grundlegend sein können, muss die Lehrkraft fachkundig aus dem vorhandenen Angebot auswählen. Man sollte sich stärker bewusst machen, welche Wirkung vom ersten Buch des Kindes ausgeht und welche Bedeutung dieses insgesamt für das Kind hat. Auch wenn die Anzahl der Lernwerke insofern eingeschränkt ist, als nur bestimmte Bücher lernmittelfrei zugelassen sind, kann die Lehrperson doch über eine reiche Auswahl verfügen, die ihr die richtige Entscheidung nicht leicht macht.[329]

(2) Bewertungs- und Auswahlkriterien für Lehrgänge

Nach MEIERS[330] muss der Fibellehrgang zunächst unter dem *„leseerzieherischen Aspekt"* betrachtet werden: nur wenn er sowohl Lesetechnik als auch Sinnerschließung vermittelt, kann eine positive Lesehaltung grundgelegt bzw. gefestigt und das Verhältnis des Kindes zum Buch positiv beeinflusst werden; außerdem fordern Didaktiker heute Lesen und Schreiben im Zusammenhang zu lehren. Darüber hinaus bestimmt eine Fibel das pädagogisch-didaktische Gesamtkonzept des Schriftspracherwerbs, so dass sich jede Lehrkraft fragen muss, ob sie mit diesem Lernwerk arbeiten kann und ob es ihrem Unterrichtsstil entspricht. Auch wenn viele Fragen offen bleiben, können die folgenden Kriterien bei der Wahl des Fibellehrgangs eine erste Entscheidungshilfe sein:[331]

(2.1) Methode

Durch den amtlichen Zulassungsweg werden zwar Fibeln ausgegrenzt, die methodisch einseitig sind. Dennoch besteht innerhalb der abgesteckten Grenzen eine erhebliche Variationsbreite, so dass sich Fibeln beträchtlich

---

[329] In der Praxis ist die Auswahlmöglichkeit meist dahingehend eingeschränkt, dass das gesamte Kollegium sich für eine Fibel entscheiden muss oder eine bereits eingeführte weiter verwendet wird.

[330] Vgl. MEIERS, K.: Lesen lernen und Schriftspracherwerb im ersten Schuljahr. Bad Heilbrunn/Obb. 1998, S. 115 ff.

[331] Vgl. MEIERS, K.: a.a.O. 1998, S. 244 ff.

unterscheiden. So kann der Ausgangpunkt stärker leseorientiert durch ein methodenintegrierendes Verfahren gewählt sein oder stärker schreiborientiert durch den Beginn mit einer Lauttabelle, die freies Schreiben ermöglicht. Eine enge Verflechtung von Lesen und Schreiben muss aber deutlich werden.

Die Entwicklung des Wortschatzes und insbesondere der phonologischen Bewusstheit als Voraussetzung für erfolgreiches Lernen sollten forciert werden. Da die Kenntnis der Laut-Buchstaben-Zuordnung über das Erlesen von sinnvollem Wort- und Textmaterial und das Aufschreiben von Wörtern vermittelt wird, müssen neben systematischen Lernprozessen auch probierende Tätigkeiten eingeplant sein.[332]

Wichtig ist ein optimaler Steilheitsgrad, d. h. kein zu rasches oder zu langsames Vorgehen in der Verwendung neu hinzukommender Wörter und Buchstaben, Neugelerntes sollte genügend gesichert werden und der Textumfang angemessen sein. Grundsätzlich muss das Lernwerk den ungleichen Lernvoraussetzungen Rechnung tragen und Differenzierungsmöglichkeiten sowie frei wählbare Lernangebote anbieten. Nur wenn die Lesefertigkeit intensiv geschult, die Fähigkeit zum sinnerfassenden Lesen schrittweise erweitert wird und Lernfortschritte dem Kind auch deutlich werden, kann sich Leselust entwickeln.

(2.2) Inhalt

Entscheidend ist, dass die Inhalte unterschiedliche Aspekte des kindlichen Lebens- und Erfahrungsraums berücksichtigen und verantwortungsbewusstes Denken fördern. Themen dürfen nicht überholt sein oder aus falsch verstandener Kindgemäßheit verniedlicht und konfliktfrei dargestellt werden. Sachverhalte, die Bedeutung für den heutigen Schulanfänger haben, müssen zur Sprache kommen.[333] Deshalb sollten die Themen nicht nur aus dem häuslichen und heimatlichen, sondern auch aus dem technischen Lebensbereich stammen. Schon immer war die Fibel auch „ein Spiegel der Sozialisationsweise einer Epoche".[334] Da sich das Kind fast ein Jahr lang intensiv mit der Fibel und seinen Themen beschäftigt, muss der erzieherische Einfluss des Fibelinhalts und des Weltbilds, das sie vermittelt, bedacht werden.

Inhaltlich und methodisch sollte die Fibel der ganzheitlichen Lernweise des Schulanfängers angemessen sein und dabei spielorientiertes Lernen mit

---

[332] Vgl. LEHRPLAN FÜR DIE GRUNDSCHULEN IN BAYERN. München 2000, S. 78.

[333] Vgl. RABENSTEIN, R.: a.a.O. 1979[2], S. 90 f.

[334] MENZEL, W.: a.a.O., S. 12 ff.

allen Sinnen berücksichtigen. Fächerverbindungen sollten möglich sein, auch wenn z. B. Texte zu Sachthemen aus lesetechnischen Gründen nicht so umfassend sein können.[335] Durch entsprechende Textauswahl kann die Fibel die Lesemotivation steigern und zum Lesen von Sachbüchern und Kinderliteratur anregen[336].

(2.3) Sprache

Eigentlich sollte die sprachliche Gestaltung des ersten Lesebuchs vorbildlich sein, doch sind für den ersten Teil der Fibel in dieser Hinsicht zwangsläufig Grenzen gesetzt. Bei der Wortauswahl muss zum einen der aktive Wortschatz des Schulanfängers und die Eignung der Wörter für die Vermittlung der Laut-Buchstaben-Zuordnung berücksichtigt werden, zum anderen ist ein angemessener Steilheitsgrad zu beachten. Damit liegt die Sprache zu Beginn des Leselehrgangs zwangsläufig unter dem Sprachniveau der Kinder; doch durch Texte und Bilder, die erzählen, schreiben und andere Sprachhandlungen herausfordern, kann das Kind sein eigenes sprachliches Niveau gebrauchen und weiterentwickeln. Allerdings darf die vereinfachte sprachliche Gestaltung der Texte nicht beibehalten werden. Mit dem Voranschreiten im Lehrgang muss die Fibel schrittweise anspruchsvolleres Lesematerial anbieten, um auch die Sprach- und Denkentwicklung der Kinder zu fördern. Teilweise enthalten Fibeln zum gleichen Thema einfachere und anspruchsvollere Texte (z. B. im weiterführenden Leseteil); letztere sind zunächst für Frühleser oder zum Vorlesen gedacht. Zu prüfen ist ferner, ob im Verlaufe des Lehrgangs der vom Lehrplan vorgegebene Grundwortschatz erarbeitet wird, der sowohl das selbstständige Lesen als auch das rechtschriftliche Schreiben erleichtert.

(2.4) Hilfsmittel

Zu gegenwärtigen Fibelwerken gehören heute u. a. Übungs- und Buchstabenhefte, Anlauttabellen, Anlautbilder sowie die Fibelbegleitfigur als Handpuppe. Umfassende Lehrerhandbücher liefern wichtige unterrichtspraktische Hinweise zu den einzelnen Fibelseiten, machen Vorschläge für die Jahresplanung, stellen Kopiervorlagen für zusätzliche Übungen u. a. bereit. Die Verlage bieten Hefte mit Schreiblehrgängen sowohl in der „La-

---

[335] Vgl. MEIERS, K.: a.a.O., 1998, S. 251.
[336] So sollte eine Fibel verschiedene Arten von Texten aufnehmen, z. B. Sprachspiele, Rätsel, Märchen, Geschichten, Sachtexte und Auszüge aus Kinderliteratur.

teinischen Ausgangsschrift" als auch in der „Vereinfachten Ausgangs-schrift" oder der „Schulausgangsschrift" an.

Hilfsmittel sind ein entscheidender Motivationsfaktor und unterstützen we-sentlich den Schriftspracherwerb. Die angebotenen Materialien sind dar-aufhin zu prüfen, ob sie die wichtigen Leseoperationen berücksichtigen. Dies bedeutet für das Erlernen unserer Lautschrift, dass vor allem Aufga-ben zur auditiven Analyse, zur Buchstabenarbeit, Erleseübungen unter Einbezug von Wortbausteinen und Schreiben als Syntheseübung nicht ver-nachlässigt werden. Schließlich ist auch das sinnerfassende Lesen ein we-sentlicher Aspekt, der intensiv geschult werden muss. Hierzu ist ein Ange-bot an sinnvollen Texten mit mäßig ansteigendem Schwierigkeitsgrad un-erlässlich. Für alle Teilprozesse sollten vor allem vielseitige Übungen zur Differenzierung enthalten sein.

Bietet die Fibel genügend leicht zu handhabendes, abwechslungsreiches und motivierendes Begleitmaterial, können die Schülerinnen und Schüler damit auch selbstständig und gemeinsam lernen und sich selbst oder sich gegenseitig kontrollieren, so dass die Forderung nach selbstständigem und sozialem Lernen erfüllt ist. Schreiblehrgänge sollten dem Kind mit den ers-ten Übungen auch die kommunikative und dokumentarische Funktion des Schreibens vermitteln. So ist darauf zu achten, dass nicht nur das Nach-schreiben vorgegebener Buchstaben und Wörter geübt wird, sondern Wör-ter durch Einfügen von Buchstaben oder Zusammenfügen von Silben ent-stehen, Sätze sinnvoll ergänzt, Fragen beantwortet oder Bilder beschriftet werden u. Ä. Außerdem sollte immer wieder zum freien Schreiben ange-regt werden.

Kritisch ist die Lauttabelle zu prüfen. Wichtige Gefahrenstellen sind:
- Die Abbildungen entsprechen nicht dem kindlichen Wortschatz.
- Alle Buchstaben sind enthalten und zudem alphabetisch angeordnet, so dass zum Aufsagen des Alphabets mit Buchstabennamen angeregt wird.
- Auch zwei Abbildungen für einen Laut sind eher verwirrend, da der Le-seanfänger die Lautqualität noch nicht unterscheiden kann.
Sinnvoll ist es die Lauttabelle zur Starterleichterung zunächst auf die für lauttreues Schreiben notwendigen Laute zu reduzieren (phonetisches Schreiben kann nur bedingt orthografisch korrekt sein) und eine vollstän-dige Tabelle wahlweise anzubieten. Stehen ähnlich klingende Laute dicht beieinander, kann dies den Vergleich und das Suchen des richtigen Lautes erleichtern.

Entscheidend ist schließlich ein gutes Lehrerhandbuch, das wertvolle Anregungen und Hilfen für die Unterrichtsgestaltung geben kann. Engagierte Lehrkräfte werden sich zudem über einschlägige praxisbezogene Literatur laufend informieren, denn auch fibelunabhängige Vorschläge können sehr bereichernd sein.

(2.5) Illustration und äußere Gestaltung

Fibelbilder sollten zu Beginn des Lernprozesses eine lesedidaktische Hilfe sein. So machen sie neugierig auf den Text, sie dienen der Sinnfindung, sind Gedächtnisstütze, vermitteln Wortgestalten, ersetzen diese oder ergänzen den Text. Zusätzlich hat die Bebilderung eine spracherzieherische Bedeutung. Da Anfangstexte unter dem Sprachniveau der Leselanfänger liegen, sollen Fibelbilder zum Gespräch anregen und so einen sprachfördernden Ausgleich schaffen. Im weiterführenden Lesen bietet das Bild Leseanreiz, hat texterläuternde Funktion oder kann zur Auseinandersetzung mit dem Text anregen und über ihn hinausführen.
Zwar wird gefordert, dass die Illustration von kunsterzieherischem Wert sein sollte, doch kann man über die künstlerische Qualität grundsätzlich streiten. Wichtig wäre, dass sie den Kindern gefällt. Die Fibel wird meist von einem Illustrator anfertigt und spiegelt die herrschende Kunstauffassung wider.[337] Oft sind Fotos und andere Bilder eingestreut.

Die Buchstaben sollten sich vom Hintergrund klar abheben; sie sind im ersten Teil der Fibel im Allgemeinen größer gedruckt und teilweise so gestaltet, dass sie zur optischen Analyse beitragen. Um das Lesen zu erleichtern, umfassen die Zeilen eines Textes möglichst nur kurze Sinnschritte. Die Variation der verwendeten Buchstabentypen in Form und Größe macht die Fibel anspruchsvoller.

Größere Fibelseiten bieten bessere Illustrationsmöglichkeiten, doch muss das Format der Fibel handlich bleiben. Vom Gewicht her darf sie die Schultasche nicht zu sehr belasten. Eine Aufgliederung in mehrere Bände schafft hier Abhilfe und es kann zudem motivierend wirken, wenn das Kind in kürzeren Abständen ein neues Buch erhält.[338] Selbstverständlich

---

[337] Vgl. dazu die Ausführungen von KAPPERER, I.: Das Fibelbild im Dienste des Lesenlernens. In: MEIERS, K.: a.a.O. 1981², S. 136 ff.

[338] Der englische Leselehrgang „The Ladybird Key Words Reading Scheme" von W. MURRAY besteht z. B. aus 36 recht ansprechend gestalteten Büchlein. Loughborough o. J.

müssen das Fibelmaterial robust, der Druck sauber und die Farben ansprechend sein.

Abschließend erscheint die Aussage von MENZEL bedeutend:[339] *„Didaktische und methodische Kompetenz lässt sich nur dadurch erwerben, dass man mehrere Erstlesewerke, ihr Motivationsrepertoire, ihr Arsenal an Aufgaben und Lösungsvorschlägen kennt. So erst wird auch die autonome Handhabung eines Lehrwerkes möglich, die allein den Erfolg des Erstleseunterrichts garantiert. ... Mit der Autonomie des Lehrers steht und fällt der Unterricht. Eine Fibel bietet nur Hilfen an."* Damit hat die Lehrkraft aber zusätzlich zu prüfen, ob das in Frage kommende Leselernwerk dem eigenen Unterrichtsstil entspricht und so die darin angebotenen Möglichkeiten optimal genutzt werden können. Der Grad der Offenheit sowie der Selbststeuerung des Lernprozesses innerhalb des Fibelkonzepts sollte jedoch heute für jede Lehrkraft eine große Rolle spielen.

(3) Die Fibel MOBILE 1[340]

MOBILE 1 bietet eine umfassende Integration der aktuellen methodischen Möglichkeiten. Einerseits werden die Kinder in einem strukturierten und gelenkten Lehrgang auf der Basis des methodenintegrierenden Verfahrens mit der Schriftsprache vertraut gemacht; andererseits wird das methodische Vorgehen durch eine Lauttabelle ergänzt, die dem Kind freies Verschriften und selbstständiges Lernen ermöglicht. Da die Kinder mit unterschiedlichen Voraussetzungen und Lernerfahrungen zur Schule kommen, stehen der Lehrkraft mit MOBILE 1 verschiedene Lehrverfahren zur Verfügung, so dass sie zur individuellen Förderung unterschiedliche didaktisch-methodische Möglichkeiten heranziehen kann.

Der methodenintegrierende Lehrgang von MOBILE 1 legt den Schwerpunkt auf das sinnverstehende Erfassen geschriebener Sprache und berücksichtigt von Anfang an analytisches und synthetisches Vorgehen. In

---

[339] MENZEL, W.: Zur Integration der Methoden beim Lesen- und Schreibenlernen. In: MEIERS, K.: a.a.O. 1981[2], S. 136.

[340] Vgl. ELBERT, M. u. a.: Mobile 1 - lesen und schreiben. Lehrermaterial. Braunschweig 2001, S. 3 f. Zum Lernwerk MOBILE 1 gehören:
Die *Fibel*, der Band *Übungen*, die *Regenbogen-Lauttabelle*, *Fühlbuchstaben* (Karten mit ertastbaren Buchstaben) mit Spielvorschlägen (S. 147-148), *Lehrermaterial* (Ordner mit Kommentaren und Kopiervorlagen), *Spielekiste* zur Regenbogen-Lauttabelle (12 Spiele, mit denen die Kinder Phonembewusstheit entwickeln und das sichere Benennen der Lautbilder und die Zuordnung von Laut und Buchstabe trainieren können), Schreiblehrgänge und nicht zuletzt die Fibelfigur **Muri** als Handpuppe.

einem methodisch konsequenten Lehrgang, der intensives Sprechen und Hören der Laute sowie synthetische Vorgänge einschließt, erfolgt die direkt Hinführung zum Verständnis des Lautschriftprinzips. Die Buchstaben sowie das Zusammenlesen werden systematisch eingeführt und gesichert, ebenso die begrenzte Anzahl von ausgewählten Ganzwörtern.[341] (Siehe Abb. 28).

Abb. 28: Fibelseite 24-25

Die Anzahl neuer Wörter und Buchstaben steigt ganz allmählich. Neu eingeführte Wörter werden auf den darauffolgenden Seiten konsequent in neuen Texten wiederholt. Auf Seite 24 ist z. B. lediglich das Wort „Nora" neu (Mita kann erlesen werden). S. 25 verdeutlicht den Kindern, wie sie aus Wortbausteinen neue Wörter bilden können. Die Texte sind schwarz, lila oder blau gedruckt und kennzeichnen so, ob der Text für alle zu lesen ist, zur Wahl steht oder Buchstaben enthält, die noch nicht gelernt wurden.

---

341 Diese Wörter sind häufig gebrauchte Wörter (z. B. ich, bin, wir, sind, hat, mag, und, das, ein) und ermöglichen sprachlich natürlichere und sinnvollere Texte. Sinnvermutendes, überschauendes und flüssiges Lesen wird so frühzeitig angebahnt. Teilweise können über die Ganzwörter weitere Wörter erschlossen werden, z. B. und: H-und, r-und; ich: m-ich, d-ich, n-ich-t.

Der strukturierte Lehrgang ist zur Sicherung für alle Kinder und insbesondere für leseschwächere Kinder gedacht, denen die phonologische Durchgliederung noch Probleme bereitet und die somit die Lauttabelle noch nicht wirklich gebrauchen können. Auch wenn MOBILE 1 die enge Verbindung von Lesen und Schreiben ein Anliegen ist, stellt sie der Lehrkraft frei, ob der Ausgangspunkt durch das methodenintegrierende Verfahren stärker leseorientiert ist oder durch die Einführung und den Gebrauch der Lauttabelle stärker schreiborientiert.

Die einzelnen Lerneinheiten des Lehrgangs repräsentieren, in Erfahrungsräume gebündelt, Themen aus der Erlebnis- und Erfahrungswelt der Kinder und greifen Inhalte aus dem Sachunterricht auf, die als Leitfaden für fächerübergreifenden Unterricht genutzt werden können. Neben realitätsbezogenen Themen aus der Kinderwelt stehen Geschichten, die dem Wunsch des Kindes nach Märchenhaftem und Fantastischem entsprechen. Die Fibelfigur Muri begleitet die Kinder durch den Lehrgang.

Der weiterführende Leseteil bietet thematisch verwandte Zusatztexte zur Differenzierung, Vertiefung und Weiterführung. Die vorwiegend kurzen, lustigen, sprachspielerisch ausgerichteten Textabschnitte im weiterführenden Leseteil sollen die Lesefreude fördern und den Leseanfänger an das Lesen von Büchern heranführen. Kurzporträts der Autorin Kerstin Boie und des Liedermachers Detlev Jöcker sind enthalten.

Die Regenbogen-Lauttabelle

MOBILE 1 präsentiert die Lauttabelle auf einem Regenbogen. Die Anlautwörter und Buchstaben wurden sehr bewusst unter phonetischen und didaktischen Gesichtspunkten ausgewählt und angeordnet: Auf eine alphabetische Reihenfolge wurde verzichtet, um nicht zum Nennen der Buchstabennamen zu verleiten. Ähnlich klingende Laute sind dicht beieinander platziert, um einen akustischen Vergleich dieser Laute beim Suchen des richtigen Lautes zu erleichtern und diesen nicht an anderer Stelle zu übersehen. Die Vokale wurden in einem eigenen Doppelbogen angeordnet; auch hier wurde eine phonetische Reihenfolge nach der Artikulationsstelle vorgenommen. Da bei anfänglichen Schreibversuchen Vokale leicht ausgelassen werden (siehe 5.1.2), kann die Lehrkraft darauf hinweisen, dass beim Verschriften eines Wortes immer auch Laute aus diesem Doppelbogen gebraucht werden. Um Schwierigkeiten zu isolieren, wurden die Buchstaben auf die für das phonetische Verschriften ausreichenden reduziert (siehe 5.2.3). Grapheme, deren Klang deutlich variieren kann, so das C, V, Y, und solche, die besonderen phonologischen Regeln unterliegen, bspw.

das Sp, St, Qu, X, oder die als Inlaut zu repräsentierenden Sonderzeichen (ß, ie, ck, äu) sind nicht aufgenommen. Wann die Lehrkraft die noch fehlenden Zeichen vermittelt, entscheidet sie individuell.[342]

MOBILE 1 ist so aufgebaut, dass der Umgang mit der Lauttabelle nicht zwangsläufig zu Lehrgangsbeginn bzw. für alle Kinder gleichermaßen eingesetzt werden muss. Somit erhalten sowohl die Lehrerinnen und Lehrer als auch die Schulanfänger große Freiheit, ohne dabei die Sicherheiten eines gebundenen Lehrgangs zu verlieren.

Wichtig ist jedoch, die Kinder immer wieder zum Schreiben anzuregen. Deshalb wird in MOBILE 1 freies, spontanes Schreiben regelmäßig angeregt und herausgefordert: Fibel, Arbeitsheft und Lehrerkommentar machen zahlreiche Vorschläge für authentische Schreibanlässe. Insbesondere wird das Schreiben in ein *Ich-Heft*, das für die Kinder subjektiv bedeutsam sein dürfte, immer wieder initiiert.

Abb. 29:   Regenbogen - Lauttabelle[343]

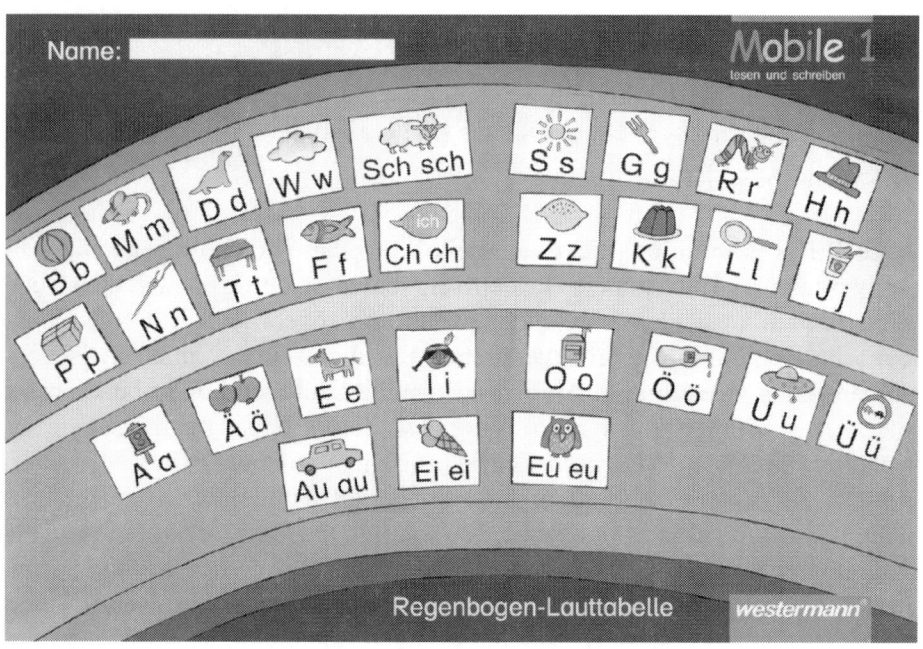

---

[342] Eine Zusatztabelle mit allen Zeichen ist als Kopiervorlage im Lehrerband enthalten.

[343] ELBERT, M./MATTNER-RIEGGER, M/SCHENK, Ch.: Mobile 1 - lesen und schreiben, Ausgabe Bayern. Braunschweig 2001.

Individualisierung und Differenzierung, aber auch partnerbezogenes Lernen sind ein wesentlicher konzeptioneller Aspekt des MOBILE 1 Lernwerkes.

- Die Arbeit mit der Lauttabelle ermöglicht dem Kind individuell in seinem Lernprozess voranzuschreiten und selbstständig zu lernen, wobei es immer wieder Hilfe von Mitschülerinnen und Mitschülern erhalten kann.
- Die Fibel enthält Texte, die alle Kinder lesen können (schwarze Schrift), Texte mit noch unbekannten Buchstaben (blaue Schrift) und Angebote zur quantitativen Differenzierung (violette Schrift). Zudem bietet der weiterführenden Leseteil zu jedem Erfahrungsbereich des Lehrgangs einen thematisch passenden, jedoch vom Leseniveau anspruchsvolleren Text, der für Frühleser genutzt werden kann.
- Fibel, Übungsheft und Lehrerkommentar regen durch zahlreiche authentische Schreibsituationen und Schreibanlässe freies und spontanes Schreiben an. Insbesondere wird immer wieder das Schreiben in ein Ich-Heft, das für die Kinder subjektiv bedeutsam sein dürfte, angeregt.
- Die ÜBUNGEN enthalten durchgängig mit dem Symbol Blitz gekennzeichnete Differenzierungsaufgaben.
- Schließlich zielen die Übungen mit dem Wörterkasten (ÜBUNGEN, S. 73-76, 142-143), die Vorschläge zum Lernen an Stationen (ÜBUNGEN, S. 77-78) sowie die Fühlbuchstaben und das darauf abgestimmte spielorientierte Übungsangebot (ÜBUNGEN, S. 79-80) sowohl auf individuelles Lernen als auch auf ein Lernen miteinander und voneinander.

MOBILE 1 bietet vielfältige Anregungen zum **Lernen mit allen Sinnen**, da multisensorische Übungen den verschiedenen Lernweisen der Kinder entgegen kommen und dauerhaftes Lernen erleichtern. So wird am Beispiel des Buchstaben R r in der Fibel exemplarisch ein Sinnesparcours vorgestellt, der insbesondere die Sinnesbereiche Fühlen, Schmecken, Hören und Riechen berücksichtigt (MOBILE 1, S. 18). Handlungsorientierter Unterricht, der alle Sinne einschließt, wird sowohl durch die Themen als auch durch die bildnerische Gestaltung der Fibelseiten provoziert. Die abgebildeten Kinder, die schneiden, malen, kleben, sortieren, können für die Kinder Vorbild sein, selbst aktiv zu werden.

Auch die Einführung und Erarbeitung der Buchstaben und Laute in Übungen enthalten auf den Lehrgang abgestimmte, lustbetonte Aufgaben, die alle Sinne ansprechen. Sie umfassen auditiv-sprechmotorische Übungen verschiedener Schwierigkeitsgrade zu Beginn jeder Buchstabeneinführung: zunächst phonetische Übungen, d. h. Wimmelbilder, auf denen die Gegenstände gesucht werden sollen, die den neuen Laut enthalten. Eine Steigerung sind die phonematischen Übungen (der Laut muss lokalisiert werden), die zunächst differenzierend eingesetzt werden können. Die visuellen Übungen regen vielseitige Techniken an, z. B. Einkreisen oder Übermalen der Buchstaben oder Wörter, Ausmalen von Buchstabenfeldern, Ausschneiden und Aufkleben oder Schreiben von Buchstaben und Wörtern. Ein multisensorisches Erfassen von Lauten und Buchstaben wird schließlich durch die Vorschläge zum Lernen an Stationen angeregt (siehe ÜBUNGEN S. 77-78). Ebenso finden sich viele Hinweise dazu im Lehrerband. Fühlbuchstaben ermöglichen ein haptisches Erfassung der Buchstabenform (spielorientierte Übungsvorschläge: ÜBUNGEN S. 79-80).

Nur intensives und regelmäßiges **Üben, Wiederholen und Festigen** führen zum automatisierten Beherrschen sowohl der Teilfertigkeiten als auch der Häufigkeitswörter, das wiederum erst flüssiges Lesen und Erfolgserlebnisse ermöglicht. Deshalb werden im Fortgang des Lehrgangs die eingeführten Buchstaben und Wörter durch häufiges Wiederholen gesichert. Die Wörterlisten (ÜBUNGEN S. 74-76, 142-143) sowie die Anleitung zur Arbeit mit dem Wörterkasten (ÜBUNGEN S. 73) zeigen dem Kind, welche Wörter wichtig sind und wie sie geübt werden können. Diese Übungen – regelmäßig durchgeführt – helfen den Übungswortschatz (meist Häufigkeitswörter) zu festigen. Die alternativen Diktatformen (siehe ÜBUNGEN S. 40, 53, 92, 123) und die handlungsorientierten Übungen mit dem Wörterkasten (ÜBUNGEN S. 73) stellen ergänzend ein Angebot zur Sicherung des Übungswortschatzes dar. Zum gründlichen und intensiven Üben trägt die Fibel selbst und das Übungsheft bei, die bewusst immer wieder Buchstaben und Wortmaterial aus vorausgegangen Einheiten aufgreifen.

8.1.3   Leselernspiele[344]

Lernspiele sind Arbeitsmittel, die dem Erreichen bestimmter fachdidaktischer Ziele dienen; sie können aber gleichzeitig Konzentrationsfähigkeit, Ausdauer, Lernmotivation, selbstständiges Lernen oder soziales Verhalten fördern. Sie werden zur Differenzierung und insbesondere in der Freiarbeit eingesetzt, wobei meist Erlerntes wiederholt, geübt und gesichert wird.

---

[344]   Anregungen hierzu bieten:
AKADEMIE FÜR LEHRERFORTBILDUNG: Materialgeleitetes Lernen. München 1991.
BLUMENSTOCK, L.: Handbuch der Leseübungen. Weinheim 1983.
MAHLSTEDT, D.: Lernkiste Lesen und Schreiben. Weinheim 1994.
REGELEIN, S.: Lernspiele im Deutschunterricht. München 1988[2].
SENNLAUB, G.: Feuer und Flamme. Heinsberg 1984.
VOGT, P.: Blinde Kühe machen wenig Mühe. Unterneuses b. Bamberg 1996.

Neben der didaktischen Intension weisen Lernspiele Merkmale des Spiels auf und bieten Spaß, Abwechslung, Spannung und Entspannung, manuelle Tätigkeit, Möglichkeit der Kommunikation. Ihr Einsatz trägt dazu bei, den Übergang vom spielerischen vorschulischen Lernen zum systematischen Lernen in der Schule zu erleichtern.

Die Wirksamkeit von Lernspielen und Trainingsmaterialien im Erstleseunterricht haben EINSIEDLER/TREINIES[345] untersucht und festgestellt, dass insbesondere der Einsatz von Lernspielen durch die Spielfreude und die Freude am Tun zu verbesserten Lernergebnisse führen kann. Sie unterscheiden zwischen Lernspielen, bei denen die Spielfreude im Vordergrund steht und Übungsmaterialien, die kaum noch Spielmerkmale aufweisen. Insbesondere bei Lernspielen sollte der Erfolg ebenso vom Glück und nicht nur vom Wissen abhängig sein.

Die Grundform der Lernspiele ist meist üblichen Gesellschaftsspielen entnommen, wie Domino, Lotto, Memory[346], Würfelspielen oder Kartenspielen, und motivieren schon deshalb, weil die Kinder die Regeln der Spiele bereits kennen. Mit entsprechenden Lerninhalten gefüllt, sind sie in jeder Phase des Lehrgangs einsetzbar.

Immer mehr Lehrerinnen und Lehrer stellen die Lernspiele für ihren Unterricht selbst her, auch die Kinder sollten dabei teilweise mithelfen dürfen. Selbst hergestellte Arbeitsmaterialien lassen sich besser auf die individuelle Lernentwicklung zuschneiden. Heute können diese mit Hilfe von Computern und Kopiergeräten ohne viel Zeitaufwand hergestellt werden. Inzwischen sind Spiele im Internet zu finden, die jeder herunterladen kann. Die Lernspiele von Verlagen müssen genau überprüft werden, ob und wann sie didaktisch brauchbar sind.

Nur wer vielfältige Spiel- und Arbeitsmittel zur Verfügung hat, kann differenzierend und individualisierend unterrichten und partnerbezogenes Lernen ermöglichen. Die bereitgestellten Materialien sollten:
- Aufforderungscharakter besitzen und motivierend sein,
- nach einer Einführung selbstständiges Arbeiten ermöglichen,
- die beabsichtigten Fähigkeiten und Fertigkeiten fördern
- die Möglichkeit der sofortigen Selbstkontrolle bieten.

---

[345] EINSIEDLER, W./TREINIES, G.: Zur Wirksamkeit von Lernspielen und Trainingsmaterialien im Erstleseunterricht. Nürnberg 1983 und in: Psychologie in Erziehung und Unterricht, 1/1985, S. 21-27.

[346] Lesememories werden besser mit aufgedeckten Karten gespielt, da hier Leseleistung und richtige Zuordnung im Vordergrund stehen.

Bewährt haben sich folgende leicht herstellbaren Lernspiele:

Wendekarten

Auf der Vorderseite befindet sich die Aufgabe (z. B. das Schriftbild des zu lesenden Wortes oder Satzes), auf der Rückseite die Lösung (die dazuge- hörige Abbildung). So ist die Karte zur Kontrolle stets zu wenden.
Diese Karten eignen sich sehr gut sowohl für Einzelarbeit als auch für Partnerarbeit. Mit Wendekarten können die verschiedenen Teilbereiche des Lernprozesses wiederholt, geübt, gesichert werden.

Übungsbereiche für Wendekarten:

Anlaute hören: Die Karten werden mit dem Bild nach oben ausgebreitet. Die Kinder benennen die Bilder und wählen diejenigen aus, die den ge- suchten Anlaut enthalten. Am großgedruckten Schriftbild und dem hervor- gehobenen Anfangsbuchstaben auf der Rückseite wird überprüft.

Buchstaben lesen: Auf der Vorderseite befindet sich ein Buchstabe, auf der Rückseite das entsprechende Anlautbild. Mit dem umgekehrten Vorgang kann sich das Kind zum Anlautbild den Buchstaben einprägen.

Wortschriftbilder einprägen und sinnentnehmendes Lesen.[347]
- Auf der Vorderseite steht ein Wort (oder kurzer Satz, z. B. „Der Ball liegt auf dem Tisch"), auf der Rückseite befindet sich das entsprechende Bild.
- Rätselspiel: Auf der Vorderseite wird ein Gegenstand beschrieben (z. B. „Er ist rund und kann hüpfen"), auf der Rückseite ist er aufgemalt. Die Kinder versuchen, über die Beschreibung den Gegenstand zu erraten.
- Malspiel: Auf der Vorderseite befindet sich ein Malauftrag. Die Kinder lesen die Arbeitsanweisung durch und malen das entsprechende Bild (z. B. „Male einen roten Ball. Er liegt auf dem Tisch", „Male ein Haus mit blauem Dach und einer roten Tür"). Sie können dann ihr Bild mit der Lösung auf der Rückseite vergleichen.
- Arbeitsaufträge: Auf der Vorderseite steht ein Auftrag. ("Laufe an die Tür." "Lege den Ball auf den Tisch.") Die Kinder führen den Auftrag

---

[347] Gestaltungsvorschlag zur lesetechnischen Sicherung eines neu eingeführten Buchstabens: Ein zum neuen Buchstaben passendes Motiv wird mittels Faltschnitt mehrfach ausgeschnitten (z. B. Fisch für /f/, Katze für /k/, Herz für /h/). Auf diese Umrisskarten werden Wörter geschrieben, die den neuen Buchstaben enthalten.

aus und die anderen kontrollieren die richtige Ausführung mittels einer Zeichnung auf der Rückseite.

Silbenkarten

Herstellung: Auf eine Karte wird ein Bild gemalt, auf die Rückseite das Wort geschrieben. Die Karte muss dann so durchgeschnitten werden, dass das Wort dabei in Silben getrennt wird.
Spiel: Die Kinder suchen die Silben zu Wörtern zusammen; das vollständige Bild auf der Rückseite ist die Kontrolle.
Übungsbereich: Silbensynthese, Einprägen von Wortbildern

Leseschachteln

Auf die Rückseite einer Streichholzinnenschachtel ist ein Wort geschrieben. Das Kind schiebt die Schachtel langsam auf, begleitet von einem Mitsprechen erliest es das Wort. Kontrolle ist ein darin liegender Gegenstand oder eine Abbildung.
Es können auch Wortdöschen hergestellt werden (Filmdöschen sind kostenlos in Filmfachgeschäften zu bekommen): Das Schriftbild ist um die Rundung geklebt und zwingt so zum Synthetisieren, Kontrollbild und ebenso nochmals Schriftbild befinden sich innen.
Übungsbereiche: Synthese, Wortbildeinprägung

Die Seiten eines Ringbuchs (oder Rückseite eines alten Wandkalenders) werden zerschnitten und Buchstaben, Silben oder Wörter darauf geschrieben.

Durch Umblättern entstehen immer wieder neue Buchstaben-, Silben- oder Wortkombinationen. In Partnerarbeit erlesen die Schülerinnen und Schüler die Silben, Wörter bzw. das „Chinesische".

Übungsbereiche: Einprägen von Buchstaben und Synthese, Silben oder Wörtern. Werden Satzteile aufgeschrieben, lassen sich immer wieder neu zusammengestellte Sätze lesen.

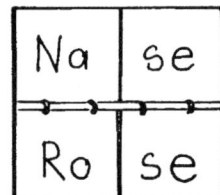 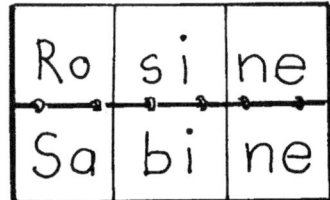

Zaubersack

Der Zaubersack mit groß gedruckten Wortkarten ist ein gut geeignetes und motivierendes Mittel zur Schulung der Synthese. Es handelt sich um einen Stoffsack, den sich der Spielführer umhängt. Aus einer seitlichen Öffnung werden die Wortkarten Buchstabe für Buchstabe herausgezogen. Die Mitspieler lesen die Wortfragmente und raten, welches Wort es werden könnte. Selbst kurze Sätze eignen sich.

Hinweis: Jedes größere Bild kann mit einem Schlitz versehen werden durch den die Wortkarten gezogen werden (z. B. Haus mit einer Öffnung in der Tür).

Übungsbereiche: Synthese, sinnvermutendes Lesen

Klammerkarten (Stöpselkarten)

Auf der Karte befindet sich zu einer Aufgabe eine Auswahl an Lösungen, von denen jedoch nur eine zutrifft. Die Kinder markieren mit einer Wäscheklammer die richtige Lösung, die auf der Rückseite zur Kontrolle gekennzeichnet ist.

Bei Stöpselkarten müssen Löcher für Antwortmöglichkeiten eingestanzt werden; die Lösung der Aufgabe erfolgt durch Einstecken eines Stöpsels in das entsprechende Loch. Farbige Lochverstärker auf der Rückseite dienen der Selbstkontrolle.

Übungsbereiche: Das Material kann für alle Lerninhalte des Lesens gefertigt werden (z. B. auditive Lautanalyse, Buchstaben erkennen, Wort- und Satzlesen).

Stöpselkarte: Positionsangabe des Lautes „t"

Fühlwörter

Die Buchstabenfolge eines Wortes wird mit einer dicken Nadel in einen festen Karton gestochen. Die Kinder ertasten die Wörter dann in Partnerarbeit wie bei einer Blindenschrift. Solche Fühlwörter können auch durch Aufkleben von Materialien hergestellt werden (Kordeln, Sandpapier u. Ä.). Sind die Wörter groß genug, können sie mit den Füßen gelesen werden.
Übungsbereiche: Einprägen der ersten Lesewörter, der Häufigkeitswörter

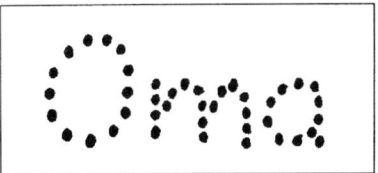
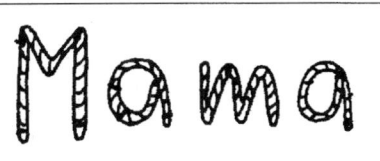

Wörterdosen

In drei Dosen oder Kästchen befinden sich, farblich gekennzeichnet, bestimmte Satzteile. Reihum ziehen die Kinder aus jeder Dose einen Satzteil und setzen diese zusammen. Die Unsinnsätze, die dabei entstehen, können zum Schluss in sinnvolle geordnet werden.
Für diese Übung eignen sich auch Klappbüchlein (siehe Buchstaben- oder Silbenringbuch)

Beispiele:

1.	2.	3.
Der Fisch	schwimmt	im Lehnstuhl.
Die Maus	wohnt	im See.
Der Lehrer	schläft	in der Schule.

Satzstreifenspiel

Papier- oder Pappstreifen enthalten kurze Handlungsanweisungen. Ein Kind zieht einen Satzstreifen, erliest den Auftrag und führt ihn aus (z. B. „Klatsche zweimal in die Hände."). Die Gruppe kontrolliert, ob richtig gelesen wurde.
Übungsbereich: sinnerfassendes Lesen

8.1.4 Schreibmaterialien

Richtig ausgewählte Schreibmaterialien fördern einerseits die Freude am Schreiben, andererseits erleichtern sie den mechanischen Schreibvorgang; sie haben somit großen Einfluss auf die Schreiberziehung.
Die Kinder sollten grundsätzlich die Möglichkeit haben, mit vielfältigen Schreibwerkzeugen umzugehen, ihre technischen Besonderheiten auch in Verbindung mit der Schreibunterlage zu erfahren, die ästhetischen Ausdrucksmöglichkeiten auszuprobieren und die richtige Pflege der Schreibmaterialien zu erlernen.
Heute besitzen Schulanfänger teilweise ein Überangebot an Schreibwerkzeugen, die einmal zum Übergewicht der Schultasche beitragen, zum andern häufig von minderer Qualität sind. Hinweise an die Eltern noch vor dem ersten Schultag sind deshalb sehr wichtig.
Da Schreibanfänger anfangs mehr aufdrücken müssen, um die Bewegungen zu kontrollieren, sind nur Schreibmaterialien nützlich, die dies problemlos gestatten. Hefte für Schwungübungen und erste Schreibversuche haben deshalb leicht angerautes Papier, das dem Schreibgerät Widerstand bietet.[348]

---

[348] Schreibunterlage und Schreibgerät verursachen einen jeweils spezifischen Reibungskoeffizienten (Reibungswiderstand), der weder zu hoch noch zu gering sein darf (einerseits Verkrampfung der Hand, andererseits geringe gehirnphysiologische Einprägung des Bewegungsablaufs).

- **Schreibunterlagen**

Zeichenblock/Schwunghefte

Sie eignen sich gut für Schwungübungen zu Beginn des Schreiblernprozesses. Das etwas angeraute Papier bietet guten Schreibwiderstand, bremst die Bewegung und gibt den noch unkoordinierten Bewegungen des Schulanfängers Halt. Dies beugt einer Verkrampfung und raschen Ermüdung der Hand vor.

Gut geeignet sind auch großflächige Abfallpapiere, Zeitungs- oder Computerpapier.

Schreibhefte mit Lineaturen

Lineaturen dienen der korrekten Form und Ordnung des Schriftbildes und bieten Anhaltspunkte für die richtige Größe und Form der Buchstaben. Damit unterstützen sie den Lernprozess.

Genormte Lineaturen müssen jedoch individuell ausgewählt werden, denn sie vereinheitlichen die unterschiedlichen Bewegungseigenheiten der Kinder und können sich so hemmend auf die Schreibbewegung auswirken. Deshalb empfiehlt es sich, vornehmlich bei den ersten Schreibübungen, aber auch später auf Lineaturen mit Mittelband, Ober- und Unterlänge zu verzichten, denn Kinder können durchaus ohne detaillierte Linien vorgegebene Größen einhalten.

Schreibtafel

Schreibtafeln sind heute aus Kunststoff. Der erhöhte Schreibwiderstand dieses Materials ist für den Schulanfänger günstig (siehe 2.1.3). Ihr Einsatz bietet einen zusätzlichen Übungsanreiz, weil hier vom üblichen Medium „Papier" abgewichen wird. Auf der Schreibtafel sind Fehler leicht zu verbessern, so dass Misserfolge abgeschwächt werden. Außerdem gilt sie als umweltfreundlich, da sie häufiges, wiederholendes Üben ohne Papierverbrauch ermöglicht.

Andererseits wird die Schreibtafel ausschließlich als ergänzendes Medium verwendet; die hohen Anschaffungskosten für Tafel, verschiedenfarbige Stifte, Schutzhülle belasten den Geldbeutel der Eltern zusätzlich. Der Gebrauch der Schreibtafel verhindert einen Vergleich mit vorherigen Schreibarbeiten bzw. mit der Schrift in einem früheren Stadium. Werden jedoch von Zeit zu Zeit Schmuckblätter erstellt, erhält man einen genauen Überblick über die individuellen Fortschritte im Schreiben.

Die Einführung eines neuen Buchstabens ist mit den entsprechenden Vor-übungen und dem Schreiben dieses Buchstabens verbunden. Neben der Übung des Einzelbuchstabens ist die Anwendung in Wörtern von Anfang an wichtig. Schreiblehrgänge bieten deshalb zu Beginn häufig Lückenwör-ter an, in die der erlernte Buchstabe eingesetzt werden kann.

Als Vorbereitung für das Schreibenlernen und zur weiteren Unterstützung sind dringend Übungen zur Entwicklung und Kräftigung der Feinmotorik erforderlich. Großformatiges Üben gezielter, mit den Schriftelementen übereinstimmender Formen auf unliniertem Papier muss vor allen Dingen in der ersten Phase des Schreibens den Übungen auf Arbeitsblättern vo-rausgehen. Der Demonstration des Bewegungsablaufs durch die Lehrkraft an der Tafel sollte zunächst großformatiges Nachspuren durch die Kinder z. B. mit dem Finger in der Luft oder auf dem Tisch folgen; Hohlschriften sollten nicht ausgefüllt werden, da die Richtungskorrekturen, die nötig sind, um die vorgegebene Form nicht zu verlassen, den Schreibfluss be-hindern.

Da den Kindern durch die Lauttabelle von Anfang an alle Druckbuchsta-ben zur Verfügung stehen, sollten die grundlegenden Bewegungsformen geübt werden, aus denen die Schüler dann die einzelnen Buchstaben selbstständig erarbeiten können. Systematisches langes Üben reduziert sich jedoch zugunsten des freien Schreibens.

- **Schreibgeräte**

Wachsmalstifte

Sie ermöglichen breite, farbige Spuren bei geringem Druck und bieten gu-ten Schreibwiderstand bei geeignetem, leicht angerautem Papier. Dasselbe Vorbild kann mehrere Male übereinander nachgespurt werden, da Wachs-malstifte das Papier nicht durchweichen. Sie sind auch gut für großflächige Schwungübungen geeignet. Die leuchtenden Farben erhöhen die Motivati-on.

Filzstifte

Sie erfordern geringen Schreibdruck und bieten guten Reibungswider-stand, der den Bewegungsablauf bremst. Die Schreibspur ist deutlich, so dass sich Filzstifte besonders für differenzierte Schreibübungen eignen. Wegen der kräftigen Farben und der leichten Handhabung sind sie bei den Kindern im Allgemeinen auch recht beliebt.

Sie trocknen jedoch rasch aus, die Spitzen können sich verformen, weshalb sie öfter und rechtzeitig ersetzt werden müssen. Sauberes Arbeiten wird erschwert, da sie leicht verschmieren und auf die Rückseite des Blattes durchfärben bzw. durchscheinen.

Bleistifte und Farbstifte

Sie ermöglichen eine genaue Bewegungsführung und damit sauberes Schreiben und Ausmalen; bei Bedarf können sie neu gespitzt werden. Umweltfreundliche Ausführungen sind erhältlich. Der Bleistift lässt eine mühelose Korrektur zu, kann dadurch aber auch mangelnde Sorgfalt begünstigen.

Allerdings verkrampft und ermüdet die Hand schnell durch den nötigen höheren Schreibdruck. Deshalb ist auf gute Qualität zu achten (Farbstifte müssen die Farbe leicht abgeben, Bleistifte die richtige Minenhärte (HB) haben), sie sollten ebenso nicht zu früh und keinesfalls ausschließlich eingesetzt werden. Dreikant-Bleistifthülsen, die auf den Stift aufgesteckt werden, helfen, fehlerhafte Stifthaltungen zu vermeiden.

Füllfederhalter

Für das Schreiben mit Tinte werden Schulfüller empfohlen. Sie hinterlassen eine deutliche Schreibspur und sind heute auch speziell zum Gebrauch für den Anfänger entwickelt.

Es sind gute Fabrikate mit Anfängerfedern und für Linkshänder spezielle Füller anzuschaffen. Sie sollten nicht zu früh eingesetzt werden, da die Angst vor dem Verschreiben die Schreibfreude beeinträchtigen kann (Beginn am Besten erst im zweiten Schuljahr). Das Schreiben mit Tinte ist - mit pädagogischem Feingefühl - den Kindern nach ihrem individuellen Leistungsstand zu gestatten. Wichtig ist, in die richtige Pflege des Füllers einzuführen und immer wieder darauf hinzuweisen.

☹ Kugelschreiber[349]

Aufgrund des geringen Reibungswiderstandes ist das Schreiben mit dem Kugelschreiber zu schnell und unpräzise. Dies muss durch hohen Schreibdruck ausgeglichen werden, was jedoch zu rascher Ermüdung und Verkrampfung der Kinderhand führt. Kugelschreiber sind deshalb für die Primarstufe **ungeeignet**.

---

[349] Vgl. GLÖCKEL, H.: Schreiben lernen - Schreiben lehren. Donauwörth 1976[3].

8.1.5 Der Computer

Computer üben eine starke Anziehungskraft auf Kinder aus und müssen für den Lese- und Schreiblernprozess als das Medium der Zukunft betrachtet werden. Von daher ist es erforderlich, dass sich jede Lehrkraft informiert, um die Vorzüge des Arbeitsmittels nutzen und mit diesem konstruktiv umgehen zu können.

(1) Aktueller Diskussionsstand

Bereits in naher Zukunft wird es kaum Arbeitsplätze geben, an denen nicht der Computer in irgendeiner Form genutzt wird. Schon heute spielen Computer in der Lebenswelt der Kinder eine große Rolle, da ihnen häufig zu Hause bereits ein solches Gerät zur Verfügung steht. In bayerischen Grundschulen wird mit Einführung des neuen Lehrplans die Nutzung des Computers im Unterricht nun unter erheblichen finanziellen Aufwendungen der Gemeinden forciert.

Im Gegensatz dazu und zu vielen Nachbarländern verfolgten in der Bundesrepublik der 70er und 80er Jahre die meisten Pädagogen und Didaktiker vornehmlich die Frage, welche möglichen Negativfolgen für Individuum und Gesellschaft aus dem Umgang mit dieser neuen Technologie erwachsen könnten. Die Bund-Länder-Kommission von 1987 stellte demzufolge fest, *„dass die Grundschule zumindest vorerst von einer systematischen Einführung in die informationstechnische Bildung ausgenommen werden soll. Dafür spricht, dass Schülern der Grundschule in erster Linie die traditionellen Kulturtechniken vermittelt werden müssen"*[350]. Doch bereits heute wird der Umgang mit dem Computer als vierte Kulturtechnik angesehen, die schulisches Handeln erfordert.

In den letzten Jahren hat auch die negative Kritik erheblich abgenommen zu Gunsten einer vorurteilsfreien und differenzierten Diskussion der didaktischen Chancen des neuen Mediums Computer als grundschulpädagogische Herausforderung. Heute geht es nicht mehr darum, ob der Computer überhaupt in der Grundschule eingesetzt werden soll, sondern *„wie und in welcher Funktion er in Lernarrangements eines schüleraktivierenden Unterrichts integriert"*[351] und eingesetzt wird und *„was der Einsatz des Computers bei der Gestaltung anregungsreicher Lernumgebungen für eigenak-*

---

[350] BUND-LÄNDER-KOMMISSION FÜR BILDUNGSPLANUNG UND FORSCHUNGSFÖRDE-RUNG: Gesamtkonzept für die informationstechnische Bildung. Heft 16. Bonn 1987, S. 12.
[351] SCHORCH, G.: Computergestütztes Lernen. In: EINSIEDLER, W. u. a. (Hrsg.): Handbuch der Grundschulpädagogik. Bad Heilbrunn/Obb. 2001.

tives Lernen in der Grundschule leistet, was andere Medien nicht oder nicht so gut können."[352] So gerät der Blick immer häufiger auch auf die Möglichkeiten des Schriftspracherwerbs mit Computer-Hilfe.

(2) Vorteile des Computereinsatzes

Erfahrungen haben gezeigt, dass mit dem Computer der Schriftspracherwerb wirkungsvoll unterstützt und in hohem Maß selbst gesteuert gelernt werden kann.[353] Heute können Programme so ausgestattet werden, dass sie neben Bildern und Schriftzeichen auch die gesprochene Sprache produzieren. HOFMANN[354] betont, dass die Arbeit am Computer nicht nur die kognitiven Leistungen anstreben darf, sondern ganzheitliches, handlungsorientiertes und entdeckendes Lernen ermöglichen muss sowie Partnerarbeit und Kommunikation. Wird das Medium Computer jedoch entsprechend eingesetzt und die Software gut ausgewählt, bietet es folgende Vorzüge:[355]

- **Mehrdimensionales Lernen**: Der Computer bietet die technische Möglichkeit visuelle und auditive Lernangebote zu verknüpfen. Damit wird den Kindern Laut- und Schriftsprache zugleich geboten, so dass sie die grundlegenden Graphem-Phonem-Beziehungen selbstständig erlernen können. Gerade die auditiven Fähigkeiten werden so zusätzlich gefördert.
- **Individualisierung**: Mit geeigneter Lernsoftware lässt sich der Computer ganz individuell auf den Leistungsstand und das Lerntempo des jeweiligen Kindes einstellen und ermöglicht so differenziertes Lernen. Die Lehrkraft wird damit frei für weitere pädagogische Aufgaben innerhalb der Klasse. Durch die unmittelbare Rückmeldung über die Korrektheit der Lösungen wird das Einprägen falschen Wissens vermieden. Die individuellen Fehlerprotokolle geben detaillierte Hinweise für weiteres Üben.
- **Selbsttätigkeit**: Zentrale Bedeutung hat der Computer im Schriftspracherwerb z. B. beim Verfassen von Texten; denn durch die im Vergleich zum manuellen Schreiben erleichterte Schreibtechnik, die unbegrenzten Korrekturmöglichkeiten und die stets eindeutig lesbare Präsentation auf

---

352 STAATSINSTITUT FÜR SCHULPÄDAGOGIK UND BILDUNGSFORSCHUNG (Hrsg.): Handreichung zum Einsatz des Computers in der Grundschule, Bd. 2. Donauwörth 2001, S. 8.

353 Vgl. HOFMANN, W.: Texte für Auge und Ohr - Ein Leselernprojekt mit Schulanfängern. In: Grundschulmagazin 1 (1996), S. 7 ff.

354 Vgl. HOFMANN, G.: Computer in der Grundschule - Nein, danke? In: Grundschulmagazin 1 (1996), S. 21 f.

355 Vgl. AKADEMIE FÜR LEHRERFORTBILDUNG UND PERSONALFÜHRUNG DILLINGEN: Freiarbeit und Computer in der Grundschule, Akademiebericht Nr. 320, Dillingen 1999, S. 10 ff.

dem Monitor entsteht letztlich immer ein den Schreiber zufriedenstellendes Ergebnis. Die Möglichkeiten, Texte festzuhalten, auszudrucken und zu vervielfältigen, erhöhen den Ansporn. Nicht zuletzt wird den Kindern so auch die Schrift als Kommunikationsmittel bewusst.

• **Motivation**: Der Computer an sich wirkt bereits motivierend, aber erst sein durchdachter Einsatz und sinnvolle Softwareprogramme eröffnen den Kindern erfolgreiche Lernwege. Das Lernen am Computer bietet vor allem die Möglichkeit, ohne zeitlichen Druck und trotz sofortiger Rückmeldung ohne Angst vor Fehlerbewertung am Stoff zu arbeiten und mögliche Fehler (von anderen unentdeckt) zu korrigieren.[356]

• **Kooperation und Kommunikation**: Der Computereinsatz ist ideal für sozial motivierte Lernsituationen in Partner- oder Gruppenarbeiten z. B. beim Verfassen gemeinsamer Texte oder der Bearbeitung von Übungsaufgaben. Die unterschiedlichen Kenntnisse und Fähigkeiten der Schülerinnen und Schüler fordern Kooperationsbereitschaft und Kommunikation geradezu heraus.[357]

(3) Hinweise zum sinnvollen Einsatz

Der Computer als Lern- und Arbeitmittel ist heute nicht mehr wegzudenken. Von großem Vorteil wären Geräte in Arbeitsecken, die den Kindern zugänglich sind. Eine weitere Möglichkeit ist die Einrichtung einer Lernwerkstatt, ein mit Computern ausgestatteter Raum, den alle Klassen zu vereinbarten Zeiten nutzen können.

In offenen Unterrichtsphasen, beim Stationenlernen kann der Computer neben vielen anderen bewährten Lernmitteln besonders gut eingesetzt werden. Er sollte aber keine Übungen übernehmen, die sich besser mit gegenständlichen Lernmitteln vollziehen lassen, damit den Kindern nicht weitere wichtige Lernerfahrungen z. B. durch konkretes Handeln verloren gehen.

Damit jedes Kind die Chance hat mit dem Computer zu arbeiten, muss die Arbeitszeit daran geregelt sein. Es gibt vielfältige Möglichkeiten, z.B. die Ausgabe von „Computerfahrscheinen", die zur begrenzten Nutzung berechtigen.

---

[356] Der Computer wird als personenunabhängiges neutrales Gerät erlebt.

[357] Studien belegen, dass mehr kommuniziert wird, der Wunsch nach kooperativen Arbeiten steigt und die Kinder zum Lesen angeregt werden, wenn ein PC im Klassenzimmer genutzt wird. Vgl. SCHORCH, G. in: EINSIEDLER, W. u. a. (Hrsg.): Handbuch Grundschulpädagogik und Grundschuldidaktik. Bad Heilbrunn/Obb. 2001, S. 346.

Am häufigsten wird der Computer zum **Üben und Wiederholen von Kenntnissen und Fertigkeiten** eingesetzt; zum einen befinden sich hierzu die meisten Softwareprogramme auf dem Markt, zum anderen sind häufiges und gründliches Üben und Wiederholen für alle Teilbereiche des Schriftspracherwerbs unumgänglich. Dennoch muss sich gerade in diesem Bereich ein Teil der Lernsoftware starke Kritik[358] gefallen lassen, da sich die angebotenen „drill-and-practice"-Übungsformen an der behavioristischen Lerntheorie orientieren und nicht zeitgemäßen Methoden entsprechen. Damit Programme der Heterogenität der Klasse gerecht werden, muss die eingesetzte Software über einen erweiterbaren Wortschatz verfügen und Übungseinheiten müssen konfiguriert und dem individuellen Entwicklungsstand des Kindes angepasst werden können.[359] Ein hochwertiges Programm ermöglicht dem Kind den selbstständigen Umgang damit und es kommt Schritt für Schritt weiter. Neben der obligatorischen Selbstkontrolle für das Kind ist eine weitere interessante Komponente die Auswertung solcher Übungseinheiten mit Diagnoseprogrammen in Form eines Fehlerprotokolls für die Lehrerhand.

Eine weitere Spielart des Computers bezieht sich auf das **Vermitteln von neuen Lerninhalten** mittels „tutorieller Programme mit Lernstoffvermittlung".[360]

HOFMANN, PRINZ und STOFFER entwickelten mit Unterstützung des Max-Planck-Instituts und der Ludwig-Maximilians-Universität München das Computerprogramm TAOS (Texte für Auge und Ohr im Schuleinsatz) zur Unterstützung des Schriftspracherwerbs durch die Möglichkeit der digitalen Sprachausgabe.[361] Mittels Mausklick kann das Kind zu einem geschriebenen Wort bzw. Wortsegment (Silbe, Buchstabe) den Sprachklang oder zu einem bildlich dargestellten Gegenstand das Schriftbild abrufen. So wird der beim Lesenlernen so wichtige Bereich der auditiven Vermittlung nicht mehr ausschließlich durch die Lehrkraft angesprochen. Durch ein breites Repertoire an Lernangeboten erhält das Kind die Möglichkeit, seinen Lernprozess eigenaktiv in hohem Maß selbst zu steuern z. B. in

---

[358] Angeführt werden die „*Reduktion des Lernstoffs auf die wichtigsten Elemente, die Monotonie der Übungsformen, die Vernachlässigung des aktiven Lernprozesses bei Überbetonung der reaktiven Handlung und die Unterordnung der Lernenden bei Vernachlässigung von Sinn, Wille und Motiv als Haupthandlungsgründe des Lernenden.*" – BRAKEBUSCH, J.: Der Computer als Lern- und Schreibwerkzeug in der Grundschule – Spezifische Merkmale des Computereinsatzes. Essen 1997, S. 4.

[359] Vgl. BRAKEBUSCH, J.: a.a.O., S. 7.

[360] Solche Programme sind auf dem deutschen Softwaremarkt nur in geringer Zahl vorhanden.

[361] Vgl. HOFMANN, W./PRINZ, W./STOFFER, Th.: Texte für Auge und Ohr – ein Leselernprojekt. – In: HUBER, L./KEGEL, G./SPECK-HAMDAN, A. (Hrsg.): Schriftspracherwerb: Neue Medien – Neues Lernen!? Braunschweig 1999, S. 86-101.

Hinblick auf Leistungsniveau oder Lerngeschwindigkeit. Ein im Hintergrund mitlaufendes Diagnoseprogramm ermöglicht der Lehrperson die Auswertung der einzelnen Schülerleistungen auch ohne direkte Beobachtung.

Weiterhin kann der Computer bereits im Anfangsunterricht zur **Textproduktion** mit Hilfe eines Textverarbeitungsprogramms genutzt werden (siehe auch Vorteile); dies unterstützt den Schriftspracherwerb nachhaltig. Zum einen ist das Schreiben mit der Tastatur ein synthetischer Vorgang und fördert so analytische und synthetische Lernprozesse. Zum anderen wird die zentrale Komponente, die Kommunikation mittels Schrift, in den Mittelpunkt gerückt; für den Schriftspracherwerb marginale Erscheinungen wie Motorik, Orthographie oder Form können zunächst reduziert und auf einen späteren Zeitpunkt verschoben werden. Zur Vermeidung von Motivationsverlust und Gedankenstopp durch lange Suche nach dem richtigen Buchstaben auf der Tastatur kann eine elektronische Anlauttabelle[362] eingesetzt werden. Primär existiert kein gravierender Unterschied zwischen Textproduktion mittels Textverarbeitungsprogramm und Druckerei, Stempel oder Setzkasten. Erst die Möglichkeiten der Textbearbeitung (einfache Korrektur und Überarbeitung, Ausdruck, Vervielfältigung) und Textgestaltung (Größe, Farbe, Schriftart, Textausrichtung, Grafikeinbindung) heben sich deutlich ab.

(4) Ausblick

Schule kann heute nicht mehr alles Wissen für das Leben vermitteln, sondern muss vielmehr ein Fundament legen, auf dem ein lebenslanges Lernen aufbauen kann. Der Umgang mit dem Computer wird unsere Zukunft maßgeblich beeinflussen, so dass eine Hinführung an dieses Medium nicht frühzeitig genug stattfinden kann. Aus der alltäglichen Arbeit des Lehrers, wie z. B. Arbeitsblattgestaltung, Schülerdatenverwaltung, Zeugniserstellung ist der PC schon heute nicht mehr wegzudenken.

Ob der Unterricht mit dem Einsatz des Computers besser wird, hängt allerdings entscheidend von der Lehrperson selbst ab, von ihrem pädagogischen Geschick und ihren methodisch-didaktischen Qualifikationen, denn er ist lediglich ein hilfreiches Instrument, den Unterricht besser an die neuen Ansprüche und Bedürfnisse der Kinder anzupassen. Zu bedenken ist auch, dass jedes Lernprogramm fixiert ist. Es kann keine originale Begeg-

---

362 Dies können z. B. ein „concept-keyboard" (Anlautbild und Buchstabe auf einer speziellen Tastaturschablone) oder entsprechende anzuklickende Funktionsfelder auf dem Monitor sein.

nung ersetzen und auch nicht die zwischenmenschlichen Beziehungen zwischen Schüler und Lehrerpersönlichkeit. Guter Unterricht muss variabel gestaltet und von der Lehrkraft sowohl direkt als auch indirekt gesteuert werden, um den unterschiedlichen Schülerinnen und Schülern mit spezifischen Lernsituationen gerecht zu werden.[363]

8.1.6 Das Klassenzimmer als Lernumwelt[364]

Dient das Klassenzimmer nicht nur in erster Linie als Raum für lehrerzentrierten Unterricht, sondern als Raum des aktiven und individuellen Miteinanderlernens und Miteinanderlebens, dann zeigt sich dies auch an der Ausstattung und daran, wie die Kinder diesen Raum mitgestalten können.[365]

Die Lernatmosphäre wird vom Lehrer- und Schülerverhalten beeinflusst und von der Ausgestaltung des Klassenzimmers. Dazu gehören:
- gemütlich ausgestattete Ecken mit reichhaltigem Materialangebot, die zum Lesen, Spielen, Arbeiten einladen,
- schön gestaltete Wände, an die die Kinder ihre Arbeitsergebnisse heften können,[366]
- Tafeln, die bei den Kindern eine große Attraktivität besitzen, so dass davon nicht genügend vorhanden sein können,
- Tischdecken und Topfpflanzen, die den Raum wohnlich machen,
- Regale, die als Raumteiler und zur Präsentierung der Materialien dienen,
- für jedes Kind ein eigenes Fach, in dem es persönliche Dinge aufbewahren kann.

Das Repertoire an Arbeitsmaterialien sollte erst allmählich erweitert werden, da sorgfältig in die **Handhabung** und **Ordnung** eingeführt werden muss. Der Bestand ist zudem regelmäßig zu verändern und zu ergänzen, angepasst an die sich wandelnden Fähigkeiten und Interessen. Materialien aus früheren Unterrichtszeiten sollten jedoch nicht völlig verschwinden,

---

[363] Vgl. REITER, A.: Neue Medien in der Grundschule: Unterrichtserfahrungen und didaktische Beispiele. Wien 2000, S. 15.
[364] Anregungen bieten:
BURK, K./HAARMANN (Hrsg.): Wie viele Ecken hat unsere Schule? Frankfurt/M. 1979.
KAYSER, A./SCHÄKEL, L.: Kinder und Lehrer lernen: Freie Arbeit. Frankfurt/M. 1986, S. 42 ff.
[365] Vgl. LICHTENSTEIN-ROTHER, I./RÖBE, E.: Grundschule - Der pädagogische Raum für Grundlegung und Bildung. München 1982, S. 61.
[366] Klassenzimmerwände können z. B. mit Styroporplatten versehen und darüber Stoff gespannt werden. Diese Wandgestaltung ist sehr dekorativ, stabil und Schülerarbeiten lassen sich leicht befestigen.

sondern den Kindern zugänglich bleiben, um Rückgriffe und Wiederholung zu ermöglichen.

Folgende Ecken haben sich bewährt:

Leseecke: Hier gilt es sukzessiv, vom Leistungsniveau her differenziert Texte bereitzustellen, die zum Lesen provozieren. Diese Texte sollen den Leseanfänger interessieren, Neugierde wecken und wirklich neue Informationen enthalten. Neben der vorhandenen Klassenbücherei verhilft systematisches Sammeln zu einem Schatz an Lesematerialien: Bildmaterial beschriften, eigene Geschichten der Kinder oder der Lehrkraft, Satzstreifensammlung mit lustigen Aufträgen, Malaufgaben, Fibeln verschiedener Verlage, Seiten aus Kinderzeitschriften, Arbeitsblätter, ausgewählte Bilder- und Kinderbücher. So bleibt die Leseecke immer aktuell.

Bastelecke: Sie enthält übersichtlich geordnet in Behältern gut zugänglich verschiedene Schreib-, Mal- und Bastelmaterialien, z. B. Papiere verschiedener Qualität und Farbe, diverse Stifte, Klebstoff, Plastilin, Bänder, Wolle, Naturmaterialien u. Ä., mit denen Buchstaben gestaltet werden können. Plastiktischdecken schützen die Tische.

Spiel- und Arbeitsecke: Vertraute Spiele wie Memory, Domino, Lotto, Puzzle oder Kartenspiele machen Spaß, ersparen ein zeitaufwändiges Einführen der Spielregeln und dienen - mit neuen Inhalten gefüllt - dem Training von Fähigkeiten für den Schriftspracherwerb. Die von der Lehrkraft erstellten Materialien können gezielt auf den Lernprozess abgestimmt werden. Hierher gehören z. B. Wortkarten, Sätze und Texte für Partnerdiktate, Arbeitsblätter mit technischen Lese- und Schreibübungen, Buchstabenmaterial zum Einprägen von Buchstabenformen.

Schreibstation: Verschiedene und auch besondere Stifte (z. B. Zauberstifte), eine reiche Auswahl an verschiedenen Papieren verführen zum Schreiben. Bilder, Bildstempel, Gegenstände u. a. können zum Verschriften anregen. Eine kurze Mitteilung von der Fibelfigur, der Lehrkraft oder einem Kind fordert eine Antwort heraus. Gegenstände in Tastsäckchen versteckt „zwingen" zum Schreiben, wenn man auch anderen mitteilen will, was man ertastet hat. Bildkarten mit lautgetreuen Wörtern, die auf der Rückseite zur Kontrolle das Wort enthalten, können besonders ängstlichen Kindern helfen, sich an das Verschriften heranzuwagen. Insbesondere üben Druckkästen, Schreibmaschinen und Computer einen großen Schreibanreiz aus; wobei zu berücksichtigen ist, dass das Vorhandensein eines Computers die Nutzung von Schreibmaschine und Druckkästen stark reduziert. Wichtiges Hilfsmittel ist zunächst die Lauttabelle.

8.2   Die Übung im Unterricht

Beim Lesen- und Schreibenlernen handelt es sich im Wesentlichen um Lernprozesse, die ein automatisiertes Beherrschen von gedanklichen Abläufen und Handlungen zum Ziel haben. Durch Übung werden gedankliche wie auch praktische Vorgänge, also Kenntnisse, Fertigkeiten und schließlich Fähigkeiten, so häufig verwendet und schrittweise verbessert, bis sie geläufig sind und auf Dauer zur Verfügung stehen.[367] Durch Üben gelingt es dem Lernenden immer größere schriftsprachliche Einheiten simultan (ganzheitlich) zu erfassen, z. B. mehrgliedrige Grapheme, Konsonantenverbindungen, Silben, Wortbausteine, Häufigkeitswörter, Satzabschnitte, so dass der Sinn sofort erfasst werden kann. Bis solche lese- und schreibtechnischen Handlungen sicher beherrscht werden, sind viele Wiederholungen und Anwendungen erforderlich. Doch nur so wird eine *„optimale Entlastung von Aufmerksamkeit und Denken für andere Vollzüge erreicht“*[368] und das Fundament für weiteres erfolgreiches Lernen geschaffen. Ökonomisch und effektiv ist das Üben aber nur, wenn lerntheoretische Gesetzmäßigkeiten beachtet werden.

8.2.1   Übungsregeln

Lernen vollzieht sich in einem gestuften Aufbau. Um Lernzuwachs und Motivation zu sichern, ist stets folgendes zu beachten:[369]

- Keine Verfrühung oder Überforderung!
  Dies führt zu Entmutigung, schadet der Persönlichkeitsentwicklung; kein Lernzuwachs ist möglich.
- Keine Verzögerung oder Unterforderung!

---

367   BARTNITZKY, H.: Richtig üben – Methoden und Tipps. In: VALTIN (Hrsg.): Rechtschreiben lernen in den Klasen 1-6. Frankfurt/M. 2000, S. 64.

368   RABENSTEIN, R.: Sicherung des Lernerfolgs durch Übung. Berichte und Arbeiten aus dem IfG. Nürnberg 1977, S. 4.

369   Vgl. KOPP, F.: Didaktik in Leitgedanken. Donauwörth 1970³, S. 101 ff. - HECKHAUSEN, H.: Förderung der Lernmotivierung und der intellektuellen Tüchtigkeiten. In: ROTH, H. (Hrsg.): Begabung und Lernen. Stuttgart 1971⁷, S. 193 ff.

Die Möglichkeiten und Anlagen des Kindes werden unterdrückt; Langeweile, Lustlosigkeit sind die Folge; kein Lernzuwachs ist möglich.

- Gezielte Anforderungen!
Das Anspruchsniveau ist immer so hoch zu stecken, dass es gerade noch erreichbar erscheint. In diesem Vorgriff liegt der Antrieb des Lernprozesses, die Motivation, und diese optimale Passung bringt auch den bestmöglichen Lernzuwachs.[370]

Als wichtigste Übungsregeln sollten Lehrerinnen und Lehrer beachten:[371]

– Der Übungserfolg hängt von der Übungsbereitschaft ab. Diese kann über die Sinnhaftigkeit der Übung und/oder über das eigene Wollen des Lernenden motiviert werden. Umgekehrt wecken Erfolgserlebnisse die Bereitschaft zu erneuter Übung. Übungen müssen in freudiger, gelockerter und angstfreier Atmosphäre durchgeführt werden (Angst blockiert).

– Übersichtlich Dargestelltes und in bereits bekannte Zusammenhänge Eingeordnetes prägt sich besser ein; ebenso ist die Intensität und Klarheit des ersten Eindrucks wichtig (z. B. Einstieg über ein Erlebnis, eine Erfahrung; eine einprägsame Tafelanschrift).

– Die ersten Wiederholungen und Übungen müssen bald nach der Neueinführung stattfinden, am besten bereits am nächsten Tag, da die Behaltenskurve gerade in der ersten Zeit stark abfällt (EBBINGHAUS).[372]

– Übungen müssen richtig dosiert werden: häufige, verteilte und kürzere Übungen sind wirksamer als langes, geballtes Üben, d. h. Ermüdungserscheinungen durch zu langes Üben, aber auch zu kurze Übungsphasen beeinträchtigen den Lernerfolg.

---

[370] Diese Forderung zu erfüllen, ist sicher schwierig und am ehesten durch offene Unterrichtsformen zu verwirklichen.

[371] Vgl. RABENSTEIN, R.: a.a.O. 1977, S. 6 f. - ODENBACH, K.: Die Übung. Braunschweig 1964², S. 56 f. - BÖNSCH, M.: Üben und Wiederholen im Unterricht. München 1993², S. 38 ff. – WEDEL-WOLF, A.: Üben im Leseunterricht der Grundschule. Braunschweig 1997, S. 5 f.

[372] Um die Wiederholung für Lese- und Rechtschreibwörter (z. B. Häufigkeitswörter oder individuell bedeutsame Wörter) zu sichern, empfiehlt es sich, einen Wörterkasten anzulegen. Anleitung dazu gibt NAEGELE in ihrem Artikel „Wie können Eltern sinnvoll helfen? – Zur Arbeit mit der Rechtschreibkartei", in: VALTIN, R. (Hrsg.): Rechtschreiben lernen in den Klasen 1-6. Frankfurt/M. 2000, S. 70 ff.

- Abwechslungsreiche Übungsformen, dazu gehört auch das Üben im sozialen Verband, erhöhen die Übungsmotivation; Selbsttätigkeit fordernde und den Lernenden aktivierende Übungsformen steigern den Lernerfolg ebenso wie die Möglichkeit der Selbstkontrolle. „Ganzheitlichem" Üben ist der Vorzug zu geben: Worteinprägung, Analyse, Synthese verbinden; Lesen und Schreiben ergänzen sich; Lernen mit allen Sinnen.

- Ähnliche Lerninhalte stören sich gegenseitig (z. B. b-p oder ei-ie nicht hintereinander einführen; RANSCHBURGsche Hemmung); das gilt ebenfalls für ähnliche Unterrichtsaktivitäten. Nachfolgendes Lernen übt einen ungünstigen Einfluss auf vorher Gelerntes aus (retroaktive Hemmung). Die Rhythmisierung des Unterrichts hilft, dies zu vermeiden: einer Lern- bzw. Übungsphase sollte daher eine Pause, eine Spiel- oder Erholungsphase folgen.

Das Üben sollte im Unterricht einen hohen Stellenwert haben, damit sich das Wissen festigen kann und sicher verfügbar ist. Schließlich wird nur durch „Überlernen" d. h. über das Beherrschen hinaus üben bzw. durch ständigen Gebrauch, Wissen und Können dauerhaft gesichert, so dass es für komplexere Fähigkeiten verfügbar ist.
Eine Vielfalt an Übungsformen ermöglicht es, dass auch regelmäßiges Üben lustbetont geschehen kann. Da der Übergang von Übung zu Lernspiel verschwimmt, ist eine exakte Abgrenzung nicht möglich.

8.2.2 Übungen zur Lesetechnik (siehe 8.1.3)[373]

Auch wenn der technische Aspekt bei den folgenden Übungen Vorrang erhält, ist die doppelte Funktion des Lesevorgangs, Sinnerfassung und Erlernen der Technik, einzubeziehen. Die Übungen zielen auf den Erwerb und die Automatisierung von Teilfertigkeiten ab, die im Unterricht entsprechend dem methodischen Vorgehen vermittelt werden. Die aufgezeigten Übungen trainieren zwar schwerpunktmäßig die angegebenen Teilziele, andere Bereiche werden jedoch mehr oder weniger mitgeübt.
Sind die im Folgenden beschriebenen grundlegenden Kenntnisse, Fertigkeiten und Fähigkeiten durch entsprechende Übung gesichert, dann ist das Kind in der Lage zu lesen.[374]

---

[373] Weitere Anregungen bieten: ELBERT, M./MATTNER-RIEGGER, M./SCHENK, Ch.: Mobile 1 - lesen und schreiben für Bayern. Lehrermaterial. Braunschweig 2001.
[374] Vgl. MENZEL, W.: a.a.O., S. 48 ff.

(1) Buchstaben, Buchstabengruppen und ihre Lautentsprechung

Grundvoraussetzung für das Lesen ist, dass die Buchstaben als Groß- und Kleinbuchstaben in ihrer Lautbedeutung bekannt sind und trotz unterschiedlicher phonetischer Varianten im Wort als zu einem Phonem gehörig aufgefasst werden. Durch regelmäßiges und systematisches Üben wird die Graphem-Phonem-Zuordnung (Buchstaben und Laute) automatisiert, und nur unter dieser Voraussetzung kann der nächste Schritt, die Synthese, bewältigt werden. So schreibt DATHE[375], *„dass der Vollzug der bewussten Synthese dem Leseanfänger nur dann erfolgreich gelingt, wenn von ihm zuvor die Buchstaben und Laute so sicher angeeignet worden sind, dass es seiner bewussten Zuwendung nicht mehr bedarf und er seine volle Aufmerksamkeit ungeteilt auf die weitaus schwierigere Handlung des Synthetisierens der Laute zum Wort richten kann.“*

Die Graphem-Phonem-Zuordnung wird zum einen durch das visuelle und auditiv-sprechmotorische Aufgliedern (Analyse) eines Wortes erworben. Die Analyse erfolgt zunächst an möglichst lautgetreuen Wörtern wie Mimi, Oma, Mia, Lisa. Um Buchstabensicherheit zu erlangen, sind vielfältige Übungen auf auditiv-sprechmotorischer, kinästhetischer, visueller, motorischer, haptischer Ebene erforderlich. Genaue Beobachtung und regelmäßige Lernkontrollen zeigen an, ob Kinder spezielle Betreuung benötigen. Zum anderen erfordert gerade das freie Schreiben das gezielte Abhören eines Wortes nach seinen Phonemen.

Ein wichtiger Aspekt phonematischer Übungen ist stets, den Kindern die Artikulation des Lautes durch betontes Sprechen und Beachten der Mundstellung, der Zungenlage, des Kehlkopfes und des Luftstromes bewusst zu machen und so den Laut erspüren zu lassen. Bei allen auditiven Übungen muss den Kindern deshalb genügend Zeit gelassen werden, das Wort auch sprechmotorisch und kinästhetisch abtasten zu können.

---

[375] DATHE, G.: Erstleseunterricht. Berlin 1983, S. 58.

Übungsvorschläge zur Sicherung der Buchstaben und Laute:

- **Auditiv-sprechmotorische Übungen**

Phonologische Bewusstheit i. w. S.

Die folgenden Übungen helfen dem Kind seine Aufmerksamkeit von der Bedeutung des Gesagten abzuwenden und bewusst auf die Lautung der Sprache zu achten (phonologische Bewusstheit im weiteren Sinn; siehe 2.2.2):
- Lautmalereien: Zungenbrecher, Unsinnverse oder Unsinnlieder, die einen bestimmten Laut gehäuft enthalten
- Wörter nach ihrer Klang- bzw. Sprechdauer unterscheiden
- Reime suchen: Der Spielleiter spricht Zweizeiler, die sich am Ende reimen. Das Reimwort wird aber nicht ausgesprochen, sondern muss erraten werden.
- Silben klatschen: Der Spielleiter gibt Kindern nach der Silbenanzahl ihres Namens eine Aufgabe, z. B.: Er klatscht zweimal und sagt „geht ans Fenster." Alle Kinder mit zweisilbigem Namen führen dies aus.
- Wie weit darf ich reisen: Jedes Kind darf so viele Schritte machen, wie das genannte Wort Silben hat, das es gesagt bekommt oder als Bildkarte zieht.
- Gummiband-Sprechen: Der Spielleiter spricht lang gezogen, so dass die einzelnen Laute deutlich zu hören sind. Dazu kann pantomimisch ein Gummiband gedehnt werden. Beim „gedehnten Lesen" zeigt man die einzelnen Buchstaben mit.

Phonembewusstheit

Übungen ohne Material für den Klassen- oder Gruppenunterricht:
- Die Schülerinnen und Schüler, die den genannten Laut in ihrem Namen haben oder ein entsprechendes Wort wissen, dürfen z. B. aufstehen.
- Spiel „Mein rechter Platz ist frei", das gewünschte Kind wird mit dem Anlaut des Namens herbeigewünscht, z. B.: „..., ich wünsche mir die /m/ herbei."
- Wörter mit einem bestimmten Anlaut suchen lassen und diese als Rätsel vorgeben, z. B.: „Ich weiß ein Tier, das ist ganz klein und fängt /m/ an." (Maus)

- Vom Mund ablesen: Der Spielleiter artikuliert fast unhörbar mit übertriebenen Mundbewegungen Wörter. Die Kinder stellen fest, ob der gesuchte Laut enthalten ist.
- Die Kinder legen den Kopf in den Arm auf die Bank. Die Lehrkraft oder ein Kind spricht Wörter. Ist der gesuchte Laut enthalten, geben die Kinder ein vereinbartes Handzeichen. Da sie sich bei dieser Übung nicht an Anderen orientieren können, dient diese auch der Lernzielkontrolle.

Übungen mit Material für den Klassen- oder Gruppenunterricht:
- Aus einer Reihe von Gegenständen bzw. Bildkarten suchen die Kinder diejenigen heraus, deren Bezeichnung den vereinbarten Laut enthält.
- Bildkarten nach dem gleichen Anlaut ordnen lassen
- Auf einem Bild Gegenstände nach bestimmten Lauten heraussuchen
- Alle Kinder haben eine Bildkarte. Der Spielführer nennt einen Laut und dazu einen Auftrag; Kinder, deren Bildkarte den Laut enthält, führen diesen aus.
- Bilderkaufen: Bildkarten sind auf dem Tisch ausgebreitet. Reihum dürfen die Kinder Bilder „kaufen", indem sie z. B. ihren Anlaut nennen.

Übungen für Arbeitsblätter:
- In „Wimmelbildern" sind die Dinge anzumalen, die den gesuchten Laut enthalten (siehe MOBILE 1- Übungen).
- Aus einer Bildreihe sind die Bilder herauszusuchen, die einen bestimmten Laut enthalten. Dieser ist meist in einer Kästchenreihe zu lokalisieren. Die Übungen sind zu prüfen, ob der Laut eindeutig zugeordnet werden kann. (Siehe 1.2.2)

Beispiel:[376] Wo hörst du T t? Kreuze an.
Blitzaufgabe: Suche Bilder aus, zu denen du das Wort aufschreiben magst.

---

[376] ELBERT, M./MATTNER-RIEGGER, M./SCHENK, Ch.: Mobile 1 - Übungen. Braunschweig 2001, S. 26.

Visuell-motorisch-haptische Übungen

Buchstaben formen oder ertasten (siehe 8.1.2)

Übungsvorschläge:
- Den einzuprägenden Buchstaben gestalten (mit Plastilin, Pfeifenputzern, Bändern, Seilen, kleinen Gegenständen, auch mit dem Körper).
- Plastische Buchstaben ertasten oder nachfahren (Holzbuchstaben, Sandpapierbuchstaben) und benennen.

Übungen mit Buchstabenkarten

Material: Buchstabenkarten
Übungsvorschläge:
- Buchstaben-Blitzlesen: Der Spielleiter hebt einzelne Buchstabenkarten kurz hoch und lässt diese benennen; flüssig gelesene werden auf die Seite gelegt, die anderen wieder in den Stapel geschoben und immer wieder abgefragt.
- Buchstabensuchen: Alle Kinder haben den gleichen Satz Buchstaben vor sich liegen; die vom Spielleiter genannten Buchstaben legen sie auf die Seite. Kontrolle: Bestimmte Buchstaben bleiben übrig.
- Flüsterspiel: Buchstabenkarten werden im Kreis herumgereicht, dazu wird der Laut evtl. mit Anlautwort ins Ohr geflüstert (z. B.: „M wie Maus")
- „Stummer Buchstabe": Die Kinder vereinbaren hinter dem Rücken des Spielleiters, bei welchem Buchstaben der Buchstabentabelle sie stumm bleiben. Der Spielleiter deutet auf verschiedene Buchstaben, die Kinder benennen sie; beim vereinbarten Buchstaben bleiben sie stumm. Das Spiel beginnt von vorn.
- „Heißer Buchstabe": Ein Kind zeigt mit dem Zeigestab auf die zu lesenden Buchstaben, kommt es auf den heißen Buchstaben (vorher vereinbart), rufen die anderen Kinder: „Halt!". Das Spiel beginnt von vorn.

Übungen für Arbeitsblätter:
- Aus einem „Buchstabensalat" ist ein bestimmter Buchstabe herauszusuchen und zu markieren, z. B.: Die Maus frisst aus der Schüssel, die mit verschiedenen Buchstaben gefüllt ist, nur M und m. Diese sind einzukreisen.
- Felder mit dem gesuchten Buchstaben werden ausgemalt; Kontrolle ist das dadurch entstandene Bild.

- In einer „Schatzkiste" mit Wörtern ist der gesuchte Buchstabe einzukreisen. Differenzierungsaufgabe: Übermale die Wörter, die du schon lesen kannst.

Beispiel[377]: Übermale B b. Ergänze die Silbenbögen.
Blitzaufgabe: Schreibe auf, was du gern mit in die Badewanne nimmst.

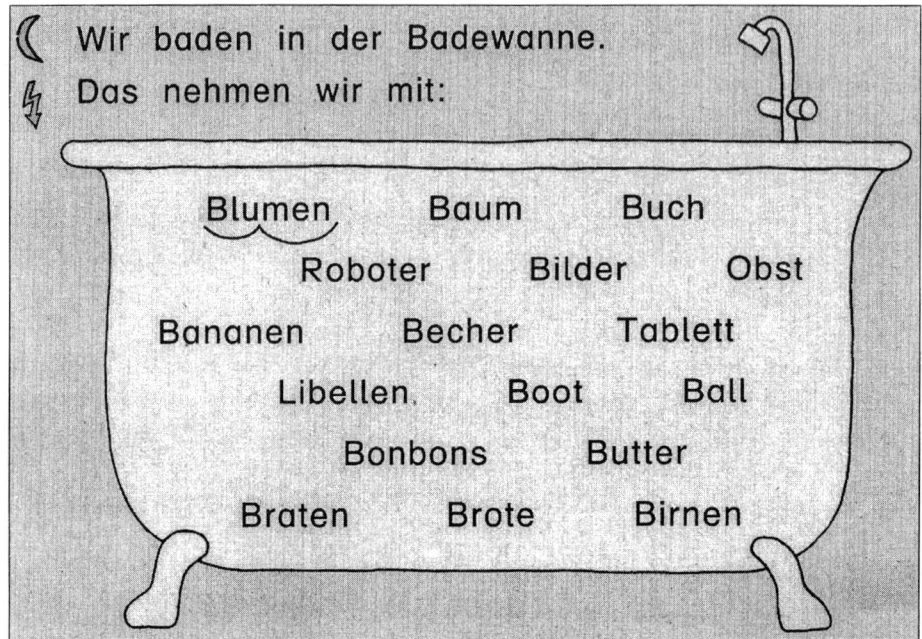

(2) Die Synthese

Zum selbstständigen Lesen gehört nicht nur das sichere Benennen der Grapheme/Phoneme, sondern die Kinder müssen diese auch zu neuen Lautkomplexen zusammenschleifen können. MEIERS vertritt die Meinung, dass gerade die Fähigkeit zur Lautverschmelzung als kognitive Leistung *„mit Reifungsprozessen zusammenhängt, die zwar durch didaktisch-methodische Anregungen gefördert, nicht aber entscheidend verkürzt und aufgehoben werden können."*[378] Auch MANN[379] ist der Ansicht, dass sich die Kinder die Synthese selbstständig aneignen müssen, da diese außerhalb

377 ELBERT, M. u. a.: Mobile 1 - Übungen. Braunschweig 2001, S. 87.
378 MEIERS, K.: Lesen lernen und Schriftspracherwerb im ersten Schuljahr, Bad Heilbrunn/Obb. 1998, S. 240.
379 Vgl. MANN, Ch./OBERLÄNDER, H./SCHEID, C.: LRS – Legasthenie, Donauwörth 2001, S. 21.

der Lehrfähigkeit der Lehrkraft liegt. Für sie ist das selbsttätige Aufschreiben der Kinder die beste Möglichkeit, sich diese anzueignen. So ergibt sich bei schreiborientiertem Vorgehen die Fähigkeit zur Lautverschmelzung nach einiger Zeit von selbst: Das Kind analysiert das Wort Schritt für Schritt auf seine Laute hin und schreibt die einzelnen Buchstaben dazu nacheinander auf, begleitet von einem inneren Mitsprechen.

In leseorientierten Verfahren wird mit Abbau- und Aufbauübungen an zunächst bekannten Schriftbildern das „Zusammenschleifen", die Synthese, eingeschult (siehe 3.1.2, HEUSER). Der natürliche Sprechton ist damit gegeben.

Übungsvorschläge zur Synthese:

Übungen für den Klassen- und Gruppenunterricht:

Abbau- und Aufbauübungen
Hilfsmittel: Lesekasten, Wörtersack, Lesekrokodil, Buchstabenbausteine, Stempelkasten, Computer mit entsprechenden Programmen

Der vorgeschaltete Abbau kann eine Möglichkeit sein, auch leseschwächeren Kindern die Synthese zu vermitteln.
- Das Krokodil z. B. frisst bekannte Wörter Buchstabe für Buchstabe und gibt sie wieder frei.
- Aus der Wörtertasche werden unbekannte Wörter gezogen; die Kinder versuchen, nach jedem neuen Buchstaben zu raten, welches Wort es ist.

Beispiel: H (Hans, Hut, Hose, ...)
                  Ha (Hase, Hans, Hand, ...)
                  Han (Hand, Hans, Hanne, ...)

- Roboter-Sprache: Der „Roboter" spricht Wörter lautiert, Wortklang und Bedeutung sind zu finden. Werden lautiert gesprochene Wörter in einen Sinnzusammenhang eingebettet, ist die Aufgabe leichter, z. B.: „Jan war am Sonntag bei seinem /O:/ /p/ /a:/."
- Namen erfinden: Reihum werden Laute genannt. Die Lehrkraft schreibt die Buchstaben an die Tafel. Damit die Wörter artikulierbar bleiben, müssen auch Vokale eingestreut werden. Spaßig ist es, für Dinge Namen zu erfinden, z. B. für die Pause, die Schultasche oder den Sitzkreis.
- Geisterschrift: Die Lehrkraft schreibt ein Wort nur mit dem Finger an die Tafel. (Variation: Schreiben mit einem nassen Schwämmchen)

Übungen für Arbeitsblätter:

Buchstabentausch

Neue Wörter entstehen durch Austauschen, Hinzufügen oder Weglassen
von Buchstaben oder Buchstabengruppen.

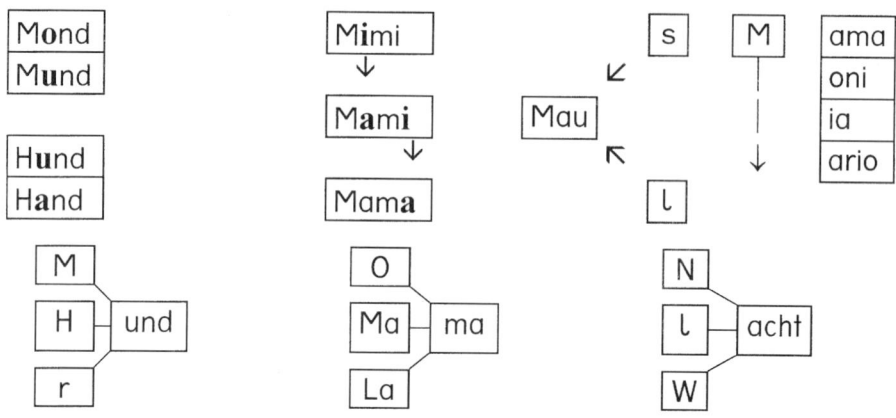

Silbensalat oder Buchstabensalat

Auf der Vorderseite befinden sich die Buchstaben in verstreuter Anordnung und das Bild, damit das Kind weiß, welches Wort es zusammensetzen
soll.
Kontrolle: Das Schriftbild auf der Rückseite.

Silben verbinden

Zwei Reihen von Silben stehen sich gegenüber. Die Schüler lesen die Silben und verbinden sie zu sinnvollen Wörtern. Wichtig ist, die Wörter auch
aufschreiben zu lassen, damit sie als Ganzes sichtbar werden und sich ein
simultanes Erfassen herausbilden kann.

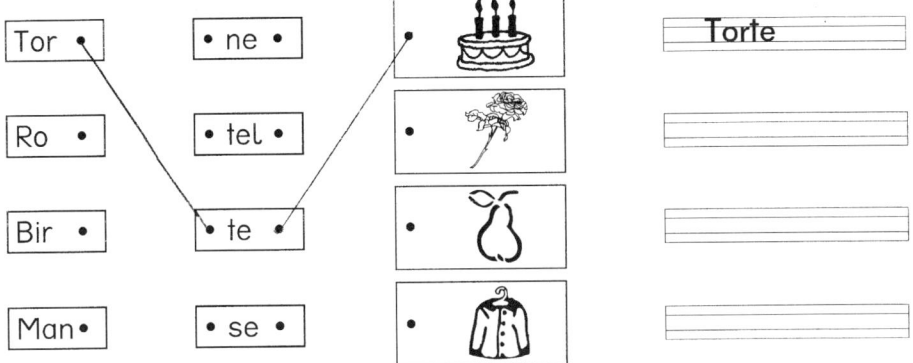

Welches Wort wird es?
Zur Abbildung ist der richtige Wortanfang zu finden.

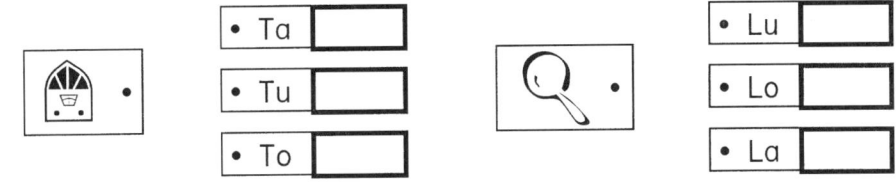

(3) Speicherung von Wörtern und Wortteilen

Für den Lesefluss ist entscheidend, dass Wörter und Wortteile in unterschiedlichen Zusammenhängen sofort abrufbereit sind. Bekannte und schon oft gelesene Wörter werden mit einem Blick (simultan) erfasst und in ihrer Bedeutung erkannt. Ohne simultanes Erfassen von Wortteilen und Wörtern (später größere Einheiten) ist kein flüssiges Lesen möglich. Der Bestand an gespeicherten Wörtern wächst im Verlauf des Leselernprozesses rapide an. Stehen einem Kind die 100 häufigsten Wörter geläufig zur Verfügung, kann es bereits 50 % eines Textes lesen oder schreiben, vorausgesetzt es beherrscht diese auch rechtschriftlich.[380]

---

380 SPITTA, G.: Welche Vorteile bietet die Arbeit mit dem Grundwortschatz. In: VALTIN, R.: Rechtschreiben lernen in den Klassen 1-6. Frankfurt/M. 2000, S. 77-80.

Um das simultane Erfassen von Wörtern zu beschleunigen, müssen die Kinder erkennen, dass in verschiedenen Wörtern gleiche Teilstrukturen auftreten.[381] (z. B. „versteckte Wörter": **alt**: h**alt**en, m**alt**, k**alt**; **ich**: Micha-el, m**ich**, n**ich**t, r**ich**tig, Vorsilben oder gleiche Wortendungen). Sobald ei-ne Teilstruktur dem Kind bekannt ist, gewinnt sie Signalfunktion, wird so-fort erfasst und reduziert damit die lesetechnischen Abläufe. Auch die Häufigkeitswörter (meist Strukturwörter) gilt es nach und nach einzu-schleifen. Die verschiedenen Übungen zur Synthese (siehe 8.2.2 (2)) för-dern ebenso nachhaltig die Speicherung von Wortbildern und Wortteilen.

Übungsvorschläge zur Speicherung von Wörtern und Wortteilen:

Übungen mit Wortkarten:
- Blitzlesen (s. o): Wortkarten werden nur kurz gezeigt. Noch nicht sicher gelesene Wörter werden immer wieder abgefragt.
- Pantomimisches Lesen: Namen- oder Tätigkeitswörter werden panto-mimisch gelesen, anschließend wird das Wort gesagt.
  Strukturwörter: Spaß macht es, diesen Wörtern eine ausgedachte Bewe-gung zuzuordnen, so dass auch sie „pantomimisch" gelesen werden kön-nen.
- Wörter mit Ziffern: Die zu übenden Wörter werden wahllos nummeriert. Der Spielführer ruft ein Kind auf und nennt einzelne Ziffern; es gilt, die durch Ziffern gekennzeichneten Wörter möglichst schnell zu lesen.
- Kofferpacken: Die Lehrkraft malt die Umrisse eines Koffers an die Ta-fel. Ein Kind beginnt: „Ich packe in den Koffer wir." Es holt die Wort-karte und befestigt sie im Koffer. Das nächste Kind wiederholt den Satz und fügt ein Wort dazu. Alle eingepackten Wörter werden stets erneut gelesen.
- Spiegelwörter: Mit Hilfe des Computers Spiegelwörter herstellen (oder Wörter auf Folie schreiben, wenden und kopieren). Die Kinder lesen diese mit Hilfe eines Spiegels. Die erlesenen Wörter werden zur Übung aufgeschrieben.
- Wortpaare: Ein Satz Wortkarten wird an die Kindergruppe verteilt, ein zweiter Kartensatz liegt gut gemischt auf dem Tisch. Reihum wird eine Karte abgehoben und vorgelesen. Wer ein Kartenpaar bilden kann, legt es ab.

---

[381] Vgl. WARWEL, K.: Signalgruppen und strukturgemäßes Lesenlernen. In: Die Grundschule 6 (1975) 7, S. 311 ff.

Übungen für Arbeitsblätter:

Wortbilder einprägen
Was findest du gut? Sprich und verbinde das Bild mit dem Wort gut.
Blitzaufgabe: Schreibe auf, was du gut findest.[382]

Reimwörter[383]
Schreibe den fehlenden Buchstaben dazu.
Blitzaufgabe: Denke dir Sätze mit den Reimwörtern aus. Schreibe sie auf.

---

382 Vgl. ELBERT, M. u. a.: Mobile 1 - Übungen. Braunschweig 2001, S. 24.
383 Vgl. ELBERT, M. u. a.: Mobile 1 - Übungen. Braunschweig 2001, S. 108.

| Leseberge[384] |

Eine motivierende Übung, sich Wörter (Strukturwörter) einzuprägen, die Lesegeschwindigkeit zu steigern und die Blickspanne zu erweitern, sind Leseberge oder Lesetreppen.

Oma
Oma hat
Oma hat ein
Oma hat ein Auto
Oma hat ein Auto mit
Oma hat ein Auto mit Radio
Oma hat ein Auto mit Radio und
Oma hat ein Auto mit Radio und Hund.

Ba
Bana
Bananen
Bananen und
Bananen und Me
Bananen und Melo
Bananen und Melonen
Bananen und Melonen sind
Bananen und Melonen sind gut.

(4) Erlesen von Texten, sinnerfassendes Lesen

Von Anfang an wird das Erfassen größerer Sinneinheiten geübt, indem mit dem Wortmaterial der ersten Seiten Sätze gebildet und fehlende Wörter durch Bilder ersetzt werden (z. B. Oma am ☺, Mimi im 🏠).

Die Leseerwartung (Antizipation) beeinflusst das Finden des Wortklangs sowie die Bedeutungserfassung. So können das Fibelbild, die Erzählung der Lehrerin bzw. des Lehrers, das Nennen der Überschrift oder die vorher gelesenen Sätze den Leser auf den zu erwartenden Sinngehalt einstellen.

Auch die syntaktisch-grammatische Leseerwartung hilft dem Leser. Aus einem Satzanfang oder aus bestimmten grammatischen Formen kann der weitere Verlauf des Satzes geschlossen werden. Beim Lesen werden durch die Sinnerwartung ständig Hypothesen auf den zu erwartenden Sinngehalt gebildet und ihre Richtigkeit überprüft, also bestätigt oder verworfen. *„Lesen wird heute als analytisch-synthetisches Such-, Probier- und Prüfverhalten verstanden, das abhängig ist von der vorausgehenden inhaltlichen Erfassung, von der gesamten Spracherfahrung, von den bisher gespeicherten Erfassungseinheiten des Lesers."*[385]

BRÜGELMANN/BALHORN[386] haben aus der Leseforschung und aus praktischen Versuchen Kriterien gewonnen, die bei der Auswahl, dem Selbstverfassen oder Umarbeiten von Texten für den Leseanfänger möglichst beachtet werden sollten:

---

[384] KIEFFER, E.: Lesen macht Spaß. München 1991, S. 8 ff.
[385] GRISSEMANN, H.: Pädagogische Psychologie des Lesens und Schreibens. Bern 1986, S. 41 ff.
[386] Vgl. BRÜGELMANN, H.: Motivation zum Lesen - ein Motor des Lernens. In: Die Grundschulzeitschrift 6 (1994) 75, S. 15.

- kurze Sätze mit wenig Wörtern (lieber Wortwiederholungen),
- kurze, einfache Wörter aus dem vertrauten Wortschatz der Kinder,
- zunächst gängige Buchstaben und einfache Lautwerte bevorzugen (also Langvokale und Dauerkonsonanten, z. B. in den Wörtern „Oma", „Lisa", „malen", „Limo" statt „Sprudel"),
- wenig Text, also lieber dünne Büchlein mit ansprechenden Bildern,
- Anordnung im Flattersatz, d. h. der Text ist inhaltlich nach kurzen Sinnschritten gegliedert.

Übungsvorschläge zum sinnerfassenden Lesen:[387]

Übungen für den Klassen- und Gruppenunterricht: Im Unterricht ergeben sich viele Möglichkeiten, zwingende Leseanlässe zu schaffen:
- Stummes Aufrufen: Die Lehrkraft hebt nur das Namensschild des Kindes hoch, das einen vorher abgesprochenen Auftrag ausführen soll.
- Stumme Aufträge: Die Lehrkraft schreibt Buchstabe für Buchstabe einen Auftrag an die Tafel und zum Schluss den Namen des Kindes, das den Auftrag ausführen soll (z. B.: Gehe durch den Raum, Lisa.).
- Pantomimisches Lesen: Die Kinder stellen den Sinngehalt des Wortes oder des Satzes pantomimisch dar (gezielte Auswahl dessen, was darstellbar ist!).
- Lese-Wanderung: Im Klassenzimmer sind Wörter eines Satzes bzw. Sätze verteilt, die gelesen werden sollen. Die Kinder gehen umher (evtl. paarweise) und lesen die entdeckten Textabschnitte. Anschließend sagen sie den Satz oder führen den Auftrag aus (z. B. etwas malen).
- Die Lehrerin bzw. der Lehrer baut wortweise Sätze auf und lässt immer wieder vermuten, wie die „Geschichte" weitergehen könnte.

Übungen für Arbeitsblätter:

| Wort/Satz-Bild-Zuordnung |

Aus einem Wort- oder Satzangebot wird einem Bild das entsprechende Wort oder der richtige Satz- oder Textabschnitt zugeordnet.

| • Dino ist am Tor |
| • Dino ist im Turm |
| • Dino ist im Auto |

---

[387] Material zur Diagnose und zum Training des sinnverstehenden Lesens bieten: KALB, G./RABENSTEIN, R./ROST, D. H.: Lesen und Verstehen. Braunschweig 1979.

Satzstücke sind zu sinnvollen Sätzen zusammenzufügen.

Mama kocht •	• ein Bild.
Die Mütze ist •	• in der Fibel.
Peter liest •	• eine Suppe.
Sabine malt •	• auf dem Kopf.

Variation: „Kasperlsätze" (z. B. „Oma liegt im Kinderwagen") in einen Text einstreuen.

Geschichten malen

Nach schriftlicher Anweisung ein Bild malen oder ein vorgegebenes aus-malen bzw. ergänzen.

Heute hat Peter ein rotes Hemd an.
Es passt gut zu der blauen Hose.
Male die Schuhe
braun und den Hut gelb aus!

Rätsel lösen[388]

Löse die Rätsel.
Blitzaufgabe: Denke dir selbst Rätsel aus.

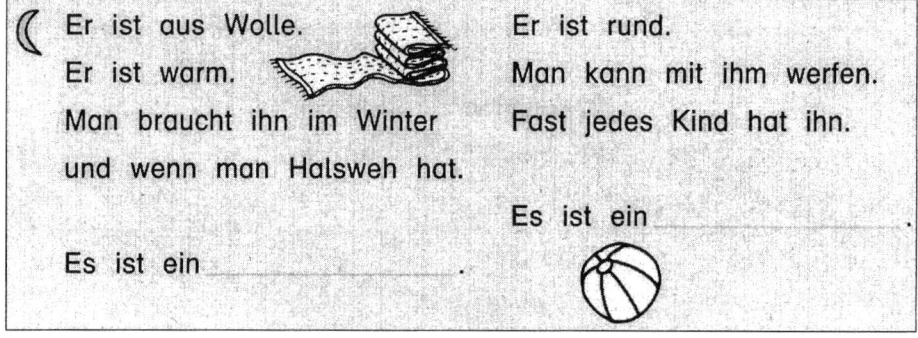

Er ist aus Wolle.
Er ist warm.
Man braucht ihn im Winter
und wenn man Halsweh hat.

Es ist ein _____.

Er ist rund.
Man kann mit ihm werfen.
Fast jedes Kind hat ihn.

Es ist ein _____.

---

[388] ELBERT, M. u. a.: Mobile 1 - Übungen. Braunschweig 2001, S. 98.

8.2.3 Förderung des Lesens[389]

Ein wesentliches und vordringliches Ziel des Leseunterricht ist die Entwicklung von *„Leseinteresse und Lesebereitschaft"*. Zielgedanke darf nicht nur sein, lesen zu können, sondern auch lesen zu wollen.[390] Die Schülerinnen und Schüler sollen *„erfahren, dass Lesen Vergnügen bereitet und sie zur Auseinandersetzung mit sich und der Welt anregt, dass sie durch Lesen Informationen und Anleitungen zum Handeln erwerben."*[391] Erfolgreich sind sie aber nur, wenn die Lesefertigkeit intensiv geschult und die Fähigkeit zum sinnerfassenden Lesen ständig ausgebaut wird. In der optimalen Passung liegt die größte Motivation und der größte Lernzuwachs (siehe 2.3.1, 8.2.1).

Zu Beginn des Leselernprozesses muss häufig noch extrinsisch motiviert werden.[392] So wirken sich spielorientiertes Lernen, abwechslungsreiche Lernformen, eine positive Lernatmosphäre und die emotionale Beziehung zur Lehrkraft lernmotivierend aus. Lernmotive können ebenso das Bedürfnis nach Leistung und Anerkennung oder die Identifikation mit Bezugspersonen sein. Die Motivation des Kindes im Anfangsstadium des Lesenlernens entspringt zwangsläufig nicht so sehr aus dem Inhalt des gelesenen Textes, sondern wird durch die kleinen Leistungsfortschritte aufrechterhalten, die es durchaus bewusst erlebt und die natürlich von Zeit zu Zeit deutlich gemacht werden sollten. Die Steigerung der Lesefähigkeit mit extrinsischen Mitteln ist ein Mittel zum Zweck. Erst wenn das Kind das lesen kann, was es lesen möchte, erfährt es, dass Lesenkönnen ein Gewinn ist und Genuss bereitet. Die Aussicht auf Erfolg und das Bewusstsein im Lernprozess voranzuschreiten wirken motivierend.

Mehr und mehr müssen diese von außen kommenden Motive in eine intrinsische Motivation überführt werden, d. h. in ein überdauerndes Bedürfnis, lesen zu wollen und aus der Sache selbst Nutzen und Vergnügen abzuleiten. Mit dem Voranschreiten im Leselernprozess beginnt der Leseanfän-

---

389 Literaturempfehlungen: BÜNNING, G: Lesemotivation – aber wie? Zur Praxis der Buch- und Lesebucherziehung. Düsseldorf 1981. – ISB München: Empfehlungen zur Leseerziehung in der Grund- und Hauptschule. München 1989. – WEDEL-WOLFF, A.: Üben im Leseunterricht der Grundschule. Braunschweig 1997. – STIFTUNG LESEN (Hrsg.): Lesen – Grundlagen, Ideen, Modelle zur Leseförderung. Mainz 1995.

390 MEIERS, K.: Lesenlernen und Schriftspracherwerb im ersten Schuljahr. Bad Heilbrunn/Obb. 1998, S. 200.

391 LEHRPLAN FÜR DIE GRUNDSCHULEN IN BAYERN, KWMBl So.-Nr. 1/2000, S. 27.

392 Vgl. HECKHAUSEN, H.: Motivation und Lernen. In: ROTH, R. (Hrsg.): Begabung und Lernen. Stuttgart 1968, S. 31 ff.

ger still zu lesen. Das mühsame Entziffern der Information hat dem gewandteren Lesen zu weichen. Dem Schriftbild wird ohne äußere wahrnehmbare Verklanglichung sofort die Information entnommen. Beim Vorlesen kann das Kind überschauend lesen, nimmt den Sinn vorweg und lässt Sinnverständnis erkennen. Die Steigerung der Lesefähigkeit dient immer mehr dem Zweck, Texte zu verstehen, Lustgewinn daraus zu ziehen, Erkenntnisse zu gewinnen, sich zu informieren, ganz allgemein Lesespaß zu haben.

Lehrkräfte stellen gegen Ende des ersten Schuljahrs meist große Unterschiede in der Leseleistung fest:

- So können einige Kinder fremde Texte selbstständig lesen, haben Spaß am Lesen und lesen viel.
- Dann gibt es Kinder, die zwar einen Text lesetechnisch korrekt vortragen können, ohne jedoch das Sinnverständnis anzustreben.[393]
- Schließlich findet sich meist eine nicht geringe Anzahl von Kindern, denen das Lesen noch schwer fällt. Das Erlesen ist mühsam, die Sinnerfassung dementsprechend erschwert, so dass diese Kinder Lesen mit Misserfolgserlebnissen verbinden.

Diese Ausführungen verdeutlichen, dass eine Förderung des Lesens nur durch differenzierende und individualisierende Maßnahmen erfolgreich sein kann. Die Forderung, die Lesefertigkeiten auszubauen, ist nicht Thema dieses Kapitels (siehe 8.1.3, 8.2.2). Die folgenden Überlegungen zeigen Möglichkeiten auf, die Bereitschaft und Motivation zum Lesen generell zu steigern. Konkrete Beispiele sind immer wieder für die jeweilige Situation und das einzelne Kind zu überdenken. Hauptziel muss stets der Aufbau von Lesefreude sein.

„Von Anfang an sollen die Kinder durch eine anregende Leseumgebung mit einem reichhaltigen Textangebot Interesse und Freude am Lesen entwickeln. Sie erleben und nutzen im Unterricht vielfältig Lesesituationen, wählen Lesestoff selbst aus und erfahren dabei Lesen als Bereicherung.“[394] Sie sollen verschiedene Textsorten kennen lernen, mit Kinderliteratur und mit anderem geeigneten Schrifttum vertraut gemacht werden und

---

[393] Material zur Diagnose und zum Training des sinnverstehenden Lesens bieten KALB, G./RABEN-STEIN, R./ROST, D. H.: Lesen und Verstehen. Braunschweig 1979, siehe 9.4.2.
[394] LEHRPLAN FÜR DIE GRUNDSCHULEN IN BAYERN, KWMBl So.-Nr. 1/2000, S. 88.

lernen textspezifisch damit umzugehen. Eine das Lesen fördernde Unterrichtspraxis ermöglicht den regelmäßigen Umgang mit Büchern und lässt Raum und Zeit für freies Lesen, um so das Kind zum Lesen zu „verführen". So haben die Kinder Gelegenheit in Büchern und Kinderzeitschriften zu blättern, Geschichten anzulesen, die Bilder im Buch zu betrachten, darüber zu sprechen oder sich gegenseitig vorzulesen. Auch WEDEL-WOLFF[395] fordert die freie Auswahl von Lesematerial aus Bücherkisten und Lese-Schatzkisten[396], damit die Kinder selbst zu Texten finden, was zudem am ehesten die Gewähr bietet, dass die Lektüre wiederholt gelesen wird. Weitere Leseanreize können die extra für Kinder erstellten Internetseiten bieten und auch Lexika für Kinder im Erstlesealter.

Die Bücher für Leseanfänger sind kritisch zu prüfen, ob sie leicht zu lesen sind. Selbstverständlich sollte der Text vom Umfang her angemessen und in Sinnschritte gegliedert, Wort- und Textwiederholungen geschickt eingeplant sein und die Wörter aus dem vertrauten Wortschatz stammen. Für den Übergang zum Buch empfehlen sich Lesereihen, die aus mehreren Leseheften bestehen. Sie sind vom Inhalt teilweise recht amüsant und machen das Kind stolz, ein ganzes Buch gelesen zu haben. Auch Büchlein als Lesespiel gestaltet, die Wahlmöglichkeiten für das Weiterlesen vorschlagen, sind spannend und reizen zum wiederholten Lesen verschiedener Seiten.[397] Es ist zu hoffen, dass Kinder dadurch wie durch zusätzliche individuelle Hinweise zu ihrer Freizeitlektüre Lust auf Bücher bekommen und zu Lesern außerhalb der Schule werden. Letztendlich sind die Eltern darüber zu informieren, warum das Lesen so wichtig ist (siehe 1.4).

Eine entscheidende Stellung nimmt zu jeder Zeit das Vorlesen ein. Vorleseerfahrungen sind die beste Vorhersage auf einen späteren Leselernerfolg und die wirksamste Methode Kindern Lust auf Lesen zu machen.[398] Bedeutsam ist das Lehrervorbild. Wenn eine Lehrkraft selbst von einem Buch

---

[395] Vgl. WEDEL-WOLFF, A.: a.a.O., S. 23.
[396] Die klasseneigene Lese-Schatzkiste besteht aus einer Kiste, die auf farbigem Karton aufgeklebte kurze Lesetexte enthält. Diese sind in der Lese-Schatzkiste unter bestimmten gekennzeichneten Rubriken eingeordnet, z. B. Witze, Rätsel, Verse ... Die Lehrkraft und die Kinder steuern nach und nach Texte bei z. B. aus Kinderzeitschriften, Kinderseiten in Zeitungen, Geschichtenbüchern und ebenso selbst Verfasstes.
[397] Ein Beispiel ist die Reihe „Lese-Spiele" aus dem Verlag Schulpraxis, Mülheim an der Ruhr 1989.
[398] Vgl. WELLS, G.: Eltern, Lehrer, Kinder. In: BALHORN, H./BRÜGELMANN, H.: Welten der Schrift in der Erfahrung der Kinder. Konstanz 1987, S. 28.

begeistert ist, wird sie eher die Freude am Buch vermitteln können. Das Vorlesen sollte einen festen Platz im Schulalltag haben, z. B. zu Beginn oder Abschluss eines Unterrichtsvormittags. Wenn ein Buch nur angelesen wird, macht dies neugierig auf den Fortgang der Geschichte. Dazu bieten sich Bücher aus der Klassenbücherei an oder Kinder stellen ihr Lieblingsbuch vor, indem sie z. B. den Beginn erzählen oder besondere Textstellen vorlesen. Damit die Kinder, die vorlesen wollen, auch Erfolg haben, wird die Lehrkraft den Text zu Hause üben lassen und Hinweise für gutes Vorlesen geben. So sind es ebenso die Kinder, die durch den Austausch ihrer Leseerfahrungen auf Bücher aufmerksam machen; schließlich kann man nur mitreden, wenn man selbst ein Buch gelesen hat. Zeit für gemeinsame Gespräche über die Lektüre muss es geben. Auch beim Lesen einer Ganzschrift als Klassenlektüre – das gemeinsame Lesen eines Buches fördert die Lesemotivation[399] - bietet es sich an, Teile zu erzählen und vorzulesen und anschließend den Fort- und Ausgang der Geschichte vermuten zu lassen, bevor die Kinder evtl. still weiterlesen. Insbesondere leistungsschwächere Schülerinnen und Schüler sollten ausgewählte oder gekürzte Passagen zum Erlesen erhalten.

ALTENBURG zeigt methodische Möglichkeiten zur Texterschließung auf.
- Der Text wird bis zu einer bestimmten Stelle vorgegeben, die Kinder lesen still den nächsten Abschnitt, vermuten dann, wie die Geschichte weitergeht und halten dies evtl. fest. Schließlich wird die Fortsetzung gelesen und mit den vorausgegangenen Vermutungen verglichen.
- Die Kinder erhalten den Text in Abschnitte zerschnitten und versuchen ihn zu rekonstruieren; anschließend erörtern sie ihre Ergebnisse.
- Zu einem geeigneten Text malen die Kinder ein Bild oder mehrere, stellen anschließend ihre Ergebnisse vor und kommentieren diese.
- Bestimmte Texte lassen sich szenisch umsetzen. Die Kinder lesen die Geschichte still durch, in Gruppen sprechen sie den Ablauf durch und spielen vor. Anschließend wird das Textverständnis diskutiert.

Mit dem Umsetzen einer Lesebuchgeschichte oder Ganzschrift als Schulspiel lassen sich vielfältige Lernziele verwirklichen. So bietet sich eine szenische Darstellung oder das Spiel mit einfachen Stabfiguren, Tischfigu-

---

[399] ALTENBURG, E.: Wege zum selbständigen Lesen. Frankfurt/M. 1991, S. 75.

ren, Flachfiguren für das Schattentheater an. Eine solche Inszenierung erfordert zwangsläufig ein mehrfaches Lesen, verlangt klanggestaltendes Vortragen und den kreativen Umgang mit dem Text. Andere wichtige Erziehungsaufgaben können darin eingebunden sein. So werden u. a. soziale Lernprozesse initiiert, die Klassengemeinschaft gestärkt, selbstständiges Handeln gefördert und die gestalterischen und schöpferischen Fähigkeiten herausgefordert.

Themen, die das Kind persönlich betreffen, sind interessant und sprechen es an. Nachrichten innerhalb der Klasse werden selbst zu interessanter Lektüre. So erscheinen geplante Vorhaben, Bekanntmachungen, Aufträge oder Bitten schriftlich an der Mitteilungstafel. Bernd entdeckt z. B. eines Morgens einen Zettel an der Korkwand, den er sofort liest: „Bernd, kannst du morgen dein Meerschweinchen mitbringen? ...“[400]

Die Lehrkraft wird die Texte für die Kinder in ihrem Schwierigkeitsgrad individuell anpassen und insbesondere Lesemuffel durch kurze, überschaubare Informationen zum Lesen verlocken. Bisweilen wissen die Kinder gar nicht, dass Schrift Information enthält (s. o.), so dass schon von daher keine Motivation zum Entziffern besteht. Durch kurze schriftliche Aufträge lenkt die Lehrkraft diese Kinder auf die Sinnerfassung. ALTENBURG[401] empfiehlt eine Rallye mit Auftragszetteln, um die Kinder auf die Suche nach einem bestimmten Gegenstand zu schicken. Häufig machen Kinder erst dann Fortschritte im Lesen, wenn sie erfasst haben, dass im Text eine Information enthalten ist.

Welchen positiven Einfluss briefliche Kontakte auf den Schriftspracherwerb haben, ist schon an anderer Stelle ausgeführt (siehe 8.2.4). Briefe sind an den Adressaten persönlich gerichtet und bieten damit hohe Gewähr, dass das Kind den Inhalt wissen will und Lesen als etwas Sinnvolles erfährt.

Die Kinder produzieren selbst kleine Geschichten, schreiben ihre Erlebnisse auf, malen dazu oder denken sich kleine Leseaufgaben aus, die dann mit Computer geschrieben und ausgedruckt für alle lesbar sind. Diese Schriftstücke können später zu Klassenbüchlein zusammengefasst werden.

---

[400] GÜMBEL, R.: Erstleseunterricht, Entwicklungen – Tendenzen – Erfahrungen. Frankfurt/M. 1980, S. 49.
[401] ALTENBURG, E.: a.a.O., S. 75.

8.2.4 Förderung des Schreibens[402]

Lesen und Schreiben werden heute im Zusammenhang und in wechselseitiger Beziehung vermittelt oder das Schreiben ist sogar Ausgangspunkt des Lernprozesses (siehe Kapitel 5 und 7). Schreiben ist im Gegensatz zum Sprechen allerdings eine Tätigkeit, die nicht zwangsläufig natürlichen Kommunikationssituationen entspringt, so dass dieses erst angeregt werden muss. Außerdem ist Schreiben eine Tätigkeit, die das Kind noch nicht beherrscht, die deshalb fehlerhaft ist und die sich das Kind nur schrittweise aneignen kann. *„Wir motivieren Kinder zum Schreiben, wenn wir sie so schreiben lassen, wie sie es können und das schreiben lassen, was sie wollen."*[403]

Die Kinder verschriften zunächst, was sie „hören" bzw. beim Sprechen sprechmotorisch wahrnehmen. Orthografisch korrektes Schreiben kann zu diesem Zeitpunkt nicht erwartet werden (siehe Kap. 5). Erst im Laufe der Zeit entwickelt sich durch ständiges Aufschreiben ein Rechtschreibbewusstsein, das auch von der Lehrkraft behutsam unterstützt werden sollte. Oberstes Ziel muss jedoch immer ein positives Verhältnis zum Schreiben und eine dauerhafte Schreibmotivation sein.

Die Frage ist, wie sich Kinder motivieren lassen, das Schreiben als notwendig zu erachten und es auch interessant zu finden. Inhaltlich sind Schreibanlässe aus der Interessen- und Erfahrungswelt des Kindes zu wählen, die Situation muss Schreiben zwingend erforderlich machen und zudem wird sich die Lehrkraft überlegen, wie sie evtl. bestehende Schreibbarrieren abbaut. So kann sie das Kind zunächst ein Bild malen und dieses mit einzelnen Buchstaben und Wörtern beschriften lassen oder sie schreibt für das Kind dessen Gedanken auf und führt es so allmählich zum Selbstschreiben hin. Insbesondere Hilfsmittel, die das Produzieren von Schrift erleichtern, können helfen (z. B. Computer, siehe 8.1.5).

Aus dem gesamten Unterricht heraus ergeben sich viele aktuelle Schreibsituationen, die keiner Planung bedürfen, doch auch sie müssen erkannt und genutzt werden. Das Bedürfnis zu schreiben entsteht aus dem Beziehungsgeflecht der Kinder des schulischen und familiären Umfelds. So kann das Kind z. B. mit der Lehrkraft, Mitschülern, der Mutter, dem Vater, den

---

[402] Weitere Anregungen: ELBERT, M./MATTNER-RIEGGER, M./SCHENK, Ch. u. a.: Mobile 1 - lesen und schreiben, Lehrerband. Braunschweig 2001.

[403] Vgl. MEIERS, K.: Lesen lernen und Schriftspracherwerb im ersten Schuljahr. Bad Heilbrunn/Obb. 1998, S. 216.

Großeltern, dem Kasperl, der kleinen Hexe oder der Fibelfigur korrespondieren.

Entscheidend ist, dass der Adressat antwortet und damit wiederum Anreize und Anstöße zum Lesen und Schreiben gibt. Schließlich kann sich nur dann beim Kind das Bewusstsein entwickeln, dass Schreiben sinnvoll ist und kommunikative Bedeutung hat, wenn es eine Antwort erhält und damit gleichzeitig ein Vorbild. Hierzu ist ein Klassenbriefkasten unumgänglich. Andere Schreibprodukte werden an einer Klassenwand befestigt oder für ein Klassenbuch gesammelt und so entsprechend gewürdigt.

Zum Schluss noch einige Anregungen für Schreibanlässe:[404]

- Das gemalte Bild, der Brief wird grundsätzlich an jemanden adressiert.
- Bereitgelegte Bilder, Bildstempel zusammen mit einer Auswahl verschieden farbigem Papier verlocken zum Schreiben.
- Ein Bildvordruck regt insbesondere zum Schreiben an, wenn man Sprechblasen einfügt (siehe Abb. unten).
- An einer Schreibstation befindet sich eine Fühlbox, gefüllt mit mehreren Gegenständen. Die Kinder schreiben auf, was sie ertastet haben.
- Einladungskarten (z. B. für einen Geburtstag), Geschenkgutschein für eine Tätigkeit (z. B. Heute Nachmittag fahre ich mit dir Roller.), Einkaufszettel werden geschrieben.
- Wünsche kann man schriftlich festhalten (z. B.: Das wünsche ich mir zu Weihnachten, zum Geburtstag. Das möchte ich einmal sein.).
- Ein Spiel mit der Fibelfigur kann Schreiben erforderlich machen. (Sie findet z. B. ihre Tasche nicht und bittet, ihr aufzuschreiben, wo sie suchen soll.)
- Ein Bilderbuch wurde vorgelesen: Die Kinder können der Bilderbuchfigur schreiben, sich mit einer Buchfigur identifizieren und die Geschichte weiterentwickeln, ein eigenes Bilderbuch schreiben und gestalten u. Ä.
- Nach Fantasiereisen malen und schreiben die Kinder, was sie als Vogel, als Pferd, als Wolke u.ä. erlebt haben oder wem sie begegnet sind.
- Zu einem Klassenausflug oder Unterrichtsgang wird im Klassenzimmer gemalt und aufgeschrieben, was besonders gefallen hat.
- Jahreszeitenbilder: Schüler malen und schreiben, was für sie Herbst, Winter, Frühling oder Sommer bedeutet.

---

404 Vielfältige Ideen dazu liefert der Lehrgang MOBILE 1. Sowohl die Fibel als auch das Übungsheft und ebenso das Lehrermaterial enthalten zahlreiche Beispiele.

SCHENK, Ch./ELBERT, M./DUDEK, I.: Mobile 1, Lehrerband. Braunschweig 2000, S. 33.

8.3   Hinweise zur Gestaltung des Anfangsunterrichts[405]

8.3.1   Methodisch-didaktische Aspekte[406]

Mit dem Schulanfang müssen sich die Kinder personell, räumlich, zeitlich und in inhaltlicher Hinsicht neu orientieren.

Damit der Übergang vom Kindergarten zur Grundschule für das Kind möglichst problemlos erfolgt, wird der Unterricht der beiden ersten Schuljahre methodisch und didaktisch besonders gestaltet. Der Erstunterricht im Lesen und Schreiben muss die psychologischen Besonderheiten des Kindes am Schulanfang berücksichtigen:[407]

- Das Kind hat (noch) einen starken Bewegungsdrang.
- Ausdauer und Konzentrationsfähigkeit sind noch gering.
- Die Wahrnehmung erfolgt über verschiedene Sinneseindrücke (ganzheitliches Lernen).
- Das Kind spielt gern und hat Freude an Reimen und Kinderliedern.
- Entwicklungspsychologisch steht es auf der Stufe des unkritischen und fantasiebetonten Erlebens seiner Umwelt.

---

[405] Literaturhinweise zu einer kindgerechten Einschulung:
FAUST-SIEHL, G./SPECK-HAMDAN, A. (Hrsg.): Schulanfang ohne Umwege. Frankfurt/M. 2001.
FAUST-SIEHL, G./PORTMANN, R. (Hrsg.): Die ersten Wochen in der Schule. Frankfurt/M. 1992.
HACKER, H.: Vom Kindergarten zur Grundschule. Bad Heilbrunn/Obb. 1992.
KNÖRZER, W./GRASS, K.: Den Anfang der Schulzeit pädagogisch gestalten. Weinheim 1992.
WEIGERT, H. u. E.: Schuleingangsphase. Weinheim 1992³.

[406] Vgl. WITTMANN, H.: Der Übergang vom Kindergarten zur Grundschule. In: MAHLER, G./SELZLE, E. (Hrsg.): Lehrplan für die Grundschule in Bayern mit Erläuterungen und Handreichungen, Bd. I: 1. u. 2. Jahrgangsstufe. Donauwörth 1982, S. 49 ff.
LEHRPLAN FÜR DIE GRUNDSCHULEN IN BAYERN. München 2000, S. 11.

[407] Vgl. MÖSS, A.: Die erste Schulstunde. In: Grundschulmagazin 8 (1993) 9, S. 11 ff.

- Ein starker Nachahmungstrieb kennzeichnet dieses Alter.
- Es besteht eine starke gefühlsmäßige Bindung an die Lehrperson.

Der Schriftspracherwerb muss im Rahmen des Grundlegenden Unterrichts gesehen werden, der die einzelnen Fächer zusammenfasst und in dem sich *„die Gestaltung des Schulalltags, die Dauer der Unterrichtsabschnitte und die Abfolge der Lerntätigkeiten ... gleichermaßen an den Lernvoraussetzungen, Interessen und Bedürfnissen der Kinder sowie am Lerninhalt bzw. Lerngegenstand"*[408] orientiert. Spielähnliche Lernformen, Bewegung und musische Betätigungen sind einzuplanen, um dem Kind Zeit zu lassen, sich die schulischen Lernformen anzueignen. Auch Zeiten der Stille und Entspannung sind für den Schulanfänger bedeutsam und immer wieder einzuplanen. Behutsam wird das Kind an das schulische Lernen herangeführt, wobei *„die kindliche Neugier und die natürliche Freude am Lernen zu erhalten und fördern"* ist.[409]

MEIERS[410] stellt Thesen für einen kindorientierten Erstunterricht im Lesen auf. Im Zusammenhang mit unterrichtshygienischen Aspekten sind besonders folgende zu nennen:

- *„Die Kinder sind Individuen und kommen mit unterschiedlichen Voraussetzungen zum Lesenlernen zur Schule. Dieser Unterschiedlichkeit muss die Schule Rechnung tragen. "*
- *„Kinder sind aktive Wesen, deren Drang zum Aktivsein von ihnen in den Leselehrgang eingebracht werden kann. "*
- *„Kinder sind soziale Wesen und wollen darum zusammen und mit anderen etwas tun und lernen. "*

Die Lehrerin bzw. der Lehrer muss am erreichten Lernstand des Kindes anknüpfen, behutsam in die Vielfalt der schulischen Lern- und Arbeitsformen einführen und anregende Lernsituationen schaffen, die dem Kind die Weiterentwicklung ermöglichen. Damit wird deutlich, dass gleichschrittiger Lehrgangsunterricht zurückzudrängen ist. Vom ersten Tag an sollen sich die Kinder als Initiatoren ihres Lernprozesses erleben und diesen selbst vorantreiben. Kinder wollen zusammenarbeiten, gemeinsam Aufgaben und Probleme lösen, sich austauschen und sich gegenseitig helfen. Die Lernmöglichkeiten, die sich somit in informellen Gruppen, im offenen

---

408   LEHRPLAN FÜR DIE GRUNDSCHULEN IN BAYERN. München 2000, S. 11.
409   LEHRPLAN FÜR DIE GRUNDSCHULEN IN BAYERN. München 2000, S. 11.
410   MEIERS, K. (Hrsg.): Schulanfang, Anfangsunterricht. Bad Heilbrunn/Obb. 1981, S. 105 ff.

Miteinander ergeben, sind Lernpotenziale, die von der Schule genutzt werden sollten.

FAUST-SIEHL u. a. fordern insbesondere, dass *„integrative Förderung"* am Schulanfang stehen muss, in der es keine Zurückstellungen mehr gibt, sondern Bedingungen geschaffen werden, damit sich alle Kinder in der Schule wohl fühlen und lernen können.[411]

Daraus ergeben sich folgende methodisch-didaktische Prinzipien:[412]

- Die großen Unterschiede in den Lernvoraussetzungen erfordern von Anfang an und auch im weiteren Verlauf des Lernprozesses individualisierende und differenzierende Maßnahmen. Erfolgserlebnisse müssen allen Kindern vermittelt werden. Lernstörungen und Entwicklungsverzögerungen sollten früh erkannt werden, damit rechtzeitig Fördermaßnahmen eingeleitet und negative Auswirkungen auf der Persönlichkeitsentwicklung vermieden werden.
- Da im Vorschulalter spielerische Betätigungen und spielorientiertes Lernen überwiegen, sind auch in der Schule spielerische Lernformen einzuplanen, die ein Hantieren mit den Lerngegenständen ermöglichen und dem Kind Bewegung verschaffen. Die noch geringe Ausdauer und das starke Bewegungsbedürfnis sind zu berücksichtigen. Situative und aktuelle Anlässe wie auch die emotionale Verfassung der Kinder haben manchmal Vorrang vor geplanten Lernzielen.
- Ausreichendes, systematisches und variationsreiches Üben ist notwendig, damit der Lernstoff genügend gesichert wird. Dabei sind bestimmte Übungsregeln zu beachten (siehe 8.2.1). Besonders bei leistungsschwachen Kindern müssen hier die Grenzen gesehen und berücksichtigt werden.
- Der Erstunterricht ist mehr als in allen anderen Jahrgängen eine wichtige Gestaltungsaufgabe für die Lehrkraft. Die *„Rhythmisierung des Unterrichts"*[413], ein Wechsel in der Unterrichtsform, der Arbeitsweise, der Sozialform und in der Führung ist nötig. Um dem Schulanfänger gerecht zu werden, muss intensives, konzentriertes Lernen von freieren Formen abgelöst werden, von Spiel- und Bewegungsphasen, von Stille und Entspannung.

---

[411] FAUST-SIEHL, G. u. a.: Die Zukunft beginnt in der Grundschule. Frankfurt/M. 1996, S. 143 f.
[412] Vgl. auch die Hinweise zur Gestaltung des Anfangsunterrichts in: ELBERT, M. u. a.: Mobile 1, Lehrerband. Braunschweig 2001, S. 13-16.
[413] KOPP, F.: a.a.O., S. 226 f.

8.3.2 Unterrichtshygiene in der Schreiberziehung

Insbesondere im Schreibunterricht müssen einige didaktische, organisatorische sowie physio-psychologische Maßnahmen berücksichtigt werden, um die Gesundheit des Kindes zu gewährleisten.

Schreibmaterialien können den Schreibvorgang erleichtern. Sie sollten deshalb dem Schreibziel entsprechend bewusst ausgewählt und die Materialien gewechselt werden, um die Freude am Schreiben auch von daher zu erhalten und zu fördern. Materialien für das Schreibenlernen wurden bereits in Kapitel 8.1.3 erörtert.

• Schreib- und Sitzmobiliar
Um jedem Kind eine richtige Sitzhaltung zu ermöglichen, sind Stuhl und Tisch auf die Körpergröße abzustimmen. Dieses Problem kann sicher in Anbetracht der genormten Größen des Mobiliars und des individuellen Körperbaus der Schülerinnen und Schüler nur annähernd gelöst werden. Für Haltungsschäden bei Schulkindern wird vielfach das übliche Schulmobiliar mitverantwortlich gemacht.

Verbesserungsmöglichkeiten könnten sein:

Das Keilkissen auf dem Stuhl: Durch die ansteigende Erhöhung des Keilkissens nach hinten kippt beim Sitzen das Becken nach vorne, die Wirbelsäule richtet sich auf und nimmt eine natürlichere und schonendere Sitzhaltung ein.

Auch der Sitzball ist eine Alternative, dem u. a. folgende Vorzüge zugeschrieben werden:[414]
- Da das Kind beim Schreiben nach vorne kippen kann und sich mit beiden Füßen auf dem Boden abstützt, wird der Lendenbereich durch die geringere Beugung weniger belastet.
- Der Ball rollt bei der kleinsten Bewegung, also ist ein ständiges Ausbalancieren notwendig. Der Ball lässt damit Bewegung zu und fordert sie heraus. Die ständige Bewegung dient sowohl der Gesundheitsprophylaxe als auch dem Aufbau von Bewegungskoordination.
Dies ist sicher ebenso eine Hilfe für hyperaktive, motorisch unruhige Kinder, die dadurch lernen können, ihre Körpermotorik zu kontrollieren.

---

414 Vgl. HABBE, W.: Bewegtes Sitzen - eine runde Sache. In: Grundschule 10 (1995), S. 64.

HABBE[415] ist der Auffassung, dass das Sitzen und die Bewegung auf dem Ball *„die Entwicklung im neuralen, kognitiven und emotionalen Bereich"* fördert.

Sitzbälle ersetzen den Stuhl aber nicht, sondern es sollte im Laufe des Vormittags immer der Wechsel zum Stuhl möglich sein, damit Bewegungs- und Ruhephasen sich ablösen und Anspannung und Entspannung möglich sind.[416] Allerdings können Sitzbälle eine Ursache für Unruhe und Disziplinprobleme sein, weshalb sie sich wohl nicht so durchgesetzt haben.

- **Sitzanordnung und Beleuchtung**

Alle Schülerinnen und Schüler müssen von ihren Plätzen aus gut an die Tafel sehen können, dies muss ohne Änderung der Sitzhaltung möglich sein.[417] Um Schattenbildung zu vermeiden, ist der richtige Lichteinfall zu beachten (bei Linkshändern von rechts). Wichtig ist ein Sonnenschutz an den Fenstern.

- **Sitz- und Schreibhaltung**

Die Lehrperson muss eine günstige Sitz- und Schreibhaltung einführen und immer im Blick behalten. Längeres Sitzen ohne Bewegungsphasen darf es nicht geben. Im Laufe des Unterrichtsvormittags sollten immer wieder andere Sitzmöglichkeiten z. B. im Kreisgespräch auf dem Boden einbezogen werden.

Zur Sitzhaltung:

Zum Schreiben werden die Füße auf dem Boden aufgesetzt, dabei muss zwischen Oberschenkeln und Tisch ein Spielraum sein. Die Tiefe der Stuhlfläche sollte ausgenutzt werden, damit die Stuhllehne die Wirbelsäule mit Becken stützen kann.

Zur Schreibhaltung:

Schreibflussfördernd können Schreibhaltungen immer dann sein, wenn die Hand vom Handballen bis zum Ellenbogen aufgelegt werden kann und um

---

[415] HABBE, W.: a.a.O., siehe auch: AYRES, J. A.: Bausteine der kindlichen Entwicklung. Berlin 1984. S. 187 ff.

[416] Eine Möglichkeit wäre in einer Klasse 3 bis 5 Sitzbälle bereitzustellen, die einzelne Kinder je nach Bedürfnis stundenweise nutzen könnten.

[417] Gruppentische mit Hufeisen-Anordnung bzw. rechtwinklig zur Tafel ausgerichteten Seitentischen sind deshalb für den Erstlese- und Erstschreibunterricht abzulehnen.

das Schreibblatt nach oben, unten und auf der Schreibhandseite genügend Platz vorhanden ist.

Zur Stifthaltung:
In deutschen Schulen ist es üblich, den Stift auf dem Mittelfinger aufzulegen und diesen locker mit Daumen und Zeigefinger zu halten. Dreieckige Griffhülsen können die richtige Stifthaltung begünstigen. Da Untersuchungen gezeigt haben, dass verschiedene bewegungsgünstige Stifthaltungen keinen Einfluss auf die Schreibgeschwindigkeit haben, sollten individuelle Stifthaltungen zugelassen werden, sofern sie sich günstig auf das Schreibergebnis auswirken und nicht zu Verkrampfungen führen.[418]

- **Gestaltung des Schreibunterrichts**
Der Schulanfänger hat noch ein starkes Bewegungsbedürfnis, dem in der Unterrichtsgestaltung Rechnung getragen werden muss. Ausgleichsübungen und angemessener Tätigkeitswechsel sind deshalb sehr wichtig. Elemente der Musik- und Bewegungserziehung können z. B. in den Unterricht eingefügt oder Fingerspiele - bei den Kindern beliebt und teilweise noch aus der Kindergartenzeit bekannt - aufgegriffen werden.
Wichtig: Keine zu langen Schreibphasen, abwechslungsreiche Übungen sowie regelmäßige Pausen einplanen (siehe 2.1.2)!

8.3.3 Freiarbeit und Stationenlernen[419]

Ein Weg, Lernprozesse individueller und differenzierter zu gestalten, soziales und handelndes Lernen einzubeziehen, ist sicher die Freiarbeit und das Lernen an Stationen. In der Freiarbeit wählen die Kinder selbst aus einem Angebot von Lernmöglichkeiten, bearbeiten häufig aber auch vorgegebene Aufgaben, die sie nach eigener Einteilung in einer bestimmten Zeitspanne ausführen. Die Kinder lernen dabei, z. B. zwischen mehreren Angeboten auszuwählen, die Arbeitsform und den Partner auszusuchen und die Auf-

---

[418] Vgl. QUENZEL, I.: Erstschreibunterricht – Implikationen aus dem Schreibtraining in der neurologischen Rehabilitation. In: BALHORN/BARTNITZKY/BÜCHNER/SPECK-HAMDAN: a.a.O., S. 266-277. QUENZEL erwähnt eine alternative Stifthaltung, bei der man das Schreibgerät zwischen Zeigefinger und Mittelfinger hält. Es liegt so lockerer in der Hand, wodurch ein zu hoher Schreibdruck vermieden wird.

[419] Vgl. ELBERT, M./SCHENK, Ch./MATTNER-RIEGGER, M.: Mobile 1 - lesen und schreiben, Lehrermaterial. Braunschweig 2001. Weiterführende Literatur:
BARTNITZKY, H./CHRISTIANI, R. (Hrsg.): Die Fundgrube für Freiarbeit. Berlin 1998.
BREUER, G.: Freie Arbeit im 1. und 2. Schuljahr. München 1997[7].
FISKUS, Ch./KRAFT, G.: „Hilf mir, es selbst zu tun!" Donauwörth 1996[4].
SENNLAUB, G. (Hrsg.): Feuer und Flamme. Heinsberg 1984[2].

gaben in einer bestimmten Zeit auszuführen. Hilfreich sind Arbeitspläne für die Kinder, deren Aufgaben sich über einen Tag, später über mehrere Tage erstrecken können, z. B. bei der Wochenplanarbeit. Sie sind ein wichtiges Hilfsmittel für die Organisation, das Vorstellen der Lernstationen und die Überprüfung der Schülerarbeit.

Die Wurzeln der Freiarbeit liegen in den reformpädagogischen Bestrebungen, die auf die natürliche, freie und selbsttätige Entwicklung und Erziehung des Kindes ausgerichtet sind und deren Ziel das selbstständige, verantwortungsbewusste und gemeinschaftsfähige Kind ist. Freiarbeit ersetzt jedoch nicht den Unterricht im Klassenverband.

Die Vorbereitung offener Unterrichtssituationen erfordert von der Lehrkraft einige Vorarbeit. Sie liegt zunächst in der Ausgestaltung des Klassenzimmers und der Lernstationen mit differenzierenden Lern- und Übungsangeboten (siehe 8.1.6). Es müssen Arbeitsmittel vorhanden sein, mit denen das Kind entsprechend seinem individuellen Lerntempo und seinem Leistungsvermögen selbstständig üben kann. Die Arbeitsmittel sind deshalb von der Lehrkraft bewusst und verantwortungsvoll zu planen und bereitzustellen, damit sie die bestimmten Aufgaben im Lehrgang erfüllen; meist soll bereits Erlerntes geübt und gesichert werden (siehe 8.1.3 und 8.2). Ein Überangebot ist vor allen Dingen am Anfang zu vermeiden, denn in die Handhabung des Materials und in organisatorische Regeln muss eingeführt werden.

Arbeitsmittel kommen dem Wunsch des Kindes nach manueller Tätigkeit und aktiv-handelnder Auseinandersetzung mit dem Lerngegenstand entgegen. Die Möglichkeit der Selbstkontrolle entlastet die Lehrkraft, bedeutet neues Lernen durch Überprüfen und erzieht zu Genauigkeit, Eigenverantwortung und Selbstständigkeit.

Die Materialien sind an einem festen Platz gut sichtbar und zugänglich für die Kinder aufzubewahren, so dass sie leicht entnommen und wieder zurückgelegt werden können. Mit der Einrichtung von Lernstationen können in einem Übungszirkel Lernangebote z. B. zu einem Buchstaben umfassend angeboten werden.[420] Eine Übersicht über die Möglichkeiten hilft, das

---

[420] Mobile 1 - Übungen (ELBERT, M. u. a., Braunschweig 2001, S. 77-78) enthält Vorschläge für Lernstationen, die Kinder selbst aufbauen können.
Konkrete Vorschläge zur Sicherung des Lautes und Buchstabens P p könnten sein:
- Auditiv-sprechmotorische Übungen (Partnerarbeit):
  • Dinge in deren Namen /p/ zu hören ist in ein P-Paket sortieren,
  • im Klassenzimmer drei Dinge suchen, deren Name den Laut enthält.
- Visuell-motorisch-haptische Übungen:
  • Die mit Kreppband groß auf den Fußboden aufgeklebten Buchstaben P p nachgehen,

selbstständige Lernen zu organisieren. Diese Übersicht über die anzulaufenden Stationen kann an der Tafel präsentiert werden, motivierender jedoch ist ein eigener Plan, in den das Kind die Erledigung der einzelnen Aufgaben eintragen kann. Pläne können sowohl Pflichtaufgaben als auch freie Aufgabenvorschläge enthalten.

Da die Freiarbeit mit einer Auflockerung des engen Unterrichtsrahmens verbunden ist und dennoch eine innere Ordnung und gewisse Ruhe gewahrt bleiben muss, sind genaue Regeln im Umgang miteinander und dem Material zu vereinbaren und zu beachten. Dazu gehören z. B.:
- Gesprächs- und Verhaltensregeln, z. B. beim Sprechen flüstern, leise gehen und unnötige Gänge vermeiden,
- das Herausnehmen und wieder ordentliche Wegräumen von Arbeitsmaterial,
- Festlegung des Beginns und des Endes der Freiarbeit[421],
- Vereinbarungen, wie die Arbeitsergebnisse festgehalten werden,
- die Aussprache in einem Gesprächskreis zum Schluss.

Die Lehrkraft ist in freien Arbeitsphasen von der Lenkung des Unterrichtsgeschehens freigestellt und kann deshalb in dieser Zeit einzelne Kinder gut beobachten, ihnen helfen, sie beraten und sich gelegentlich mit einer kleinen Gruppe befassen. Sie wird im Allgemeinen die freie Arbeit der Kinder nicht stören und sich zurücknehmen. Allerdings ist ein unmittelbares Eingreifen dann angezeigt, wenn Kinder
- nicht von sich aus an Aufgaben herangehen,
- zu lange immer wieder mit dem gleichen Material arbeiten,
- angefangene Aufgaben häufig nicht zu Ende führen,
- stören oder andere vereinbarte Ordnungsregeln missachten.

    • P und p in Sand schreiben, aus Plastilin kneten oder aus Pfeifenputzerdraht formen,
- Lesen:
    • Zu einem kurzen Text ein Bild malen oder ein vorgedrucktes Bild nach Textvorgabe ausmalen: z. B. Inas Puppe hat rote Haare. ...
    • Bilder und Wort- bzw. Satzkarten einander zuordnen, Markierungen zur Selbstkontrolle sollten auf der Rückseite angebracht sein.
- Schreiben:
    • Eine Fühlbox enthält Perlen, einen Apfel, einen Pinsel; das Ertastete wird aufgeschrieben.
421 Freiarbeit muss allmählich ausklingen, damit die Kinder Zeit haben, in Ruhe aufzuräumen und evtl. eine begonnene Arbeit zu beenden. Sinnvoll ist der Einsatz eines kurzen, stets gleichen Musikstücks, das hierfür einen bestimmten Zeitrahmen vorgibt.

8.4   Planung von Lehreinheiten[422]

8.4.1   Unterrichtseinheit zum Lesenlernen

1. Strukturmodell einer Unterrichtseinheit im Erstlesen: Einführung eines Buchstabens (Buchstabenanalyse):[423]

Eine Leselerneinheit im folgenden Umfang erstreckt sich über zwei Unterrichtsstunden (evtl. an verschiedenen Tagen). Die Analysewörter sollten bereits in einer vorausgegangenen Lesestunde eingeführt und gesichert worden sein.

Begegnung mit dem Sprachganzen	
Hinführung	Konfrontation mit einer Situation, z. B. Tafelbild oder Fibelbild, Anknüpfen an einem Ereignis, an einer Lehrererzählung, an einem aktuellen oder jahreszeitlich bedingten Anlass; Begegnung mit dem Text; Klärung der Situation durch Gespräch.
Erlesen	Lesen des vorbereiteten Textes durch den L oder lesegewandte Sch, evtl. stilles Erlesen vorausschicken; gemeinsames Lesen; einzelne Sch lesen vor; Überprüfen des Textverständnisses durch Gespräch, Rollenspiel, Malen u. Ä.; naiv-ganzheitliches Einprägen der neuen Wörter durch verschiedene Übungen wie Wortumstellungen, Zuordnung der Wörter zu Bildern.
Analyse	
Vorbereitung: Isolieren von Wortgestalten	Zielangabe Identifizieren von Wörtern des Textes, die den neuen Buchstaben enthalten; Nachfahren des neuen Buchstabens mit Kreide; Wörter entfernen (Ablöschspiel) oder herausnehmen (Wortkarten), die den Buchstaben nicht enthalten oder umgekehrt;

---

[422] Ausführliche Stundenbilder:
GORBAHN, M./JÄGER, G.: Unterrichtsstunden. Deutsch für das 1. Schuljahr. München 1992.
KAMPE, S.: Der Deutschunterricht in der 1. und 2. Jahrgangsstufe. Donauwörth 1976.
MARAS, R.: Unterrichtsgestaltung in der Grundschule heute. Donauwörth 1976, 1992[4], 1995[6].
PRISTL, M.: Aufbau einer Leselern-Unterrichtseinheit. In: ORTNER/PRISTL (Hrsg.): Prüfungsfragen zur Didaktik des Erstlese- und Erstschreibunterrichts. Bamberg 1988, S. 69.
RAUH, R.: Erstlesen. In: ALTMANN/GAßNER/GRUBER: Seminar und Schule. München 1977, S. 35.
[423] Nach MARAS, R. 1992[4]: a.a.O.

Erarbeitung: Isolieren und allseitiges Erfassen des Buchsta- bens und Lautes	- *auditive Analyse:* deutliches Lesen der Wörter, Benennen des neuen Buchstabens; Nennen anderer Wörter, die den Buchstaben enthalten, evtl. Laut als Interjektion; - *sprechmotorische Identifikation:* Bewusstmachen der Lautbildung durch Beschreiben der Artikula- tion (Betrachten, Fühlen). - *visuelle Analyse:* Aufbau eines Wortturms, in dem der auszugliedernde Buchstabe untereinander steht. Unterstreichen, Nachfahren, Einkreisen, den neuen Buchstaben groß an die Tafel schreiben, dies mit Lesen und Sprechen verbinden („Das ist das ..."); Erkennen der Gleichheit; Identifizieren in anderen Ganzwörtern
Sicherung:	- *auditiv, sprechmotorisch:* Der Buchstabe ist in anderen Wörtern am Anfang (Ende/Mitte) zu hören; Reime, Fingerspiele, Schnellsprechverse, passend veränderte Lieder, so dass sie den Laut gehäuft enthalten. - *visuell, motorisch, haptisch:* Den Buchstaben z. B. auf einem Arbeitsblatt mar- kieren, nachfahren ...; Wortkarten gruppieren, die den Buchstaben enthalten; Buchstaben mit den Fingern, dem Körper, aus Material formen oder maltechnisch gestalten.

Synthese	
Erarbeitung	Syntheseübungen, wie Ab- und Aufbauen der Wör- ter, Einsetzen des Buchstabens in Wortruinen.
Anwendung	Erlesen unbekannter Wörter/Texte, die den neuen Buchstaben enthalten.

Differenzierung auf dieser Stufe besonders beachten!

2. Unterrichtsskizze: Buchstaben- und Lautanalyse F, f

2.1 Lernziele

Grobziel:	Die Schülerinnen und Schüler sollen den Buchstaben F/f auditiv und visuell analysieren und identifizieren können und die Schriftzeichen F, f dem Laut /f/ zuordnen können.
Feinziele:	Die Schülerinnen und Schüler sollen - sich die Lautbildung bewusst machen, - den Laut /f/ aus der gesprochenen Sprache heraushören, - die Buchstaben F/f optisch erkennen, - fähig sein, die neuen Buchstaben nachzubilden - einfache unbekannte Wörter mit dem neuen Buchstaben erlesen können.

Methodischer Kommentar	Unterrichtsverlauf
Hinführung **Begegnung mit dem** **Rahmentext**	L zeigt die vorbereitete TA$_1$
Klassensitzordnung	Es ist fast finster. Ferdi und Fatima sind auf dem Hof. Sie finden einen .
Textlesen Überprüfen des Text- verständnisses	Mehrmaliges Lesen, lesegewandte Schülerinnen und Schüler lesen vor oder auch Lehrervortrag L: Was würdest du malen? L: Wir wollen die Geschichte spielen.
Erarbeitung I Sitzkreis auf dem Fußboden	Rollenspiel: Kinder finden den Koffer und packen reihum die Gegenstände aus: Federn, Fisch, Fell, Affe, Kartoffel, Schiff u. Ä. Sch benennen die einzelnen Gegenstände. Sch stellen fest, dass die Namen der Gegenstände /f/ enthalten.
Zielangabe	Richtig: Wir lernen heute das F/f!

238

auditiv-sprechmotorisch	L: Ich kann zaubern. Ich sage zu dem Papierstück: „Fliege weg, und es fliegt weg!" Eigenversuche der Sch mit verschiedenen f-Wörtern und bereitgelegten Papierstückchen. Beobachten (Partner oder Spiegel), Ertasten und Fühlen sowie Verbalisieren der Artikulation des /f/. L: Ihr wisst nun genau, wie man /f/ spricht.
Sicherung I **S I 1** Bewegungsübung Gruppenkontrolle	L: In unserem Zimmer sind Dinge versteckt, die ein /f/ in ihrem Namen haben (vom L vor der Stunde bereitgestellt). Die Sch dürfen nun umhergehen (evtl. Partnerarbeit), suchen sich einen entsprechenden Gegenstand und legen ihn in den Kreis; anschließend wird gemeinsam festgestellt, ob und an welcher Stelle /f/ enthalten ist.
S I 2 Klassensitzordnung Stillarbeit Selbstkontrolle Differenzierung	Sch sprechen die auf einem Arbeitsblatt bildhaft dargestellten Wörter, erkennen den Standort des neuen Buchstabens und markieren seine Stellung unter dem Bild. Anschließend kontrollieren die Sch ihre Arbeitsergebnisse selbstständig durch Vergleich mit vorbereiteten Kontrollblättern. Nun dürfen die „richtigen" Bilder ausgemalt werden. Sichere Sch arbeiten selbstständig. Mit den leistungsschwächeren arbeitet die Lehrerin bzw. der Lehrer an einem Gruppentisch.
Fingerspiel als Bewegungsübung Kinder stehen hinter dem Stuhl	Kinder stehen hinter dem Stuhl und ahmen mit ihren Händen das Fingerspiel der Lehrerin bzw. des Lehrers nach: Fünf Fliegen fliegen hinter fünf Fliegen her. Fünf Fliegen finden das nicht schwer Fünf Fliegen fliegen auf und nieder, und auch die anderen fünf tun es immer wieder. Fünf Fliegen fliegen rundherum, auch die anderen finden das nicht dumm. Fünf Fliegen fliegen fröhlich aus dem Haus zum offnen Fenster schnell hinaus.[424]
Erarbeitung II **visuell und moto-** **risch-haptisch** Klassensitzordnung oder Kinder kommen zur Tafel	Der Tafeltext wird nochmals gelesen. L: Ihr habt schon gesehen, dass man /f/ auch schreiben kann. Nun wollen wir uns F, f genau anschauen. Gemeinsam werden die F/f-Wörter herausgesucht und als Turm untereinander geheftet und nochmals deutlich gelesen. L: Ich schreibe F/f nochmals groß an die Tafel. Schreiben des Buchstabens in Großform, Einzeichnen der Schreibrichtung

---

[424] Hier könnte die Unterrichtseinheit abgebrochen werden und am nächsten Tag die visuelle Erarbeitung und Sicherung des Buchstabens erfolgen.

	Sch beschreiben die Formen und vergleichen mit bereits erlernten Buchstaben.
	Sch spuren F, f in der Luft nach, bilden sie mit den Fingern und mit dem Körper nach.[425]
Bewegungsspiel	Die Sch laufen im Gänsemarsch durch das Klassenzimmer, der Anführer hält eine große Abbildung des neuen Buchstaben hoch. Die Kinder ahmen dabei einen vereinbarten Begriff nach, der /f/ enthält (z. B. Fledermaus, Falke, Fuchs, Affe, Elefant, ...). Dabei singen sie das Lied „Wer will den neuen Buchstaben sehn, ei, der muss zu uns her gehn, f, f, f, usw." (Melodie: „Die fleißigen Handwerker").
vorbereitete Abbildung von F und f	

Sicherung II

S II 1
Gruppenarbeit — Legen mit verschiedenen Materialien: Die eingeteilten Gruppen nehmen sich einen Materialkasten, suchen sich einen Platz im Klassenzimmer und legen F/f groß auf den Fußboden.

Gruppenkontrolle — Anschließend Werkbetrachtung mit der gesamten Klasse.

S II 2
Hausaufgabe
Selbstkontrolle — Besprechen der Hausaufgabe:
Bearbeiten eines Arbeitsblattes (z. B. Ausmalen der F- und f-Felder; es entsteht ein Kontrollbild) oder z. B. Ausschneiden von F und f aus Zeitungen und Einkleben ins Buchstabenheft

Anwendung
Erlesen neuer Wörter
und Texte — L: Nun könnt ihr Wörter mit F und f schon lesen.
Kreissitzordnung — Einsatz eines Wörterspiels: z. B. des Angelspiels[426]
Differenzierung

Die zu angelnden Fische enthalten Wörter verschiedenen Schwierigkeitsgrades, der durch die Farbe des Fisches gekennzeichnet ist.

Ausblick — Ankündigung von Freiarbeit zu dem neuen Buchstaben für den folgenden Tag.

---

[425] Differenzierte Übungen dieser Art erfolgen im Schreibunterricht zur Einführung des Schreibens von F und f.

[426] Ein mehrfach gefaltetes Papier zu einer Fischform schneiden, dann im Maul der einzelnen Fische eine Büroklammer befestigen; nun können sie mit einer Magnetangel geangelt werden.

8.4.2 Unterrichtseinheit zum Schreibenlernen

1. Strukturmodell einer Unterrichtseinheit im Erstschreiben in den Lehrgängen „Druckschrift" oder „Schreibschrift"

Begegnung mit dem Buchstaben I. Hinführung	Die Situation soll die Notwendigkeit verdeutlichen, den Buchstaben zu erlernen; jedoch ist die Freude, etwas Neues zu lernen, häufig Motivation genug. Spiel, Rätsel, Bild, Wortkarte, Lied, Geschichte, Schnellsprechsatz, eine bestimmte Situation führt zum Vorstellen des neuen Buchstabens. Zielangabe
II. Erarbeitung Erfassen der Form und des Bewegungsablaufs	Vorschreiben des neuen Buchstabens, Beschreiben der Form und des genauen Bewegungsablaufs, Anfangspunkte markieren und Richtungspfeile angeben Erkennen der Grundelemente (verwenden von Fachbegriffen wie Schleife usw.), Erkennen von gleichen Formteilen bekannter Buchstaben, bei Schreibschriftbuchstaben Vergleich mit dem Druckbuchstaben.
Festigung der Form und des Bewegungsablaufs 1. Großschwung	a) Nachspuren in die Luft, rhythmisches Sprechen zur Bewegung; bei Schreibschriftbuchstaben, Reime, geeignete Melodien Nachspuren an der Tafel mit Kreide oder nassen Schwämmchen b) Schreiben aus der Vorstellung auf die Bank, den Stuhlsitz, den Fußboden, mit einem Arm, mit beiden Armen, mit der Nasenspitze, mit geöffneten und geschlossenen Augen, auf den Rücken des Nachbarn (Partner kontrolliert) ... **Die Wiedergabe aus der Vorstellung muss immer am Tafelbild überprüft werden.** c) Spuren auf große Bogen (Abfallpapier wie Computerpapier), stehend; für alle Kinder oder nur für die leistungsschwächeren hat der L auf das Blatt einen Buchstaben vorgeschrieben, der mehrmals nachgefahren wird, anschließend füllen die Sch das Blatt mit eigenen Versuchen. Auf richtiges Werkzeug achten! (Wachsmalstifte sind für den Großschwung günstig.)
2. Kleinschwung	d) Einsatz eines Arbeitsblattes (Unterlage!) oder des Schreibheftes

Fehlformen sowie unkorrekte Schreibhaltung stets sofort korrigieren!
Weitere Übungsmöglichkeiten:
Druckschrift: Malen, Drucken, Reißen, Schneiden, Kleben, Legen und Formen mit verschiedenen Materialien, Ertasten, Nachbilden mit Fingern und Körper;
Schreibschrift: Schreiben nach Musik; Spuren nach Vorlage usw.

III. Sicherung

a) Betrachten der Ergebnisse; Wiedererkennen der Grundform in ausgeschriebenen Wörtern;
b) Einfügen in die Lineatur (individuell vorgehen); Schreiben im Wortzusammenhang;
c) Anwendung: Hausaufgaben.

2. Unterrichtsskizze: „Wir lernen das *B* in Schreibschrift"[427]

2.1 Lernziele

Grobziel:

Die Schülerinnen und Schüler sollen den neuen Schreibschriftbuchstaben lesen und in Form und Bewegung als Einzelbuchstabe richtig schreiben können.

Feinziele:

Die Schülerinnen und Schüler sollen
- den neuen Buchstaben im Wortganzen erkennen,
- *B* als Schreibschriftform für den bereits bekannten Druckbuchstaben identifizieren und die beiden Buchstaben in Form und Bewegung vergleichen,
- die Einzelelemente des *B* feststellen und in bereits bekannten Schriftzeichen wiederfinden,
- die Einzelelemente richtig nachspuren,
- den Buchstaben im gesamten Bewegungsablauf nachspuren,
- den Einzelbuchstaben im Großformat schreiben können,
- den neuen Buchstaben in die Linien schreiben (Kleinformat).

---

[427] Für das Beispiel wurde die VA gewählt, es besitzt aber auch für andere Schriften (LA, SAS) Gültigkeit.

Tafelanschrift:

TA3	TA1	TA5
B *B*	*EB*	*Blume* *Blatt* *Baum*
		TA2
	Blume Blatt Baum	
B TA4	*B* *B*	*B*

Methodischer Kommentar	Unterrichtsverlauf

I. Einstieg
Stummer Impuls: TA
Zeichnen des TB$_1$

TA$_1$

L: Ich habe dem ... (Fibelbegleitfigur) das Bild aufgemalt und gefragt, was das ist. Er hat drei Dinge gesagt!

Sch raten die Wörter, L schreibt sie in Schreibschrift an die Tafel.

TA$_2$ *Blume Blatt Baum*

Sch lesen die Wörter

2. Zielangabe
Motivation durch die Freude, etwas Neues zu lernen

Sch haben bereits erkannt, dass sie heute das große B in Schreibschrift lernen.

II. Erarbeitung
der Buchstabenform
und des Bewegungs-
ablaufs

Sch beschreiben den Buchstaben.
Vergleich: Schreibbuchstabe - Druckbuchstabe, werden groß an die Tafel geschrieben.

TA$_3$ B   *B*

a) Strukturieren der Elemente	L lässt die Teilformen benennen.
Zerlegen des Buchstabens in seine zwei Teile	Erkennen des Strichs (Sch kennen ihn evtl. vom T, F, P, R).
b) Großschwung der Elemente und des gesamten Buchstabens	L fährt die entsprechende Linie an der Tafel mit Farbkreide nach (TA3). Sch stehen und schwingen in der Luft mit.
	Erkennen der Ähnlichkeit zur Ziffer 3 und den Unterschied zwischen oberem und unterem Bogen. L fährt die entsprechende Linie an der Tafel mit Farbkreide nach. Sch stehen und schwingen in der Luft nach und sprechen dazu: Bauch (Bogen) - Bauch (Bogen).
	Sch verbalisieren jeweils die Bewegungsrichtung, die der L markiert (an TA3). Nachschwingen des B in der Luft im Gesamtablauf, dazu sprechen wie oben: Strich - Bauch - Bauch, das ist das große Schreibschrift-B.
Vorbereitung der Kontroll- und Übungsphase	L schreibt das B in Schreibschrift viermal groß an die untere Tafelhälfte und spricht dazu: Strich - Bauch - Bauch, das ist das große Schreibschrift-B. Sch spuren in der Luft und sprechen mit.
c) Überprüfen und Üben der richtigen Schreibweise in Einzelarbeit an der Tafel	Die Sch stellen sich in 4 Reihen vor der Tafel auf, nacheinander fahren sie die vorgeschriebenen Buchstaben mehrmals mit Kreide nach. Die wartenden Kinder kontrollieren die richtige Schreibweise und spuren in der Luft mit. Zur rhythmischen Unterstützung kann auch passende - nicht zu schnelle - Tonbandmusik eingeblendet werden (stoppen der Musik als Signal für den Wechsel).

III. Festigung der Buchstabenform und des Bewegungsablaufs

| a) Spuren des B | Nachdem der Bewegungsablauf eingeführt ist, schreiben die Sch das B auf die Bank ..., mit geschlossenen Augen in die Luft (L-Kontrolle und Selbstkontrolle durch Vergleich mit Tafelanschrift). |

b) Schreiben des B	Sch schreiben mit Wachsmalkreiden große B (mit hellen Farben beginnend) auf Abfallpapier (z. B. Computerpapier (mehrlagig), bei richtiger, lockerer Stifthaltung rutscht das Papier nicht);
- Großbewegung	L kontrolliert gleichzeitig und berichtigt Fehlformen.
Differenzierung	Für leistungsschwächere Sch liegen Bogen mit vorgeschriebenem B bereit.
	Dieses große B wird mit verschiedenen Farben mehrmals nachgefahren, die übrige Fläche dient eigenständigen Versuchen.
	Anschließend holen sich die Sch das vorbereitete Arbeitsblatt (bzw. Schwungübungshefte).
- Kleinbewegung	Sch füllen die mit B beginnenden Zeilen auf.
	Sind leistungsfähige Schülerinnen und Schüler schneller fertig, üben sie bereits die vorgegebenen Wörter, die die Lehrerin bzw. der Lehrer nochmals an die Tafel schreibt

TA5

Blatt Blume Baum

Ausblick	Morgen werden wir Wörter mit B schreiben.
IV. Anwendung	Möglichkeiten: Schreiben mit Lineatur, Schreiben im Wort- und Satzzusammenhang.

8.5 Förderung eigener Lernwege (R. MESTER[428])

Die aktuelle Diskussion um erfolgreiche Lernprozesse im Lesen- und Schreibenlernen stellt neben die Systematik eines Lehrgangs die Öffnung des Unterrichts für individuelle Lernwege. Dieses geplant-offene Vorgehen bildet einen Kompromiss zwischen völlig freien Unterrichtsformen und starrem Lehrgang. Damit kann man im Gegensatz zu einer einseitigen Ausrichtung sicher der Individuallage aller Kinder besser gerecht werden und sowohl Über- wie auch Unterforderung verringern.

---

[428] Rosie MESTER bringt jahrelange Erfahrung aus der ersten Jahrgangsstufe mit. Zudem hat sie zwei Jahre lang in der Beobachtungsstudie „Entwicklungsorientiertes Lesen- und Schreibenlernen" (Erziehungswissenschaftliche Fakultät Erlangen - Nürnberg) mitgewirkt und arbeitet nun seit drei Jahren am bayerischen Modellversuch „Phonetisches Schreiben" mit.
Kapitel 8.5 ist ein Erfahrungsbericht. Die folgende Literatur bildet den theoretischen Hintergrund:
BERGK, M.: Rechtschreibenlernen von Anfang an. Frankfurt 1996[5].
RÖBER-SIEKMEYER, Ch.: Die Schriftsprache entdecken. Weinheim 1997[2].
SPECK-HAMDAN, A.: Individuelle Zugänge zur Schrift. In: HUBER/KEGEL/SPECK-HAMDAN (Hrsg.): Einblicke in den Schriftspracherwerb. Braunschweig 1998.

Aus den bisherigen Erfahrungen der verschiedenen Erprobungsmodelle lassen sich erste Hinweise für den Unterricht ableiten.

8.5.1 Einsatz einer Lauttabelle

In schreiborientierten Verfahren[429] sind Lauttabellen das wichtigste Arbeitsmittel. Mit ihrer Hilfe können die Schüler eigene Texte aufschreiben, auch wenn im Lehrgang noch nicht alle Buchstaben gelehrt wurden oder wenn sogar darauf verzichtet wird, jeden einzelnen Buchstaben gesondert zu erarbeiten.

Heute bietet jede neue Fibel eine Laut- bzw. Anlauttabelle an. Sie soll von Anfang an das gesamte Buchstabenrepertoire zum Schreiben eigener Texte zur Verfügung stellen. Je nach methodischem Ansatz sind diese Tabellen unterschiedlich gestaltet. So bietet der bayerische Schulversuch „Phonetisches Schreiben" (siehe 5.2.3) z. B. zwei Tabellen an. Die erste Tabelle enthält alle Buchstaben, die notwendig sind, um lautgetreu verschriften zu können. Da die Kinder in der Regel beim freien Schreiben auf die Großbuchstaben zurückgreifen, werden in dieser Tabelle nur diese angeboten; erst mit der zweiten Tabelle stehen ihnen alle Buchstaben zur Verfügung.[430]

Unabhängig davon, ob die Lauttabelle als das tragende oder als ein ergänzendes Arbeitsmittel beim Schriftspracherwerb eingesetzt wird, sind bei ihrer Verwendung einige Grundsätze zu beachten:

- Alle Bilder müssen eindeutig benannt werden: z. B. *Sch wie Schiff* und nicht *wie Dampfer*, *A wie Ast* und nicht *wie Zweig*. Hilfreich ist es, Sätze mit den Abbildungs-Begriffen zu formulieren: z. B. Der *Ofen* ist heiß. Die *Uhr* tickt.
- Deutliches Artikulieren der Bildbezeichnungen ist wichtig. Der Umgang mit der Lauttabelle schult somit gleichzeitig das genaue Sprechen. Das wiederum unterstützt das Abhören der einzelnen Laute eines Wortes und dessen lauttreues Verschriften.
  Das Abhören der Binnenlaute wird durch gedehntes Sprechen erleichtert, das durch Handbewegungen unterstützt werden kann (z. B. Dehnen eines imaginären Bandes).
- Selbstverständlich müssen die Buchstaben mit ihrem Lautwert bezeichnet werden (/*m*/, nicht /*em*/).

---

[429] Mit dem Begriff „schreiborientiert" werden alle Ansätze zusammengefasst, die das Schreiben in seiner kommunikativen Funktion als Ausgangspunkt des Lernprozesses nehmen (vgl. Kap. 5).

[430] Vgl. Lauttabelle des bayer. Schulversuchs „Phonetisches Schreiben" (siehe 5.2.3)

- Die akustische Wahrnehmungsfähigkeit wird unterstützt durch die kinästhetische Wahrnehmung der Sprechmotorik und der Beobachtung der Artikulationsstellung. Es hat sich als sehr hilfreich erwiesen, die Laute nicht nur hören, sondern auch spüren zu lassen. *Sch – Schiff:* Spüre, was dein Mund macht.
- Über Reihensätze wird das Auffinden des richtigen Buchstabens erleichtert. Wir wollen z. B. das Wort *Schule* aufschreiben: Am Anfang höre ich *Sch*. Mit dem Finger wandern wir auf den Abbildungen der Tabelle entlang und sprechen: *Sch wie Jäger – nein, Sch wie Rad – nein, Sch wie Lampe – nein, Sch wie Schiff – sch – Schiff – ja, dann müssen diese drei Buchstaben Sch heißen.*[431] Mit zunehmender Sicherheit finden die Kinder die gesuchte Abbildung und den dazugehörigen Buchstaben sehr schnell.
  Durch Spiele verschiedenster Art (Würfelspiel, Memory, Puzzle usw.) kann die sichere und schnelle Orientierung unterstützt werden.
- Die Lauttabelle hat den Charakter eines Nachschlagewerkes. Sie ist somit der erste Einstieg in den Gebrauch eines Wörterbuchs. Erworben wird damit insbesondere die Bereitschaft, sich selbstständig Informationen zu verschaffen. Dies ist ja eine grundsätzliche Rechtschreibstrategie: *Wenn ich etwas nicht weiß, schaue ich nach!*

8.5.2 Gestaltung eines Buchstabengeburtstags

Im Gegensatz zur sukzessiven Buchstabeneinführung im Leselehrgang werden bei schreiborientierten Verfahren von Anfang an alle Buchstaben verwendet. Um die Lernwege der Kinder zu unterstützen und Lernschwierigkeiten vorzubeugen, wird jedoch auch hier am einzelnen Buchstaben gearbeitet. Er wird aber nicht *gelehrt*, sondern er wird an einem Tag in einer Feier hervorgehoben und damit eigens geübt. Die Zielangabe heißt deshalb nicht *Wir lernen heute das F,* sondern *Heute feiert das F sein Buchstabenfest.*
In dieser gemeinsamen Feier finden sich alle methodischen Schritte der Buchstabenanalyse eines konventionellen Leselehrgangs wieder (vgl. 8.4.1). In der Phase der Anwendung (Erlesen) und Sicherung gestalten die Kinder selbstständig und sehr individuell ihre Buchstabenseiten.

- Mit der Hausaufgabe wird den Kindern der nächste Buchstabengeburtstag angekündigt. Sie suchen zu Hause Geschenke für diesen Buch-

---

431 Vgl. Buchstabentabelle von REICHEN (siehe 5.2.2)

staben. Diese Geschenke können sehr vielfältig sein: Gegenstände, deren Name den Buchstaben enthalten, Wortkärtchen mit dem Buchstaben, ausgeschnittene Buchstaben aus Zeitungen, Bilder zum Buchstaben; auch Dinge zum Essen oder Trinken gehören zum Fest.

- Diese Geschenke werden im Sitzkreis auf eine Buchstabendecke gelegt und reihum vorgestellt. Dabei wird der betreffende Buchstabe deutlich ausgesprochen, seine Artikulation kann man spüren. Um die Aussprache noch klarer zu machen, können Sprechverse, die den gefeierten Buchstaben häufig enthalten, gesprochen werden (akustische Analyse).
- Auf den mitgebrachten Wortkärtchen wird der Buchstabe mit Farbe nachgeschrieben und günstige Bewegungsabläufe werden besprochen, sodann der Buchstabe in die Luft geschrieben. Die ausgeschnittenen Buchstaben werden auf ihre Unterschiede hin überprüft, um daraus die wesentlichen Kennzeichen des Buchstabens herauszufinden (optische Analyse).
- Die Kinder, deren Name den betreffenden Buchstaben enthält, sind die „besonderen Kinder“ dieses Tages. Ebenso werden Lebensmittel gekostet, die in ihrem Namen den Buchstaben enthalten (z. B. Trauben am T-Tag, Feigen am F-Tag).
- Das Schreiben ist die Syntheseübung schlechthin (siehe 8.1.2). Deshalb wird das Hauptgewicht auf vielfältige Schreibanlässe mit diesem Buchstaben gelegt. Dabei ist zwischen angeleiteten und freien Schreibaufgaben zu unterscheiden.
- Angeleitete Schreibaufgaben werden im Sinne eines Lehrgangs festgelegt. Sie sollten von allen Kindern ohne größere Probleme zu bewältigen sein.
- Beispiel zum Buchstaben *F*: Bildkärtchen werden ins Heft eingeklebt und beschriftet:
  mit leichter Aufgabenstellung: *Fisch, Schaf, Tafel*
  mit erhöhter Schwierigkeit: *fünf Fische, acht Schafe*
- Eigene, freie Texte können durch die mitgebrachten Gegenstände angeregt werden. Der gefeierte Buchstabe wird im Text mit Farbe hervorgehoben.
- Lese-Mal-Aufgaben für aktives Lesen ergänzen die Schreibangebote: *Im Glas sind fünf Fische. Im frischen Gras laufen acht Schafe.*
- Selbstverständlich kann auch der Buchstabe einzeln im Sinne eines farbigen Musterbandes geschrieben werden. Dabei ist seine eindeutige Form wichtiger als das Einhalten der Zeilen und des Bewegungsablaufs.

Die Erfahrung hat gezeigt, dass es nicht notwendig ist, alle Buchstaben in dieser Ausführlichkeit zu behandeln. Da sie immer wieder im Sinnzusammenhang verwendet werden, prägen sie sich recht bald ein. Allerdings lieben die Kinder die Buchstabenfeste sehr. Sie feiern gerne Buchstaben, die sie schon lange kennen. Gerade für schwächere Schüler bietet die intensive Begegnung mit einem isolierten Buchstaben die Chance, sich diesen einzuprägen, ohne als schwache Lerner erkannt zu werden. Es bleibt der Lehrkraft überlassen, wie viele Buchstabenfeste in einer Klasse veranstaltet werden. Voraussetzung für die richtige Einschätzung ist ein genaues Beobachten der Ausgangslage und der Lernfortschritte der Schüler.

8.5.3 Umgang mit freien Schülertexten

Der wichtigste Grundsatz im Umgang mit den freien Schülertexten lautet:

> **Die beiden Wörter *richtig* und *falsch* sind aus dem Bewertungswortschatz zu streichen.**

Im Mittelpunkt steht zunächst die Lesbarkeit. Lauttreu verschriftete Texte können wieder verklanglicht und laut ausgesprochen werden. Damit kann die Botschaft verstanden werden und die kommunikative Funktion der Schriftsprache ist erfüllt. Die orthografische Schreibweise ist für das schnelle Entschlüsseln hilfreich und muss das (ferne) Ziel des Schriftspracherwerbs sein. Die Annäherung an dieses Ziel gelingt den Kindern unterschiedlich schnell und mit verschiedenen Schwierigkeiten.

- Wenn neben dem Bild einer Rakete die Buchstaben *RKTE* zu sehen sind, so könnte der Kommentar lauten: „Prima, du hast schon viele Buchstaben von dem Wort *Rakete* gefunden." Er kann je nach individuellem Leistungsstand weitergeführt werden mit den Worten: „Schau, an diesen Stellen R . K . TE kannst du noch Laute hören!"
- Schreibt das Kind: *LIBE MAMA*, so hat es lauttreu korrekt verschriftet. Auch hier kann wieder je nach Leistungsstand individuell kommentiert werden. Entweder „Toll, ich lese *liebe Mama*!" oder „Toll, ich lese *liebe Mama*! In *liebe* ist eine Merkstelle, soll ich sie dir sagen? ... *liebe* schreibt man mit *ie*, das kannst du nicht hören, das musst du dir merken."
- In der Praxis hat es sich sehr bewährt, solche orthografischen Besonderheiten von Anfang an mit einer festgelegten Merkfarbe zu markieren, sei

es bei Tafelanschriften, bei Kommentaren im Heft oder bei den Überarbeitungen der freien Schülertexte. Die Farbe sowie die Bezeichnung *Fotostelle* oder *Merkstelle* setzt das Signal: Achtung, ich kann es nicht hören, ich muss es mir merken! Es ist wichtig, dass die Kinder von Anfang an wissen, dass es eine Privat- oder Hörschrift gibt und dass diese gelesen werden kann, dass es aber auch die Erwachsenenschrift oder Leseschrift gibt und diese Schrift das Ziel ist. Damit wird auch im offenen Lernweg ein Rechtschreibbewusstsein gezielt gefördert.

- Schwieriger ist die Anfangszeit des freien Schreibens: Es kann passieren, dass die Kinder stolz erste Schreibprodukte zeigen, aber die Botschaft nicht zu entschlüsseln ist. Hilfreich kann dann die Aufforderung sein: „Erzähle mir, was du geschrieben hast!" Danach werden Buchstaben herausgesucht, die zu den gesprochenen Wörtern passen und ein oder zwei bedeutungstragende Wörter mit dem Kind gemeinsam verschriftet. Frustrationen müssen vermieden werden, damit keine Schreibhemmungen entstehen.

- Am Anfang schreiben die Kinder zu ihren gemalten Bildern. Sie beschriften einzelne Darstellungen oder lassen die Personen sprechen. Im Laufe der Zeit gewinnt des Schreiben selbst die Oberhand und die Kinder malen Bilder zu ihren Texten. Dies entspricht auch der natürlichen Schreibentwicklung (siehe 5.1.2).

- Entscheidend dafür, dass Kinder überhaupt frei schreiben wollen, ist die pädagogische Atmosphäre, in der die Schüler arbeiten und lernen. Die Kinder müssen erfahren, dass ihre Produkte so angenommen werden, wie sie sind, und geschätzt werden. Sie wissen sehr bald (besonders durch größere Geschwister), dass sie *Fehler* schreiben. Aber sie sollen auch wissen, dass *Fehler* normal sind und dass man aus ihnen lernen kann.

- Neben dieser pädagogischen Grundhaltung müssen vielfältige Schreibanlässe bereitgestellt werden. Am Anfang können die Kinder einzelne Wörter aufschreiben: z. B. zu Bildern, zu Beobachtungen auf dem Schulweg, zu persönlichen Erlebnissen. Sehr beliebt sind auch Bildstempel-Abdrucke, die beschriftet werden. Später entstehen aus den Wörtern Sätze und kleine Geschichten (siehe Abb. 22, Abb. 30, Abb. 31).[432]

---

[432] Die Beispiele kindlicher Verschriftungen stellten die beiden Förderlehrerinnen Frau U. KUMMER und Frau F. REICH aus der Erlanger Loschgeschule zur Verfügung. Vielen Dank!

250

Abb. 30: Verschriftung einzelner Wörter (11.10.1999)

Abb. 31: Auch die „Kleine Hexe" von Ottfried PREUßLER bietet Schreibanlässe (29.05.1999)

ANDREAS
DI KLEINE
HEXHE IST
TRAuRIch
WALSI NIchT MIT
AuV DEM PLK
BERIch MITKAn

Die Kleine Hexe
es war sommer
die kleine hexe
zaubate eis der rabe
abraxa sas beleidich
auf ire schuhlter
die kleine hexe gap in
was ap Philipp FABIAN

Literatur

AKADEMIE FÜR LEHRERFORTBILDUNG UND PERSONALFÜHRUNG DILLIN-
GEN: Freiarbeit und Computer in der Grundschule, Akademiebericht Nr. 320, Dillingen 1999.

AKADEMIE FÜR LEHRERFORTBILDUNG UND PERSONALFÜHRUNG DILLIN-
GEN: Lese-Rechtschreibschwierigkeiten, Diagnose - Förderung - Materialien. Donauwörth 2000.

AKADEMIE FÜR LEHRERFORTBILDUNG: Materialgeleitetes Lernen. München
1991. *

ALTENBURG, E.   : Wege zum selbstständigen Lesen. Frankfurt/M. 1991.

ANDRESEN, U./POPP, M.: ABC und alles auf der Welt. Ravensburg 1988.

AYRES, J. A.   : Bausteine der kindlichen Entwicklung. Berlin 1984.

BALHORN, H./BARTNITZKY, H./BÜCHNER, I./SPECK-HAMDAN, A.   (Hrsg.):
Sprachliches Handeln in der Grundschule, Schatzkiste 2.
Frankfurt/M. 2002.

BALHORN, H./BRÜGELMANN, H. (Hrsg.): Jeder spricht anders. Konstanz 1989.

BALHORN, H./BRÜGELMANN, H.: Welten der Schrift in der Erfahrung der Kinder.
Konstanz 1987.

BECKER-MROTZEK, M./MEIßNER,H.: Kriterien für die Bewertung von Computer-
lernprogrammen. In: Grundschule 10 (1995).

BERG, M.   : Rechtschreibenlernen von Anfang an. Frankfurt 1996.

BERGK, M./MEIERS, K. (Hrsg.): Schulanfang ohne Fibeltrott. Bad Heilbrunn/Obb.
1985.

BLEIDICK, U.   : Lesen und Lesenlernen unter erschwerten Bedingungen. Essen 1966.

BLUMENSTOCK, L.   : Handbuch der Leseübungen. Weinheim 1983. *

BÖNSCH, M.   : Üben und Wiederholen im Unterricht. München 1993[2].

BRAKEBUSCH, J.   : Der Computer als Lern- und Schreibwerkzeug in der Grundschule – Spezifische Merkmale des Computereinsatzes. Essen
1997.

BREUER, G.   : Freie Arbeit im 1. und 2. Schuljahr. München 1989. *

BRÜCKL, H.   : Der Gesamtunterricht im ersten Schuljahr. München 1948.

BRÜGELMANN, H.   : Motivation zum Lesen - ein Motor des Lernens. In: Die
Grundschulzeitschrift 6 (1994) 75.

BÜNNING, G   : Lesemotivation – aber wie? Zur Praxis der Buch- und Lesebucherziehung. Düsseldorf 1981.

BURK, K./HAARMANN (Hrsg.): Wie viele Ecken hat unsere Schule? Frankfurt/M.
1979.

DATHE, G.   : Erstleseunterricht. Berlin 1983.

EINSIEDLER, W./TREINIES, G.: Zur Wirksamkeit von Lernspielen und Trainingsmaterialien im Erstleseunterricht. Nürnberg 1983.

ELBERT, M./MATTNER-RIEGGER, M./SCHENK, Ch.: Mobile 1 - lesen und schreiben, Lehrermaterial. Braunschweig 2001.

FAUST-SIEHL, G. u. a.: Die Zukunft beginnt in der Grundschule. Frankfurt/M. 1996.

FAUST-SIEHL, G./PORTMANN, R. (Hrsg.): Die ersten Wochen in der Schule. Frankfurt/M. 1992.

FAUST-SIEHL, G./SPECK-HAMDAN, A.: Schulanfang ohne Umwege. Frankfurt/M. 2001. *

GLÖCKEL, H. : Schreiben lernen - Schreiben lehren. Donauwörth 1976³.

GORBAHN, M./JÄGER, G.: Unterrichtsstunden. Deutsch für das 1. Schuljahr. München 1992.

GRIMM, H. : ABC mit allen Sinnen. Lichtenau/Baden 1993.

GRISSEMANN, H. : Pädagogische Psychologie des Lesens und Schreibens. Bern 1986.

HABBE, W. : Bewegtes Sitzen - eine runde Sache. In: Grundschule 10 (1995).

HACKER, H. : Vom Kindergarten zur Grundschule. Bad Heilbrunn/Obb. 1992.

HANKE, P. : Anfangsunterricht - Grundschule, Leben und Lernen in der Schuleingangsphase. Neuwied 2002.

HECKHAUSEN, H. : Förderung der Lernmotivierung und der intellektuellen Tüchtigkeiten. In: ROTH, H. (Hrsg.): Begabung und Lernen. Stuttgart 1971⁷.

HOFMANN, G.: : Computer in der Grundschule - Nein, danke? In: Grundschulmagazin 1 (1996).

HOFMANN, W. : Texte für Auge und Ohr - Ein Leselernprojekt mit Schulanfängern. In: Grundschulmagazin 1 (1996).

HOFMANN, W. : Texte für Auge und Ohr. Ein Lernprojekt mit Schulanfängern. In: Grundschulmagazin 1 (1996).

HOFMANN, W./PRINZ, W./STOFFER, Th.: Texte für Auge und Ohr – ein Leselernprojekt. –In: HUBER, L./KEGEL, G./SPECK-HAMDAN, A. (Hrsg.): Schriftspracherwerb: Neue Medien – Neues Lernen!? Braunschweig 1999.

ISB MÜNCHEN : Empfehlungen zur Leseerziehung in der Grund- und Hauptschule. München 1989.

KALB, G./RABENSTEIN, R./ROST, D. H.: Lesen und Verstehen. Braunschweig 1979.

KAMPE, S. : Der Deutschunterricht in der 1. und 2. Jahrgangsstufe. Donauwörth 1976.

KAYSER, A./SCHÄKEL, L.: Kinder und Lehrer lernen: Freie Arbeit. Frankfurt/M. 1986.

KIEFFER, E. : Lesen macht Spaß. München 1991.

KNÖRZER, W./GRASS, K.: Den Anfang der Schulzeit pädagogisch gestalten. Weinheim 1992. *

KOCHAN, B. : Impulse für die Software-Entwicklung zur Vermeidung und Überwindung von Rechtschreibschwäche. In: BALHORN, H./BRÜGELMANN, H. (Hrsg.): Jeder spricht anders. Konstanz 1989.

KOPP, F. : Didaktik in Leitgedanken. Donauwörth 1970³.

KRAUTHAUSEN, G. : Zum Einsatz des Computers in der Grundschule. Grundschule 10 (1995).

KRAUTHAUSEN, G./HERRMANN, V. (Hrsg.): Computereinsatz in der Grundschule? Stuttgart 1994.

KREY, M/FÖLLING-ALBERS, M.: „Man hört was man weiß". Grundschulunterricht 10/1999. *

LEHRPLAN FÜR DIE BAYERISCHEN GRUNDSCHULEN. KMBl I So.-Nr. 20/1981.

LEHRPLAN FÜR DIE GRUNDSCHULEN IN BAYERN. KWMBl I So.-Nr. I/2000.

LEMKE, H.   : Mein buntes Bilderwörterbuch. München 1970.

LICHTENSTEIN-ROTHER, I./RÖBE, E.: Grundschule - Der pädagogische Raum für Grundlegung und Bildung. München 1982.

MAHLER, G./SELZLE, E.: Lehrplan für die Grundschule in Bayern mit Erläuterungen und Handreichungen. Bd. 1. Donauwörth 1982.

MAHLSTEDT, D.   : Lernkiste Lesen und Schreiben. Weinheim 1994.

MANN, Ch./OBERLÄNDER, H./SCHEID, C.: LRS – Legasthenie, Donauwörth 2001.

MARAS, R.   : Unterrichtsgestaltung in der Grundschule heute. Donauwörth 1976, 1992^4, 1995^6. *

MEIERS, K. (Hrsg.)   : Erstlesen. Bad Heilbrunn/Obb 1981^2.

MEIERS, K. (Hrsg.)   : Schulanfang - Anfangsunterricht. Bad Heilbrunn/Obb. 1981.

MEIERS, K.   : Lesen lernen und Schriftspracherwerb im ersten Schuljahr. Bad Heilbrunn/Obb. 1998.

MENZEL, W.   : Lesen lernen - schreiben lernen. Braunschweig 1990.

MÖSS, A.   : Die erste Schulstunde. In: Grundschulmagazin 8 (1993) 9.

ODENBACH, K.   : Die Übung. Braunschweig 1964^2.

ORTNER, R.   : Das Sprachlabor im Leseunterricht. Berlin 1971.

ORTNER, R.   : Kind - Schule - Gesundheit. Donauwörth 1979.

PFEIFFER, A.   : Das lustige Abc. Bilder und Geschichten zum Alphabet. Donauwörth 1993.

PREM, H.   : Seit über 70 Jahren: Der Lesekasten. In: Bayerische Schule 2 (1996).

QUENZEL, I.   : Erstschreibunterricht – Implikationen aus dem Schreibtraining in der neurologischen Rehabilitation. In: BALHORN, H./BARTNITZKY, H./BÜCHNER, I./SPECK-HAMDAN, A. (Hrsg.): Sprachliches Handeln in der Grundschule, Schatzkiste 2. Frankfurt/M. 2002.

RABENSTEIN, R. (Hrsg.): Erstunterricht. Bad Heilbrunn/Obb. 1979^2.

RABENSTEIN, R.   : Sicherung des Lernerfolgs durch Übung. Berichte und Arbeiten aus dem IfG. Nürnberg 1977.

RAUH, R.   : Erstlesen. In: ALTMANN, W./GAßNER, F.-J./GRUBER, S.: Seminar und Schule. München 1977.

REGELEIN, S.   : Lernspiele im Deutschunterricht. München 1988^2. *

REITER, A.: Neue Medien in der Grundschule: Unterrichtserfahrungen und didaktische Beispiele. Wien 2000.

RÖBER-SIEKMEYER, Ch.: Die Schriftsprache entdecken. Weinheim 1997.

SCHEERER-NEUMANN, G.: Hörst das /r/ in „Koffer"? Grundschulunterricht, 43 (1996) 5. *

SCHENK, Ch. u. a.   : Mobile 1 lesen und schreiben. Lehrerband. Braunschweig 2000.

SCHORCH, G.   : Computergestütztes Lernen. In: EINSIEDLER, W. u. a. (Hrsg.): Handbuch der Grundschulpädagogik. Bad Heilbrunn/ Obb. 2001.

SCHWARTZ, E.   : Der Leseunterricht I. Wie Kinder lesen lernen. Braunschweig 1971^4.

SENNLAUB, G.   : Feuer und Flamme. Heinsberg 1984. *

SENNLAUB, G.   : Mit Feuereifer dabei. Heinsberg 1990^5.

SPECK-HAMDAN, A.: Individuelle Zugänge zur Schrift. In: HUBER/KEGEL/ SPECK-HAMDAN (Hrsg.): Einblicke in den Schriftspracherwerb. Braunschweig 1998.

SPITTA, G.   : Kinder schreiben eigene Texte: Klasse 1 und 2. Frankfurt/M. 1988^2. *

STAATSINSTITUT FÜR SCHULPÄDAGOGIK UND BILDUNGSFORSCHUNG (Hrsg.): Handreichung zum Einsatz des Computers in der Grundschule, Bd. 2. Donauwörth 2001.

STIFTUNG LESEN (Hrsg.): Lesen – Grundlagen, Ideen, Modelle zur Leseförderung. Mainz 1995.

VALTIN, R. (Hrsg.)   : Rechtschreiben lernen in den Klasen 1-6. Frankfurt/M. 2000.

VOGT, P.   : Blinde Kühe machen wenig Mühe. Unterneuses b. Bamberg 1996.

WARWEL, K.   : Signalgruppen und strukturgemäßes Lesenlernen. In: Die Grundschule. 6 (1975) 7.

WEDEL-WOLFF, A.   : Üben im Leseunterricht der Grundschule. Braunschweig 1997.

WEIGERT, H. u. E.   : Schuleingangsphase. Weinheim 1992^3.

WILL-BEUERMANN, H./HINNRICHS, J.: Bunte Leseübungen. Hannover 1978.

WITTMANN, H.   : Der Übergang vom Kindergarten zur Grundschule. In: MAHLER, G./SELZLE, E. (Hrsg.): Lehrplan für die Grundschule in Bayern mit Erläuterungen und Handreichungen. Bd. 1. Donauwörth 1982.

Lese- und Schreiblehrwerke (Auswahl)

BORRIES, W./TAUSCHECK, E.: Mimi die Lesemaus. München 2001.

DUDEK, I./ELBERT M./SCHENK, Ch.: Mobile 1 - lesen und schreiben. Braunschweig 2000.

ELBERT, M./MATTNER-RIEGGER, M./SCHENK, Ch.: Mobile 1 - lesen und schreiben, Ausgabe Bayern. Braunschweig 2001.

FRANZ, M./REGELEIN, S.: Leseschule. München 2001.

HINNRICHS, J. u. a.   : Fara und Fu. Hannover 2002.

MESTER, R. (Hrsg.)   : Bausteine Fibel. Frankfurt/M. 2001.

METZE, W. u. a.   : Tobi-Fibel 1. Berlin 2001.

ULRICH, W. (Hrsg.)   : Leporello 1. Braunschweig 2001.

9. Lernschwierigkeiten und Grundprobleme

9. Lernschwierigkeiten und Grundprobleme

9.1 Lese- und Rechtschreibschwierigkeiten[433]

9.1.1 Von der Legasthenie zur Lese-Rechtschreibschwäche

Der Budapester Psychiater RANSCHBURG prägte 1916 den Ausdruck „*Legasthenie*"[434], der eine „*nachhaltige Rückständigkeit höheren Grades in der geistigen Entwicklung des Kindes*"[435] bezeichnete. Als Folge dieser Auffassung war in Deutschland bis in die 60er Jahre hinein mangelnde Lesefähigkeit ein Kriterium für die Überweisung auf eine „Hilfsschule" (Schule für Lernbehinderte; heute: Schule zur individuellen Lernförderung).

Die Schweizer Psychologin Maria LINDER[436] kam 1951 im Gegensatz dazu nach umfangreichen Untersuchungen zu dem Ergebnis: „*Legasthenie ist eine spezielle und aus dem Rahmen der übrigen Leistungen fallende Schwäche im Erlernen des Lesens (und indirekt auch des selbstständigen orthografischen Schreibens) bei sonst intakter oder (im Verhältnis zur Lesefähigkeit) relativ guter Intelligenz.*" Ihre Definition stufte Legasthenie als Teilleistungsschwäche ein, die allein noch keine Sonderschulbedürftigkeit zur Folge haben durfte.

KIRCHHOFF[437] führte 1954 den Begriff „*Lese-Rechtschreibschwäche*" ein, um auch die Schwierigkeiten beim Rechtschreiben terminologisch festzuhalten. Allerdings koppelte auch er seinen Begriff an eine mindestens normale Intelligenz, da für ihn minderbegabte Kinder auch im Lesen und Rechtschreiben schwach sind.

---

433 Ausführliche Darstellung in: ORTNER, A. u. R.: Verhaltens- und Lernschwierigkeiten. Weinheim 1995³, S. 268 ff.

434 lat. 'legere': lesen und gr. 'asthenia': Schwäche.

435 In: SOMMER-STUMPENHORST, N.: Lese- und Rechtschreibschwierigkeiten: vorbeugen und überwinden. Frankfurt/M. 1992², S. 11.

436 In: ORTNER, R.: Lernbehinderungen und Lernstörungen bei Grundschulkindern. Donauwörth 1977, S. 117.

437 In: MEYER, H. u. R.: Lese- und Rechtschreibschwäche und ihre Behandlung im Unterricht (I). Hannover 1972, S. 12.

Es gibt zahlreiche Vertreter, die heute in der Legasthenie einen *„internati-onal anerkannten Krankheitsbegriff"*[438] sehen, der im Bereich der geneti-schen Erbforschung durch einen vererbten Faktor bestätigt zu sein scheint. Es handelt sich dabei um eine isolierte Schwäche im Lesen und Recht-schreiben, die nach dem derzeitigen Stand der Forschung trotz mindestens durchschnittlicher Intelligenz und normaler familiärer und schulischer Lernanregungen besteht.[439] Bei vorhandener Legasthenie tritt das Symptom Lese-Rechtschreibschwäche zusammen mit anderen Symptomen (Sekun-därsymptomen) auf, die in unterschiedlichen Kombinationen zutage treten; man spricht deshalb auch von dem Syndrom LRS.[440]

Für VALTIN[441] ist dieses Konzept fragwürdig, da Schwierigkeiten im Schriftspracherwerb von vielfältigen Faktoren abhängen. Sie plädiert des-halb für die allgemeinere Bezeichnung Lese-Rechschreibschwierigkeiten (LRS), da dieser Begriff der vielfältigen Problematik besser Rechnung trägt.[442] Gleichzeitig arbeitet sie so der Gefahr entgegen, lese-rechtschreib-schwache Kinder mit geringerer Intelligenz von Fördermaßnahmen auszu-schließen.[443]

Schließlich haben *„alle Kinder mit (besonderen) Schwierigkeiten beim Er-lernen des Lesens und der Rechtschreibung ... ein Recht auf eine gezielte und qualifizierte Förderung"*[444], was jeden Definitionsversuch von Legast-henie bzw. Lese-Rechtschreibschwäche für den schulischen Alltag über-flüssig macht. Diese Auffassung wurde bereits in der KMK-Empfehlung von 1978 aufgegriffen: man spricht hier nicht von Legasthenikern, sondern von Schülerinnen und Schülern mit *„besonderen Schwierigkeiten im Lesen und Rechtschreiben"*[445], die es alle intensiv zu fördern gilt.

---

[438] Vgl. WARNKE, A.: Legasthenie – 25 Forschung – Rückblick und Ausblick. In: Legasthenie – Her-ausforderung für Kinder, Eltern, Bildungspolitik und Forschung. Hannover 1999, S. 72.

[439] Vgl. DUMMER-SMOCH, L.: Ratgeber Legasthenie. Für Eltern, Lehrer und alle, die diagnostisch oder therapeutisch für das Kind Verantwortung tragen. Mannheim 1998, S. 5.
Vgl. BLEIDICK, U.: Lesen und Lesenlernen unter erschwerten Bedingungen. Essen 1966, S. 34 ff.

[440] Vgl. ORTNER, A. und ORTNER, R.:-Verhaltens- und Lernschwierigkeiten. Weinheim 1991, S. 268 f.

[441] Vgl. VALTIN, R.: Die Theorie der kognitiven Klarheit – das neue Verständnis von Lese-Rechtschreib-Schwierigkeiten. In: AKADEMIE FÜR LEHRERFORTBILDUNG UND PERSO-NALFÜHRUNG DILLINGEN: Lese-Rechtschreib-Schwierigkeiten. Diagnose – Förderung – Mate-rialien. Donauwörth 2000, S. 16 ff.

[442] VALTIN (a.a.O. 2000, S. 23) sieht in der LRS ein *„dynamisches Wechselspiel sozial-familiär, indi-viduell-kognitiv und schulischer Faktoren"*.

[443] Vor allem in den 70er Jahren wurden lese-rechtschreibschwache Kinder mit geringer Intelligenz von Fördermaßnahmen ausgeschlossen.

[444] SOMMER-STUMPENHORST, N.: a.a.O. 1992², S. 15.

[445] SOMMER-STUMPENHORST: ebd.

In Konsens mit der Kultusministerempfehlung umfassen für ORT-NER/ORTNER Lese- und Rechtschreibschwierigkeiten *„alle (vereinzelt oder variabel im Verbund auftretenden, im Vergleich zu anderen Schulleistungen isoliert oder nicht isoliert feststellbaren) individuell auftretenden Schwächen und Minderleistungen hinsichtlich grundlegender Fähigkeiten, die für das Erlernen des Lesens und Rechtschreibens notwendige Voraussetzung sind und welche in ihrer Erscheinungsweise vorübergehend (...) oder dauerhaft (...) sein können."*[446]

Jedoch hebt die Bekanntmachung des Bayerischen Staatsministeriums für Unterricht und Kultus vom 16. November 1999 zur Förderung von Schülern mit besonderen Schwierigkeiten beim Erlernen des Lesens und Schreibens die Schülerinnen und Schüler mit attestierter Legasthenie in einen besonderen Stand.[447] Das Gutachten hierfür muss durch einen Facharzt für Kinder- und Jugendpsychiatrie in Zusammenwirken mit einem im Schuldienst tätigen Schulpsychologen erstellt werden. Neben den schulischen Fördermaßnahmen ist ebenso eine *„differenzierte Behandlung"*[448] bei der Leistungsfeststellung und Leistungsbewertung vorgesehen. Die Lehrkraft muss dies im Zeugnis vermerken. Bei Legasthenikern darf die Teilleistungsstörung nicht ausschlaggebend für eine Klassenwiederholung sein.

BRÜGELMANN u. a. wiederum wollen die Schwierigkeiten einzelner Kinder beim Lesen und Schreiben nicht als „Defizite" oder „Schwächen" verstanden wissen, sondern betrachtet sie als *„individuelle Strategien bzw. Entwicklungsstufen ..., als Zwischenstufen der Aneignung wesentlicher Aspekte der Schriftsprache"*[449]. Gestützt wird Ihre Ansicht durch die Erkenntnis, dass die Fehler, die gute Leser und Schreiber in früheren Phasen ihrer Entwicklung machten, ebenso wie deren (Vor-)Formen des Lesens

---

446 ORTNER, A. u. R.: a.a.O., S. 269.

447 Vgl. Bekanntmachung des Bayerischen Staatsministeriums für Unterricht und Kultus: Förderung von Schülern mit besonderen Schwierigkeiten beim Erlernen des Lesens und Rechtschreibens. München 1999.
Für SCHEERER-NEUMANN ist diese Differenzierung in Legastheniker und allgemein Lese-Rechtschreibschwache wissenschaftlich nicht haltbar und die Diagnose im Einzelfall keinesfalls praxistauglich. – Vgl. SCHEERER-NEUMANN, G.: Zum Begriff der Lese-Rechtschreibschwäche: Rückblick, Stand - und Zukunft? – In: BALHORN, H./BARTNITZKY, H./BÜCHNER, I./SPECK-HAMDAN, A. (Hrsg.): Sprachliches Handeln in der Grundschule. Schatzkiste Sprache 2. Hannover 2002, S. 46 f.

448 Vgl. Bekanntmachung des Bayerischen Staatsministeriums für Unterricht und Kultus: a.a.O.

449 BRÜGELMANN, H.: Fehler: „Defekte" im Leistungssystem oder individuelle Annäherungsversuche an einen schwierigen Gegenstand. In: BALHORN, H./BRÜGELMANN, H. (Hrsg.): Rätsel des Schriftspracherwerbs. Lengwil/Bodensee 1995, S. 93 u. 94.

und Schreibens, identisch sind mit denen, die bei weniger erfolgreichen Kindern später als Fehlformen gedeutet werden. Mitbestimmend dafür, zu welcher Zeit ein Kind eine gewisse Entwicklungsstufe erreicht, sind Art und Umfang der bisherigen Erfahrungen mit Schriftsprache. Ein Kind, das in diesem Bereich noch Nachholbedarf signalisiert, das also nach gängiger Meinung durch unterdurchschnittliche Leistungen im Lesen bzw. Schreiben auffällt, ist demnach dennoch *„ 'normal' - nur leider zum 'falschen' Zeitpunkt. "*[450] Auch SCHEERER-NEUMANN[451] sieht die Lese-Rechtschreibschwäche als eine Entwicklungsverzögerung im Bereich des Schriftspracherwerbs. Durch die hinzutretende Sekundärsymptomatik und unzureichenden Problemlösungsstrategien dieser Kinder kommt es jedoch zu einer komplexen Gesamtproblematik. Gemäß dieser entwicklungspsychologischen Sicht muss der Anfangsunterricht die pädagogischen Rahmenbedingungen für **individuelles Lernen** schaffen und **differenzierte Lernangebote** bereitstellen.

Die jahrzehntelange wissenschaftliche Beschäftigung mit den Schwierigkeiten beim Lesen- und Schreibenlernen brachte zwar keine einheitliche Theorie, aber eine Fülle verschiedener Kausalfaktoren in unterschiedlichen Kombinationen zutage. So handelt es sich nach KLASEN dabei um *„ein variables Syndrom mit multipler Verursachung".*[452] Ähnlich bezeichnet ANGERMAIER[453] Legasthenie als *„multikausales Syndrom"*, d. h. dass bei jedem Kind mit Lese-Rechtschreibschwäche die Zusammensetzung, Wirkung, Intensität und Interaktion der Symptome und Kausalfaktoren variabel und anders gelagert sind.

Die folgende Tabelle listet die Lese- und Rechtschreibschwierigkeiten, die sich im Schulalltag zeigen, differenziert auf:[454]

---

[450] BRÜGELMANN, H.: a.a.O., S. 90.

[451] Vgl. SCHEERER-NEUMANN, G.: Schriftspracherwerb: „The State of the Art" aus psychologischer Sicht. In: HUBER/KEGEL/SPECK-HAMDAN (Hrsg.): Einblicke in den Schriftspracherwerb. Braunschweig 1998, S. 44 f.

[452] KLASEN, E.: Das Syndrom der Legasthenie. Bern 1970, S. 259.

[453] ANGERMAIER, M. (Hrsg.): Legasthenie. Frankfurt/M. 1976, S. 84.

[454] Vgl. DUMMER-SMOCH, L.: Ratgeber Legasthenie. Für Eltern, Lehrer und alle, die diagnostisch oder therapeutisch für das Kind Verantwortung tragen. Mannheim 1998. Vgl. HOCHMUTH, A.: Legasthenie – Ansätze zur Förderung von Legasthenikern in der Grundschule und besonderer Berücksichtigung der aktuellen Forschung und Gesetzeslage (unveröffentlichte Zulassungsarbeit). Bamberg 2000, S. 45 ff.

Lese- und/oder Rechtschreibschwierigkeiten		
Überdauernde Schwächen		Vorübergehende Schwächen
Ausgeprägte Lese-Rechtschreibschwäche bei mindestens durchschnittlicher Intelligenz (Legasthenie)	Lese-Rechtschreibschwäche im Rahmen allgemeiner Minderbegabung	Lese-Rechtschreibschwächen durch Milieubenachteiligung, Übungsmangel, seelische Belastung, Schulwechsel, primäre Verhaltensstörungen u. Ä.
Teilleistungsschwächen müssen kompensiert werden (Gefahr aufgrund der LRS auch in anderen Fächern nicht zurechtzukommen)	Das Lernen aller schulischen Fertigkeiten ist schwierig	Schulleistungsprobleme trotz meist durchschnittlicher Intelligenz
Spezielles Training zur Kompensation der jeweiligen Teilleistungsschwächen	Diagnoseförderklasse oder Schule für individuelle Lernförderung	Konsequent durchgeführter kleinschrittiger Lehrgang

9.1.2 Analyse der Lernschwierigkeiten

In der medizinischen, psychologischen und pädagogischen Legasthenieforschung ist über mögliche Ursachen dieser speziellen Lernstörung schon viel diskutiert worden. Es wurden Erbfaktoren in Erwägung gezogen, milieutheoretische Erklärungen gefunden, Leselehrmethoden dafür verantwortlich gemacht. Seit Anfang der 80er Jahre konzentrierten sich die Untersuchungen auch auf die Voraussetzungen für erfolgreiches Lesenlernen (siehe Kap. 2) und das Wirkungsgefüge des Lernens. Damit wurde eine entscheidende Wende in der Erforschung der LRS eingeleitet.[455] Die Ursachen werden nicht mehr nur im Kind selbst, sondern auch in der Interaktion zwischen dem Kind und seiner schulischen sowie häuslichen Umwelt gesucht.

---

[455] Vgl. BREUER, H./WEUFFEN, M.: Gut vorbereitet auf das Lesen- und Schreibenlernen. Berlin 1986: Die von ihnen entwickelte „Differenzierungsprobe" (siehe 9.4.2) soll helfen, 'Risikokinder' schon vor Schuleintritt geeigneten Fördermaßnahmen zuzuführen.

(1) Symptome

Wie bereits erwähnt handelt es sich bei der LRS um ein Syndrom, d. h. um eine Gruppe von Symptomen, die sich zusammensetzt aus dem eigentlichen Lese-Rechtschreibversagen als primäres Symptom sowie dem übergreifenden Leistungsversagen und Verhaltensauffälligkeiten als sekundäre Symptome, die als Folge der Lernstörung meist erst nach einiger Zeit hinzukommen. Die Primärsymptomatik, d. h. die Funktionsstörung in der Entwicklung des Lesens und Rechtschreibens, hat Auswirkungen auf die psychische, schulische und soziale Integration und diese ist wiederum abhängig von Begabungs- und Persönlichkeitskomponenten sowie schulischen und sozialen Einflüssen.[456]

- **Primäre Symptome**
Aufgrund von Lesetestauswertungen stellten BIGLMAIER (1960), TAMM (1966), SCHENK-DANZINGER (1968) typische Lesefehler bei LRS-Kindern fest.[457]
Raumlagefehler:
Reversionen: Verdrehen der Buchstaben (b - d, Leib - Leid)
Inversionen: Kippen von Buchstaben (M - W, d - q)
Umstellungsfehler: Änderung der Buchstabenfolge (Korne - Krone)
Formauffassungsfehler: Schwierigkeiten im Erkennen von Buchstaben und Zuordnen von Lauten
Differenzierungsfehler: Schwierigkeiten bei der Unterscheidung formähnlicher Buchstaben oder klangähnlicher Laute; Verwechslung ähnlicher Buchstaben und Laute, Ersetzen von Buchstaben und Lauten; erschwerte Merkfähigkeit in Bezug auf Buchstaben, Laute, Wort- und Klangbilder; Artikulationsschwächen
Durchgliederungsfehler: Auslassungen, Hinzufügungen
Folge all dieser Primärsymptome ist durch die erschwerte Analyse und Synthese von Wörtern und Buchstaben langsames, unsicheres, ratendes Lesen mit stark verzögertem Lerntempo.
Andere Autoren weisen typische Fehlerarten allerdings entschieden zurück. FERDINAND (1965), MÜLLER (1966), SCHUBENZ (1966) kamen zu dem Ergebnis, dass es keine spezifischen, eine Leseschwäche kenn-

---

[456] Vgl. WARNKE, A.: Begriff der umschriebenen Lese-Rechtschreibschwäche (Legasthenie). In: Legasthenie. Bericht über den Fachkongress 1995. Hannover 1995, S. 15-17.
Vgl. BLEIDICK, U.: Lesen und Lesenlernen unter erschwerten Bedingungen. Essen 1966, S. 34 ff.
Vgl. RUFUS, S.: Legasthenie und Rechtschreibreform. Frankfurt 1980, S. 50.
[457] Vgl. MEYER, H. u. R.: a.a.O., S. 21 ff.

zeichnenden Fehlerkategorien gibt.[458] Auch für SPITTA (1979), VALTIN (1993), NAEGELE (1993) u. a. gibt es keine legastheniespezifischen Fehler. Sie sind der Meinung, dass nicht zuletzt methodische Schwächen in den Untersuchungen dieser Zeit zu den inzwischen unhaltbaren Annahmen führten. BRÜGELMANN (1995), SCHEERER-NEUMANN (1998) wiederum sind der Auffassung, dass Fehlformen lese-rechtschreibschwacher Kinder auch bei anderen Kindern, nur zu einem früheren Zeitpunkt auftreten und sehen deshalb darin eine Entwicklungsverzögerung (siehe 9.1.1). ANGERMAIER[459] betont, dass die seltenen Fehler gerade auch der guten Rechtschreiber häufig ebenfalls den Kategorien „Verdrehungen", „Vertauschungen" und „Kippungen" zuzuordnen sind. Dies kann nicht zuletzt mit der geringen Diskriminationsspanne der entsprechenden Buchstaben erklärt werden, was leicht zu Verwechslungen führt.

- **Sekundäre Symptome**

Allgemeines Leistungsversagen: Probleme im Lesen und Rechtschreiben greifen meist auch auf andere Schulfächer über, da schulisches Lernen schon frühzeitig Lesefähigkeit voraussetzt.

Verhaltensauffälligkeiten: Dieses Leistungsversagen beeinflusst aber auch nachhaltig negativ die Entwicklung der Persönlichkeit. Aufgrund der Misserfolgserlebnisse kommt es häufig zu Abwehr- und Ausweichreaktionen, also Verhaltensänderungen, die sich in verschiedenen Bereichen manifestieren können: Aggressionen, Lügen, Motivationsstörungen, Schulunlust, Unsicherheit, gesteigertes Bedürfnis nach Selbstbestätigung, schließlich verschiedene Symptome als Ausdruck kindlicher Notsignale (z. B. Sprechhemmungen, vegetative Dysregulationen, Nägelbeißen)

Leistungsversagen und Verhaltensstörungen beeinflussen sich wechselseitig. Es ist deshalb denkbar, dass Verhaltensauffälligkeiten als primäres Symptom zu einem Leistungsversagen führen, die sich unter dem Einfluss eines bestimmten Milieus bereits im Vorschulalter entwickelt haben.[460]

Abschließend können aufgrund umfangreicher Literaturanalysen von ANGERMEIER[461] als wichtigste Fakten vor allem festgehalten werden:

---

458 Vgl. MEYER, H. u. R.: a.a.O., S. 26 ff.

459 Vgl. ANGERMAIER, M.(Hrsg.): Legasthenie. Frankfurt/M 1976, S. 67 ff.

460 Vgl. MÜLLER-WOLF, H.-M.: Persönlichkeitsmerkmale von Legasthenikern. In: ANGERMAIER, M: a.a.O., S. 109 ff.

461 In: ZIELINSKI, W.: Lernschwierigkeiten: Ursachen - Diagnostik - Intervention. Stuttgart 1995², S. 109.

- LRS-Kinder machen lediglich mehr Fehler als andere, keine besonderen.
- LRS-Kinder haben häufig einen sprachlichen Entwicklungsrückstand.
- Hirnorganische Defekte sind nur bei wenigen LRS-Kindern festzustellen.
- Der Zusammenhang „LRS - Linkshändigkeit" ist nicht gesichert.
- Es gibt mehr Jungen als Mädchen, die LRS entwickeln.
- Leselehrmethoden haben lediglich in den Anfangsklassen Einfluss.

(2) Ursachen

Kinder mit Lese-Rechtschreibproblemen müssen in zwei große Gruppen unterteilt werden: die Gruppe der Kinder mit vorübergehenden Schwierigkeiten und die Kinder mit überdauernden Schwächen im Lesen und Rechtschreiben; bei letzter ist nochmals zwischen den eigentlichen Legasthenikern (ausgeprägte Lese-Rechtschreibschwäche bei mindestens durchschnittlicher Intelligenz) und allgemein minderbegabten Schülern zu unterscheiden (siehe 9.1.1).[462]
Ursachen für die vorübergehenden Schwächen können z. B. Milieufaktoren, seelische Belastungen, Übungsmangel, zu rasches Fortschreiten im Lehrgang oder z. B. Schulwechsel sein. Im Unterschied zur überdauernder Legasthenie sind hier die Schwierigkeiten jedoch meist zu beheben.

Die Forschungsergebnisse zur Legasthenie selbst bestätigen teilweise die Auffassung, dass es sich hierbei um eine genetisch bedingte oder frühkindlich erworbene (prä-, peri-, oder postnatale Schädigungen), nur schwer therapierbare Krankheit handelt. Sie zeigt sich in grundlegenden organischen Defekten verschiedener Gehirnzentren (z. B. der auditiven, visuellen sprechmotorischen Zentren) sowie spezifischen Funktionsschwächen und führt damit zu teilweise erheblichen Störungen beim Erlernen der Schriftsprache. Ausprägung und Schweregrad dieser Lernstörung sind jedoch bei jedem Kind individuell unterschiedlich, da verschiedene Ursachen variabel zusammentreffen.[463] Teilweise können Legastheniker ihre Schwächen jedoch aufgrund ihrer Intelligenz ausgleichen.[464]
In verkürzter Form gewinnen folgende Faktoren an Bedeutung:[465]

---

[462] DUMMER-SMOCH, L.: Ratgeber Legasthenie. Für Eltern, Lehrer und all, die diagnostisch oder therapeutisch für das Kind Verantwortung tragen. Mannheim 1998.
[463] Vgl. ORTNER, A./ORTNER, R.: Verhaltens- und Lernschwierigkeiten. Weinheim 1991, S. 271.
[464] Vgl. LOHMANN, B.: Müssen Legastheniker Schulversager sein? Basel/München 1982, S. 9 f.
[465] Vgl. MEYER, H. u. R.: a.a.O., S. 19 ff.

- **Grundlegende Defizite im physiologischen und psychisch-geistigen Bereich**

Körperlicher Bereich: Insuffizienz der Hör-, Seh-, Sprachorgane bzw. deren Zentren, Störungen der Gehirnleistung aufgrund genetischer oder frühkindlich erworbener (prä-, peri-, postnataler) Schädigungen, Entwicklungsverzögerungen

psychisch-geistiger Bereich: Schwäche bestimmter kognitiver Funktionen (auch aufgrund von Entwicklungsverzögerungen), wie der visuellen, auditiven und sprachlichen Wahrnehmung und Verarbeitung, auch der Raumorientierung als Folge von Linksdominanz oder Dominanzanomalien, Konzentrations- und Speicherschwäche[466]

Umweltschädigungen:

außerschulische Faktoren: ungünstige Milieuverhältnisse, Erziehungsfehler

schulische Faktoren: häufiger Schul- bzw. Lehrerwechsel, Schulversäumnisse, methodische Fehler, ungünstige Klassenatmosphäre u. Ä.

- **Funktionsschwächen**

Gestaltschwäche: Schwierigkeiten beim Auffassen, Unterscheiden, Durchgliedern, Aufbauen optischer Schriftbilder und akustischer Sprachgestalten; geringes visuelles und auditives Differenzierungsvermögen aufgrund einer zentral bedingten Wahrnehmungsschwäche

Raumlagelabilität: ungenügende Koordination zwischen Hand und Auge bzw. „Seitenunsicherheit" führt zu Reversionen, Inversionen, Umstellungen

Sprachliche Schwäche: verzögerte Sprachentwicklung, Artikulationsstörungen, retardierte phonologische Bewusstheit[467]

Speicherschwäche: eingeschränkte Merkfähigkeit für optische und akustische Zeichen (Assoziation, Aufbau von Graphem-Phonem-Kenntnissen und eines Wortbildschatzes sind erschwert)

Konzentrationsschwäche: aufgrund konstitutioneller Veranlagung oder erworbener Schädigung (z. B. Minimale Cerebrale Dysfunktion - MCD)

In Anlehnung an H. und R. MEYER[468] soll eine schematische Darstellung die Mehrschichtigkeit der Störfaktoren sowie das Beziehungsgeflecht von

---

[466] Von verschiedenen Autoren wird als anlagebedingte Grundgegebenheit eine angeborene Linksdominanz oder Dominanzanomalien als Grundlage des Leseversagens angeführt (vgl. ORTNER, A. und R.: a.a.O. 1995, S. 269 f.). ANGERMAIER u. a. halten die Vermutung, dass LRS mit Linkshändigkeit zu tun hat, wissenschaftlich für überholt (vgl. ANGERMAIER, M.: a.a.O., S. 67 ff.).

[467] Siehe hierzu 9.2.

Ursachen, Funktionsschwächen und Erscheinungsformen des LRS-Syndroms verdeutlichen. Organstörungen, psychisch-geistige Mängel und Umweltschäden führen in einem Wechselwirkungsprozess zu Funktionsschwächen, so dass die Voraussetzungen für den Schriftspracherwerb beeinträchtigt sind. Ein daraus resultierendes Lese-Rechtschreibversagen führt ohne gezielt einsetzende Hilfe beinahe zwingend zu Verhaltensauffälligkeiten und einem allgemeinen Leistungsversagen (siehe Abb. 32).

Trotz der vielen Verursachungsmöglichkeiten weisen zahlreiche Untersuchungen zum Leseversagen darauf hin, wie entscheidend die auditiven Fähigkeiten für den Leselernerfolg sind.[469] ANGERMAIER[470] hebt hervor, dass phonematische Differenzierungsschwächen, allgemeine Sprachschwächen und Artikulationsstörungen gehäuft zu beobachten sind. Auch SPITTA[471] betont die Bedeutung der auditiv-sprachlichen Komponente im Leselernprozess: *„die Fähigkeit zur auditiven Analyse der Sprache (ist) ausschlaggebend für Erfolg oder Scheitern beim Lesenlernen"*. Visuelle Analyse und Synthese, sichere Buchstaben-Laut-Zuordnung sowie präzise Artikulation spielen demgegenüber in der Ätiologie von Lesestörungen eine geringere Rolle. ZIELINSKI stellt ebenso als Resümee fest, dass insbesondere *„Defizite der phonologischen Kodierung den Leselernprozess beeinträchtigen"*.[472]

468 MEYER, H. u. R.: a.a.O., S. 20.
469 Vgl. VALTIN, R.: Prinzipien der Förderung legasthenischer Kinder. In: ANGERMAIER, M.: a.a.O., S. 130 ff.; vgl. auch SCHENK, Ch.: Lesenlernen vorbereiten; Förderung des auditiven Differenzierungsvermögens im sprachlichen Bereich. Baltmannsweiler 1990, S. 39.
470 Vgl. ANGERMAIER, M.: a.a.O., S. 96 ff.
471 SPITTA, G.: Kann man die „Produktion von Legasthenikern" verhindern? In: MEIERS, K.: Erstlesen. Bad Heilbrunn/Obb. 1981², S. 221 ff.
472 ZIELINSKI, W.: Lernschwierigkeiten: Ursachen - Diagnostik - Intervention. Stuttgart 1995², S. 115.

Abb. 32: Mehrschichtiges Erklärungsmodell des LRS-Syndroms

Erscheinungsbild

Verhaltensstörungen   allgemeines Leistungsversagen
         ↖   ↗
         ↘   ↙
Lese- Rechtschreibversagen

Leistungsstörungen

Gestaltschwäche
    /   / | \   \
(Auffassen Gliedern Unterscheidung Analyse Synthese)

Raumlagelabilität   sprachliche Schwächen

Konzentrationsschwäche   Speicherschwäche

Funktionsschwächen

Ursachen

anregungsarmes Milieu   Erziehungsfehler   methodische Fehler
            \ | /
Umweltschäden

Schwäche bzw. Entwicklungsverzögerung kognitiver Funktionen
(der visuellen, auditiven, sprachlichen Wahrnehmung und Verarbeitung)
            \   /
psychisch-geistige Störungen

genetisch   prä-, peri-, postnatal
          \   /
Organstörungen
(Gehirn, Auge, Ohr, Sprechapparat)

---

mögliche Störungsbereiche

Lesevorgang

visuelles Erfassen   →   auditives Klangbild
         ↖↘   ↗↙
inhaltliches Erfassen

↑
Voraussetzungen für das Lesenlernen
physiologisch-organische Voraussetzungen
zentrale Funktions- und Verstehensleistungen
sonstige Grundbedingungen

(3) Diagnose

Die Komplexität der LRS macht deutlich, dass die Diagnostik viele Dimensionen einbeziehen muss, um Ursachen und Schwierigkeiten möglichst genau herauszufinden und gezielte Behandlungs- und Trainingsmaßnahmen entwickeln zu können.

ORTNER/ORTNER empfehlen wegen der Komplexität der Kausalfaktoren bei Lese-Rechtschreibschwierigkeiten die Erstellung eines „Leselernprofils". [473] Der „lernprofilorientierte Ansatz" ist ein Verfahren, mit dem jede methodische Durchführung des Erstlese- und Erstschreibunterrichts vor allem im Hinblick auf leseschwache Kinder begleitet und gestützt werden kann. Die Begriffe „diagnosegestützte Fördermaßnahmen" oder „lernprofilorientierter Ansatz" definieren ein Vorgehen mit der pädagogischen Absicht, jedes Kind beim Lesenlernen da abzuholen, wo es sich gemäß seines aktuellen (individuellen) Entwicklungsstandes gerade befindet. Dieser Fähigkeitsstand hinsichtlich des Lesenlernens bedarf einer genauen Faktorenanalyse, da er sich aus einer Reihe von Einzelfähigkeiten zusammensetzt, die im Vergleich zueinander verschieden entwickelt sein können. Jedes Kind hat somit sein individuelles Leselernprofil, das zum Beispiel von weit fortgeschrittenen Teilfähigkeiten, andererseits aber auch von Defiziten gekennzeichnet sein kann. Um dieses Leselernprofil exakter erfassen und verdeutlichen zu können, benötigt man neben der Beobachtung auch objektive diagnostische Verfahren. Deren Anwendung bringt Erkenntnisse darüber, wo einzelne Schülerinnen oder Schüler „abzuholen" sind und (bei Fähigkeitsdefiziten) speziell gefördert werden müssen. Ein gezieltes (individuelles und lernprofilorientiertes) Förderangebot ist die pädagogisch-didaktische Antwort auf die interindividuelle Variabilität der Förderungsbedürfnisse insbesondere leseschwacher Schülerinnen und Schüler.

Der „lernprofilorientierte Ansatz" strukturiert sich gemäß seiner Zielsetzung und Realisierungsmöglichkeiten in folgende Verfahrensschritte:
1. Beobachtung
Im täglichen Unterrichtsgeschehen weisen Beobachtungsergebnisse auf Leselernschwierigkeiten hin. Teilweise erhärtet sich die Vermutung ganz bestimmter Teilschwächen.

---

[473] ORTNER, A. u. R.: a.a.O., S. 268 ff. - Vgl. hierzu auch die entsprechenden Kapitel über diagnostische Verfahren, Fördermaßnahmen, Legasthenie. - Vgl. auch: ORTNER, R.: Der lernprofilorientierte Ansatz im Leseunterricht. (Skript) Bamberg 1994.

2. Diagnose

Mit Hilfe informeller Prüfverfahren wird die Lehrerin bzw. der Lehrer einzelne Teilkenntnisse und Lesefunktionen überprüfen, um sich ein genaueres Bild über die Leselernschwierigkeiten zu machen.[474] Diese informellen Informationen können durch die Anwendung bewährter Testverfahren - durchgeführt vom Beratungslehrer - gestützt werden (siehe 9.4). So wird in Zusammenarbeit mit dem Beratungslehrer für den betreffenden Schüler ein individuelles Leselernprofil erstellt, das (wissenschaftlich-diagnostisch abgesichert) Stärken und Schwächen von Fähigkeiten aufzeigt, die für den Leselernprozess konstitutiv sind.

3. Fördermaßnahmen

Abgestimmt auf die ermittelten Teil-Leselernschwächen wird ein gezieltes Förder-, Trainings- und Therapieprogramm zusammengestellt, welches vorhandene Defizite ausgleichen bzw. Schwierigkeiten abbauen soll. Dieses Programm ist in der Regel in Kooperation zu verwirklichen (mit Lehrerinnen und Lehrern, Eltern, Psychologen, Fachärzten).

SOMMER-STUMPENHORST[475] hat einen Katalog von Prüfbereichen aufgestellt, der helfen soll, das Bedingungsgefüge der Lernschwierigkeiten zu entschlüsseln:

1. *Die Lese- und Schreibvoraussetzungen:* Wichtig ist die kontinuierliche Beobachtung von Anfang an und bei auftretenden Schwierigkeiten die gezielte Beobachtung, die mit Hilfe selbstentwickelter informeller Verfahren unterstützt werden kann. Reichen Erfahrung und Intuition nicht mehr aus, können standardisierte Verfahren herangezogen werden (siehe 9.4.2).[476]

2. *Die schulischen Bedingungen:* Von Bedeutung sind vor allem die Methode des Lese- und Schreiblehrgangs, Ausgangsschrift, Lehrperson (z. B. Kompetenz und Erfahrung, Verhalten bei Lernschwierigkeiten, Lehrerwechsel) und die Zusammensetzung der Klasse (allgemeines Leistungsniveau, Anteil ausländischer Kinder). Das Lesen ist methodisch fundiert und mit differenzierenden Maßnahmen zu vermitteln; gezielt ist an den Lernvoraussetzungen zu arbeiten.[477]

---

[474] Empfohlen wird in diesem Zusammenhang: KRETSCHMANN, R./DOBRINDT, Y./BEHRING, K.: Prozessdiagnose der Schriftsprachkompetenz in der 1. und 2. Jahrgangsstufe. Horneburg 1998.

[475] Vgl. SOMMER-STUMPENHORST, N.: a.a.O., S. 52 ff.

[476] Ein empfehlenswertes ‚Testverfahren‘ das Vorschulkinder mit einem Risiko zur Ausbildung von Lese-Rechtschreibschwierigkeiten identifiziert, ist das Bielefelder Screening zur Früherkennung von Lese-Rechtschreibschwierigkeiten (BISC) (siehe 9.4.2).

[477] Nach SPITTA kann die Entstehung von Legasthenie in bestimmten Fällen verhindert werden. In: MEIERS, K. (Hrsg.): Erstleseunterricht. Bad Heilbrunn/Obb. 1981, S. 222.

3. Das Lern- und Arbeitsverhalten: LRS-Kinder arbeiten häufig unruhig, zerstreut, unkonzentriert, unselbstständig oder auch ängstlich. Von Interesse ist, wie sich das Kind im Allgemeinen, vor allem aber im Problembereich verhält.

4. Selbstkonzept und Motivation: Prävention der LRS sollte von Anfang an Unterrichtsprinzip sein, damit das Kind nicht durch gehäufte Misserfolge Motivation, Selbstvertrauen und Schulfreude verliert.

5. Soziale Kompensationen: Bei Misserfolg wird das Kind versuchen, sich Anerkennung in anderen Bereichen zu schaffen (Klassenclown, sozial angepasstes Verhalten, erfolgreicher Ausgleich durch andere Fächer). Eine effektive Kompensation auf anderen Gebieten kann den Lernfortschritt im Lesen und Rechtschreiben erschweren.

6. Reaktion des Umfeldes: Wichtig ist die intensive Beratung der Eltern, damit sie Verständnis aufbringen für die Leistungsschwäche ihres Kindes und keine überhöhten Erwartungen stellen. Der Umgang der Schülerinnen und Schüler untereinander muss im Auge behalten werden. Da das Verhalten der Lehrkraft gegenüber leistungsschwachen Kindern stark das der Mitschülerinnen und Mitschüler beeinflusst (Lernen am Modell, Verstärkungslernen), kann sie positiv auf die Integration eines Kindes in die Klassengemeinschaft einwirken.

7. Feststellen der Leistungsdefizite: Die Feststellung der Leistungsdefizite dient der Planung von Fördermaßnahmen sowie der Feststellung des Lernverlaufs und des Fördererfolgs. Der Lehrkraft kommt auch hier die entscheidende Rolle zu, da das wichtigste Instrument der Beurteilung von Lernschwierigkeiten zunächst die genaue Beobachtung der betreffenden Schülerinnen oder Schüler ist.

„Risikokinder", z. B. Kinder, die durch eine verzögerte Sprachentwicklung auffallen, sollten schon vor der Schule auf die für den Schriftspracherwerb erforderlichen Lernvoraussetzungen hin überprüft und falls notwendig gefördert werden. Diagnostische Verfahren hierfür sind z. B. die DIFFERENZIERUNGSPROBE von BREUER und WEUFFEN, das BIELEFELDER SCREENING ZUR FRÜHERKENNUNG VON LESE- UND RECHTSCHREIBSCHWIERIGKEITEN (BISC) oder Sprachentwicklungstests (siehe 9.4.2). Dem letzten Kindergartenjahr kommt dabei große Bedeutung zu.

Hat keine vorbeugende Förderung in der Vorschulzeit stattgefunden, ist die schulische Früherfassung äußerst wichtig. Dabei gilt es, sowohl entwicklungsbedingte Anfangsprobleme als auch schwere Formen der Legasthenie bereits zu einem Zeitpunkt zu erkennen, zu dem noch durch eine gezielte Förderung der Entwicklung einer Sekundärsymptomatik vorgebeugt werden kann. Falls der Verdacht auf Legasthenie besteht, muss unbedingt eine genaue Diagnose gestellt werden, um gezielt helfen zu können. Die fundierte Diagnose einer Legasthenie gehört dabei zweifellos in die Hände eines Schulpsychologen und Kinder- und Jugendpsychiater (siehe 9.4.1).

9.1.3 Pädagogische Hilfen und Hinweise für Lehrerinnen und Lehrer

(1) Behandlungsmaßnahmen und Formen der Betreuung

Insgesamt sind Fördermaßnahmen dann Erfolg versprechend, wenn sie gezielt an den individuellen spezifischen Problemen des Kindes ansetzen und die Gesamtheit der Schwierigkeiten berücksichtigen. Sie sollten möglichst früh einsetzen, damit nicht Lernfreude, Motivation und Selbstvertrauen verloren gehen und die Persönlichkeitsentwicklung gestört wird bzw. damit diese durch psychotherapeutische Maßnahmen gestützt und verbessert werden können. Hierbei sind alle am Erziehungsprozess Beteiligten einzubeziehen.[478] In Einzelfällen kann es unumgänglich sein, zum Besuch einer Diagnoseförderklasse zu raten.[479]

SCHEERER-NEUMANN[480] gibt uns einen Überblick über die Behandlungsmethoden der LRS. Die psychologisch-pädagogische Betreuung des lese-rechtschreibschwachen Kindes unterscheidet drei Ansätze:
- Psychotherapeutische Verfahren, um die emotionalen Störungen zu beseitigen und dadurch eine Leistungssteigerung zu erreichen,
- Trainingsverfahren, um die unzureichend entwickelten kognitiven Funktionen zu kompensieren,
- spezielle Trainingsverfahren, die unmittelbar am Symptom LRS angreifen, evtl. gekoppelt mit einer Reduzierung der Leistungsanforderungen.
In der Praxis werden diese Verfahren mit unterschiedlicher Gewichtung in komplexe Behandlungspläne integriert. KRETSCHMANN[481] vertritt dabei

---

478 Vgl. VALTIN, R. /NAEGELE, I.: Hürden beim Schriftspracherwerb. In: HAARMANN, D. (Hrsg.): Handbuch Grundschule. Weinheim 1993, S. 150 ff.
   MÜLLER, R.: Frühbehandlung der Leseschwäche. Weinheim 1993⁴, S. 16 ff.

479 In dieser speziellen Schulform wird der Lehrstoff von zwei Jahren in drei Jahren vermittelt. Die Rückführung in eine Regelschule erfolgt, wenn ein erfolgreicher Schulbesuch zu erwarten ist.

480 Vgl. SCHEERER-NEUMANN, G.: Intervention bei Lese-Rechtschreibschwäche. Bochum 1979, S. 35 ff. und S. 42 ff.

481 Vgl.: KRETSCHMANN, R.: Störungen im Schriftspracherwerb – Ursachen und Prävention aus systemischer und entwicklungsökologischer Sicht. – In: BALHORN, H./BARTNITZKY, H./BÜCH-

die Ansicht, dass Förderung von psychischen, motorischen oder kognitiven Prozessen losgelöst vom Lerngegenstand Lesen bzw. Rechtschreiben wenig Erfolg verspricht.

Mit Hilfe von prognostischen Analysen und gezielten prophylaktischen Maßnahmen könnte man vorbeugend der LRS begegnen, da sich schulische Probleme mit dem Erlernen der Schriftsprache schon vor Schuleintritt ankündigen. SPITTA, SCHNEIDER, SCHEERER-NEUMANN u. a. haben gezeigt, dass sich durch gezieltes Training der phonologischen Bewusstheit bereits im Vorschulalter gerade bei „Risikokindern" spätere Lese-Rechtschreibprobleme weitgehend verhindern lassen.[482] Dabei sind zum einen also die Voraussetzungen beim Leseanfänger zu berücksichtigen (siehe 2.2), zum anderen müssen die Anforderungen bedacht werden, die sich aus unserer phonematischen Schrift ergeben (siehe 1.2).

Fast alle Richtlinien der Bundesländer fordern ausdrücklich, auf die Lernvoraussetzungen der Schulanfänger und ihr Lernverhalten besonders zu achten und mit entsprechenden Hilfen auf leistungsschwächere Kinder einzugehen.[483] Auf die klasseninterne innere Differenzierung und der mit ihr einhergehenden Passung der Angebote an die Lernausgangslagen darf vor allem in der Anfangszeit nicht verzichtet werden, da die Leistungsunterschiede gerade zu Schulbeginn sehr groß sind und einige Kinder die Voraussetzungen für den Schriftspracherwerb noch nicht mitbringen. Für Kinder mit besonderen Schwierigkeiten sind zusätzliche Fördermaßnahmen im Rahmen äußerer Differenzierung vorgesehen. Im ersten Schuljahr sollte eine Ausgliederung zwar möglichst vermieden werden, doch sind zumindest in den folgenden Jahrgangsstufen *„klassenübergreifende Stütz- und Förderkurse"* sehr sinnvoll.[484] So können Kinder verschiedener Klassen zu einer homogenen Leistungsgruppe zusammengefasst und gemeinsam unterrichtet werden. Die dafür vorgesehenen Förderlehrkräfte sollten beson-

NER, I./SPECK-HAMDAN, A. (Hrsg.): Sprachliches Handeln in der Grundschule. Schatzkiste Sprache 2. Hannover 2002, S. 74.

[482] Vgl. SPITTA, G.: Legasthenie gibt es nicht ... Was nun? Kronberg/Ts.1977, S. 222. - SCHNEIDER, W.: Die Würzburger Längsschnittstudie zur frühen Prävention von Lese-Rechtschreibschwäche. In: SCHULTE-KÖRNE, G. (Hrsg.): Legasthenie: erkennen, verstehen, fördern. Bochum 2001, S. 213 ff.

[483] Vgl. DUMMER-SMOCH, L.: Mit Phantasie und Fehlerpflaster. Hilfen für Eltern und Lehrer legasthenischer Kinder. 1994², S. 48.

[484] BEKANNTMACHUNG DES BAYERISCHEN STAATSMINISTERIUMS FÜR UNTERRICHT UND KULTUS: Förderung von Schülern mit besonderen Schwierigkeiten beim Erlernen des Lesens und des Rechtschreibens. München 1999.

ders für ihre Aufgabe qualifiziert sein. Sie müssten aber auch die Möglichkeit bekommen, den Förderunterricht regelmäßig durchzuführen.[485]

Eine pädagogisch orientierte Leistungsbewertung und Leistungsbeurteilung ist unabdingbar. So sollten die verbalen Leistungen besonders betont und die schriftsprachlichen Leistungen am individuellen Fortschritt des Kindes gemessen werden. Eine wichtige schulrechtliche Maßnahme kommt hierbei legasthenischen Kindern in Bayern zugute, sofern der Schule ein schriftliches Gutachten darüber vorliegt (siehe 9.1.1). So sollen hier die mündlichen Leistungen im Vordergrund stehen, die Leistungen im Lesen und Rechtschreiben müssen dagegen zurückhaltend gewichtet werden. Die Benotung für das Lesen und Rechtschreiben im Fach Deutsch kann sogar entfallen. Da Legastheniker bei schriftlichen Arbeiten mehr Zeit benötigen, die Aufgabe zu lesen und die Lösung aufzuschreiben, ist ihnen eine Zeitzugabe zu gewähren. Bei Legasthenikern darf die Teilleistungsstörung auch nicht ausschlaggebend für eine Klassenwiederholung sein.[486]

Bei besonders schweren Formen der Legasthenie, der erfolglosen schulischen Förderung und deutlichen sekundären Störungen sind außerschulische Fördermöglichkeiten bzw. Therapien notwendig. Therapien werden in der Regel vom Arzt verordnet und in klinischen Einrichtungen durchgeführt. Für jedes Kind mit ausgeprägter Legasthenie sollte auf der Basis einer gründlichen Diagnose ein individueller Behandlungs- und Förderplan erstellt und durchgeführt werden.[487]

(2) Spezifische Hinweise für Lehrerinnen und Lehrer

Den Ausführungen zufolge handelt es sich bei der LRS um ein Bündel von Verursachungsmöglichkeiten, denen durch gezielte Einzelmaßnahmen begegnet werden muss. Ist die phonologische Bewusstheit noch nicht ausreichend ausgebildet, kann es für das Kind hilfreich sein, länger naiv-

---

[485] Häufig werden Förderlehrer zu Unterrichtsvertretungen abgezogen. - Angesichts der Tatsache, dass relativ viele Kinder Probleme mit dem Schriftspracherwerb haben, muss auch gefragt werden, ob die Lehrerausbildung genügend auf den Erstunterricht und insbesondere auf das Schreiben- und Lesenlernen vorbereitet. Auf jeden Fall sollten entsprechende Fortbildungen für alle Lehrkräfte der ersten Jahrgangsstufe verpflichtend durchgeführt werden.

[486] BEKANNTMACHUNG DES BAYERISCHEN STAATSMINISTERIUMS FÜR UNTERRICHT UND KULTUS: a.a.O.

[487] BUNDESVERBAND LEGASTHENIE (BVL): Unser Kind lernt lesen – lernt es lesen? Hannover 1998[7], S. 10.

ganzheitlich zu lesen, gleichzeitig sollte aber die phonologische Bewusstheit durch spielorientierte Übungen gezielt aufgebaut werden (vgl. 9.1.4 (1)). Besonderes Augenmerk ist auf den Umgang mit den kleinsten Einheiten der gesprochenen Sprache (Phoneme), deren Analyse aus der gesprochenen Sprache wie auch ihre Synthese zu legen. Lautgebärden, wie sie z. B. der KIELER LESEAUFBAU (siehe 9.1.4) einsetzt, können dabei die Wahrnehmung und Wiedergabe der Lautfolge eines Wortes unterstützen, wenn sie über einen langen Zeitraum konsequent eingesetzt werden.[488]

Durch Aufschreiben von Gedanken und Lesen von Geschriebenem unterstützen sich die beiden Lernprozesse Lesen und Schreiben wechselseitig. Auch neue Wege im Schriftspracherwerb, die konventionelles Schreiben und auch (Vor-)Lesen zu Beginn nicht erwarten, könnten betroffenen Kindern nützen. Schließlich kann der Lehrkraft das Wissen, dass es sich beim Schriftspracherwerb um einen Entwicklungsprozess von unterschiedlicher Dauer handelt, helfen, langsamer lernenden Kindern gelassener zu begegnen. Offene Unterrichtssituationen, in denen die Kinder selbst ausprobieren, ohne den Anspruch perfekt sein zu müssen, dabei eigene Lernstrategien entwickeln und sich gegenseitig helfen können, begünstigen besonders erfolgreiches Lernen. Die nur kurz angerissenen Aspekte verdeutlichen, dass eine Lehrkraft gut über die einzelnen Methoden Bescheid wissen muss, um bei Schwierigkeiten gezielt und methodisch kompetent an den entscheidenden Punkten ansetzen zu können.

Wichtigstes Ziel ist, die Motivation und die Freude am Lesen und Schreiben zu erhalten bzw. zu entwickeln. Erfolgserlebnisse, emotionaler Zuspruch und Vertrauen in die Leistungsfähigkeit und den Lernwillen des Kindes, Aufbau und Stärkung des Selbstvertrauens und der Selbstständigkeit sind auch hier Grundpfeiler des Lernens (siehe 2.3.1). Wenn es der Lehrkraft gelingt, Selbstvertrauen, Mut und Arbeitswille sowie den Wunsch des Kindes, im Schriftspracherwerb voranzukommen, zu erhalten und zu entwickeln, dann ist eine gute Grundlage für eine erfolgreiche Behandlung der Lese-Rechtschreibschwierigkeiten geschaffen.
Lernerfolge müssen insbesondere dann bewusst vermittelt werden, wenn Kinder bereits durch häufige Misserfolge entmutigt und lernunwillig sind.

---

[488] Vgl. SCHEERER-NEUMANN, G.: Die Bedeutung der alphabetischen Strategie für die Förderung lese-rechtschreibschwacher Kinder. - HACKETHAL, R.: Lautgebärden sind motorische, kinästhetische und visuell deutliche wahrnehmbare Lautzeichen und bieten gute Kompensationsmöglichkeiten. Beides in: SCHULTE-KÖRNE, G. (Hrsg.): Legasthenie: erkennen, verstehen, fördern. Bochum 2001, S. 247 ff und S. 337 ff.

So kann es sinnvoll sein, das Kind zu motivieren, einen kurzen Textabschnitt gründlich vorzubereiten und dann den Klassenkameraden vorzulesen. Auf keinen Fall darf jedoch zum Vorlesen gezwungen werden, denn Angst ist der denkbar schlechteste Begleiter von Leistung und Lernen.

Die gestellten Aufgaben sollten der augenblicklichen Leistungsfähigkeit des Kindes optimal angepasst sein, so dass Misserfolg vermieden und Erfolg erlebt werden kann: also angemessene kurze, einfache Texte in Sinnschritte gegliedert (Flattersatz), große, klare Schrift; auch vom Lesestoff her sollte das Interesse des Kindes angesprochen werden. Als Lehrgang würde sich ein kleinschrittiges analythisch-synthetisches Verfahren mit viel Differenzierungsmaterial empfehlen. Richtiges, gründliches Üben (siehe 8.2) hilft Kognitionsprozesse zu automatisieren, denn Buchstaben und Laute, die Synthese, Morpheme, Signalgruppen, Silben- und Worterkennung, orthographische Regeln und Häufigkeitswörter müssen eingeschliffen und beherrscht werden.

Die Lehrerin bzw. der Lehrer sollte schon in den ersten Schulwochen aufmerksam beobachten, um Kinder frühzeitig herauszufiltern, die sprachauffällig sind oder die Schwierigkeiten schon am Anfang des Leselernprozesses zeigen. LRS-Kinder haben häufig Probleme mit der auditiv-sprechmotorischen Durchgliederung von Wörtern, weshalb von Anfang an die allgemeinen sprachlichen Fähigkeiten gefördert und eine phonologische Bewusstheit aufgebaut werden sollte.

Da lese-rechtschreibschwache Kinder im Allgemeinen eine vergleichsweise geringe Speicherfähigkeit haben und sich auch schlechter konzentrieren können, sind alle methodischen und lerntheoretischen Möglichkeiten auszuschöpfen. Der Lernprozess muss mehrkanalig über alle Sinne erfolgen und methodisch ist die Richtung auszuwählen, die den größten Erfolg verspricht. Da die Kinder häufig impulsiv und hektisch arbeiten, verspricht auch ein Training zur Selbstkontrolle Besserung.

Nicht zuletzt sollte in der Klasse eine positive Atmosphäre herrschen, in der sich jedes Kind wohl fühlt und auch Fehler machen kann.

9.1.4 Förderprogramme

KÜSPERT/SCHNEIDER[489] stellen ein „**Trainingsprogramm zur phonologischen Bewusstheit**" für Vorschulkinder mit Schwierigkeiten beim genauen Hinhören auf Sprache und beim kreativen, analysierenden Umgang
damit zur Verfügung. Das 20-wöchige Programm sollte im zweiten Halb-
jahr des letzten Kindergartenjahres täglich in 10-minütigen Sitzungen in
Kleingruppen von 4 bis 8 Kindern durchgeführt werden. Die Spiele und
Übungen zu sechs verschiedenen Bereichen verfolgen das Ziel, dem Kind
einen Einblick in die gesprochene Sprache zu eröffnen:

1. *Lauschspiele* schulen das Gehör für Geräusche aus der Umgebung,
2. *Reime* decken Parallelen in der Lautstruktur als sprachliches Prinzip
   auf,
3. *Satz* und *Wort* machen erste zerlegbare Einheiten deutlich,
4. *Silben* (als nächstkleinere sprachliche Einheit) werden durch Bewegung verdeutlicht,
5. Identifikation von *Anlauten* trennt zum ersten Mal das kleinste gesprochene Element (Phonem) vom Rest des Wortes ab,
6. *Phonemanalyse* und *Phonemsynthese* auch innerhalb des Wortes
   vervollständigen das Wahrnehmen der einzelnen Lautgrenzen.

Durch die Bearbeitung des Programms lassen sich langfristig förderliche
Effekte bis ins zweite Schuljahr hinein nachweisen und selbst stark LRS-
gefährdete Kinder profitieren davon sehr. Jedoch gilt dies nur, wenn das
gesamte Programm (insbesondere die isolierende Arbeit mit und an den
einzelnen Phonemen) in täglichen Sitzungen durchgearbeitet wird. Ebenso
warnen die Autoren vor einem „flächendeckenden Einsatz" in der Vor-
schulerziehung, da es viele weitere, mindestens ebenso wichtige Inhalte im
Kindergartenalltag zu bewältigen gilt.

Auch FORSTER/MARTSCHINKE[490] bieten ein in der schulischen Praxis
erfolgreich erprobtes Förderprogramm zur Verbesserung der phonologischen Fähigkeiten an. Das Training „**Leichter Lesen und Schreiben lernen mit der Hexe Susi**" knüpft thematisch an den „Rundgang durch Hörhausen" an (Erhebungsverfahren zur phonologischen Bewusstheit, vgl.
9.4.2), kann jedoch isoliert davon sowohl im Klassenverband als auch ausschließlich mit einzelnen schwachen Schülern durchgeführt werden. Bei

---

[489] KÜSPERT, P./SCHNEIDER, W.: Hören, lauschen , lernen: Sprachspiele für Kinder im Vorschulalter, Göttingen 1999.
[490] FORSTER, M./MARTSCHINKE, S.: Diagnose und Förderung im Schriftspracherwerb: Leichter Lesen und Schreiben lernen mit der Hexe Susi. Bd. 2. Donauwörth 2001.

einem ungefähren zeitlichen Aufwand von zwei Unterrichtsstunden pro Woche kann das Training das gesamte erste Schuljahr begleiten, wobei es die ersten 16 Wochen intensiv die phonologische Bewusstheit trainiert. In den ersten beiden Wochen wird zur Schulung der akustischen Wahrnehmung an *Lausch-* und *Reimaufgaben* gearbeitet. Daran schließt sich eine ebenso lange Arbeitsphase mit *Aufgaben zur Silbe* und damit verbunden zur Wortabgrenzung an. Schwerpunkt des Trainings ist die 12-wöchige Arbeit an der *Phonem-Graphem-Zuordnung*, die sich wiederum in ein Lesetraining (8 Wochen) und ein Schreibtraining (4 Wochen) aufspaltet. Innerhalb des Lesetrainings erlernt das Kind mittels eines Trainingsplans eine Strategie, wie es das Verfahren der Lautstrukturanalyse erfassen kann:

1. Deutlich sprechen – genau hinhören
2. Ganz langsam sprechen! (Gedehnt sprechen)
3. Immer wieder sprechen – für jeden Laut einen Stein legen!
4. Tippe und sprich dazu!
5. Sprich noch einmal: Stimmt es?

Mit zunehmender Automatisierung der einzelnen Teilhandlungen und deren Abfolge kann die Arbeit mit dem Trainingsplan allmählich abgebaut werden. Je besser ein Kind fähig ist, Wörter in ihre Laute aufzugliedern und den Lauten entsprechende Buchstaben oder Buchstabengruppen zuzuordnen, desto größer und sicherer ist das Fundament für einen erfolgreichen Schriftspracherwerb. Deshalb stellt das Lesetraining das Kernstück des gesamten Förderprogramms dar. Ab dem zweiten Schulhalbjahr runden *Aufgaben zum schnellen Lesen* das Training ab.

Da einem Rechtschreibversagen in der späteren Grundschulzeit ein häufig nicht erkanntes Leseversagen bereits in den ersten beiden Schuljahren vorangeht, haben DUMMER-SMOCH und HACKETHAL den **„Kieler Leseaufbau"** entwickelt.[491] Dieses Förderkonzept kann in der Einzelförderung, mit einem Partner oder in der Kleingruppe eingesetzt werden und beinhaltet 14 Stufen gemäß der Schwierigkeiten der einzelnen Graphem-Phonem-Verbindungen. Als visuo-motorische Unterstützung übt das Kind für jeden Buchstaben eine *Lautgebärde*[492] ein. Zusätzlich wird beim Lesen auch die Silbengliederung geschult. Ergänzend kann der „Kieler Rechtschreibaufbau" angeschlossen werden, der neben lautgetreuer Schreibung auch Rechtschreibregeln behandelt.

---

[491] Vgl. KÜSPERT, P.: Wie Kinder leist lesen und schreiben lernen – Neue Strategien gegen Legasthenie. Ratingen 2001, S. 177.

[492] KÜSPERT bezeichnet sie als „ *'Geheimzeichen', die mit den Händen gebildet werden und in ihrer Formung an die Buchstaben erinnern"*. – KÜSPERT, P.: a.a.O., S. 177.

Zum häuslichen Üben der Eltern mit Kindern zwischen dem Ende der zweiten bis zur sechsten Klasse entwarfen SCHULTE-KÖRNE et al. das **„Marburger Rechtschreibtraining"**[493], das wichtige Problembereiche abdeckt. Die Kinder sollen sich zwei Jahre lang konsequent zusammen mit ihren Eltern in zwei bis drei 20-minütigen Übungen pro Woche mit Rechtschreibregeln auseinandersetzen und diese beim Schreiben schrittweise automatisch anwenden. Die Übungsmappe enthält z. B. Übungen zum Erkennen des Wortstamms, zur Unterscheidung von kurz und lang gesprochenen Konsonanten, Regeln zur Groß- und Kleinschreibung, zum stummen „h", zur Dehnung, Dopplung und Ableitung. Während des gesamten Trainings müssen die Eltern auf Unterstützung von Legasthenie-Therapeuten zurückgreifen können, die in Beratungsstellen oder freien Praxen angeboten wird.

9.2 Sprach- und Sprechschwierigkeiten in ihrer Bedeutung für das Lesenlernen

9.2.1 Grundsätzliches zu Sprach- und Sprechschwierigkeiten

Definitionen[494]
Sprachschwierigkeiten: nicht spezifizierte Beeinträchtigung, Bedeutungen und Inhalte mit Mitteln der Sprache auszudrücken; zentral bedingte Defizite sind als Ursache anzunehmen.
Sprechschwierigkeiten: Beeinträchtigungen der Fähigkeit oder Fertigkeit, Sprachinhalte in fließende und gut artikulierte Sprache umzusetzen; der Lautbildungsapparat und funktionelle Bedingungen sind gestört oder geschädigt.
Allgemeine Symptome:
Die Sprach- und Sprechfähigkeit ist mehr oder minder stark beeinträchtigt oder liegt unter dem Niveau des altersgemäßen Entwicklungsstandes durch Mängel im sprachlichen Ausdruck, in der grammatischen Formulierung, in der Aussprache (Artikulation) und im Redefluss. Begleitsymptome können Defizite in der akustischen Reizaufnahme und der auditiven Wahrnehmung sein.[495]

---

493 Vgl. KÜSPERT, P.: a.a.O., S. 175f.
494 Vgl. ORTNER, A. u. R.: Verhaltens- und Lernschwierigkeiten. Weinheim 1995³, S. 238.
495 Vgl. ORTNER, A. u. R.: a.a.O., S. 239.

Normale Sprachentwicklung:
Mit etwa 4 Jahren beherrscht ein Kind weitgehend die Umgangssprache, kann von Situationen und Dingen sprechen, die es nicht unmittelbar sieht. In der Norm liegen unsicherer Gebrauch der Zeiten, Wiederholungen von Satzteilen, sofern sie sehr kurz sind und ohne Verspannungen erfolgen.[496]

9.2.2 Einzelne Sprach- und Sprechstörungen[497]

(1) Dysgrammatismus
Unfähigkeit, den Gedankenfluss durch eine geregelte Wortfolge auszudrücken; betroffen sind Grammatik und insbesondere die Syntax, welche die Wortbeugung und Wortstellung im Satz regeln.

(2) Stammeln (Dyslalie oder Lautstörung)[498]
Unter Stammeln verstehen wir entweder das vollständige Fehlen eines Lautes oder den Ersatz durch einen anderen. Je nach Anzahl der Fehlbildungen spricht man von „partieller", „multipler" oder „universeller Dyslalie". Innerhalb des Stammelns lassen sich zwei Formen unterscheiden:
- Artikulationsstörung:
Störung der Artikulation aufgrund der Unfähigkeit, bestimmte Laute oder Lautverbindungen zu bilden oder entsprechend der phonetischen Lautnorm der verwendeten Sprache richtig auszusprechen. Die Unfähigkeit, bestimmte Laute zu bilden, muss nicht durchgängig sein, sondern kann lediglich in verschiedenen sprachlichen Kombinationen auftreten. Im Verlaufe des Spracherwerbs bis zum 5. Lebensjahr ist es allerdings normal, dass das Kind nicht alle Laute richtig bildet.
- Lauterwerbsstörung:
Fehlende oder fehlerhaft ausgesprochene Laute kann das Kind zwar bei gezielter Unterstützung bilden, werden aber in der Spontansprache in allen Positionen im Wort bzw. in allen Lautkombinationen nicht verwendet. Damit verbunden kennt das Kind die bedeutungsunterscheidende Funktion der Laute noch nicht (Bsp.: Tanne - Kanne - Wanne).
- Spezifische Gruppen der Dyslalie:
- Sigmatismus: Aussprachefehler bei den verschiedenen Zischlauten (/s/, /sch/, /ch/, /z/)

---

496 Vgl. WENDLANDT, W.: Sprachstörungen im Kindesalter. Stuttgart 1995², S. 36.
497 Ausführliche Darstellung in: ORTNER, R.: a.a.O. 1977. - ORTNER, A. u. R.: a.a.O.
498 Vgl. WENDLANDT, W.: a.a.O., S. 37 f.

- Rhotazismus: Ausspracheschwierigkeiten beim Laut /r/
- Kappazismus: Fehlbildung des Lautes /k/
- Lambdazismus: Auslassen oder Ersetzen des Lautes /l/

(3) Näseln (Rhinophonie)

Verschieden ausgeprägte Beeinträchtigungen des Stimmklanges und der Artikulation durch verminderte Nasenresonanz oder übermäßige Nasendurchgängigkeit (der Luftstrom wird fehlgeleitet).

(4) Poltern

Die Formulierung der Sprache wird durch eine verwirrte, gehetzte, verschliffene Redeweise gestört. Es fällt ein beschleunigtes Sprechtempo auf, Silben werden verschluckt, Konsonantenhäufungen werden reduziert; die Sprachverständlichkeit leidet. Poltern hat gewisse Ähnlichkeit mit dem Stottern, verschwindet im Gegensatz dazu aber beim langsamen Sprechen oder in angespannten Situationen, wenn der Sprecher sich besonders bemüht.[499] Nach neueren Theorieansätzen beschränkt sich die Schwierigkeit, Handlungsabläufe in einer vorgegebenen Reihenfolge auszuführen, nicht nur auf den sprachlichen Bereich, sondern beruht auf einer umfassenden Störung der Wahrnehmung zeitlicher Abfolgen.[500]

(5) Stottern (Balbuties)

Stottern ist eine der schwersten kindlichen Sprachstörungen mit Auswirkungen auf die psychische und soziale Entwicklung des Betroffenen und ist gekennzeichnet durch eine Unterbrechung des Redeflusses infolge krampfartiger Wiederholungen einzelner Laute und Silben (klonisches Stottern) oder aufgrund pressenden Verharrens in einer Artikulationsstellung (tonisches Stottern). Die Symptomatik kann von Fall zu Fall und situativ sehr unterschiedlich sein und durch Hinzutreten von Mitbewegungen von Gesicht, Kopf und Extremitäten verstärkt werden (Gesichtsverzerrungen, übertriebene Gestik). Da oft die gesamte Kommunikation (einschließlich des Verhaltens des Gesprächspartners) beeinträchtigt ist, wird Stottern auch als „Kommunikationsstörung" bezeichnet.[501]

---

[499] Vgl. FÜHRING, M./LETTMEYER, O. u. a.: Die Sprachfehler des Kindes und ihre Beseitigung. Wien 1976[6], S. 132 f.

[500] Vgl. WENDLANDT, W.: a.a.O., S. 40.

[501] Vgl. WENDLANDT, W.: a.a.O., S. 39.

Echtes Stottern ist jedoch deutlich von *„altersgemäßer Sprechunflüssigkeit"* (auch „Entwicklungsstottern" genannt) zu unterscheiden.[502] Zwischen dem 3. und 5. Lebensjahr treten im Rahmen der kindlichen Sprachentwicklung fast immer Phasen auf, in denen Satzteile, Wörter oder Silben wiederholt werden oder die Kinder im Sprechen innehalten, um das richtige Wort zu suchen oder den Ablauf des Satzes richtig zu gestalten. Hält dies jedoch länger als ein halbes Jahr an, besteht die Gefahr einer Verfestigung dieser Sprechunflüssigkeit. Wenn sich jetzt die Bezugspersonen nicht richtig verhalten[503], kann sich dieses „beginnende Stottern" festsetzen und zum „chronischen Stottern" ausweiten. Das richtige Stottern kann man allerdings durch genaues Hinhören und Beobachten erkennen: die Wiederholungen werden häufiger, beziehen sich oft nur noch auf einzelne Laute, die Dehnungen der Anfangsbuchstaben werden länger, *„und die Pausen dienen nicht mehr der Besinnung auf die richtige Organisation des Sprechablaufes, sondern zeigen sich als Blockaden oder Phasen des Pressens, weil das Kind bestimmte Laute nicht 'spannungsfrei' aussprechen kann".*[504]

9.2.3 Ursachen[505]

Die Fachwissenschaften konnten zwar noch keine eindeutige Antwort auf die Frage geben, welche Ursachen für die Entstehung einer Sprachstörung verantwortlich zu machen sind, jedoch weiß man heute mit Sicherheit, dass immer mehrere Faktoren (Ursachenbündel) gemeinsam auftreten, die sich den folgenden vier Bereichen zuordnen lassen:

- Organische Ursachen
- Missbildungen bzw. Schäden der Sprechwerkzeuge
- Hörstörungen zentraler bzw. peripherer Art
- Bewegungsstörungen
- weitere neurologische Störungen

---

502 Vgl. WENDLANDT, W.: a.a.O., S. 45 ff u. S. 74 ff.
503 Zwar langsam und ruhig das korrekt wiederholen, was das Kind nicht richtig gesagt hat, aber nicht kritisieren, keine Anweisungen für richtiges Sprechen geben, das Kind nicht unterbrechen, sondern geduldig zuhören und so den Erzähldrang des Kindes nicht schmälern (siehe 9.2.5).
504 Vgl. WENDLANDT, W.: a.a.O., S. 75.
505 Vgl. WENDLANDT, W.: a.a.O., S. 53 f.

- Vererbte Ursachen
Zwar wird die Sprachstörung an sich nicht vererbt, jedoch mit der körperlichen und seelischen Konstitution eines Menschen auch eine unterschiedlich ausgeprägte Bereitschaft zu Sprachstörungen geschaffen (sog. „Disposition"). Dies bedeutet allerdings nicht, dass sich in jedem Fall bei einem solchen „Sprachschwächetyp" eine Sprachstörung entwickelt, sondern nur, dass diese eher auftreten kann.

- Soziokulturelle Ursachen
Im Alltag des Kindes tritt heute das Miteinandersprechen immer mehr in den Hintergrund: Fernsehkonsum und „Videosucht" verdrängen direkte Sprachangebote wie Geschichtenvorlesen, Wortspiele, Verse und Lieder. Jedoch bedarf die Entwicklung von Sprachgewandtheit und Sprechfreude stetiger sprachlicher Anregungen. Das Auftreten von Sprachstörungen kann ebenfalls durch ungünstige Umweltbedingungen, wie eine zweisprachige Erziehung, eine belastende Wohnumwelt oder schwierige wirtschaftliche Lebensverhältnisse, mitbedingt werden.

- Psychische Ursachen
Seelische Belastungen, denen ein Kind ausgesetzt ist, wie
- familiäre Belastungen, Geschwisterrivalitäten
- längere Trennung von der Familie (Krankenhaus-/ Heimaufenthalt)
- Erziehungsunsicherheiten oder unterschiedliche Erziehungsstile der Eltern
- psychischer Druck auf das betroffene Kind durch Hänseleien oder Beanstandung der Sprachstörung.
Der psychische Anteil einer Sprachstörung darf nie unterschätzt werden.

Die Klärung der Entstehungsursachen von Sprachstörungen ist Aufgabe von Experten verschiedener Bereiche. Eine Analyse des Ursachenkomplexes ist wichtig, da Fördermaßnahmen bzw. therapeutische Schritte immer an den spezifischen Verursachungsfaktoren ansetzen sollten. Bei der Abklärung der Ursachen sollte ebenfalls beobachtet werden, ob die Sprachstörung isoliert oder in Kombination mit anderen Auffälligkeiten auftritt (allgemeine Entwicklungsverzögerung, psychische Auffälligkeiten, spezielle Behinderungen, Teilleistungsstörungen).

9.2.4 Bezug zum Lesen- und Schreibenlernen

Zu den notwendigen Fähigkeiten und Fertigkeiten, die beim Kind für den Vollzug des Lesenlernens vorhanden sein müssen, gehört auch als physiologisch-organische Voraussetzung die Funktionstüchtigkeit des Sprechapparates:

- Bei der Sinnfindung ist der Leseanfänger auf die Reproduktion des Klangbildes (laut, halblaut oder gedacht) angewiesen.
- Können die Laute nicht richtig gebildet werden, kann es zu Schwierigkeiten bei der Lautanalyse kommen (auditive Rückkoppelung), da das sprechmotorisch nicht eindeutig gebildete Wort auditiv nicht korrekt durchgliedert werden kann.
- Beim Schreiben bildet das gesprochene Wort die Vorlage für das Schriftbild. Es muss akustisch deutlich sowie kinästhetisch-taktil richtig wahrgenommen werden, damit es durchgliedert werden kann. Auch wenn die Übertragung der Sprachlaute eines Wortes in Buchstaben nicht ganz deckungsgleich ist, bietet der Sprachklang Orientierungshilfe für die Schreibweise (siehe 1.2).

9.2.5 Hinweise für Lehrerinnen und Lehrer

Von der Norm abweichendes Sprachverhalten zieht die Aufmerksamkeit der sozialen Gruppe auf sich und beeinträchtigt dadurch die Kommunikationsmöglichkeiten des Sprechers. Die betroffenen Kinder äußern sich u. U. nicht mehr; ganz allgemein können diese Misserfolgserlebnisse zu einer Minderung der Lernbereitschaft und des Lernerfolgs führen.

Lehrkräfte sollten bei einer Sprachauffälligkeit die Erziehungsberechtigten des Kindes an die örtlichen Beratungsstellen für Hör- und Sprachgeschädigte oder die Auskunftstellen der Sprachheilschulen oder einen Logopäden verweisen.
Die fachspezifische Therapie (Arzt/Ärztin, Logopäde/Logopädin) kann von Lehrerin oder Lehrer unterstützt werden durch:

- gutes sprachliches Vorbild (mit dem Kind langsam und deutlich sprechen)
- Anregen zu zwanglosen Gesprächen (Sprechen über interessante Lesetexte, zu Bildergeschichten oder aktuellen Anlässen)
- Zusammenarbeit mit dem behandelnden Spezialisten (dies ist besonders beim stotternden Kind sehr wichtig)

- geduldiges und aufmerksames Zuhören, Ausreden lassen; Missbilligung darf auch nicht durch Körpersprache ausgedrückt werden (z. B. Klang der Stimme, Gesichtsausdruck, Handbewegung)
- unbefangenes Annehmen von Äußerungen mit Sprachstörungen; Reagieren auf den Inhalt, nicht auf die fehlerhafte Form
- kein Ermahnen und Kritisieren; notfalls wiederholt die Lehrkraft korrekt und wertfrei, was das Kind gesagt hat. Bei der *„korrigierten Rückmeldung"*[506] fühlt sich das Kind nicht verbessert, sondern es erhält das richtige Sprech- und Sprachvorbild und kann sich so die richtige Form einprägen.

Pädagogische Fehlhaltungen sind vor allem beim stotternden Kind zu vermeiden.[507] Da sich das Symptom verstärkt, wenn sich das Kind um besseres Sprechen bemüht, unter Druck steht und angespannt oder aufgeregt ist, darf man das stotternde Kind nicht zum Sprechen zwingen oder sein Sprechen kritisieren; angstauslösende Sprechsituationen müssen vermieden werden.

Bei einer Dyslalie sollten Übungen nur in Individualarbeit durchgeführt werden, um Bloßstellungen zu vermeiden.

9.3   Probleme beim Schreibenlernen

9.3.1   Schreibstörungen und Schreibschwierigkeiten[508]

Gestörte Schriften liegen nach LIEDEL vor, wenn es misslingt, in einer angemessenen Zeit gut lesbar unter Verwendung zweckmäßiger Bewegungsabläufe zu schreiben.[509]
Daraus ergibt sich die Frage nach den Störfaktoren, welche u. U. durch den Facharzt bzw. Psychologen geklärt werden müssen.

---

[506]   WENDLANDT, W.: a.a.O., S. 64.

[507]   Vgl. ORTNER A. u. R.: a.a.O., S. 259 ff. - WENDLANDT, W.: a.a.O., S. 56 ff.

[508]   Vgl. BLÖCHER, E.: Motorische Dysfunktion als Ursache einer Schreibstörung. In: NEUHAUS-SIEMON, E.: Schreibenlernen im Anfangsunterricht der Grundschule. Frankfurt/M. 1984², S. 192 ff.
BLÖCHER, E.: Schwierigkeiten beim Schreibenlernen. Langenau-Ulm 1983.
GLÖCKEL, H.: Schreiben lernen - Schreiben lehren. Donauwörth 1976³, S. 136 ff.
REINARTZ, E.: Förderung visueller Wahrnehmung und Motorik. In: F. BÄRMANN (Hrsg.): Lernbereich Schrift und Schreiben. Braunschweig 1979, S. 184 ff.
HEUß, G.: Erstlesen und Erstschreiben. Donauwörth 1993, S. 160 ff.

[509]   Vgl. LIEDEL, M.: Störungen im Schreiblernprozess. In: BÄRMANN, F. (Hrsg.): Lernbereich Schrift und Schreiben. Braunschweig 1979, S. 196.

(1) Ursachen

- Organische Defekte
- Störungen der peripheren Wahrnehmung (Perzeption) (z. B. eine Sehstörung)
- Störungen der zentralen Verarbeitung (Gehirnverletzungen und –erkrankungen; vererbte oder erworbene Ursachen, die eine Störung der visuellen Wahrnehmung zur Folge haben können, z. B. Gestaltgliederungsschwäche; Störung der Wahrnehmungskonstanz, der Figur-Grund-Wahrnehmung oder der motorischen Fähigkeiten, z. B. aufgrund zerebraler Dysfunktionen)
- Störungen der Ausführungshandlung (körperliche Schäden von Arm und Gelenk, z. B. Verletzung, Rheuma, Sehnenscheidenentzündung; spastische Lähmungen, Schreibkrampf[510]; Entwicklungsverzögerung der handmotorischen Fähigkeiten, z. B. aufgrund mangelnder vorschulischer Erfahrungsmöglichkeiten)

- Psychische Faktoren
Schreiben ist Ausdruck des Psychischen. Im Schriftbild spiegelt sich die aktuelle Gefühlslage und die Stimmung des Schreibenden wieder: Unsicherheit, Nervosität (z. B. bei einer Prüfung), Angst, Unlust, Übermüdung lassen die Schrift hastig, verkrampft, fahrig oder verworren werden; Freude und aufgeheiterte Stimmung hingegen haben dynamische und lockere Bewegungen zur Folge.
Mögliche Ursachen für Schreibstörungen im psychischen Bereich:
- negative Milieueinflüsse (familiäre Belastungen, z. B. auch Ungeduld der Erzieher, die Angst, Unsicherheit, Unruhe, Aggressivität, Motivationsverlust zur Folge haben können)
- Beziehungsstörung zur Lehrperson (z. B. mangelnde Anerkennung der Bemühungen)

- Ungeeignetes methodisch-didaktisches Vorgehen
- Überforderung durch zu langes Schreiben (z. B. langweilige Übungen)
- Unterricht nicht systematisch, gründlich, differenzierend genug
- Erlerntes nicht durch ausreichendes und richtiges Üben gesichert
- gleichgültige Einstellung der Lehrkraft gegenüber der Ausführungsqualität von Schreibarbeiten
- nicht vorbildliche Lehrerschrift

---

510 Der Schreibkrampf kann körperlich bedingt sein aufgrund einer unzweckmäßigen Schreibhaltung oder Überanstrengung, er kann aber auch seelische Ursachen haben.

- Mängel, die in der Ausgangsschrift liegen (siehe Kap. 6)
- ungeeignetes Schreibmaterial, unpassende Tischhöhe u. Ä.

(2) Hilfen zur Schreiberziehung und Hinweise für Lehrerinnen und Lehrer

Die Hinweise und Hilfen ergeben sich aus den Ursachen der Schreibstörungen. Entspricht die Schrift also nicht den Erwartungen, ist nach Ursachen zu forschen.

Im Einzelnen könnte Abhilfe geschaffen werden durch:

- Überprüfen des methodischen Vorgehens:
- Sind die Kinder überfordert, z. B. durch zu langes Schreiben, oder gar unterfordert, da z. B. nicht auf ordentliche Heftführung geachtet wird?
- Übungen zur Entspannung, Rhythmisierung und Konzentration einplanen[511]
- Fingerspiele und Fingerturnen zum Ausgleich und zur Kräftigung nutzen[512]
- motivierende Schreibanlässe suchen und auch durch die Wahl sowie den Wechsel des Schreibmaterials zum Schreiben verlocken
- Die Lehrerschriften sollten stets Vorbild sein, auch muss die Bewegungsrichtung klar vorgemacht und geübt werden.
- Buchstaben und Schriftbilder über verschiedene Informationskanäle einprägen (akustische, optische, motorische Hilfen und Analogie-Hilfen aufzeigen)[513]

- Durchführung folgender Einzelmaßnahmen:
- vergrößerte Demonstration der einzelnen Schriftbeispiele (auch Fehlformen) besprechen und anschließend üben
- nach Beendigung eines Schulheftes gemeinsam Rückschau halten und Verbesserungen sichtbar machen
- Aushängen guter Schriftbeispiele im Klassenzimmer
- bei schlechten Schreibern gute Ansätze entdecken und anerkennen
- Schwungübungen besonders mit Kindern, die Probleme haben, immer wieder durchführen (Ovale, Arkaden, Girlanden, Schleifen, Winkelzüge, flache Wellen)

---

[511] Vgl. LIEDEL, M.: Störungen im Schreiblernprozess. In: BÄRMANN, F. (Hrsg.): Lernbereich Schrift und Schreiben. Braunschweig 1979, S. 201 ff.
[512] Anregungen bietet: ARNDT, M. (Hrsg.): Fingerspiele und Rätsel. Berlin 1983.
[513] Vgl. SENNLAUB, G.: Vielkanal-Rechtschreiben. In: SPITTA, G. (Hrsg.): Legasthenie gibt es nicht ... Was nun? Kronberg/Ts. 1977, S. 143 ff.

- vereinfachte Formen anbieten, falls nicht mit der VA begonnen wurde
  (z. B. *A* statt *A*, *M* statt *M*, *t* statt *t*, *z* statt *z*)

9.3.2 Linkshändigkeit[514]

(1) Definition

„Unter Linkshändigkeit versteht man den bevorzugten Gebrauch der linken Hand insbesondere bei Tätigkeiten, die Geschicklichkeit, komplizierte Abläufe, Kraft oder besondere Aufmerksamkeit erfordern."[515]
Obwohl es sich bei der Linkshändigkeit um **keine Störung** im eigentlichen Sinne handelt, bedeutet sie doch eine Erschwerung, die sekundäre Störungen zur Folge haben kann. Rechtshändiges Schreiben ist aus sachlichen Gründen wünschenswert und zu versuchen, da unsere rechtsläufige Schrift schreibtechnisch für die rechte Hand angelegt ist und sie linkshändig geschrieben auf jeden Fall eine Erschwernis bedeutet.
Linkshändigkeit ist verschieden ausgeprägt, viele Kinder lassen sich problemlos auf die rechte Hand umstellen. Jedoch können gerade auch aus der Umschulung auf die andere Hand heraus große Probleme erwachsen, die bis zu Teilleistungsstörungen und Persönlichkeitsveränderungen reichen können.[516]

(2) Beschreibung der Symptomatik

- Linkshändigkeit ist als Normalerscheinung anzusehen (also keine Verhaltensauffälligkeit oder Lernschwäche).
- Linkshändigkeit fällt dadurch auf, dass unsere kulturelle, technische, gesellschaftliche Lebenswelt vorwiegend auf Rechtshänder eingestellt ist.

- Entwicklung der Händigkeit
- Aufgrund von physiologisch-konstitutioneller Anlage oder Umwelteinflüssen ist die Händigkeit verschieden.
- Bereits bei den ersten Greifbewegungen des Kleinkindes bestimmt die dominante Gehirnhälfte die Händigkeit. Jedoch werden diese erst gegen die Einschulungszeit hin gezielt beobachtet, so dass es zu der falschen

---

514   Vgl. ORTNER, A. u. R.: a.a.O., S. 231 ff. - KRAMER, J.: Linkshändigkeit. Solothurn 1961.
515   ORTNER, A. u. R.: a.a.O., S. 231.
516   SATTLER, B. (Hrsg.: ISB): Das linkshändige Kind in der Grundschule. Donauwörth 1995⁵, S. 9 ff. und S. 70 ff.

Behauptung kommen konnte, im Vorschulalter sei die Händigkeit noch ziemlich indifferent.[517]
- Erziehungseinflüsse bewirken, dass die rechte Hand im Allgemeinen bevorzugt gebraucht wird.

• Häufigkeit des Vorkommens
Eindeutige Zahlen sind der Literatur nicht zu entnehmen, doch gibt es sicherlich in der Realität aufgrund von Erziehungseinflüssen mehr Linkshänder als Linksschreiber. Das Staatsinstitut für Schulpädagogik und Bildungsforschung rechnet mit einem Anteil von 20-30% nichtumgeschulter Linkshänder in Grundschulklassen; nimmt man die Dunkelziffer der umgeschulten Linkshänder hinzu, ist *„die Hypothese von 50% Linkshändern in der Bevölkerung nicht als Absurdum von vornherein abzulehnen".*[518]
Folgende Phänomene sind feststellbar:
- In den USA und England ist der Prozentsatz höher (eine freizügigere Handhabung der Händigkeit besteht schon länger).
- Linkshänder sind häufiger Jungen als Mädchen.[519]
- Lese-Rechtschreibschwierigkeiten sind bei Linkshändern ebenso häufig wie bei Rechtshändern; *„Umschulungsversuche der Händigkeit können allerdings eine (bereits vorhandene) Legasthenie verstärken bzw. (...) diese hervorrufen".*[520]

• Persönlichkeitsstruktur des Linkshänders
Obwohl Vorurteile gegenüber Linkshändern der Vergangenheit angehören, erzeugt der Begriff „links" im Sprachgebrauch noch negative Assoziationen.[521] Im Leistungsvergleich sind Linkshänder Rechtshändern jedoch gleichwertig, wenn auch nicht gleichartig:
- Zahlreiche überdurchschnittlich Begabte waren Linkshänder (bedeutende Persönlichkeiten der Geschichte wie Michelangelo, Leonardo da Vinci, Goethe, Nietzsche u. a.[522])
- Auf größere Sensibilität, erhöhte Anpassungs- und Kompensationsfähigkeit der Linkshänder wird hingewiesen.[523]

---

517 Vgl. SATTLER, B.: a.a.O., S. 89ff.
518 SATTLER, B.: a.a.O., S. 16.
519 Nach AHRENS unterliegen Mädchen eher den Erziehungseinflüssen (In: KRAMER, J.: Linkshändigkeit. Solothurn 1961, S. 26).
520 SATTLER, B.: a.a.O., S. 41/70 ff.
521 Wenn man die Bedeutung der Wörter „links" und „rechts" in verschiedenen Sprachen verfolgt, kommt man zu demselben Ergebnis (Beispiele: Latein: dexter - sinister, Englisch: right - left, Französisch: droit - gauche; nach KRAMER, J.: a.a.O., S. 4).
522 Vgl. KRAMER, J.: a.a.O., S. 83.

- Motorisch sind sie genauso geschickt wie Rechtshänder.

(3) Ursachen und Hintergründe[524]

Linkshändigkeit kann angeboren oder erworben sein. Heute wird die Bevorzugung der linken Hand in erster Linie als ererbt angesehen.

- Vererbung
Hinweise ergeben sich durch Untersuchung bei Verwandten:
- ein- und zweieiige Zwillinge (ZUCKRIGL)
- Ausprägungsgrad bei Vorfahren (KRAMER)
- Linkshändigkeit als rezessives Erbmerkmal (ASCHMONEIT)

- Exogene Faktoren
- Nach Gehirnschädigungen der Regionen für die motorischen Bewegungen der rechten Hand kann die entsprechende andere Seite deren Funktionen übernehmen.
- Entstehung von Gehirnschädigungen durch Krankheit, schwierige Geburt, abnormale Lageverhältnisse während der Schwangerschaft, entzündliche Erkrankung des Gehirns u. Ä.

- Theorie der Hemisphärendominanz
- Physiologisch-psychologischer Hintergrund:
Händigkeit ist Ausdruck einer bestimmten Dominanz im menschlichen Gehirn. Das motorische Bewegungszentrum und das sensorische Sprachzentrum liegen in der zur Händigkeit entgegengesetzten Gehirnhälfte (bei Linkshändern liegt jedoch ein großer Teil des Sprachzentrums ebenfalls wie bei Rechtshändern links[525]), die aus den Gehirnhälften kommenden Nervenbahnen kreuzen sich im verlängerten Rückenmark. Da eine Umstellung der angeborenen Händigkeit jedoch nicht zu einer Umstellung der Dominanz im Gehirn führt, kommt es zwangsläufig zu einer Überlastung der nicht-dominanten Gehirnhälfte und Verarbeitungsschwierigkeiten.[526]
- Probleme, die sich daraus ergeben:
Diese physiologische Konstellation und die daraus resultierende Überforderung kann zu negativen Primärerscheinungen führen, z. B. Ge-

---

[523] Nach KRAMER, J.: a.a.O., S. 104 f.
[524] Vgl. ORTNER, A. u. R.: a.a.O., S. 233 f.
[525] SATTLER, B.: a.a.O., S. 32.
[526] SATTLER, B.: a.a.O., S. 70 ff.

dächtnis- und Konzentrationsstörungen, Raum-Lage-Labilität, Lese-Rechtschreibschwierigkeiten, Sprachstörungen, feinmotorischen Problemen mit einem gestörten Schriftbild. Diese wiederum können als Sekundärfolgen Verhaltensprobleme und Defekte im Persönlichkeitsbild nach sich ziehen, z. B. Unsicherheit, Zurückgezogenheit, Überkompensation, Trotzhaltungen, Imponiergehabe.

(4) Besondere Schwierigkeiten beim Schreiben

Lesen und Schreiben sind rechtsläufig angelegt; damit hat der Linkshänder technische Probleme beim Schreiben:
- Da die Schreibbewegung zum Körper hinführt, verdeckt die Schreibhand das Geschriebene, so dass es nicht kontrolliert werden kann und verwischt wird.
- Beim Schreiben wird geschoben, deshalb spießt der Stift ins Papier.
- Es besteht Neigung zur Spiegelschrift; daher treten Unterscheidungsschwierigkeiten bei spiegelbildlichen Buchstaben auf (b-d-q-p) und Probleme beim formgerechten Schreiben der Buchstaben sowie bei der orthografisch richtigen Reihenfolge.
- In Zusammenhang damit steht die sog. „Raum-Lage-Labilität“, eine Unterscheidungsunsicherheit von links und rechts und von oben und unten, ebenso das Verdrehen von Zahlen, *„dem durch unsere umgekehrte Nennung beim Sprechen noch Vorschub geleistet wird“*.[527]
- Sitzt der Linkshänder rechts neben einem Rechtshänder, stören sich ihre Schreibarme gegenseitig.
- Da die Lehrerin bzw. der Lehrer und die meisten Mitschülerinnen und Mitschüler mit der rechten Hand schreiben, fehlen einem Linksschreiber Vorbilder für seine Schreibweise.

(5) Untersuchung und diagnostische Verfahren (siehe 9.4.2 (5))

• Beobachtungen
Zunächst wird die Lehrkraft das linksschreibende Kind auch bei verschiedenen anderen Tätigkeiten beobachten, um den bevorzugten Gebrauch der Hand festzustellen. Schließlich kann sie ganz bewusst Übungen mit beiden Händen ausführen lassen und dabei die Handgeschicklichkeit überprüfen (z. B. beidhändige Schwungübungen, mit beiden Händen zeichnen, ausschneiden, legen, auffädeln, stecken, radieren, klopfen u. Ä.). Häufig

---

[527] SATTLER, B.: a.a.O., S. 44.

gebrauchen Linkshänder zusätzlich bevorzugt den linken Fuß (hüpfen auf einem Bein, Ball schießen) oder das linke Auge (durch eine Röhre schauen).

Hinweise der Erziehungsberechtigten sind einzubeziehen (z. B.: Wie wird Linkshändigkeit eingeschätzt? Wie ist die Händigkeit bei anderen Familienmitgliedern?).

• Testverfahren
Der Einsatz von Tests ist angezeigt bei wenig ausgeprägter Dominanz, bei latenter Linkshändigkeit und bei Verdacht auf „breaking". Der hierfür am häufigsten verwendete Test ist der HANDDOMINANZTEST (HDT) von STEINGRUBER/LIENERT, der in drei Untertests die funktionelle Dominanz und deren Qualität prüft.

(6) Hinweise für Lehrerinnen und Lehrer:

Die vorausgegangenen Ausführungen machen deutlich, dass Lehrkräfte **auf keinen Fall nur gewähren lassen** oder **gleichgültig sein** dürfen. Auch in den Lehrplänen und Richtlinien werden sie darauf hingewiesen, linksschreibenden Kindern besondere Aufmerksamkeit zu widmen, Hilfen anzubieten und eine Umstellung nicht zu erzwingen, um psychische Fehlentwicklungen zu vermeiden.[528] So heißt es im bayerische Lehrplan 2001 ausdrücklich, Linkshänder „*dürfen nicht zum bevorzugten Gebrauch ihrer nicht dominanten Hand angehalten werde. Die angeborene Händigkeit darf nicht umgeschult werden.*"[529] Im Vordergrund steht jetzt das Hintergrundwissen, dass die angeborene Händigkeit Ausdruck der Dominanz einer Gehirnhälfte ist und es bei einer Umstellung zu einer Überforderung mit all ihren negativen Folgen für die Entwicklung und Persönlichkeit des Kindes kommen kann (s. u.).

Besondere pädagogische und schreibtechnische Hilfe ist notwendig, da ein Linkshänder immer mit erhöhten Schreibschwierigkeiten zu kämpfen hat. So sollen von Anfang an Techniken vermittelt werden, die das Schreiben erleichtern und „*einer Verkrampfung beim Schreiben entgegenwirken.*"[530]

---

[528] Vgl. z. B. LEHRPLAN FÜR DIE GRUNDSCHULE IN SACHSEN (1992, S. 19) UND THÜRINGEN (1999, S. 32).

[529] LEHRPLAN FÜR DIE GRUNDSCHULEN IN BAYERN. München 2000, S. 78. Die Autoren folgen damit den Ansichten der neueren Literatur, wie etwa von SATTLER; die eine Umschulung konsequent ablehnen.

[530] LEHRPLAN FÜR DIE GRUNDSCHULEN IN BAYERN. München 2000, S. 78.

Die Lehrkraft hat zunächst die Aufgabe, die Linkshändigkeit zu diagnostizieren, um angemessen reagieren zu können:
- Bei „Beidhändigkeit" kann beim Schreiben auch zum Gebrauch der anderen Hand angeregt werden.
- Bei wirklicher Linkshändigkeit muss das Kind links schreiben dürfen; es benötigt aber zusätzliche Betreuung und Hilfe.

- Grundsätzliche Hinweise zur Händigkeit
- Vielfältige Beobachtungen im Umgang mit dem Kind sind wichtig (s. o.), z. B. mit welcher Hand meldet sich das Kind, öffnet es die Tür, malt, schneidet, hämmert oder wirft es; bevorzugt es auch den linken Fuß beim Hüpfen, wäre dies ein weiteres Indiz.
- In Schulanfängerklassen sollten auch beidhändige Übungen durchgeführt werden. Sie dienen der Feststellung der Handdominanz und können das Kind anregen auch die andere Hand zu benutzen (z. B. umerzogenen Linkshänder wieder die linke Hand).
- Umerzogene Linkshänder (z. B. durch Eltern, Großeltern oder allein durch den Nachahmungseffekt) mit Verhaltens- und Lernschwierigkeiten oder Problemen beim Schreiben sind rückzuerziehen.
- Besonders problematische Fälle (z. B. durch falsche Erziehung entmutigte Kinder) bedürfen der besonderen Fürsorge und müssen u. U. therapeutisch betreut werden.
- Wichtig ist die Zusammenarbeit mit den Erziehungsberechtigten, um sich über das gemeinsame Vorgehen zu verständigen.

- Praktische Hinweise für den Linksschreiber:[531]
- Lage des Schreibpapiers: links von der Körpermitte, linke obere Ecke höher als die rechte (beim Rechtsschreiben seitenverkehrt)
- Orientierungshilfen auf dem Schreibpapier geben (z. B. Strich am Oberrand, der mit Pfeil versehen ist)
- Haltung von Hand und Schreibgerät: Hand bleibt unterhalb der Zeile, das Schreibgerät wird höher angefasst; Spezialfüller für Linkshänder sind anzuschaffen
- Sitzplatz: Lichteinfall von rechts, bzw. nahe am Fenster, keinen Rechtshänder als linken Nachbarn

---

[531] Weitere Hinweise in: PFEUFFER, P.: Die Betreuung von Linkshändern im Erstschreibunterricht. In: SCHORCH, G.: Schreibenlernen und Schriftspracherwerb. Bad Heilbrunn/Obb. 1992², S. 132 ff.

- besonders sorgfältige Anleitung beim Schreiblehrgang (Reihenfolge und Bewegungsrichtung der einzelnen Buchstabenelemente, Schreibbewegungsübungen)
- auf Übungsblättern Vordrucke von Buchstaben und Wörtern rechts am Ende der Zeile wiederholen, so dass auch das linksschreibende Kind sie einsehen kann
- Einüben der richtigen Schreibhaltung und gute Kontrolle, um einer schlechten Schreibhaltung vorzubeugen

9.3.3 Die Bewertung der Schülerschrift

(1) Allgemeines zur Handschrift

Im Unterricht wird eine Ausgangsschrift gelehrt; das Kind eignet sich diese durch genaues Beobachten, Nachahmen, Üben, Beachtung von Anordnungen und Regeln an. Die Handschrift ist mehr als eine mechanische Fertigkeit, denn jeder Mensch hat sein persönliches, nur ihm eigenes Schriftbild, das ihn unverwechselbar ausweist. Die Handschrift ist Ausdruck seiner Persönlichkeit, aber auch Ausdruck der jeweiligen seelischen Verfassung. Jemand, der ausgeruht ist, frisch und mit Freude an die Arbeit geht, schreibt zügiger, gelöster, ansprechender. Übermüdung, Nervosität, Unsicherheit oder Lustlosigkeit schlagen sich ebenfalls im Schriftbild nieder, das dann fahrig, verkrampft, zittrig oder insgesamt ungeordnet erscheinen kann. Hier wird deutlich, wie problematisch die Schriftbewertung ist.

(2) Beurteilung der Schrift

Die Beurteilung der Schrift muss stets pädagogische Führung erkennen lassen. Einerseits gelten die objektiven Kriterien der Lehrplanforderung für alle Kinder und müssen angestrebt werden, andererseits sollten auch individuelle Beurteilungsmaßstäbe einfließen, die die individuelle Leistung des einzelnen Kindes anerkennen. Das Kind braucht die Gewissheit, dass sein Lernfortschritt der Lehrerin wichtig ist, dass es individuelle Betreuung und Hilfe erhält und dass sein ehrliches Bemühen anerkannt wird.[532]
Schließlich wird das Lernen in allen Fächern durch eine saubere Handschrift und ordentliche Hefteinträge unterstützt. Klar aufgefasste, exakt und zügig geschriebene Wörter prägen sich rechtschriftlich leichter ein.

---

[532] Heftbemerkungen, Sternchen, Stempelbildchen o. Ä. als Zeichen eines persönlichen Lobes haben sich als sehr motivierend erwiesen.

In den ersten beiden Schuljahren erfolgt die Beurteilung der Schrift in Wortgutachten, die eine differenzierte Beschreibung des Lernfortschritts und des Leistungsstandes ermöglichen. Hierbei sollte darauf geachtet werden, dass die Lehrerin bzw. der Lehrer sorgfältig beobachtet, sich genaue Aufzeichnungen mit beschreibendem Charakter macht, ohne das Registrierte sofort zu bewerten. Aufzeichnungen über einen längeren Zeitraum ermöglichen im Zeugnis einen Entwicklungsbericht, der für die Eltern recht aufschlussreich und relativ objektiv ist. Dass eine Beurteilung der Schrift selbst schwierig und sehr subjektiv ist, belegen zahlreiche Untersuchungen.[533]

Auch wenn objektiv gültige Maßstäbe bei der Beurteilung schwierig sind, können einige Grundsätze des Bewertens genannt werden:[534]
- der für die jeweilige Altersstufe erreichte Reifegrad der Schrift
- die zeitliche Schreibleistung und Bewegungsweise
- Gefälligkeit, Ordentlichkeit und Lesbarkeit des Schriftbildes
- persönliche Ausprägung, Eigenart und Ebenmaß der Schrift.

9.4 Diagnostische Verfahren[535]

9.4.1 Hinweise zum Einsatz von Diagnoseverfahren

Treten Probleme beim Schreiben- und Lesenlernen auf, steht zunächst die intensive *Beobachtung* der betreffenden Kinder in verschiedenen Unterrichtssituationen an erster Stelle. Eine Beurteilungshilfe können hier entsprechende Fragebogen sein.[536] Der Einsatz von bewährten Schultests ermöglicht schließlich eine differenziertere Diagnose.
Die Beratungslehrerin bzw. der Beratungslehrer gilt bei Lern-, Leistungs- und Verhaltensproblemen als der erste Ansprechpartner für die Lehrerin

---

[533] Vgl. GLÖCKEL, H.: Schreiben lernen - Schreiben lehren. Donauwörth 1976³, S. 125 ff. - HEUß, G.: Erstlesen und Erstschreiben. Donauwörth 1993, S. 157 ff.
[534] Vgl. GLÖCKEL, H.: a.a.O., S. 126 ff.
[535] Der Lehrer kann Leistungen der Kinder mit einfachen informellen Mitteln überprüfen, formelle oder standardisierte Tests sind dagegen mit Hilfe wissenschaftlicher Kontrollen erstellt (s. „Test" in KOCK, P./OTT, H.: Wörterbuch für Erziehung und Unterricht. Donauwörth 1979²).
Beschreibung der folgenden Tests nach BRICKENKAMP, R.: Handbuch psychologischer und pädagogischer Tests und Ergänzungsband zum Handbuch. Göttingen 1977 und 1983 und REDAKTION DEUTSCHE SCHULTESTS (Hrsg.): Handbuch: Schultests. Weinheim 1996.
[536] Vgl. z. B. die „Beurteilungshilfen für Lehrer (BFL)" Weinheim o. J. Das Beurteilungsheft enthält einen Katalog lernzielorientierter Verhaltensmerkmale.

bzw. den Lehrer (für Eltern nach der Klassenlehrerin). Diese Lehrkräfte mit entsprechender Zusatzausbildung beraten auf der Grundlage der diagnostischen Verfahren, in denen sie ausgebildet wurden.[537]
Der Staat hat aus seinem Schulauftrag folgend das Recht, Zugangsvoraussetzungen zu einzelnen Schulen bzw. Bildungsgängen festzusetzen. Daraus ergibt sich auch die Befugnis für jene Schulen, das Vorhandensein dieser Voraussetzungen beim Kind ggf. durch Tests festzustellen (z. B. Schulfähigkeit, Lernbehinderung, Bildungsunfähigkeit). Die Erziehungsberechtigten werden über das Vorhaben, das Kind zu überprüfen, informiert und nach der Durchführung des Verfahrens in einem Gespräch über das Ergebnis aufgeklärt und eingehend beraten. Eine Einverständniserklärung der Erziehungsberechtigten ist also nicht erforderlich.[538]

Sonderbestimmungen gelten für die Förderung von Schülern mit besonderen Schwierigkeiten beim Erlernen des Lesens und Rechtschreibens. Das Vorliegen einer Legasthenie muss durch eine fachärztliche umfassende Diagnostik festgestellt werden (z. B. vom Kinder- und Jugendpsychiater). *„Der Schulpsychologe fasst dann die Aussagen der fachärztlichen Bescheinigung zusammen und leitet der Schule die Entscheidung sowie Empfehlungen für angemessene Förder- und Hilfsmaßnahmen zu"* [539].

Hieraus kann geschlossen werden, dass nicht jede Lehrkraft berechtigt ist, nach eigenem Gutdünken Testverfahren in der Klasse anzuwenden; vielmehr gehören diese - besonders die Auswertung und Interpretation der Daten und das Ergreifen weiterer Maßnahmen - in die Hand erfahrener Lehrkräfte mit Zusatzausbildung. Jede Lehrkraft sollte allerdings die wichtigsten Tests kennen, weshalb im Folgenden neben einfachen informellen Prüfmöglichkeiten bewährte diagnostische Verfahren vorgestellt werden.

Eine Testung allein bringt jedoch noch keine Verbesserung der Probleme; eine anschließende gezielte Förderung ist unumgänglich. So sollten sich aus der Durchführung standardisierter wie auch informeller Leistungsbeobachtungen immer wieder wichtige Anhaltspunkte für die Planung und Durchführung von Fördermaßnahmen ergeben.

---

537 Vgl. REGIERUNG VON MITTELFRANKEN: Schulberatung im Regierungsbezirk Mittelfranken; Stand: Dezember 1995, S. 5.
538 Vgl. FEHNEMANN, U.: Schultests im Schulrecht; Verfassungsrechtliche Fragen der Testauswertung in der Schule. In: AVENARIUS, H.: Anwendung diagnostischer Testverfahren in der Schule. Weinheim/Basel 1990, S. 269 u. S. 274.
539 KMBl I Nr. 18 2000, S. 403.

9.4.2 Einzelne Diagnoseverfahren

(1) Funktionstüchtigkeit von Auge, Ohr und Sprechapparat
Sehen, Hören, Sprechen werden routinemäßig schon im Kindergarten oder
zur Einschulung ärztlich überprüft, dennoch können Schädigungen übersehen werden oder sich erst später einstellen. Bei Auffälligkeiten wird die
Lehrerin bzw. der Lehrer den Besuch besonderer Beratungsstellen oder eines Facharztes empfehlen. Einfache Prüfverfahren sind:

- *Sehen (Optische Perzeptionsleistungen)*
  Unterschiedlich große Darstellungen aus verschiedenen Entfernungen
  betrachten lassen, Sehprobentafeln heranziehen

- *Hören (Akustische Perzeptionsleistungen)*
  Auf lauter oder leiser werdendes Flüstern reagieren lassen, Überprüfung
  der Klangunterscheidungsfähigkeit und des Richtungshörens durch Ge-
  räuschespiele[540], Überprüfung der Lautunterscheidungsfähigkeit mit Hilfe von Lautdiskriminationstests (siehe 9.4.2 (2))

- *Sprechen (Artikulation)*

- **BREMER ARTIKULATIONSTEST (BAT)** für Grundschulkinder und Vorschul-
  kinder von NIEMEYER, Bremen 1976: enthält mit 100 Wörtern die wesentlichsten
  Phoneme und Buchstabenverbindungen. Damit werden Stigmatismen (falsche S-
  Lautbildung) und Stammelfehler rasch erkannt. Die Wörter werden vorgesprochen
  und sind vom Kind nachzusprechen.
  Durchführungsdauer: 5 Minuten

- **LAUTBILDUNGSTEST FÜR VORSCHULKINDER (LBT)** für vier- bis sieben-
  jährige Kinder von FRIED, Weinheim 1980: Der LBT ist ein Messinstrument zur
  umfassenden Diagnose der Lautbildungsfähigkeit. Er enthält eine Testkurzform, den
  LBT (43 Bildkarten), zur groben Überprüfung und eine diagnostische Form, den
  DLBT (101 Bildkarten), mit dessen Hilfe differenzierte Aussagen zur Bildung von
  Lauten und Lautverbindungen sowie Informationen für ein gezieltes Training gewon-
  nen werden können. Dem Kind werden Bildkarten vorgelegt, die es benennen soll.
  Durchführungsdauer: LBT 5 Minuten, DLBT 12 Minuten

---

[540] Beispiele: verschiedene bzw. gleiche Geräusche mit bekannten Gegenständen erzeugen und erraten
lassen, dabei die Richtung ändern, kurze Rhythmen nachklatschen lassen, auf unterschiedliche akustische Signale unterschiedlich reagieren lassen, Geräuschebüchsen nach Montessori herstellen u. Ä.

**(2) Phonologische Bewusstheit: Klanggestaltauffassung, Klanggestalt-
differenzierung, Durchgliederungsfähigkeit, Speicherfähigkeit**

- Informelle Verfahren: Reimwörter suchen, Wörter nach Silben klatschen, Laute heraushören lassen (z. B. Anlaut, Auslaut), Bildkarten oder
  Gegenstände nach dem Anlaut, der Wortlänge oder Klangähnlichkeit der
  Wörter ordnen, Wort- und Lautfolgen nachsprechen lassen, phonematische Übungen in Fibel-Arbeitsheften.

- **RUNDGANG DURCH HÖRHAUSEN: ERHEBUNGSVERFAHREN ZUR
  PHONOLOGISCHEN BEWUSSTHEIT** für Vorschulkinder und Schulanfänger
  von MARTSCHINKE/KIRSCHHOCK/FRANK; Donauwörth 2001: Das Nürnberger
  Erhebungsverfahren zur phonologischen Bewusstheit ist ein Einzeltestverfahren, das
  neben den Vorerfahrungen mit Schriftsprache über differenzierte Aufgaben phonologische Fähigkeiten sowohl im weiteren Sinn abfragt (Silben segmentieren, Silben zusammensetzen, Endreime erkennen) als auch im engeren Sinn (Phonemanalyse, Lautsynthese mit Umkehraufgabe, Anlaut bzw. Endlaut erkennen).
  Durchführungsdauer: 30 – 40 Minuten
  Werden Defizite in einzelnen Bereichen festgestellt, steht ein in der Praxis bewährtes
  Förderprogramm zur Verfügung (siehe 9.1.4).[541]

Die folgenden Verfahren überprüfen lediglich die Fähigkeit zur Klangun-
terscheidung von ganzen Wortgestalten, nicht das Heraushören des Einzel-
lauts; insbesondere diese lautanalytische Fähigkeit sollte jedoch bei Auffälligkeiten überprüft werden.

- **BREMER LAUTDISKRIMINATIONSTEST (BLDT)** für Grundschüler von
  NIEMEYER, Bremen 1976: 66 Wortpaare (14 gleiche, 52 ähnlich klingende Wortpaare) werden paarweise vorgesprochen (langsam, deutlich, möglichst monoton) und
  sollen als „gleich" oder „nicht gleich" identifiziert werden (Beispiele: Seite - Seide,
  ihn - ihm, unverhofft - unerhofft).
  Durchführungsdauer: 20 Minuten

- **LAUTUNTERSCHEIDUNGSTEST FÜR VORSCHULKINDER (LUT)** für vier-
  bis siebenjährige Kinder von FRIED, Weinheim 1991[2]: Der LUT - ein Gruppenver-
  fahren - besteht aus einer Kurzform (17 Aufgaben mit repräsentativen Lauten) zur
  Überprüfung der Altersnorm oder zur Ursachenfeststellung für eine mangelnde Lautbildungsfähigkeit sowie aus einer diagnostischen Testform (DLUT mit 32 Aufgaben)
  zur systematischen Überprüfung der Lautunterscheidungsleistung als Grundlage einer
  gezielten Förderung. Ein Einübungsprogramm (EL) wird am Tag vor der eigentlichen

---

[541] FORSTER, M./MARTSCHINKE, S.: Diagnose und Förderung im Schriftspracherwerb: Leichter Lesen und Schreiben lernen mit der Hexe Susi. Bd. 2. Donauwörth 2001.

Testung durchgeführt. Die Kinder streichen im Testheft Bilder nach Anweisungen durch, die über Kassette erfolgen.
Durchführungszeit: EL 7 Minuten, LUT 12 Minuten, DLUT 25 Minuten

(3) Visuelle Fähigkeiten: Formauffassung, Formdifferenzierung, Durchgliederungsfähigkeit, Raumorientierung, Speicherfähigkeit

- Informelle Verfahren: Versteck- und Suchbilder, aus einem Papierbogen geometrische Figuren ausschneiden und diese vom Kind einordnen lassen, aus einer Reihe mit verschiedenen Zeichen sind bestimmte herauszusuchen, gleiche wieder erkennen lassen, Übungen zur visuellen Sicherung des erarbeiteten Buchstabens in Fibel-Arbeitsheften.

- **FROSTIGS ENTWICKLUNGSTEST DER VISUELLEN WAHRNEHMUNG (FEW)** für vier- bis siebenjährige Kinder von FROSTIG, Weinheim 1979[3]: Das Testheft enthält 5 Subtests, die eine differenzierte Wahrnehmungsdiagnose ermöglichen (1. visu-motorische Koordination, 2. Figur-Grund-Unterscheidung, 3. Formkonstanz-Beachtung, 4. Erkennen der Raumlage, 5. Erfassen räumlicher Beziehungen). Der Test kann als Einzel- oder Gruppentest durchgeführt werden.
Durchführungsdauer: 30-45 Minuten

(4) Sprachliche Fähigkeiten

- **HEIDELBERGER SPRACHENTWICKLUNGSTEST (HSET)** von GRIMM/ SCHÖLER, Göttingen 1991: Der HSET erfasst differenziert die sprachlichen Fähigkeiten von Kindern von 3 bis 9 Jahren. Er besteht aus 13 theoretisch und empirisch fundierten Untertests, die nicht nur über die Diagnose des beobachtbaren Verhaltens Aussagen ermöglichen, sondern ebenso über die dem Verhalten zugrundeliegenden Wissensvoraussetzungen und Verarbeitungsmechanismen. Der HSET ist als Einzeltest anwendbar.
Durchführungsdauer: je nach Alter des Kindes 40 bis 80 Minuten

Auch andere Tests, wie Schulfähigkeitstests oder Lesetests, geben Aufschluss über die sprachlichen Fähigkeiten.

(5) Lateralität (Seitigkeit) und Koordination von Auge und Hand

Eine genaue Überprüfung ist u. U. notwendig, damit die Lehrkraft weiß, welche Hand als Schreibhand unterstützt werden soll, um Störungen vorzubeugen und die richtige Hilfestellung geben zu können. Da man davon ausgeht, dass die Linkshändigkeit ausgeprägter ist, wenn auch bei Augen und Füßen eine linke Dominanz besteht, ist es sinnvoll auch die Füßigkeit und Äugigkeit als zusätzlichen Beweis für Linkshändigkeit zu überprüfen.[542]

- *Hand*
- Übungen zur Überprüfung der bevorzugten Hand fügen sich im täglichen Unterricht mühelos ein und beziehen sich auch auf vom Schreiben unabhängige Tätigkeiten. Damit kann eine schon vor Schuleintritt erfolgte Umerziehung auf die rechte Hand erkannt werden.
Ein ausführlicher Fragebogen zur Bestimmung der Händigkeit bei verschiedenen Tätigkeiten liegt von SATTLER vor.[543]

- **HAND-DOMINANZ-TEST (HDT)** für sechs- bis zehnjährige Kinder von STEIN-GRUBER/LIENERT, Göttingen 1971: Der HDT gliedert sich in drei Untertests: 1. Spurennachzeichnen, 2. Kreisepunktieren, 3. Quadratepunktieren. Jeder Untertest hat jeweils eine Aufgabe für die linke und die rechte Hand, die die Schülerinnen und Schüler nach Zeit erfüllen müssen. Der Test kann einzeln oder in Gruppen durchgeführt werden. Der HDT liefert als Messwert den Ausprägungsgrad der Links- bzw. der Rechtshändigkeit.
Durchführungsdauer: Einzeltest 10 Minuten, Gruppentest 15 Minuten

- *Fuß*
Ballschießen, Hüpfen auf einem Bein u. Ä.

- *Auge*
durch ein kleines Loch schauen lassen (Schlüsselloch oder Loch in einem Papier), Kaleidoskop oder Papprolle als Fernrohr u. Ä.

(6) Intelligenz

- **BILDERTEST FÜR 1. UND 2. KLASSEN (BT 1-2)** von MELLONE/THOMSON, Bearbeitung: HORN u. a., Weinheim 1967: Der BT 1-2 überprüft die Allgemeinbegabung mit 8 Untertests (Instruktionsverständnis, Nichtpassendes streichen, Ergänzungen vornehmen, Unsinniges erkennen, Spiegelbilder heraussuchen, Folgen ordnen, Wesentliches finden, Reihen fortsetzen). Der BT 1-2 ist ein Gruppentest, der nach dem Multiple-Choice-Verfahren und nach dem Ergänzungsverfahren bearbeitet wird. Er stellt eine brauchbare Diagnose für den allgemeinen Begabungsstand und den Schulerfolg sechs- bis achtjähriger Schülerinnen und Schüler dar.
Durchführungsdauer: 110 Minuten (reine Testzeit 30 Minuten)

---

542 Vgl. SATTLER, B.: Das linkshändige Kind in der Grundschule. Donauwörth 1995[5], S. 17, S. 31 f.
543 Vgl. SATTLER, B.: a.a.O., S. 19 ff.

- **GRUNDINTELLIGENZTEST - SKALA 1 (CFT 1)** für fünf- bis neunjährige Kinder von CATTELL, Bearbeitung: WEISS/OSTERLAND, Braunschweig 1979[3]: Der CFT 1 gibt Aufschluss über die Grundintelligenz in sprachfreier Form, da die 108 Items nonverbal zeichnerisch zu lösen sind. Der CFT gliedert sich in 5 Untertests: Substitutionen, Labyrinthe, Klassifikationen, Ähnlichkeiten, Matrizen. Einzel- und Gruppenuntersuchung ist möglich.
  Durchführungsdauer: 45-60 Minuten (reine Testzeit 20 Minuten)

- **HAMBURG-WECHSLER-INTELLIGENZTEST III FÜR KINDER (HAWIK III)** für die Altersbereiche 6 bis 16 Jahre, deutsche Bearbeitung von TEWES/SCHALLBERGER/ROSSMANN, Bern 2000: HAWIK III (zeitgemäße Überarbeitung des HAWIK-R) ist ein Individualtest zur gründlichen Einzeluntersuchung. Er erfasst über verschiedene Untertests die praktische, die verbale und die allgemeine Intelligenz. Die Testbatterie wird unterteilt in 13 Untertests, je fünf für den Verbal- und Handlungsteil (Bilderganzen, allgemeines Wissen, Mosaik-Test, Zahlen-Symbol-Test, Gemeinsamkeitenfinden, Bilderordnen, rechnerisches Denken, Wortschatz-Test, Figurenlegen, allgemeines Verständnis) sowie drei zusätzliche Tests (Symbolsuche, Zahlennachsprechen, Labyrinthtest). Er misst vor allem im oberen Bereich.
  Durchführungsdauer: abhängig vom Alter und Leistungsvermögen des Kindes, aber mindestens 90 Minuten

- **KAUFMAN-ASSESSMENT BATTERY FOR CHILDREN (K-ABC)** für Kinder im Alter von 2½ - 12½ Jahren von KAUFMAN/KAUFMAN, Bearbeitung: MELCHERS/PREUSS, Amsterdam 1994: Die K-ABC dient der Messung intellektueller Fähigkeiten und des Niveaus erworbener Fertigkeiten von Vorschul- und Schulkindern (trennt also zwischen grundlegender Intelligenz und erworbenem Wissen). Grundlage ist die Definition der Intelligenz als Fähigkeit, Probleme als geistige Verarbeitung zu lösen, so dass bei der Diagnose die Lösungsfindung im Vordergrund steht. Sie ist in vier Skalen gegliedert: Skala einzelheitliches und Skala ganzheitliches Denken (intellektuelle Fähigkeiten), die Fertigkeitsskala und sprachfreie Skala. Sie misst vor allem im unteren Bereich und ermöglicht auch die Untersuchung von hör-, sprach- und sprechgestörten Kindern.
  Die Aufgaben müssen unter Berücksichtigung der verschiedenen Interessen, Verhaltensmöglichkeiten und Fertigkeiten in den einzelnen Altersstufen ausgewählt werden. Die K-ABC ist als Einzeltest durchführbar.
  Durchführungsdauer: zwischen 40 Minuten (im Kindergartenalter) und 90 Minuten (im Schulalter).

(7) Konzentrationsfähigkeit

- **DIFFERENTIELLER LEISTUNGSTEST** - Konzentrationstest für die Eingangsstufe (DL-KE), d. h. für fünfeinhalb- bis sechseinhalbjährige Vorschulkinder von KLEBER/KLEBER, Göttingen 1974: Der DL-KE ist ein Figurendurchstreichtest, der für die Eingangsstufe der Grundschule entwickelt wurde und Aussagen über die Belastbarkeit in Aufmerksamkeit erforderlichen Situationen ermöglicht. Das Kind muss

in Bilderreihen bestimmte Bilder durchstreichen (z. B. jeweils Baum und Kamm) und die anderen mit einem Punkt versehen. Beim Ertönen eines Klangzeichens (alle 90 Sekunden) soll das gerade bearbeitete Bild eingekreist werden. Die Aufgabe ist in eine kindgemäße Geschichte mit einem Zauberer eingekleidet. Er ist als Einzeltest oder in kleinen Gruppen (bis zu 6 Kindern) durchführbar.
Durchführungsdauer: etwa 1 Unterrichtsstunde

- **DIFFERENTIELLER LEISTUNGSTEST** - Konzentrationstest für die Grundschule (DL-KG), d. h. für Grundschulkinder vom 1. bis 4. Schuljahr von KLEBER/ KLEBER/HANS, Göttingen 1974: Der DL-KG stellt die Ausdehnung des DL-KE in die Grundschulzeit dar. Der DL-KG ist ebenfalls ein Durchstreichtest und auch hier müssen neben den relevanten Zeichen die irrelevanten beachtet werden. Es handelt sich um einen Gruppentest.
Durchführungsdauer: 1 Unterrichtsstunde

- **KONZENTRATIONSTEST FÜR 1. KLASSEN (KT 1)** von MÖHLING/RAATZ, Weinheim 1974: Der KT 1 ist ein Durchstreichtest und kann als Einzeltest oder in Kleingruppen (4 Schülerinnen und Schüler) zu Beginn des 1. Schuljahres durchgeführt werden. Mit ihm können schnell und zuverlässig Schülerinnen und Schüler mit kurzzeitigen Konzentrationsproblemen herausgefunden werden.
Durchführungsdauer: 5 Minuten

(8) Lesen

- **ZÜRCHER LESETEST** - Testverfahren zur Erfassung legasthenischer Kinder ab 2. Klasse von M. LINDER und H. GRISSEMANN, Bern 1972: Die Untersuchung orientiert sich an der Definition von Legasthenie (relativ gute Intelligenz bei geringer Fähigkeit, das Lesen und das orthografisch richtige Schreiben zu erlernen). Der Lesetest ist in vier Untertests gegliedert (1. Einzellaute und Lautverbindungen, 2. Wortlesetest, 3. Leseabschnitte, 4. Zahlen). Bei Legasthenieverdacht erfolgt eine umfassende Untersuchung (z. B. Abklärung von Erbfaktoren, Vergleich der Lese-Rechtschreib-Leistungen mit den übrigen Leistungen, differenzialdiagnostische und ätiologische Abklärung).
Durchführungsdauer: individuell verschieden.

- **DIAGNOSTISCHER LESETEST ZUR FRÜHDIAGNOSE (DLF 1-2)** für Ende 1. bis Mitte 2. Klasse von MÜLLER, Weinheim 1986: Der DLF 1-2 ist ein Wortlesetest zur Feststellung der Lesefertigkeit und Früherfassung von Lesestörungen. Er besteht aus vier Untertests mit insgesamt 33 Einzelwörtern unterschiedlicher Schwierigkeit und ist als Einzeltest anwendbar.
Durchführungsdauer: 2-5 Minuten.

- **BREMER LESETEST (BLT 1-2)** für 1. und 2. Klassen des Autorenteams der BREMER HILFEN, Bremen 1976: Der BLT 1-2 misst zur Feststellung der Lesefähigkeit gerade im unteren Leistungsbereich besonders differenziert sowohl Lesege-

nauigkeit als auch Lesegeschwindigkeit. Er enthält in drei Wortreihen insgesamt 64 kritische Wörter, die im Einzeltestverfahren vorgelesen werden sollen. Die Auswertung kann sowohl quantitativ als auch qualitativ erfolgen.
Durchführungsdauer: 5-10 Minuten

- **WÜRZBURGER LEISELESEPROBE (WLLP)** von KÜSPERT/ SCHNEIDER, Göttingen 1998: Die WLLP ermöglicht die ökonomische Erfassung der Dekodier(=Lese)geschwindigkeit beim leisen Lesen, also der schulalltagsrelevanten Lesefertigkeit. Er ist als Gruppentest in der Grundschule aber auch in Sonderschulen für Sprach- und Lernbehinderte einsetzbar. Bei dem Multiple-Choice-Test in Speed-Variante sind in fünf Minuten möglichst viele Aufgaben zu bearbeiten (zu einem geschriebenen Wort ist das korrespondierende Bild aus einer Reihe von jeweils vier Bildalternativen auszuwählen und anzustreichen). Da man mit der WLLP die Leseleistung während der gesamten Grundschulzeit überprüfen kann, lässt sich damit die Leseentwicklung eines Kindes über mehrere Schuljahre hinweg dokumentieren.
Durchführungsdauer: in jeder Altersstufe reine Bearbeitungszeit 5 Minuten

- **KNUSPELS LESEAUFGABEN (KNUSPEL-L)** von H. MARX, Göttingen 1998: Einsatz als Gruppen- oder Einzeltest: Subtests 1 - 3 am Ende der 1. Klasse, Subtest 4 im allgemeinen frühestens ab Mitte der 2. Klasse
KNUSPEL-L basiert auf einem theoretischen Modell der Leselernentwicklung und misst mit insgesamt vier Subtests
1. das Hörverstehen, d. h. das Verstehen mündlich gestellter Fragen und Aufforderungen, als Voraussetzung für das Leseverständnis,
2. die Rekodierfertigkeit, Erkennen von lautgleichen Wörtern bei unterschiedlicher Schreibweise (z. B. Rat-Rad), also eine lautliche Übersetzungsleistung, die kein Verstehen des Ausgesprochenen einschließt,
3. die Dekodierfertigkeit, d. h. auf der Wortebene beim stillen Lesen die Verarbeitung der graphischen Information in eine phonologische Repräsentation, die ein Erfassen der Wortbedeutung zulässt,
4. das Verstehen schriftsprachlicher Äußerungen, bei der es um das Erfassen von Sinnzusammenhängen auf Satz- und Textebene geht; die Verstehensleistung hängt hier auch von der Wissensbasis und den intellektuellen Fähigkeiten ab.
Subtests 1 bis 3 testen die **Vorläuferfertigkeiten** für das Leseverstehen, Subtest 4 testet das **Leseverstehen** beim stillen Lesen. Die Knuspel-Wesen als Leitfiguren sollen eine kindgerechte Testatmosphäre schaffen. Anleitungen liegen für die Durchführung als Einzeltest bzw. als Gruppentest vor. Es gibt zwei Parallelformen.
Durchführungsdauer: ca. eine knappe dreiviertel Stunde

- **LESEN UND VERSTEHEN - DIAGNOSE UND TRAINING (D/LUV-LUV-T)** für 1./2. Klassen von KALB/RABENSTEIN/ROST, Braunschweig 1979: Das Verfahren ist ein aufeinander abgestimmtes Diagnose- und Trainingsprogramm (je 8 Aufgabenserien) zur differenzierten Erfassung und Förderung des sinnverstehenden Lesens im 1. und 2. Schuljahr sowie bei älteren Kindern mit Leseschwäche. Es setzt voraus, dass die Kinder Wörter selbstständig erlesen können.
Durchführungsdauer: 20 Minuten pro Serie

(9) Rechtschreiben

- **RECHTSCHREIBTEST FÜR DIE 1. KLASSE (RST 1)** von RATHENOW/
RAATZ, Weinheim o. J.: Der RST 1 dient der Überprüfung der Rechtschreibleistung
am Ende des 1. Schuljahres. In 30 vorgedruckte Sätze (Lateinische Ausgangsschrift)
müssen ausgelassene Wörter ansteigender Schwierigkeit nach Diktat eingesetzt werden.
Durchführungsdauer: 25-45 Minuten

- **DIAGNOSTISCHER RECHTSCHREIBTEST FÜR 2. KLASSEN (DRT 2)** von
MÜLLER, Weinheim 1990[2]: Der DRT bestimmt die Rechtschreibleistung quantitativ und durch eine Fehleranalyse die individuellen Fehlerschwerpunkte als Grundlage
gezielter Fördermaßnahmen auch qualitativ. 32 Wörter zunehmenden Schwierigkeitsgrades werden nach Diktat in Satzlücken geschrieben. Er ist als Einzel- oder
Gruppentest durchführbar.
Durchführungsdauer: 25-35 Minuten

(10) Vorschul- und Einschulungstests

Vor der Einschulung sollte Kontakt zu den Erzieherinnen aufgenommen
werden. Sie kennen die Schulanfänger häufig seit mehreren Jahren, so dass
deren Informationen eine wichtige Entscheidungshilfe bei vorzeitiger Einschulung bzw. Zurückstellung sein können. Zudem sind ihre Erfahrungen
der individuellen Förderung im Anfangsunterricht dienlich. Neben einem
freien Gespräch sollte ein systematischer Beobachtungsbogen eingesetzt
werden.

- **BEURTEILUNGSBOGEN FÜR ERZIEHERINNNEN ZUR DIAGNOSE DER
SCHULFÄHIGKEIT (BEDS)** von SEIBERT/SCHWAB/ INGENKAMP, Wein-
heim 1990: Die von den Erzieherinnen gemachten Beobachtungen werden in struktu-
rierter Form erfasst und stellen eine wichtige Ergänzung zu Schulfähigkeitstests dar.
Die Erzieherinnen haben 40 Aussagen zur kognitiven Entwicklung sowie zum Sozi-
al- und Arbeitsverhalten auf einer fünfstufigen Skala vorzunehmen.

- **KIELER EINSCHULUNGSVERFAHREN (KEV)** von FRÖSE/MÖLDERS/
WALLRODT, Weinheim 1988: Das gesamte Verfahren umfasst drei Teile: Elterngespräch, Unterrichtsspiel mit 6 Kindern und ggf. Einzeluntersuchung. Es dient der
Feststellung der Schulfähigkeit und soll gleichzeitig durch die spielerische Darbie-
tung Freude auf die Schule wecken. Eine umfassende Aussage ist möglich, da neben
dem kognitiven auch der soziale, motivationale und emotionale sowie motorische
Entwicklungsstand beobachtet und erfasst werden kann. Es wird kein Punktwert ge-
liefert, sondern differenzierte Daten über die Stärken und Schwächen des Kindes.
Durchführungsdauer: Elterngespräch mindestens 15 Minuten, Unterrichtsspiel 75
Minuten, Einzeluntersuchung 20 Minuten

- **DUISBURGER VORSCHUL- UND EINSCHULUNGSTEST (DVET)** von MEIS, Weinheim 1973: Gruppentest für vier- bis siebenjährige Kinder, ermöglicht eine umfassende Diagnose grundschulrelevanter Fertigkeiten vor allem bei leistungsschwächeren Sechsjährigen und überprüft insbesondere Funktionen, die für das Lesenlernen besonders wichtig sind. Der Test kann auch bei der Zurückstellung schulpflichtiger Kinder bzw. vorzeitiger Einschulung herangezogen werden oder hilft spezielle Schwächen bei Vorschulkindern schon vor Schuleintritt aufzudecken und gezielt zu fördern.
Durchführungsdauer: 55 Minuten (reine Testzeit 35 Minuten)

- **DIFFERENZIERUNGSPROBE FÜR FÜNF- BIS SECHSJÄHRIGE (DP)** von BREUER/WEUFFEN, Berlin 1986:[544] Mit der DP kann man im Einzeltest die optische, phonematische, kinästhetische, melodische und rhythmische Differenzierungsfähigkeit - wichtige Voraussetzungen für das Lesen- und Schreibenlernen - in kurzer Zeit überprüfen. 1993 wurde eine Differenzierungsprobe für sechs- bis siebenjährige Kinder (DP II) entwickelt.[545]
Durchführungsdauer: 10-12 Minuten

- **DAS BIELEFELDER SCREENING ZUR FRÜHERKENNUNG VON LESE- UND RECHTSCHREIBSCHWIERIGKEITEN (BISC)** von JANSEN/MANN-HAUPT/MARX/SKOWRONEK, Göttingen 1999: Das BISC erlaubt die Identifizierung von Risikokindern für Lese-Rechtschreibschwierigkeiten und ist zehn oder vier Monate vor der Einschulung einsetzbar. Das Verfahren basiert auf der Annahme, dass eine unzureichend ausgebildete phonologische Bewusstheit sowie Aufmerksamkeits- und Gedächtnisprobleme für Lese-Rechtschreibschwierigkeiten verantwortlich zu machen sind. Diese Leistungsbereiche liegen den einzelnen Aufgaben zugrunde. In insgesamt neun Untertests werden z. B. folgende Fähigkeit überprüft: Reimwörter erkennen, Silbenklatschen, Laute in Wörtern hören, Pseudowörter nachsprechen, möglichst schnelles Benennen der realen Farbe von schwarz/weiß abgebildeten bzw. von farbig-inkongruenten Objekten (z. B. blaue Tomate).[546]
Durchführungsdauer: 20-30 Minuten

---

[544] Vgl. BREUER, H./WEUFFEN, M.: Gut vorbereitet auf das Lesen- und Schreibenlernen. Berlin 1986[6].

[545] Vgl. BREUER, H./WEUFFEN, M.: Lernschwierigkeiten am Schulanfang. Weinheim 1993.

[546] JANSEN, H./MANNHAUPT, G./MARX, H./SKOWRONEK, H.: Bielefelder Screening zur Früherkennung von Lese-Rechtschreibschwierigkeiten (BISC). Handanweisung. Göttingen 1999.

Literatur

AKADEMIE FÜR LEHRERFORTBILDUNG UND PERSONALFÜHRUNG DILLIN-
GEN: Lese-Rechtschreibschwierigkeiten, Diagnose – Förderung – Materialien. Donauwörth 2000.

ANGERMAIER, M. (Hrsg.): Legasthenie. Frankfurt/M. 1976.

ARNDT, M. (Hrsg.)   :   Fingerspiele und Rätsel. Berlin 1983.

BALHORN, H./BARTNITZKY, H./BÜCHER, I./SPECK-HAMDAN, A. (Hrsg.):
Sprachliches Handeln in der Grundschule – Schatzkiste 2.
Hannover 2002.

BÄRMANN, F. (Hrsg.):   Lernbereich Schrift und Schreiben. Braunschweig 1979.

BLEIDICK, U.   :   Lesenlernen unter erschwerten Bedingungen. Essen 1966.

BLÖCHER, E.   :   Schwierigkeiten beim Schreibenlernen. Langenau-Ulm 1983.

BOERNER, K.   :   Das psychologische Gutachten. München 1987.

BREUER, H./WEUFFEN, M.: Gut vorbereitet auf das Lesen- und Schreibenlernen. Berlin 1986[6].

BREUER, H./WEUFFEN, M.: Lernschwierigkeiten am Schulanfang. Weinheim 1993. *

BRICKENKAMP, R. (Hrsg.): Handbuch psychologischer und pädagogischer Tests.
Göttingen 1997[2].

BRÜGELMANN, H.   :   Fehler: „Defekte" im Leistungssystem oder individuelle An-
näherungsversuche an einen schwierigen Gegenstand. In:
BALHORN, H./BRÜGELMANN, H. (Hrsg.): Rätsel des
Schriftspracherwerbs. Lengwil/Bodensee 1995.

BUNDESVERBAND LEGASTHENIE (BVL): Unser Kind lernt lesen – lernt es lesen?
Hannover 1998[7]

DUMMER-SMOCH, L.: Mit Phantasie und Fehlerpflaster. Hilfen für Eltern und
Lehrer legasthenischer Kinder. Basel/München 1994[2].

DUMMER-SMOCH, L.: Ratgeber Legasthenie. Für Eltern, Lehrer und alle, die diagnostisch oder therapeutisch für das Kind Verantwortung tragen. Mannheim 1998.

EGGERT, D.   :   Zur Ätiologie der Legasthenie. In: ARBEITSKREIS
GRUNDSCHULE: Legasthenie - ein pädagogisches Problem.
Frankfurt /M. 1971.

FEHNEMANN, U.   :   Schultests im Schulrecht. Verfassungsrechtliche Fragen der
Testauswertung in der Schule. In: AVENARIUS, H.: Anwen-
dung diagnostischer Testverfahren in der Schule. Wein-
heim/Basel 1990.

FORSTER, M./MARTSCHINKE, S.: Leichter Lesen und Schreiben lernen mit der Hexe Susi. Bd. 2. Donauwörth 2001. *

FÜHRING, M./LETTMEYER, O. u. a.: Die Sprachfehler des Kindes und ihre Beseitigung. Wien 1976[6].

GLÖCKEL, H.   :   Schreiben lernen - Schreiben lehren. Donauwörth 1976[3].

HAARMANN, D. (Hrsg.): Handbuch Grundschule. Weinheim 1993.

HACKETHAL, R.   :   Lautgebärden sind motorische, kinästhetische und visuell
deutlich wahrnehmbare Lautzeichen und bieten gute Kompensationsmöglichkeiten.   In: SCHULTE-KÖRNE, G.

(Hrsg.): Legasthenie: erkennen, verstehen, fördern. Bochum 2001.

HEUß, G. : Erstlesen und Erstschreiben. Donauwörth 1993.

HOCHMUTH, A. : Legasthenie – Ansätze zur Förderung von Legasthenikern in der Grundschule (unveröffentlichte Staatsexamensarbeit). Bamberg 2000.

KLASEN, E. : Das Syndrom der Legasthenie. Bern 1970.

KOCK, P./OTT, H. : Wörterbuch für Erziehung und Unterricht. Donauwörth 1979[2].

KRAMER, J. : Linkshändigkeit. Solothurn 1961.

KÜSPERT, P. : Wie Kinder leicht lesen und schreiben und schreiben lernen. Ratingen 2001.

LEHRPLAN FÜR DIE BAYERISCHEN GRUNDSCHULEN. KMBl I So.-Nr. 20/1981.

LINDER, M. : Über die Legasthenie. In: Zeitschrift für Kinderpsychiatrie 18 (1951).

LOHMANN, B. : Müssen Legastheniker Schulversager sein? Basel 1982.

MARTSCHINKE, S./KIRSCHHOCK, E.-M./FRANK, A.: Rundgang durch Hörhausen, Bd. 1. Donauwörth 2001. *

MEIERS, K.(Hrsg.) : Erstlesen. Bad Heilbrunn/Obb 1981[2]. *

MEYER, H. u. R. : Lese- und Rechtschreibschwäche und ihre Behandlung im Unterricht (I). Hannover 1972.

MÜLLER, R. : Frühbehandlung der Leseschwäche. Weinheim 1993[4]. *

NEUHAUS-SIEMON, E. (Hrsg.): Schreibenlernen im Anfangsunterricht der Grundschule. Frankfurt/M. 1984[2].

ORTNER, A. u. R. : Verhaltens- und Lernschwierigkeiten. Weinheim 1995[3]. *

REDAKTION DEUTSCHE SCHULTESTS (Hrsg.): Handbuch: Schultests. Weinheim 1996.

REGIERUNG VON MITTELFRANKEN: Aufgaben des Beratungslehrers ohne Ausbildung. Rundschreiben vom 25.06.1986.

REGIERUNG VON MITTELFRANKEN: Schulberatung im Regierungsbezirk Mittelfranken; Stand: Dezember 1995.

SATTLER, B. (Hrsg.: ISB): Das linkshändige Kind in der Grundschule. Donauwörth 1995[5]. *

SCHEERER-NEUMANN, G.: Die Bedeutung der alphabetischen Strategie für die Förderung lese-rechtschreibschwacher Kinder. In: SCHULTE-KÖRNE, G. (Hrsg.): Legasthenie: erkennen, verstehen, fördern. Bochum 2001.

SCHEERER-NEUMANN, G.: Intervention bei Lese-Rechtschreibschwäche. Bochum 1979.

SCHEERER-NEUMANN, G.: Schriftspracherwerb: „The State of the Art" aus psychologischer Sicht. In: HUBER/KEGEL/SPECK-HAMDAN (Hrsg.): Einblicke in den Schriftspracherwerb. Braunschweig 1998.

SCHENK, Ch. : Lesenlernen vorbereiten. Baltmannsweiler 1990.

SCHNEIDER, W.   : Die Würzburger Längsschnittstudie zur frühen Prävention von Lese-Rechtschreibschwäche. In: SCHULTE-KÖRNE, G. (Hrsg.): Legasthenie: erkennen, verstehen, fördern. Bochum 2001.

SCHORCH, G.   : Schreibenlernen und Schriftspracherwerb. Bad Heilbrunn/ Obb. 1992^2.

SCHROTH, V.   : Was ist Legasthenie? Grundlagenwissen und visuelle Besonderheiten. Freiburg 1996.

SCHULTE-KÖRNE, G. (Hrsg.): Legasthenie: erkennen, verstehen, fördern. Bochum 2001. *

SOMMER-STUMPENHORST, N.: Lese- und Rechtschreibschwierigkeiten: vorbeugen und überwinden. Frankfurt/M. 1992^2. *

SPITTA, G.   : Legasthenie gibt es nicht ... Was nun? Kronberg/Ts. 1977.

TESTZENTRALE   : Testkatalog 2000/01. Göttingen 2000.

WARNKE, A.   : Begriff der umschriebenen Lese-Rechtschreibschwäche (Legasthenie). In: Legasthenie. Bericht über den Fachkongress 1995. Hannover 1995.

WARNKE, A.   : Legasthenie - 25 Forschung - Rückblick und Ausblick. In: Legasthenie - Herausforderung für Kinder, Eltern, Bildungspolitik und Forschung. Hannover 1999.

WENDLANDT, W.   : Sprachstörungen im Kindesalter. Stuttgart 1995^2.

ZIELINSKI, W.   : Lernschwierigkeiten: Ursachen - Diagnostik - Intervention. Stuttgart 1995^2.

Wege zum Lesen und zur Literatur

Hrsg. von **Gerhard Härle** und **Bernhard Rank**.

2004. VII, 235 Seiten. Kt. ISBN 3896767941. € 19,—

„Lesekompetenz", „literarische Kompetenz" und „Medienkompetenz" gehören zu den Schlüsselbegriffen der gegenwärtigen Diskussion um Zielsetzungen und Aufgaben schulischen Unterrichts. Unter der Themenstellung *Wege zum Lesen und zur Literatur* setzen sich die Autorinnen und Autoren des Sammelbandes mit der aktuellen bildungspolitischen Situation auseinander und leisten einen Beitrag zu zwei aufeinander bezogenen Arbeitsfeldern des Deutschunterrichts: die Leseförderung und das literarische Lernen.

Grundfragen der Sprach- und Literaturdidaktik kommen dabei ebenso zur Sprache wie Anwendungsbeispiele, kontroverse Ansätze zu Erwerbsmodellen ebenso wie didaktisch-methodische Gesichtspunkte für die Entwicklung eines Lesecurriculums. Thematisiert werden Schlussfolgerungen aus den in der Deutschdidaktik viel beachteten Studien PISA und IGLU und Fragestellungen der empirischen Unterrichtsforschung. Einige Beiträge liefern Argumente zu der Debatte um einen literarischen Kanon und um den Stellenwert der spachlich-literarischen Bildung im Medienzeitalter. Die angeführten Beispiele beziehen sich sowohl auf den Bereich der Gebrauchstexte als auch auf die Textauswahl für den schulischen Umgang mit Literatur. Alle Vorschläge zielen darauf ab, aus unterschiedlichen Perspektiven Impulse für die Qualitätssteigerung im Lese- und Literaturunterricht und in der Ausbildung von Deutschlehrerinnen und -lehrern zu geben.

Die Beiträge basieren auf Vorträgen, die namhafte Vertreterinnen und Vertreter der Sprach- und Literaturdidaktik im Rahmen einer Ringvorlesung an der Pädagogischen Hochschule Heidelberg gehalten haben.

Zeitzeugen der Deutschdidaktik

Hrsg. von **Werner Schlotthaus** und **Jörn Stückrath**

2004. VI, 180 Seiten. Kt. ISBN 3896767747. € 18,—

Zeitzeugen der Deutschdidaktik: Die Geschichte des Deutschunterrichts lässt in der Bundesrepublik etwa zeitgleich mit der 68er-Bewegung einen deutlichen Einschnitt erkennen: Deutschdidaktiker fordern von nun an immer nachdrücklicher, dass die nach 1945 eingeführten Lehrpläne und eingespielten Unterrichtspraktiken sowie die Inhalte und Organisationsformen der Lehrerausbildung grundlegend zu reformieren seien. Es fällt auf, dass die älteren Stimmführer dieser Bewegung einer Generation angehören: Sie sind noch in der Weimarer Republik geboren, wachsen im Nazi-Deutschland auf und werden noch kurz vor Kriegsende als junge Soldaten eingezogen („Flakhelfer-Generation"). Nach dem Zusammenbruch studieren sie an Pädagogischen Hochschulen und Universitäten und treten in den Schuldienst ein. Sieben Deutschdidaktiker dieser Generation kommen in diesem Band als Zeitzeugen zu Wort: Malte Dahrendorf, Gerhard Haas, Franz Hebel, Hubert Ivo, Jürgen Kreft, Werner Schlotthaus und Günter Waldmann. Sie stellen ihre seit den sechziger Jahren entwickelten literaturdidaktischen Konzepte rückblickend vor und reflektieren deren Aktualität. Ergänzend zu diesen individuell geprägten Reformversuchen findet der Leser in diesem Band zwei Bestandsaufnahmen kollektiv entwickelter Reformkonzepte: des Bremer Kollektivs von Bodo Lecke und der Literaturdidaktik der siebziger Jahre in der DDR von Hartmut Jonas.

Die **Zeitzeugen der Deutschdidaktik** sollen zukünftigen Deutschlehrerinnen und -lehrern als anschauliche Orientierungshilfe und als informatives Studienbuch dienen, um sich mit der Vielfalt der bis heute aktuellen literaturdidaktischen Reformpositionen seit den sechziger Jahren auseinandersetzen zu können.

 Schneider Verlag Hohengehren
Wilhelmstr. 13; D-73666 Baltmannsweiler

Neuerscheinung August 2004

Schreibprozesse im medialen Wandel

Ein Studienbuch. Hrsg. von **Inge Blatt** und **Wilfried Hartmann**.
2004. VI, 242 Seiten. Kt. ISBN 3896768042. € 19,—
Diskussionsforum Deutsch Band 17.

Der Computer entwickelt sich im öffentlichen und beruflichen Leben zum leitenden Schriftmedium. Gilt das auch für den Deutschunterricht? Welche Rolle spielt er hier? Wie verbreitet ist er im Deutschunterricht der Sekundarstufe? Wirkt er sich auf Schreibprozesse von Schülerinnen und Schülern aus? Liegt in den elektronischen Schriftmedien ein Potential zur Förderung der Schreibkompetenz und wenn ja, welche Konsequenzen ergeben sich daraus für die Schreibdidaktik? Zu diesen Ausgangsfragen liefern die Beiträge vielfältige Informationen.

Der Band ist als Studienbuch sowie zur Orientierung in diesem Forschungsgebiet konzipiert:

- Im einführenden Teil wird die Geschichte der Schriftmedien aufgezeigt und eine Bestandsaufnahme der fachwissenschaftlichen und deutschdidaktischen Forschungsbestrebungen sowie der einschlägigen Theorien vorgenommen.

- Im zweiten Teil zum mediengestützten Rechtschreibunterricht geht es um die Unterrichtstauglichkeit von Rechtschreibprogrammen im didaktischen Kontext und um noch ungenutzte Möglichkeiten von Lernsoftware.

- Der dritte Teil zum Schreiben- und Schreibenlernen mit neuen Medien vereinigt reflektierte Praxiserfahrungen, Ergebnisse aus Unterrichtsforschung und Befunde aus quantitativen und qualitativen Studien zur Integration der neuen Medien in den (Deutsch)unterricht. Neben dem Schreiben mit Textverarbeitung geht es um computergestützte Präsentationen und Schülerhomepages sowie die Kooperation im Schulportal.

Die Autorinnen und Autoren aus Forschung, Schule und Bildungsadministration kommen aus verschiedenen Disziplinen. Dies unterstreicht, dass die Nutzung der elektronischen Schriftmedien im Deutschunterricht technische, curriculare und administrative Aspekte einschließt und Fragen aufwirft, die über die eigene Fachdisziplin hinausgehen.

Die Beiträge, die sich vielfach aufeinander beziehen, liefern Befunde, die gängigen Vorstellungen teilweise widersprechen bzw. neue Perspektiven eröffnen.

Aus der Perspektive der Lernenden betreffen sie die Vertrautheit mit den neuen Schreibmedien, den Motivationsfaktor Computer, seinen möglichen Beitrag zur Divergenzminderung sowie seine Nutzung als förderliches Arbeitsmedium und kognitives Werkzeug.

Mit Blick auf die Lehrenden werden Einstellungen und Medienverhalten beleuchtet und Fragen des Lehrerhandelns und der Unterrichtspraxis sowie der Aus- und Weiterbildung erörtert.

Ein Vergleich der Evaluation der deutschen und Luxemburger Bildungsinitiative zur Integration der Informations- und Kommunikationsmedien in den (Deutsch)Unterricht verweist auf prinzipielle Probleme bei der technischen Ausstattung und den Rahmenbedingungen.

Die Band eignet sich nicht nur für Studienzwecke in der ersten und zweiten Phase der Lehrerausbildung, sondern aufgrund seines Perspektivenreichtums auch für Schulpraktiker und Bildungsadministratoren.

 Schneider Verlag Hohengehren
Wilhelmstr. 13; D-73666 Baltmannsweiler

Taschenbuch des Deutschunterrichts

Jubiläumsausgabe

8., unveränd. Aufl. 2003.

Hrsg. von **Günter Lange, Karl Neumann** und **Werner Ziesenis**

1. Band: **Grundlagen, Sprachdidaktik, Mediendidaktik**

XVI, 510 Seiten. Kt. ISBN 3896767615. DIN B 5. € 25,—

2. Band: **Literaturdidaktik: klassische Form, Trivialliteratur, Gebrauchstexte**

XVI, 496 Seiten. Kt. ISBN 3896767623. DIN B 5. € 25,—

Gesamtpreis für beide Bände € 45,— (ISBN 3896767607)

Die erste Auflage des **Taschenbuches des Deutschunterrichts**, herausge-
geben von Erich Wolfrum, erschien im Jahr 1972. Den rasch errungenen Platz
unter den grundlegenden fachdidaktischen Werken zum Deutschunterricht
kann das „Taschenbuch" seit nunmehr einem Vierteljahrhundert erfolgreich be-
haupten, so dass die vorliegende 6. Auflage als **Jubiläumsausgabe** an die Öf-
fentlichkeit tritt. Die große Zahl der Neuauflagen, die erforderlich wurde, gaben
dem Werk, den jeweiligen Entwicklungen der fachwissenschaftlichen und fachdidaktischen Diskussion folgend, einen neuen Charakter. Das einstmalige „Taschenbuch" wurde zu einem umfassenden Handbuch, das in breiter Aus-
fächerung das gesamte Spektrum des Deutschunterrichts, seine Grundlagen-
fragen ebenso wie seine Teilgebiete, repräsentiert.

Wie die vorherigen Auflagen hat die **Jubiläumsausgabe** der Weiterentwicklung der fachdidaktischen Diskussion Rechnung getragen. Sie enthält eine
ganze Reihe völlig neuer Artikel, so z. B. zum mündlichen und schriftlichen
Sprachgebrauch, zur Didaktik des Rechtschreibens, zu Sprech- und Sprachstörungen, zur DDR-Literatur im Deutschunterricht; alle übrigen Beiträge wurden einer gründlichen Überarbeitung unterzogen.

Alle Artikel des „Taschenbuchs" folgen dem Gliederungsschema, dass die Dar-
legung des fachwissenschaftlichen und fachdidaktischen Diskussionsstandes
nach Möglichkeit mit unterrichtspraktischen Hinweisen verknüpft wurde.

Das **Taschenbuch des Deutschunterrichts** richtet sich auch in seiner jüng-
sten Gestalt an ein breites Leserpublikum, also nicht vorrangig an Hochschul-
lehrer, sondern vielmehr an Lehrerinnen und Lehrer, Referendarinnen und Re-
ferendare sowie Studentinnen und Studenten.

Die Herausgeber:

Günter Lange lehrt Sprach- und Literaturdidaktik an der Technischen Universität Braunschweig

Karl Neumann lehrt Schulpädagogik an der Technischen Universität Braunschweig

Werner Ziesenis hat Sprach- und Literaturdidaktik an der Universität Göttingen gelehrt

 Schneider Verlag Hohengehren
Wilhelmstr. 13; D-73666 Baltmannsweiler

Günter Waldmann

Autobiografisches als literarisches Schreiben

Kritische Theorie, moderne Erzählformen und -modelle, literarische Möglichkeiten eigenen autobiografischen Schreibens

2000. X, 299 Seiten. Kt. ISBN 389676313X. € 19,—

Von den zahllosen Veröffentlichungen zur Autobiografie ist dies die erste, die sie programmatisch als *Literatur* fasst, nämlich nach ihren konventionellen wie modernen literarischen Formen erarbeitet:

Dieses Buch beschreibt zunächst kritisch – u. a. mit erzähltheoretischen, soziologischen, psychologischen und philosophischen Überlegungen – die Probleme *konventioneller*, chronologisch in Ich-Form erzählender Autobiografien. Dann stellt es systematisch Erzählformen *modernen* autobiografischen Schreibens dar: in Ich-, Du-, Er-, Wir-Form, in Ich-Er-Form, mit erinnertem und erinnerndem, mit gespaltenem Ich, in diskontinuierlichen und anderen Erinnerungsformen, mit fiktionalen Teilen und in fiktionalisierenden Formen. Besonders wichtige und interessante moderne Erzählmodelle werden mit sechzehn größeren Textauszügen (u. a. von Peter Härtling, Christa Wolf, Nathalie Sarraute, Wolfgang Koeppen, Arno Schmidt, Georges Perec, Peter Weiss) belegt und näher erläutert.

Ein eigenes Kapitel behandelt die Möglichkeiten, diese modernen Erzählformen der Autobiografie an der Hochschule und in der Schule *produktiv* zu erarbeiten bzw. hier oder bei kreativem Schreiben selbst autobiografisch in ihnen zu schreiben – und dabei mehr als autobiografische Trivialliteratur hervorzubringen. Dafür sind ausführliche Kataloge von literarischen Formen und möglichen Inhalten autobiografischen Schreibens und sind als Beispiele auch neunzehn eigene autobiografische Texte in modernen Erzählformen beigegeben.

Produktiver Umgang mit Literatur im Unterricht

Grundriss einer produktiven Hermeneutik

Theorie – Didaktik – Verfahren – Modelle. Deutschdidaktik aktuell Band 1.

Von **Günter Waldmann**

4. unveränd. Aufl., 2004. XI, 149 Seiten. Kt. ISBN 3896766244. € 14,—

Dieses Buch bringt eine umfassende Darstellung der Formen und Möglichkeiten des produktiven Umgangs mit Literatur im Unterricht:

Es entwirft zunächst aufgrund literaturtheoretischer Überlegungen zum literarischen Text, Autor und Leser ein Grundmodell literarischen Verstehens. Aus ihm entwickelt es ein didaktisches Phasenmodell produktiven literarischen Textverstehens mit vier unterrichtlichen Verstehensphasen und einer spielhaften Vorphase. Ein umfangreicher „Katalog" ordnet 166 – erprobte wie auch neue – produktive Verfahren diesen unterrichtlichen Verstehensphasen dergestalt zu, dass jeder produktive Zugriff genau in seiner Funktion und Leistung für den Verstehensprozess der Schülerinnen und Schüler einschätzbar ist.

Didaktische Überlegungen u. a. zum Verhältnis von produktiven und analytischen Verfahren, vor allem ausführliche methodische Handreichungen zum unterrichtlichen Umgang.

 Schneider Verlag Hohengehren
Wilhelmstr. 13; D-73666 Baltmannsweiler

Diskussionsforum Deutsch

Band 11: Deutschdidaktik und Neue Medien

Konstitutionsprobleme im Spannungsfeld zwischen Altlasten und Neugierde

Hrsg. von **Susanne Gölitzer**.

2003. VI, 184 Seiten. Kt. ISBN 3896766597. € 18,—

Debatten um die neuen Medien sind stark von der Polarität „alt" und „neu" geprägt. In der Pädagogik spricht man vom „neuen Lernen", in der Politikwissenschaft und der Soziologie von „neuen gesellschaftlichen Verkehrsformen", in der Fachdidaktik von einer Neubestimmung der Unterrichtsinhalte. Neue Medien scheinen das Lehren und Lernen, ja das Leben von Kindern und Jugendlichen insgesamt so zu verändern, dass man sich in den unterschiedlichen praktischen Wissenschaften (z. B. Pädagogik, Didaktik) den Erscheinungs- und Gebrauchsformen neuer Medien einfach annehmen muss. Erstaunlich selten fragt man, welche sachhaltigen Gründe es in der Schule und im Unterricht geben könnte, neue Medien einzusetzen.

Es soll in diesem Band darüber nachgedacht werden, wie die Deutschdidaktik ihren Gegenstand zwischen „alt" und „neu" konstituieren und wie sie im Kräfteverhältnis zwischen Tradition und Zukunft ihren Standort finden oder auch beibehalten kann. Dazu werden in diesem Band sprachliche und literarische Erscheinungsformen in den neuen Medien vorgestellt und analysiert, die Rezeption solcher Formen und der Einsatz von neuen Medien in Lehr-Lernprozessen untersucht.

Medienkritik im Deutschunterricht

Hrsg. von **Matthis Kepser** und **Irmgard Nickel-Bacon**

Diskussionsforum Deutsch Band 14

2004. VI, 181 Seiten. Kt. ISBN 3896767879. € 18,—

Der (ideologie)kritische Deutschunterricht der siebziger Jahre basierte auf einem Kulturbegriff, der im Zeichen der Postmoderne didaktisch unbrauchbar geworden ist. Denn in der florierenden Medienkultur der Jahrtausendwende geht die Gleichsetzung des Populären mit dem Trivialen (und ästhetisch Minderwertigen) nicht mehr auf.

So stellen aktuelle Medienprodukte den Deutschunterricht vor neue Herausforderungen. Zu bedenken ist aber auch die Selbstverständlichkeit der privaten Mediennutzung vom Harry-Potter-Fieber über die Bindung an die Daily Soap bis hin zum Vergnügen an den Redeschlachten der Daily Talks. Dieser nachhaltige Mediengenuss sollte nicht negiert, wohl aber erweitert werden um die Fähigkeit zu kritischer Reflexion.

Der vorliegende Band stellt ein neuartiges Konzept von Medienkritik zur Diskussion und zeigt außerdem an praxisrelevanten Beispielen Möglichkeiten zur Vermittlung von medienkritischer Kompetenz auf, ohne demotivierend zu wirken.

Theoretische Überlegungen finden sich zu folgenden Themen:

- Medienkritik als kultureller Selbstverständigungsprozess
- Kritischer Medienunterricht und das Motivationsproblem.

Die unterrichtspraktischen Vorschläge sind gegliedert in die drei Bereiche:

- Daily Soaps und Alltagserleben
- Faction und Fiction
- Fiktive Narrationen und ihre impliziten Wahrnehmungsmuster

Schneider Verlag Hohengehren
Wilhelmstr. 13; D-73666 Baltmannsweiler